Excel财务管理

实操全流程演练

杨 凤◎编著

中国铁道出版社有限公司
CHINA RAILWAY PUBLISHING HOUSE CO., LTD.

内容简介

本书以财务管理工作为主线，将财务管理中的实际应用与Excel软件结合起来，通过图解操作的方式，教会读者如何运用Excel来处理财务管理中的实际问题。

全书共11章，其内容包括财会人员必会的Excel技术、为什么财务工作效率总是不高、会计凭证表单的设计与功能完善、财务数据的填制与统计分析、科目的汇总与账簿登记、财务报表的编制与应用，以及Excel在薪酬管理、应收应付账管理、本利数据管理、固定资产管理、全面预算与投资问题处理方面的应用。

本书不仅有Excel技术知识，也有专业的财务管理内容，非常适合从事财务相关工作的人员使用，对财务管理者提升Excel技术也有很好的帮助。由于本书内容循序渐进、操作详细，也非常适合各高等院校财务相关专业以及相关培训机构的师生使用。

图书在版编目（CIP）数据

Excel财务管理实操全流程演练 / 杨凤编著. —北京：中国铁道出版社有限公司，2022.3（2023.3重印）

ISBN 978-7-113-28234-9

Ⅰ.①E… Ⅱ.①杨… Ⅲ.①表处理软件-应用-财务管理 Ⅳ.①F275-39

中国版本图书馆CIP数据核字（2021）第159043号

书　　名：Excel财务管理实操全流程演练
Excel CAIWU GUANLI SHICAO QUANLIUCHENG YANLIAN
作　　者：杨　凤

责任编辑：张　丹　　编辑部电话：(010) 51873028　　邮箱：232262382@qq.com
封面设计：宿　萌
责任校对：焦桂荣
责任印制：赵星辰

出版发行：中国铁道出版社有限公司（100054，北京市西城区右安门西街8号）
印　　刷：北京铭成印刷有限公司
版　　次：2022年3月第1版　2023年3月第2次印刷
开　　本：710 mm×1 000 mm 1/16　印张：19　字数：360千
书　　号：ISBN 978-7-113-28234-9
定　　价：79.80元

编写目的

Excel在日常商务数据处理中的作用是众所周知的，然而它在财务管理中的应用也是比较突出的。除了运用Excel本身提供的众多功能强大的财务函数简化投资运算数据的计算外，Excel提供的表格制作、数据计算以及数据分析功能，也可以用来完成一些财务管理软件能完成和不能完成的功能。因此，作为财务相关从业人员，Excel技术也是一项必会的技能。

为此，我们精心策划并编写了本书，将财务工作中涉及的工作内容全部包括，以实用、便捷的方法进行讲解和操作演示，让整个财务工作的开展变得轻松自如，游刃有余。

本书内容

本书共11章，可大致分为三篇，其中：

第一篇为第1～2章，主要介绍财务人员必知的Excel基础知识和为什么工作效率提不高的一些问题，为后续深入学习Excel技术打好基础。

第二篇为第3～6章，主要依据财务工作流程为线索，详细讲解财务活动中涉及的财会表单制作、账务数据的填制与统计、科目的汇总与账簿登记以及财务报表的编制，让读者全面体会Excel在财务工作流程中的具体应用。

第三篇为第7～11章，主要是对财务相关领域的数据处理与统计分析进行讲解，其具体内容包括薪资数据管理、应收应付款项的核算与管理、本利数据的管理与控制、固定资产管理与折旧计提、企业预算与投资问题处理等。其中不仅包含了多个工作表模板的设计，还包含了具体实战问题的分析与解决方法，旨在帮助读者快速掌握Excel在财会相关工作中的数据处理方法。

本书特色

◎内容丰富，针对性强

本书共有11章，包含大量的行业相关知识、操作详解和知识补充，更有丰富的TIP栏目来扩展和补充知识。同时针对财会工作中所需要使用到的知识、表格设计方法以及数据处理技巧进行了详细讲解，更加适合财会相关从业人员学习Excel技术并提升实战处理问题的能力。

◎由浅入深，层次分明

本书从财会人员必备的Excel基础开始，首先介绍了整个财会工作流程中要掌握的Excel技术，再讲解与财务相关领域的数据处理与问题分析，内容由浅入深、层次分明，更利于读者学习。

◎图文结合，简洁明白

本书在知识安排上，注重理论知识讲解与操作相结合的方式，无论是在基础知识讲解阶段，还是专业知识提升阶段，都大量采用图解的方式。尤其在操作步骤中，更是一步一图，让整个操作步骤更清晰、流畅，从而让读者可轻松地学习和掌握。

本书导读

结构1：介绍基础知识和规范操作，让您打好基础。

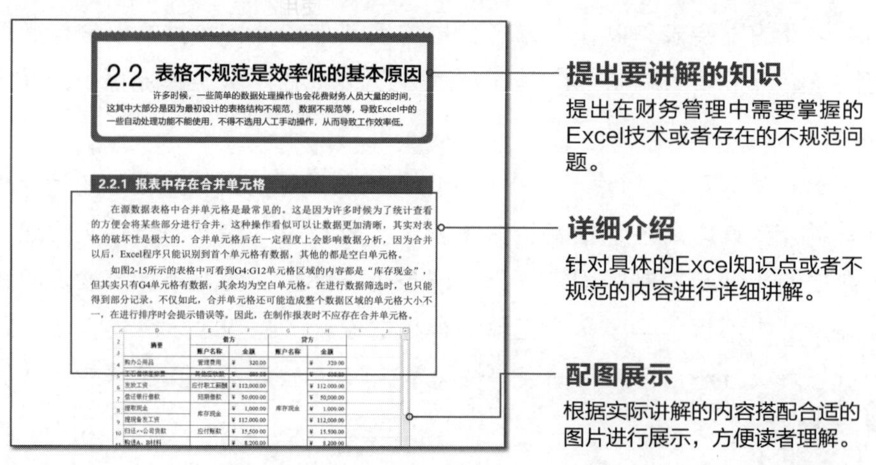

结构2：专业知识的讲解，让您得到更大的提升。

3.1 原始凭证表单设计与功能完善

原始凭证又称单据，是记录经济业务已经发生、执行或完成，用以明确经济责任，作为记账依据的最初的书面证明文件。由于其在法律上具有证明效力，所以也可叫做证明凭证。

提出处理的问题或工作目标

提出财务管理工作中需要处理的具体问题类型。

3.1.1 制作一式三联的借款单

借款单属于一次凭证，是原始凭证的一种。根据公司的不同，借款单的格式也有差异。本例制作的借款单结构比较简单，包括编号、日期、部门、姓名、借款金额大小写、借款理由、备注以及相关人员的签字与盖章部分。对于借款人的还款方式、还款日期等其他项目全部在备注一栏说明即可。

对于各联表单的标识文本，由于录入该数据的位置是合并多行的单元格区域，高度足够，宽度较小，因此可以将这些文本用竖直排列的方式从上到下进行显示。

借款单一般是一式三联，一联作为存根；一联作为财务入账；一联作为回执给借款人。一式三联的借款单其结构都相同，不同的是表格右侧的第一联、第二联和第三联的标识文本不同，因此可以先制作一联，再通过复制工作表的操作得到另外两联，最后再对复制的两联工作表的填充色和标识文本进行修改即可。

下面具体介绍一式三联借款单的具体制作方法。

>> 素材文件：素材\第3章\无

>> 效果文件：效果\第3章\借款单.xlsx

专业知识讲解

对财务工作中遇到的详细问题进行说明，并分析如何使用Excel技术进行解决。

文件路径

展示操作步骤中所使用的素材和效果文件的保存路径，方便读者上机练习使用。

1 制作第一联借款单

1 新建工作簿

新建一个空白工作簿，将其以“借款单”为文件名进行保存。

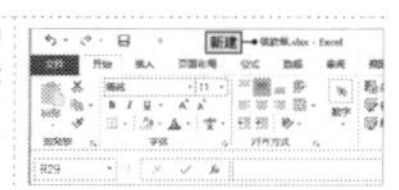

操作步骤详解

使用详细的操作步骤，对具体问题的解决方法或者完成工作目标进行讲解。

结构3：知识点补充讲解，让您吃透知识。

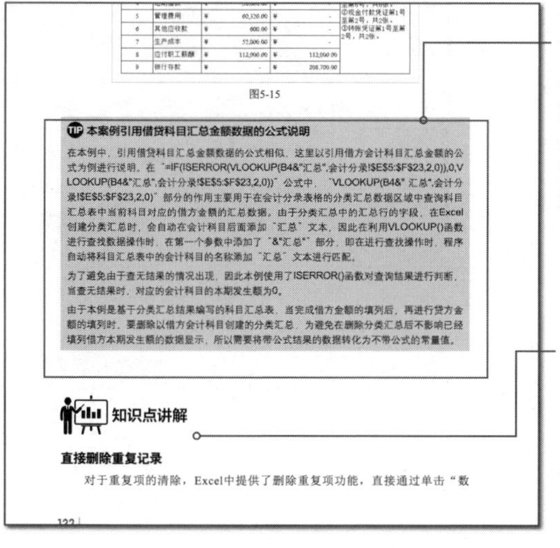

5	管理费用	¥	60,320.00	¥	-
6	其他应收款	¥	600.00	¥	-
7	生产成本	¥	52,000.00	¥	-
8	应付职工薪酬	¥	112,090.00	¥	112,090.00
9	银行存款	¥	-	¥	208,700.00

图5-15

TIP 本案例引用借贷科目汇总金额数据的公式说明

在本例中，引用借贷科目汇总金额数据的公式相似，这里以引用借方会计科目汇总金额的公式为例进行说明。在“=IF(ISERROR(VLOOKUP(B4&"汇总",会计分录!$E$5:$F$23,2,0)),0,VLOOKUP(B4&"汇总",会计分录!$E$5:$F$23,2,0))”公式中，“VLOOKUP(B4&"汇总",会计分录!$E$5:$F$23,2,0)”部分的作用主要用于在会计分录表格的分类汇总数据区域中查询科目汇总表中当前科目对应的借方金额的汇总数据。由于分类汇总中的汇总行的字段，在Excel创建分类汇总时，会自动在会计科目后面添加“汇总”文本，因此在利用VLOOKUP()函数进行查找数据操作时，在第一个参数中添加了“&"汇总"”部分，即在进行查找操作时，程序自动将科目汇总表中的会计科目的名称添加“汇总”文本进行匹配。

为了避免由于查无结果的情况出现，因此本例使用了ISERROR()函数对查询结果进行判断，当查无结果时，对应的会计科目的本期发生额为0。

由于本例是基于分类汇总结果编写的科目汇总表，当完成借方金额的填列后，再进行贷方金额的填列时，要删除以借方会计科目创建的分类汇总，为避免在删除分类汇总后不影响已经填列借方本期发生额的数据显示，所以需要将带公式结果的数据转化为不带公式的常量值。

知识点讲解

直接删除重复记录

对于重复项的清除，Excel中提供了删除重复项功能，直接通过单击“数

132

TIP补充说明

使用小提示的方式，对讲解过程中需要注意的问题、技巧操作或者某些难点内容进行补充说明，拓展读者的学习面，帮助读者理解难点内容。

知识点讲解

对该小节中涉及的新知识点进行讲解，让读者在解决问题后，对相关的知识点也有所掌握，方便举一反三。

本书读者

本书主要定位于希望快速提高Excel水平的从事财务相关工作的所有工作人员。水平较高的财务管理人员可以从中学习Excel知识，从而提升运用Excel辅助工作的能力；对于普通的财会工作人员，除了学习Excel技术，还能从中学习到财会专业知识以及工作中的实战问题处理方法，整体提升工作技能。此外，本书也可作为各大、中专院校及各类相应培训机构的参考教材使用。

由于编者经验有限，在编写过程中难免出现纰漏或不足之处，恳请专家和读者不吝赐教。

编 者

2021年12月

目录

第 1 章 财会人员必会的Excel技术

第 2 章 为什么你的工作效率总是不高

第 3 章 会计凭证表单的设计与功能完善

第 5 章 科目的汇总与账簿登记

第 6 章 财务报表的编制

第 7 章 薪资数据的管理与维护

第 8 章 应收应付款项的核算与管理

第 9 章 本利数据的管理与控制

第10章 固定资产管理与折旧计提

第11章 企业全面预算与投资问题处理

第1章 01

财会人员必会的Excel技术

本章导读

Excel是Office办公软件中的重要组件之一，快速处理和分析数据是其重要的特点。由于其操作简单、容易学习，因此被广泛应用于财会工作中。借助Excel工具，财会人员可以更加轻松、高效地完成工作。下面首先来了解一下财会人员必会的Excel基础知识有哪些。

本章要点

快速编制各类财务表格
轻松搞定各种复杂的计算问题
清晰呈现数据背后的信息
规律数据的快速填充
…………

1.1 Excel能完成的财会工作有哪些

在现代社会中，Excel作为强大的数据储存、管理、计算和分析工具，经常会被应用到各个领域，那么，在财务和会计办公工作中，Excel具体能完成哪些工作呢？

1.1.1 快速编制各类财务表格

财会工作中的数据大部分都是通过表格来记录的。而Excel文件本身就是由多张工作表构成的，每张工作表又由无数个单元格组成，因此财会工作人员可以将大量的数据保存在单元格中。

Excel除了存储量大以外，还有许多非常方便的格式工具，无论是二维表格，还是不规则的复杂结构的表格，用户都可以通过Excel制作出来。如图1-1所示的是财务工作中常用的两种办公表格。

试算平衡表

序号	科目编号	会计科目	期初借方余额	期初贷方余额	本期借方发生额	本期贷方发生额
1	1001	库存现金	¥ 96,548.20	¥ -	¥ 113,000.00	¥ 112,920.00
2	1002	银行存款	¥ 586,472.10	¥ -	¥ -	¥ 208,700.00

付款凭证

贷方科目：　　　年　月　日　　　记付　号

摘要	借方科目		记账	金额									
	总账科目	明细科目		百	十	万	千	百	十	元	角	分	
													附件
													张
合计													

会计主管：　记账：　出纳：　审核：　制单：

图1-1

1.1.2 轻松搞定各种复杂的计算问题

在财会工作中，最枯燥、烦琐的工作便是数据计算了，如计算个人所得税、核算固定资产折旧、投资计算等，常常令许多财会工作人员叫苦连天。对于这些数据计算，如果使用Excel提供的公式和函数便可以轻松搞定，而且还可以减少错误，提高工作效率。如图1-2所示为计算公司各员工的个人所得税扣除金额。

H2　=ROUND(MAX((G2-5000)*{3;10;20;25;30;35;45}%-{0;210;1410;2660;4410;7160;15160},0),2)

	A	B	C	D	E	F	G	H
1	员工编号	员工姓名	职务	基本工资	提成工资	考勤	工资	个税扣除
2	YGBH1001	李丹	经理	¥ 4,000.00	¥ 4,200.00	¥ -40.00	¥ 8,160.00	¥ 106.00
3	YGBH1002	杨陶	副经理	¥ 3,000.00	¥ 4,000.00	¥ -140.00	¥ 6,860.00	¥ 55.80
4	YGBH1003	刘小明	师傅	¥ 2,500.00	¥ 4,500.00	¥ 50.00	¥ 7,050.00	¥ 61.50
5	YGBH1004	张嘉	普工	¥ 2,000.00	¥ 5,140.00	¥ -130.00	¥ 7,010.00	¥ 60.30
6	YGBH1005	张炜	普工	¥ 2,000.00	¥ 5,320.00	¥ -60.00	¥ 7,260.00	¥ 67.80
7	YGBH1006	李聃	普工	¥ 2,000.00	¥ 4,320.00	¥ -170.00	¥ 6,150.00	¥ 34.50
8	YGBH1007	杨娟	普工	¥ 2,000.00	¥ 4,320.00	¥ -40.00	¥ 6,280.00	¥ 38.40
9	YGBH1008	马英	师傅	¥ 2,500.00	¥ 5,000.00	¥ -110.00	¥ 7,390.00	¥ 71.70
10	YGBH1009	周晓红	普工	¥ 2,000.00	¥ 4,480.00	¥ 50.00	¥ 6,530.00	¥ 45.90

◀使用数据计算功能计算各员工的个人所得税扣除金额。

图1-2

1.1.3　清晰呈现数据背后的信息

财会人员在将财会数据进行统计后，一般都还需要对其进行数据分析，如分析数据之间的占比、大小、趋势等。这也是财会工作中的一个难点。

在Excel中，程序提供了多种数据分析功能，如突出显示指定数据、运用图表展示分析结果等，财会人员可以直接使用这些功能、方便、快捷、清晰地将这些分析结果展示出来。

如图1-3所示为某公司按季度统计的各员工的年度业绩数据，在该表格中，通过为表格定义了一个突出显示大于等于100 000的条件格式规则，并将符合规则的数据通过浅红色填充深红文本的格式进行突出显示，从而方便查看员工和公司业绩的情况。

从员工角度来看，陈彬和李玲前三个季度的业绩数据都被突出显示，表明相较于其他员工，他们的总业绩最高。从公司角度来看，在第三季度被突出显示的数据最多，即表明该季度在全年中的总业绩最高。

××公司年度业绩报表

时间 姓名	第一季度	第二季度	第三季度	第四季度
李成	¥ 85,500.00	¥ 92,620.00	¥ 105,050.00	¥ 85,500.00
刘军	¥ 62,100.00	¥ 85,050.00	¥ 90,060.00	¥ 90,040.00
陈彬	¥ 102,350.00	¥ 110,050.00	¥ 120,050.00	¥ 95,000.00
李玲	¥ 100,050.00	¥ 120,050.00	¥ 130,000.00	¥ 90,040.00
王旺	¥ 90,500.00	¥ 105,050.00	¥ 115,050.00	¥ 90,500.00
曹贵	¥ 85,000.00	¥ 92,620.00	¥ 105,050.00	¥ 85,500.00
宫成	¥ 72,100.00	¥ 85,050.00	¥ 90,060.00	¥ 70,040.00
刘海	¥ 92,350.00	¥ 100,050.00	¥ 110,050.00	¥ 95,000.00

图1-3

1.2 数据录入要准确、规范

在使用Excel表格进行数据存储时，就需要先录入数据。为了确保数据录入的准确性和规范性，方便管理和操作，可借助数据填充功能、数据验证功能以及记录单功能来录入数据。

1.2.1 规律数据的快速填充

在财会表格的制作中，有时相邻的多行或者多列是有规律的数据，如序号、员工编号、档案编号、行次等，此时就可以通过“序列”对话框来填充这些规律数据。

下面以在“6月差旅费报销统计”工作簿中填充具有统计功能的序号数据为例，讲解相关的操作方法。

>> 素材文件：素材\第1章\6月差旅费报销统计.xlsx

>> 效果文件：效果\第1章\6月差旅费报销统计.xlsx

1 输入数据并选择单元格区域

打开素材文件，❶在A4单元格中输入“1”，❷选择所有要填充数据的单元格区域。

	A	B	C	D	E
3	序号	出发时间	返回时间	起点	终点
4	1	❶输入	2019/6/8	成都	北京
5		2019/6/10	2019/6/13	成都	上海
6		2019/6/13	2019/6/14	成都	广东
7		2019/6/17	2019/6/18	成都	北京
8		2019/6/20	2019/6/22	成都	重庆
9		❷选择	2019/6/23	成都	重庆
10		2019/6/22	2019/6/24	成都	重庆
11		2019/6/23	2019/6/25	成都	重庆
12		2019/6/24	2019/6/26	成都	重庆
13		2019/6/25	2019/6/27	成都	重庆
14		2019/6/26	2019/6/28	成都	绵阳
15		2019/6/27	2019/6/29	成都	绵阳
16		2019/6/28	2019/6/30	成都	上海

2 执行“序列”命令

❶在“开始”选项卡“编辑”组中单击“填充”下拉按钮，❷在弹出的下拉菜单中选择“序列”命令。

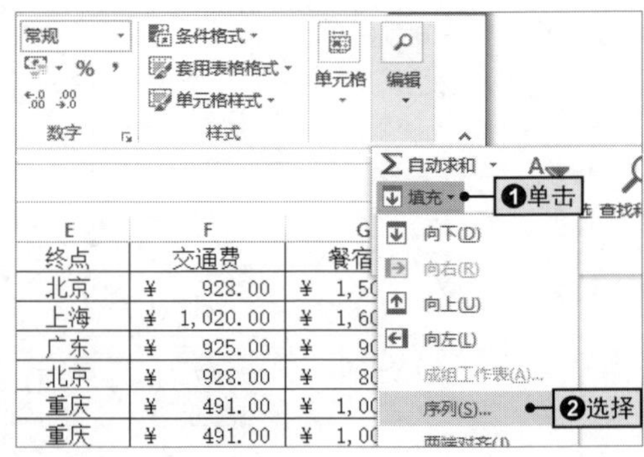

3 设置填充序列参数

❶在打开的“序列”对话框中选中“列”和“等差序列”单选按钮，其他参数保持不变，❷单击“确定”按钮。

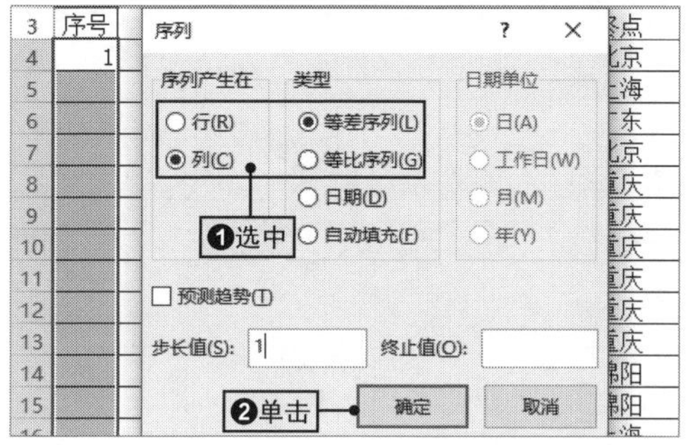

4 查看填充结果

在返回的工作表中即可查看到程序自动在选择的单元格区域中填充了差值为1的等差序列数据。

	A	B	C	D	E
3	序号	出发时间	返回时间	起点	终点
4	1	2019/6/5	2019/6/8	成都	北京
5	2	2019/6/10	2019/6/13	成都	上海
6	3	2019/6/13	2019/6/14	成都	广东
7	4	查看 6/17	2019/6/18	成都	北京
8	5	6/20	2019/6/22	成都	重庆
9	6	2019/6/21	2019/6/23	成都	重庆
10	7	2019/6/22	2019/6/24	成都	重庆
11	8	2019/6/23	2019/6/25	成都	重庆
12	9	2019/6/24	2019/6/26	成都	重庆
13	10	2019/6/25	2019/6/27	成都	重庆
14	11	2019/6/26	2019/6/28	成都	绵阳

除了使用“序列”对话框进行填充外，如果填充的规律数据不多，用户还可以通过操作控制柄（选择的单元格或单元格区域右下角的顶点）来完成快速填充，其方法有3种。

- **左键拖动控制柄填充有规律的数据：**在起始单元格输入数据，将鼠标光标移动到其控制柄上，❶按下鼠标左键，拖动其控制柄到结束单元格后释放鼠标左键，❷单击“自动填充选项”按钮，❸在弹出的“自动填充选项”下拉列表中选中“填充序列”单选按钮完成等差数据的填充，如图1-4所示。或者在起始的两个单元格输入等差序列数据，❶选择这两个单元格，❷拖动控制柄到结束单元格后释放鼠标左键即可完成填充，如图1-5所示。

3	序号	出发时间	返回时间	起点	终点
4	1	❶左键拖动	2019/6/8	成都	北京
5		2019/6/10	2019/6/13	成都	上海
6		2019/6/13	2019/6/14	成都	广东

3	序号	出发时间	返回时间	起点	终点
4	1	2019/6/5	2019/6/8	成都	北京
5	2	2019/6/10	2019/6/13	成都	上海
6	3	2019/6/13	2019/6/14	成都	广东
7	4	2019/6/17	2019/6/18	成都	北京
8	5	2019/6/20	2019/6/22	成都	重庆
9	6	2019/6/21	2019/6/23	成都	重庆
10	7	2019/6/22	2019/6/24	成都	重庆
11	8	2019/6/23	2019/6/25	成都	重庆
12	9	2019/6/24	2019/6/26	成都	重庆
13	10	2019/6/25	2019/6/27	成都	重庆
14	11	2019/6/26	2019/6/28	成都	绵阳
15	12	2019/6/27	2019/6/29	成都	绵阳
16	13	2019/6/28	2019/6/30	成都	上海
17		❷单击			
18		复制单元格(C)			
19					
20		填充序列(S) ❸选中			

图1-4

3	序号	出发时间	返回时间	起点	终点
4	1	❶选择 /5	2019/6/8	成都	北京
5	2	0	2019/6/13	成都	上海
6		2019/6/13	2019/6/14	成都	广东

3	序号	出发时间	返回时间	起点	终点
4	1	2019/6/5	2019/6/8	成都	北京
5	2	2019/6/10	2019/6/13	成都	上海
6	3	2019/6/13	2019/6/14	成都	广东
7	4	2019/6/17	2019/6/18	成都	北京
8	5	2019/6/20	2019/6/22	成都	重庆
9	6	2019/6/21	2019/6/23	成都	重庆
10	7	2019/6/22	2019/6/24	成都	重庆
11	8	2019/6/23	2019/6/25	成都	重庆
12	9	2019/6/24	2019/6/26	成都	重庆
13	10	2019/6/25	2019/6/27	成都	重庆
14	11	2019/6/26	2019/6/28	成都	绵阳
15	12	27	2019/6/29	成都	绵阳
16	13	❷拖动 28	2019/6/30	成都	上海
17					
18					

报表

图1-5

- **双击控制柄填充有规律的数据：** 在起始的两个单元格输入等差序列数据，双击控制柄，程序将自动填充规律数据到结束单元格。
- **右键拖动控制柄填充有规律的数据：** 在起始单元格输入数据，❶按下鼠标右键后拖动控制柄到所需位置时释放鼠标右键，❷在弹出的快捷菜单中选择“填充序列”命令，单元格区域自动填充相应的序列数据，如图1-6所示。

复制单元格(C)
填充序列(S) ❷选择
仅填充格式(F)
不带格式填充(O)
以天数填充(D)
以工作日填充(W)
❶右键拖动
以年填充(Y)

6月出差旅费报销				
序号	出发时间	返回时间	起点	终点
1	2019/6/5	2019/6/8	成都	北京
2	2019/6/10	2019/6/13	成都	上海
3	2019/6/13	2019/6/14	成都	广东
4	2019/6/17	2019/6/18	成都	北京
5	2019/6/20	2019/6/22	成都	重庆
6	2019/6/21	2019/6/23	成都	重庆
7	2019/6/22	2019/6/24	成都	重庆
8	2019/6/23	2019/6/25	成都	重庆

图1-6

1.2.2 利用记录单准确录入数据

上一节介绍了在Excel中快速录入有规律数据，但在财会工作中有些表格包含许多列，在其中录入数据时，为了不看错位置而录入错误的数据，可以借助Excel提供的记录单功能，通过对话框的方式逐条录入数据，从而确保在多表头的数据表中的每个表头准确录入对应数据。

下面以在“商品销售统计”工作簿中添加记录为例，讲解利用记录单录入数据的相关操作方法。

>> 素材文件：素材\第1章\商品销售统计.xlsx

>> 效果文件：效果\第1章\商品销售统计.xlsx

1 打开记录单对话框

打开素材文件，❶选择最后一行数据记录的任意数据单元格，这里选择B21单元格，❷在快速访问工具栏中单击“记录单”按钮（若快速访问工具栏中没有该按钮，需手动添加）。

	A	B	C	D
10	2019/7/13	刘金	北京	美的KFR-35GW
11	2019/7/13	刘天	北京	联想(Lenovo)扬天M40
12	2019/7/13	曹成	重庆	美的KFR-35GW
13	2019/7/13	王宇	北京	格力（GREE）
14	2019/7/13	王敏	杭州	联想(Lenovo)扬天M40
15	2019/7/13	王城	上海	戴尔Vostro 3470
16	2019/7/13	张顺	上海	格力（GREE）
17	2019/7/14	张晓红	成都	格力（GREE）
18	2019/7/14	王爱明	成都	联想(Lenovo)扬天M40
19	2019/7/14	赵彬	重庆	联想(Lenovo)扬天M40
20	2019/7/14	周州	北京	戴尔Vostro 3470
21	2019/7/14	程天	成	美的KFR-35GW

2 添加记录

❶在打开的“家电销售明细”对话框中单击“新建”按钮，程序自动清空当前的记录并新建一条空白记录，在其中输入相应的数据，❷单击“关闭”按钮完成记录的添加。

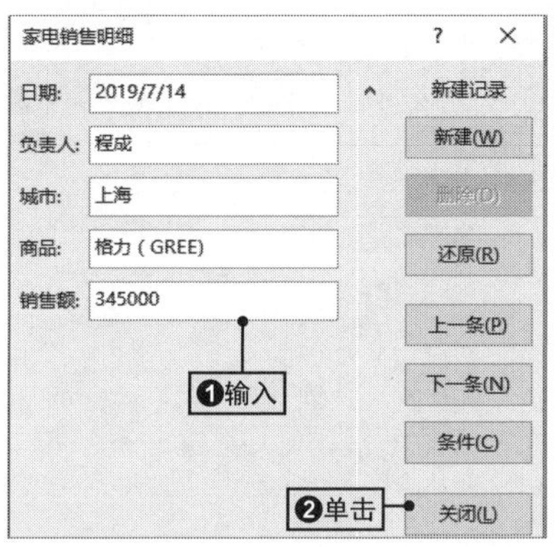

3 查看效果

返回工作表，在数据表的末尾即可查看到添加的数据记录（如果要连续添加多条记录，直接在步骤2中单击“新建”按钮确认当前添加的记录并继续添加新记录即可）。

13	2019/7/13	王宇	北京	格力（GREE）
14	2019/7/13	王敏	杭州	联想(Lenovo)扬天M40
15	2019/7/13	王城	上海	戴尔Vostro 3470
16	2019/7/13	张顺	上海	格力（GREE）
17	2019/7/14	张晓红	成都	格力（GREE）
18	2019/7/14	王爱明	成都	联想(Lenovo)扬天M40
19	2019/7/14	赵彬	重庆	联想(Lenovo)扬天M40
20	2019/7/14	周州	北京	戴尔Vostro 3470
21	2019/7/14	程天	成都	美的KFR-35GW
22	2019/7/14	程成	上海	格力（GREE）
23				
24				
25				

查看

1.2.3　使用数据验证规范数据录入

在Excel中输入数据时，经常会输入不规范或者无效的数据，这将对数据的统计工作带来很大的麻烦。

数据验证能够建立特定的规则，限制单元格可以输入的内容，规范数据的输入，从而提高数据统计与分析的效率。

限定单元格中的数据主要有只允许输入指定范围的数值、只允许输入指定的序列和根据具体情况自定义限制条件3种方式，且3种设置都是通过“数据验证”对话框来完成的，下面分别进行介绍。

1 只允许输入指定范围的数值

只允许输入指定范围的数值是指设置有数据验证的单元格区域只允许接受某一特定范围内的数据。当输入的数据不在此范围内时，数据将不被接受，并打开错误提示对话框。下面以在“销售记录清单”工作簿中将销售商品的数量限制在10～50的范围内为例，讲解其操作。

>> 素材文件：素材\第1章\销售记录清单.xlsx

>> 效果文件：效果\第1章\销售记录清单.xlsx

1 选择单元格区域

❶打开素材文件，选择表格中所有销售数量所在的单元格区域，❷单击“数据”选项卡。

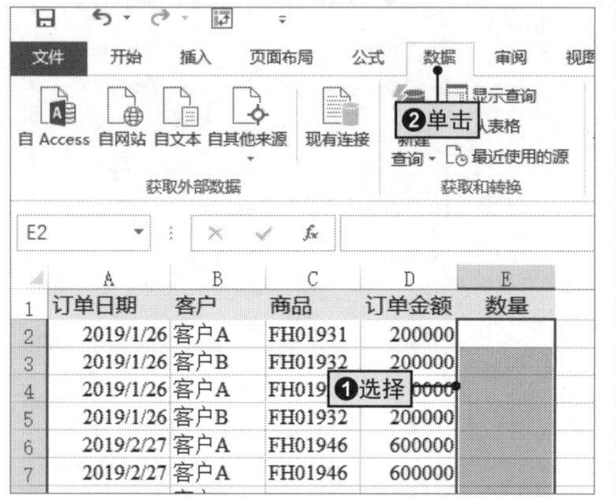

2 执行“数据验证”命令

❶单击“数据工具”组中的“数据验证”按钮右侧的下拉按钮，❷在弹出的下拉菜单中选择“数据验证”命令。

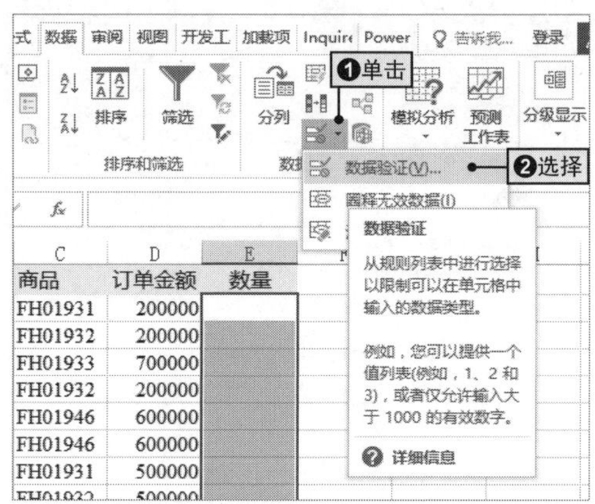

3 设置验证条件

在打开的“数据验证”对话框的“设置”选项卡的“允许”下拉列表框中选择“整数”选项。

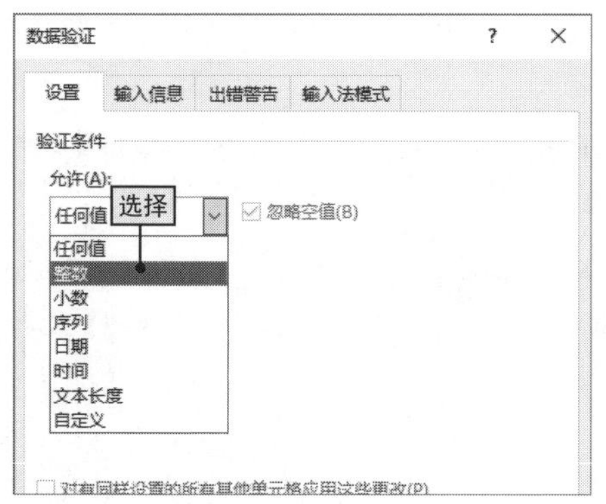

4 设置允许范围

❶在“数据”下拉列表框中选择“介于”选项，❷在“最小值”参数框中输入“10”，❸在“最大值”参数框中输入“50”。

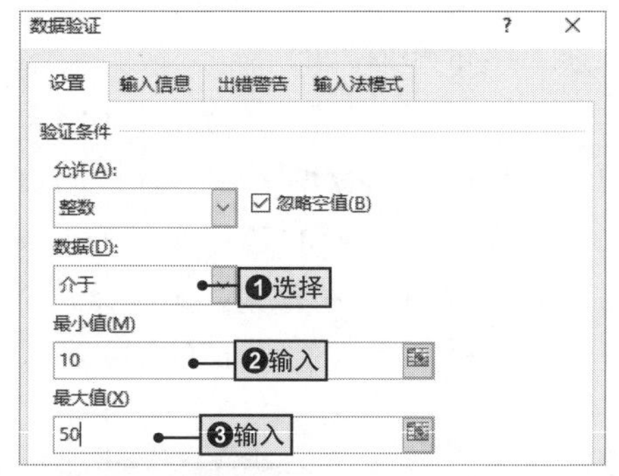

5 设置提示信息

❶单击“输入信息”选项卡，❷在“输入信息”列表框中输入“输入10～50之间的值”文本（本操作的作用是当用户选择单元格，准备输入数据时显示的提示信息），最后单击“确定”按钮关闭对话框。

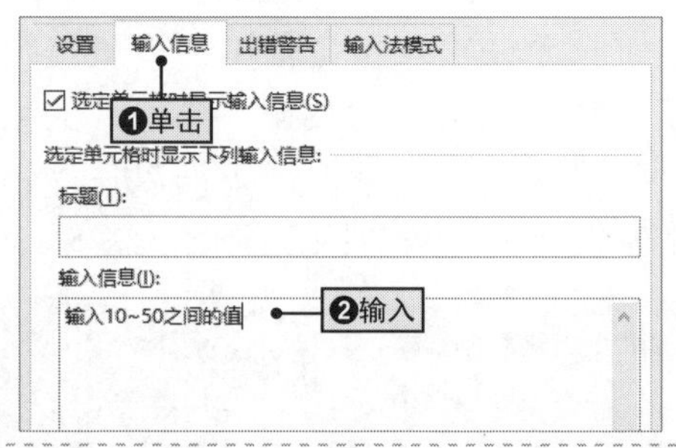

6 输入限定范围以外的数据

在返回的工作表中选择设置了数据验证的单元格，此时系统自动显示设置的输入提示，在其中输入数据“5”，按【Enter】键。

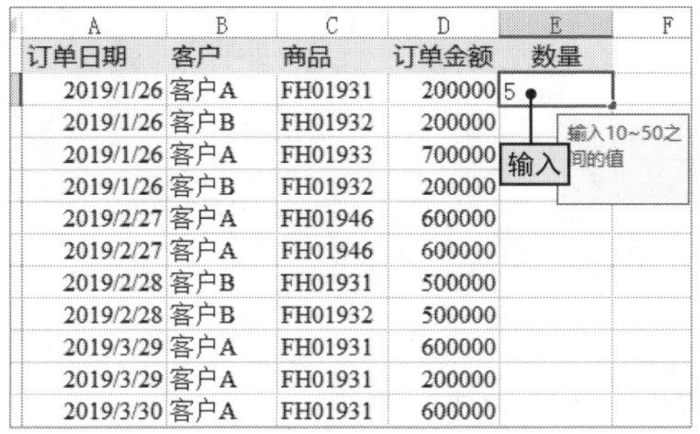

A	B	C	D	E	F
订单日期	客户	商品	订单金额	数量	
2019/1/26	客户A	FH01931	200000	5	
2019/1/26	客户B	FH01932	200000		
2019/1/26	客户A	FH01933	700000		
2019/1/26	客户B	FH01932	200000		
2019/2/27	客户A	FH01946	600000		
2019/2/27	客户A	FH01946	600000		
2019/2/28	客户B	FH01931	500000		
2019/2/28	客户B	FH01932	500000		
2019/3/29	客户A	FH01931	600000		
2019/3/29	客户A	FH01931	200000		
2019/3/30	客户A	FH01931	600000		

7 提示警告信息

程序自动判断非范围内的数据，并打开警告对话框提示输入的数据与数据验证的限制不匹配。单击“重试”按钮后可以重新开始输入。

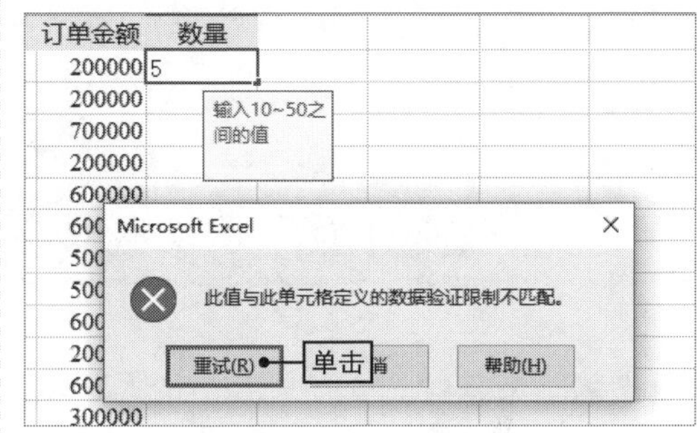

2 只允许输入指定的序列

只允许输入指定的序列是指设置有数据验证的单元格区域只允许输入特定的序列数据，对于序列以外的其他数据，将不能输入到单元格中。下面以在“员工信息统计”工作簿中将性别数据限制在“男,女”序列中为例，讲解相关的操作方法。

>> 素材文件：素材\第1章\员工信息统计.xlsx

>> 效果文件：效果\第1章\员工信息统计.xlsx

1 设置验证条件

打开素材文件，选择填写性别的单元格区域。❶打开“数据验证”对话框，在“允许”下拉列表框选择“序列”选项，❷在“来源”列表框中输入“男,女”文本（序列用英文逗号隔开）。

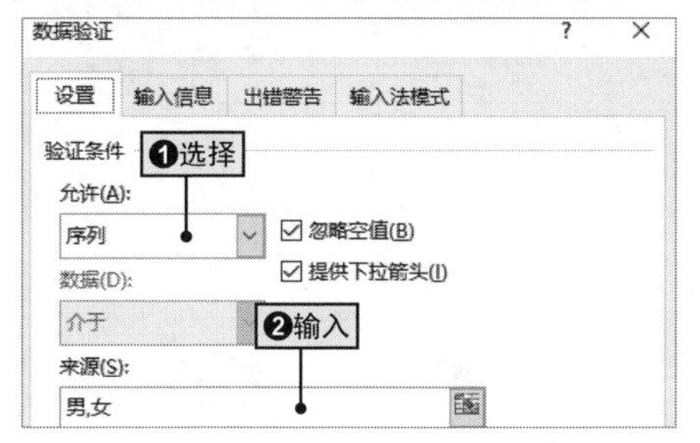

2 设置提示信息

❶单击“输入信息”选项卡，在“输入信息”列表框中输入“输入性别”文本，❷单击“确定”按钮关闭对话框。

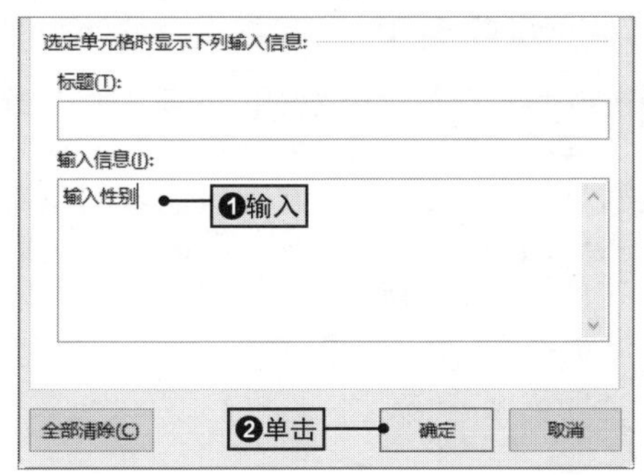

3 自定义限制条件

在“数据验证”对话框的“允许”下拉列表框中有整数、小数、序列、日期、时间、文本长度这几种系统内置的验证类型，如果这些数据验证类型无法满足用户的需要，用户还可以在该下拉列表框中选择“自定义”选项，通过用户输入自定义公式来设置数据的限制条件。下面以在“员工信息档案”工作簿中限定身份证号码的唯一性为例，讲解自定义限制条件的相关操作方法。

>> 素材文件：素材\第1章\员工信息档案.xlsx

>> 效果文件：效果\第1章\员工信息档案.xlsx

1 设置验证条件

打开素材文件，选择所有身份证号码的单元格区域，❶打开“数据验证”对话框，在“设置”选项卡“允许”下拉列表框中选择“自定义”选项，❷在“公式”参数框中输入“=COUNTIF($E$3:$E$40,E3)=1”公式。

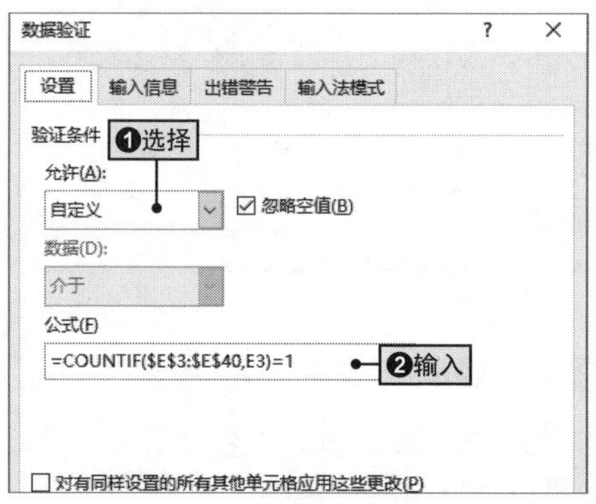

2 设置出错警告信息

❶单击“出错警告”选项卡，❷在“错误信息”列表框中输入“该身份证号码已经存在”文本（该操作的作用是当用户输入相同身份证号码时打开的警告对话框，提示错误），单击“确定”按钮确认设置的数据验证条件。

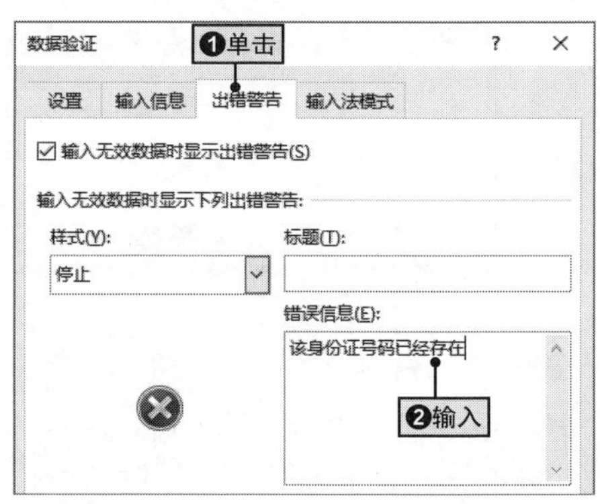

3 验证设置效果

❶在返回的工作表的E3单元格中输入身份证号码数据，在E4单元格中输入相同的数据，按【Enter】键确认输入后将打开警告对话框，提示该身份证号码已经存在的信息，❷单击“重试”按钮可以重新输入。

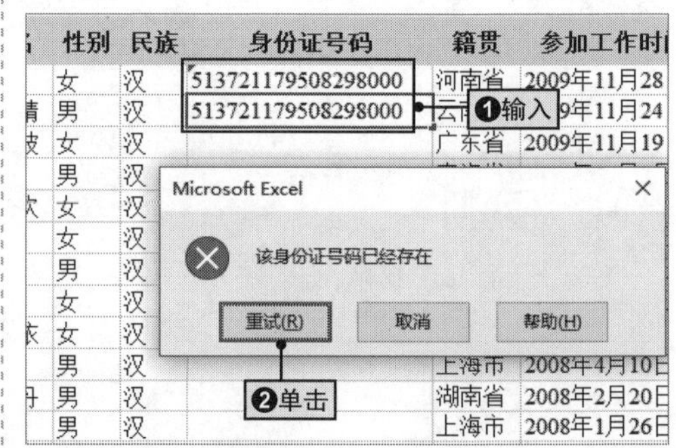

1.3 财务数据的安全管理

在使用Excel表格进行财会数据管理时，为了使整理好的数据不被其他人恶意修改，用户可以通过对工作表、单元格区域或工作簿设置密码，保证数据不丢失和不被破坏。

1.3.1　为工作表设置密码

在实际工作中，当财务人员完成数据统计后，为了保证数据的准确性和安全性，通常会为完成的工作表设置密码，只有正确地输入密码后才能对表格进行修改。

下面以为“二季度业绩统计”工作簿中设置密码为例，讲解为工作表设置密码的相关操作。

>> 素材文件：素材\第1章\二季度业绩统计.xlsx

>> 效果文件：效果\第1章\二季度业绩统计.xlsx

1 单击“保护工作表”按钮

❶打开素材文件，单击“审阅”选项卡，❷在“更改”组中单击“保护工作表”按钮打开“保护工作表”对话框。

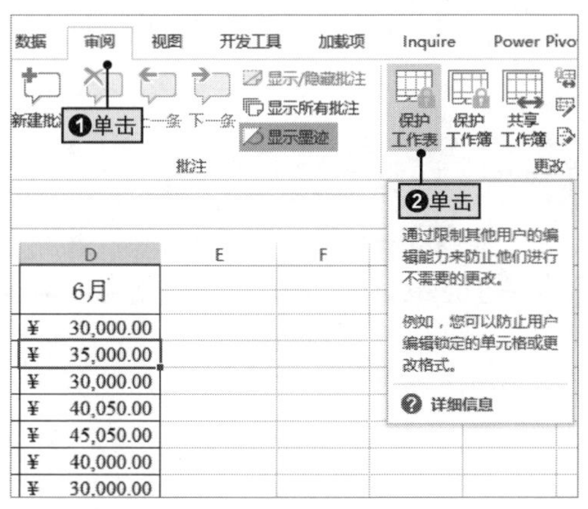

2 设置密码

❶在对话框的“取消工作表保护时使用的密码”文本框中输入密码（这里为123），❷单击“确定”按钮。

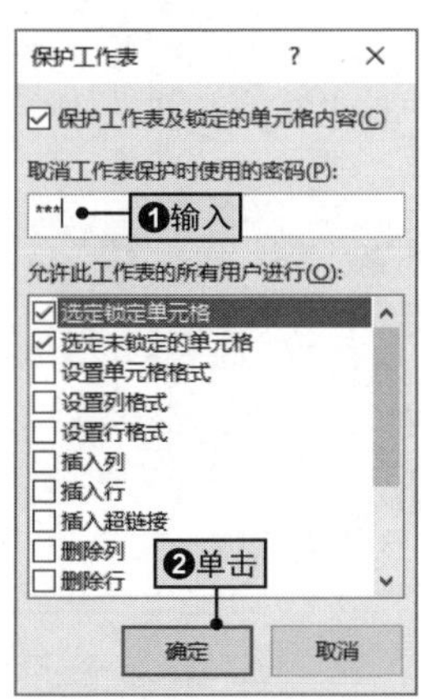

3 确认密码

❶在打开的“确认密码”对话框中再次输入上一步设置的密码，❷单击“确定”按钮。

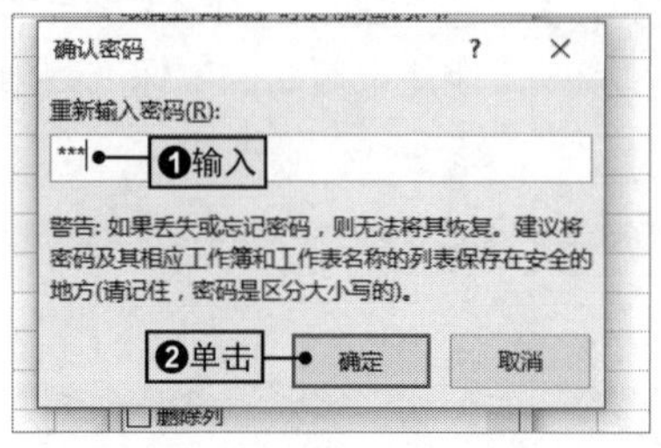

4 验证效果

完成设置后，选择工作表中任意单元格，进行编辑，则会打开提示对话框，提示不能进行编辑。

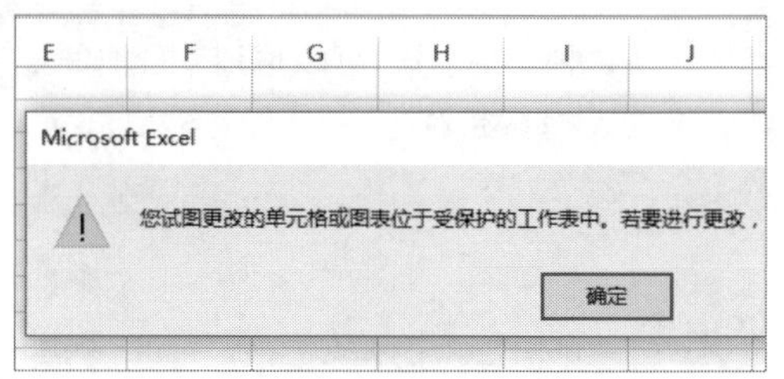

1.3.2 只允许编辑指定区域

对于一些填写功能的财会凭证与表单，如记账凭证、借款单、差旅费报销单等，为了防止其他人员在填表时对表格结构进行恶意修改，财会人员在完成这些表单的制作后，可以对其中的填写区域设置为允许编辑，其他区域设置为不可编辑。下面以只允许编辑“差旅费报销单”工作簿中指定的单元格区域为例，讲解其相关操作。

>> 素材文件：素材\第1章\差旅费报销单.xlsx

>> 效果文件：效果\第1章\差旅费报销单.xlsx

1 单击“对话框启动器”按钮

❶打开素材文件，选择所有允许编辑的单元格区域（即黄色单元格填充区域），❷单击“对齐方式”组中的“对话框启动器”按钮。

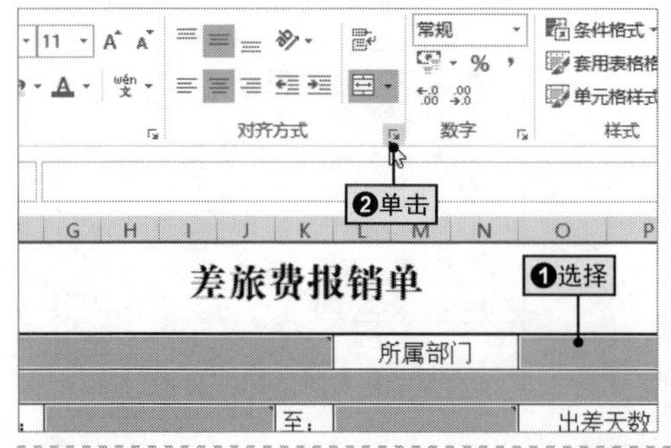

2 取消单元格的锁定状态

❶在打开的对话框中单击“保护”选项卡，❷取消选中“锁定”复选框，单击“确定”按钮。

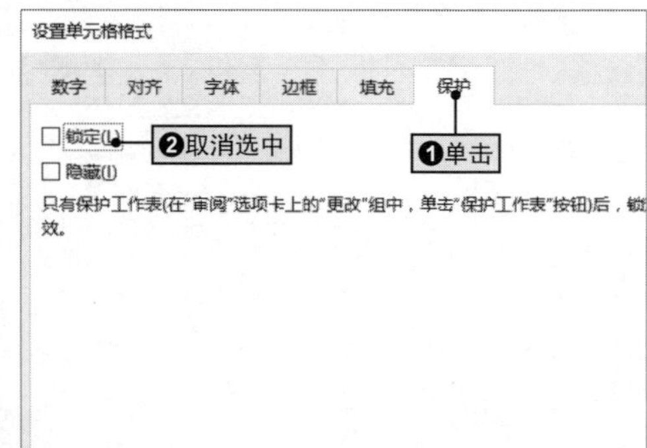

3 单击“允许用户编辑区域”按钮

在“审阅”选项卡下单击“允许用户编辑区域”按钮。

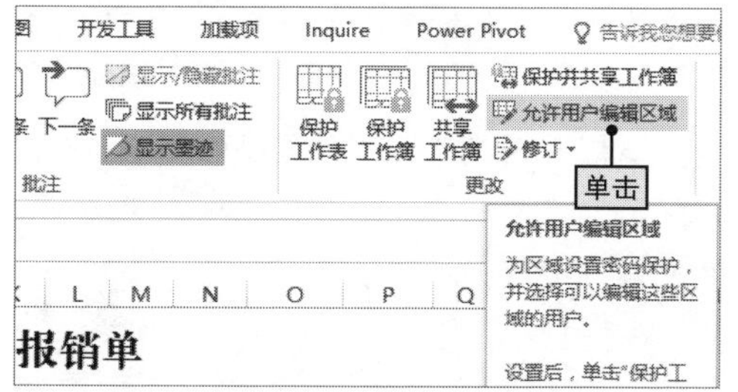

4 单击“新建”按钮

在打开的“允许用户编辑区域”对话框中单击“新建”按钮。

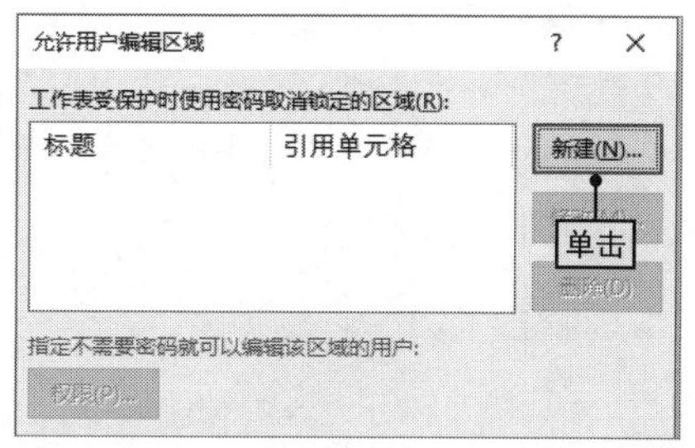

5 设置编辑区域

❶在打开的“新区域”对话框中单击“引用单元格”参数框右侧的折叠按钮，在表格中选择不能被编辑的区域，❷设置区域密码（这里为123），❸单击“确定”按钮。

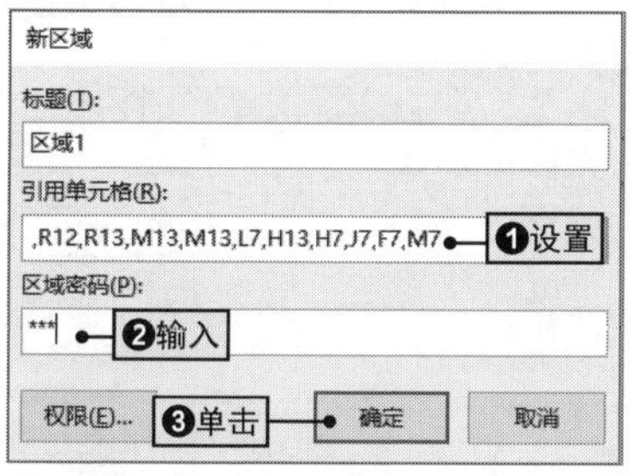

6 确认密码

❶在打开的“确认密码”对话框中的“重新输入密码”文本框中再次输入上一步骤中设置的密码，❷单击“确定”按钮。

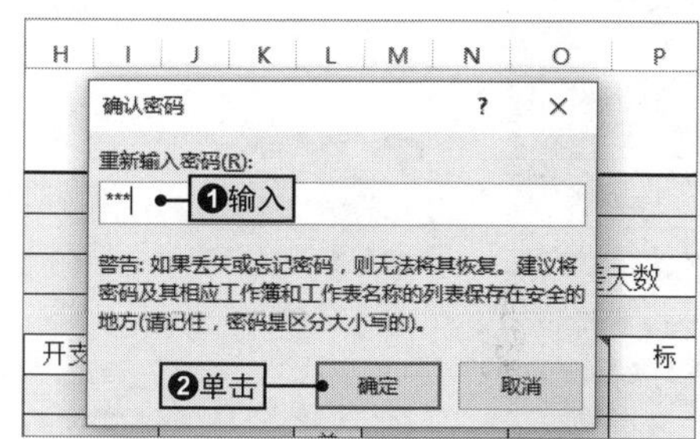

7 设置工作表密码和权限

在返回的对话框中单击“保护工作表”按钮打开“保护工作表”对话框，在“取消工作表保护时使用的密码”文本框中输入密码“456”，单击“确定”按钮。

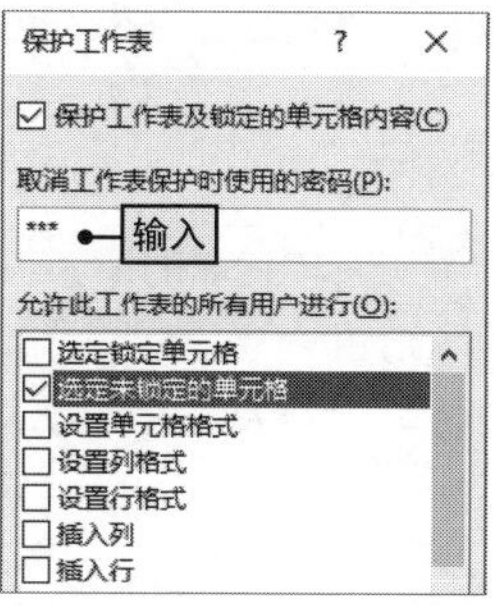

8 查看效果

在打开的对话框中确认设置的工作表保护密码后，返回工作表界面。此时在表格的白色单元格中将不能进行编辑，只能在黄色区域进行填写。

			所属部门		
自：		至：			出差天
票据张数	开支金额	核准金额	出差补助费	出差地点	天　数
	¥-	¥-		小	计

1.3.3 为工作簿设置打开与编辑密码

对于一些机密的财务数据，若不希望其他人查看，此时可以为文件设置一个打开权限密码；如果只允许部分有打开权限密码的人修改数据，此时再为文件设置一个修改权限密码，就可以防止没有修改权限密码的人员修改表格数据。

下面以为“年度业绩统计”工作簿设置打开权限密码和编辑权限密码为例，讲解其相关操作。

>> 素材文件：素材\第1章\年度业绩统计.xlsx

>> 效果文件：效果\第1章\年度业绩统计.xlsx

1 打开“另存为”界面

打开素材文件，❶单击“文件”选项卡，单击“另存为”选项卡，❷单击“浏览”选项打开“另存为”对话框。

2 执行“常规选项”命令

❶在对话框中选择保存位置，单击“工具”下拉按钮，❷选择“常规选项”命令打开“常规选项”对话框。

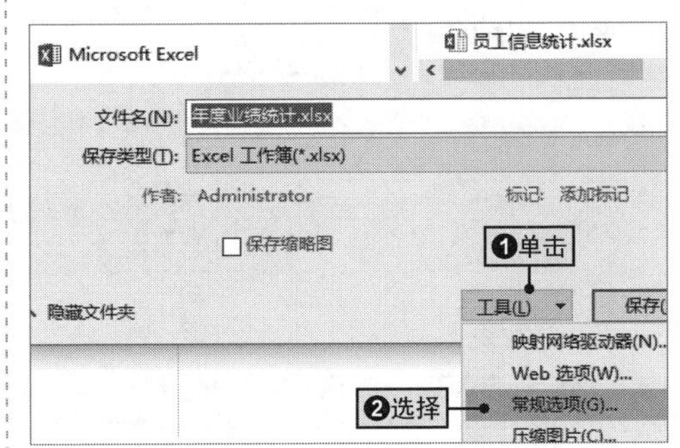

3 设置密码

❶在对话框中设置“打开权限密码”和“修改权限密码”（这里为123，但是在实际工作中，这两个密码最好不要设置为一样），❷选中“建议只读”复选框，❸单击“确定”按钮。

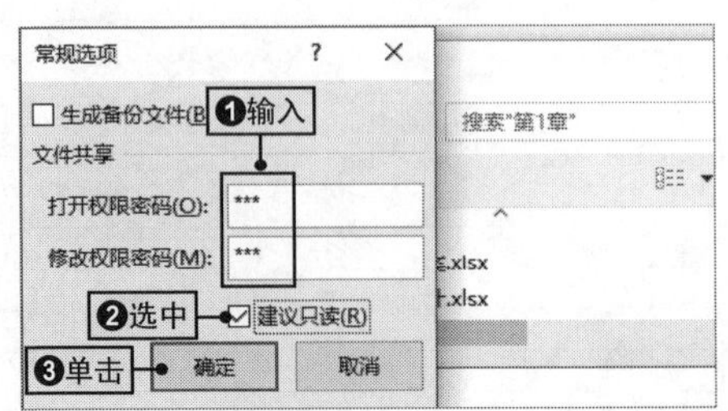

4 确认密码

❶在打开的“确认密码”对话框的文本框中输入设置的打开权限密码，❷单击“确定”按钮。

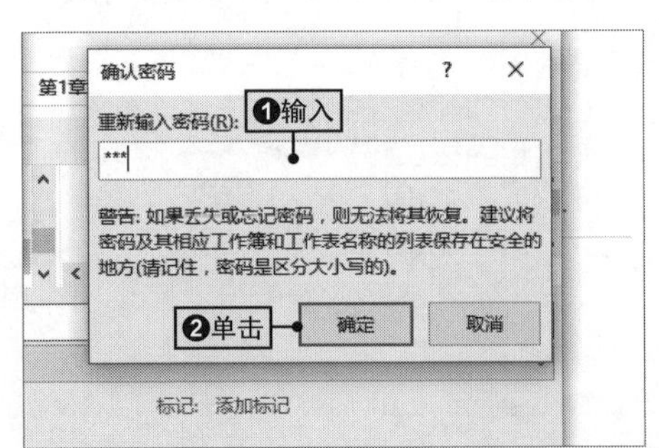

5 保存工作表

在打开的对话框确认设置的修改权限密码。在返回的“另存为”对话框中单击“保存”按钮，保存工作表。

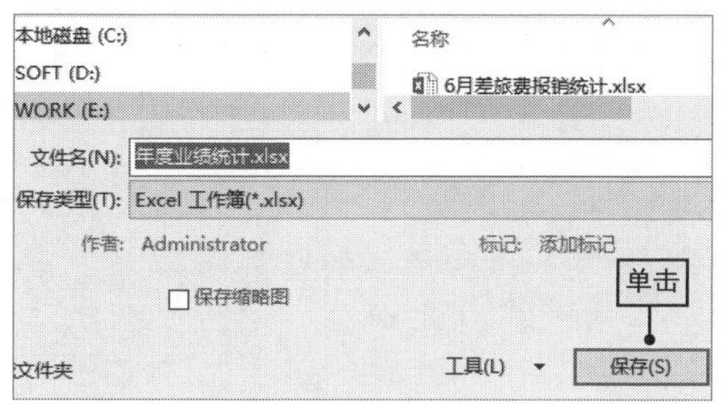

6 查看效果

重新打开工作簿系统会打开“密码”对话框，❶输入正确的打开权限密码后，❷单击“确定”按钮，会继续提示输入修改权限密码，如果不输入密码，❸可单击“只读”按钮只查看工作簿数据。

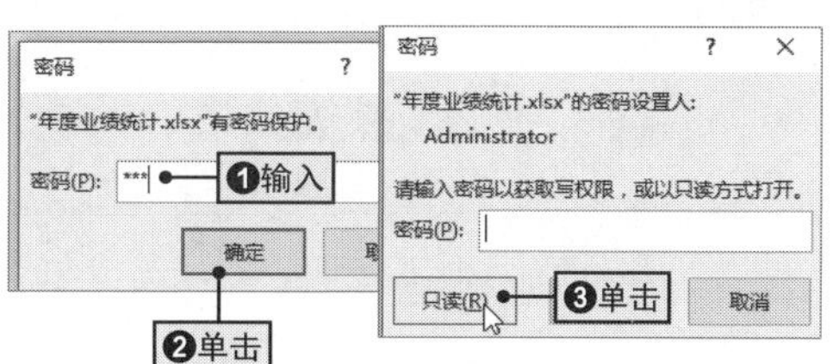

除了上述方法以外，用户还可以直接为工作簿设置打开权限密码。❶只需在“文件”选项卡单击“信息”选项卡，❷在“保护工作簿”下拉菜单中选择“用密码进行加密”命令，❸在打开的“加密文档”对话框中设置密码即可，如图1-7所示。

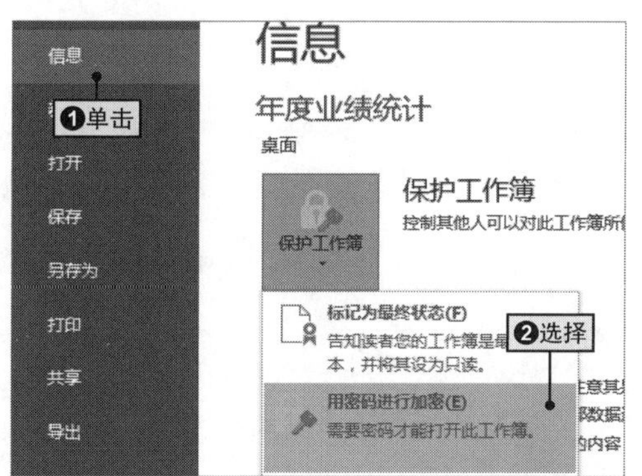

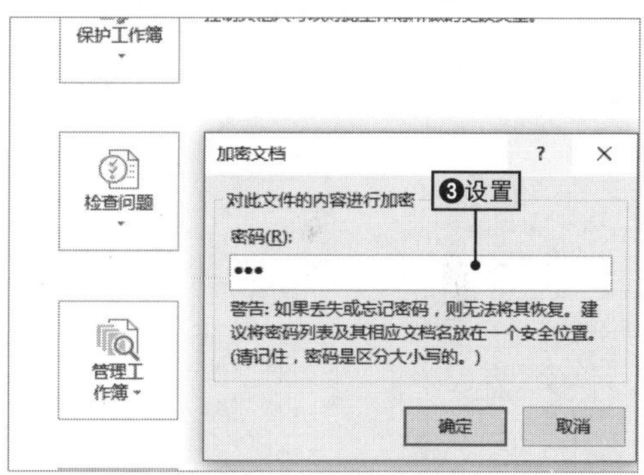

图1-7

1.4 工作表的打印操作

对于需要手动填写的表单，如借款单、差旅报销单、记账凭证等，或者需要装订成册的报表，都需要通过Excel的打印工作表功能将其打印出来。在打印之前，还需要根据表格属性设置页面布局、打印区域等。

1.4.1 设置页面布局

在进行财务数据统计中，一般不会在制作表格时进行页面设置，通常是在打印时根据其内容进行相应的设置。

页面布局包括页边距、纸张方向、纸张大小、打印区域以及打印标题等，下面逐一进行介绍。

◆ **页边距**：即打印表格时数据内容与纸张4个边缘的距离。❶在“页面布局”选项卡的“页面设置”组中单击“页边距”下拉按钮，❷在其下拉菜单中选择合适的页边距选项，或者在“页面设置”对话框中的“页边距”选项卡下进行设置，如图1-8所示。

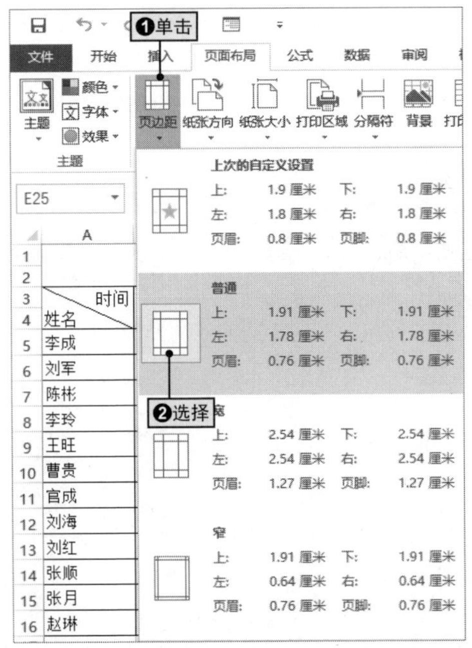

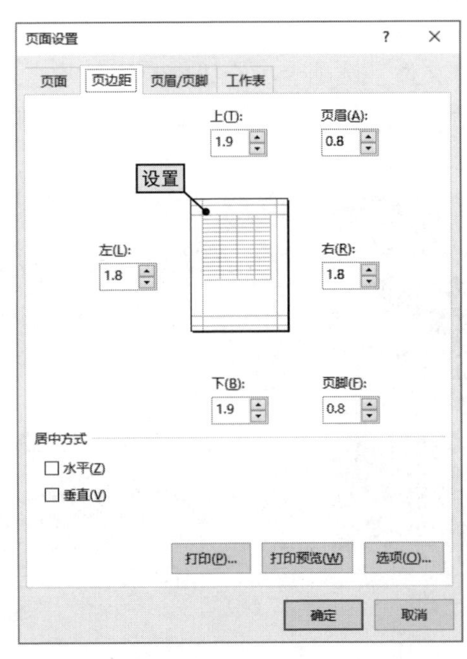

图1-8

◆ **纸张方向**：即表格在纸张中的方向，如横向、纵向，默认为纵向。

◆ **纸张大小**：即打印纸张的大小，默认为A4。

◆ **打印区域**：即指定需要打印的区域。选择需要打印的区域，在“页面设置”组的“打印区域”下拉菜单中选择“设置打印区域”命令即可。

◆ **打印标题**：即设置表格的打印标题，默认情况下不会打印标题。

1.4.2　预览打印效果

将打印表格的页面布局设置完成后，财务人员可以先对其进行预览，看是否需要调整。若需要，则可以返回到“页面设置”对话框进行设置；若不需要，则直接打印即可。

只需在“页面设置”对话框单击“打印预览”按钮即可进行预览，或单击“文件”选项卡，在“打印”选项卡下进行预览，如图1-9所示。

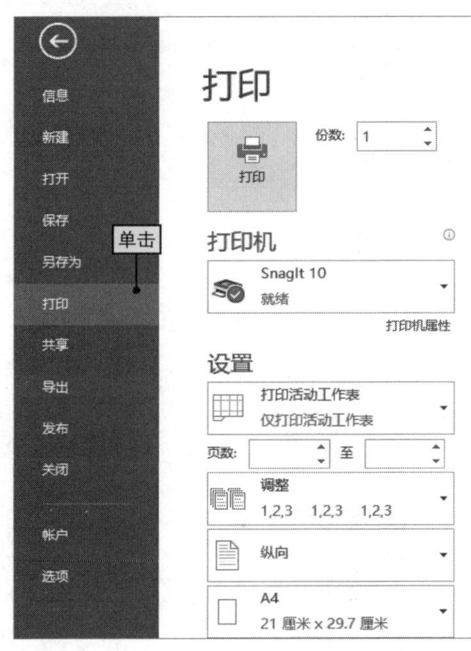

图1-9

1.4.3　打印表格的几种情况

确认待打印的表格设置无误后即可打印表格。在Excel中，打印表格有很多种情况，这里介绍两种常见打印情况的具体操作方法。

1　打印整个工作簿

财务人员若想要打印整个工作簿中的所有工作表，❶只需通过【Shift】键选择所有工作表标签，❷然后在“文件”选项卡的“打印”选项卡中单击“打印”按钮即可，如图1-10所示。

	B	C	D	
1–2	××公司员工年度业绩报表			
3–4	第一季度	第二季度	第三季度	
5	¥ 85,500.00	¥ 92,620.00	¥ 105,050.00	¥
6	¥ 62,100.00	¥ 85,050.00	¥ 90,060.00	¥
7	¥ 102,350.00	¥ 110,050.00	¥ 120,050.00	¥
8	¥ 100,050.00	¥ 120,050.00	¥ 130,000.00	¥
9	¥ 90,500.00	¥ 105,050.00	¥ 115,050.00	¥
10	¥ 85,000.00	¥ 92,620.00	¥ 105,050.00	¥
11	¥ 72,100.00	¥ [illegible]50.00	¥ 90,060.00	¥
12	¥ 92,350.00	¥ 100,050.00	¥ 110,050.00	¥
13	¥ 80,050.00	¥ 90,050.00	¥ 100,000.00	¥

2017 2018 ❶选择

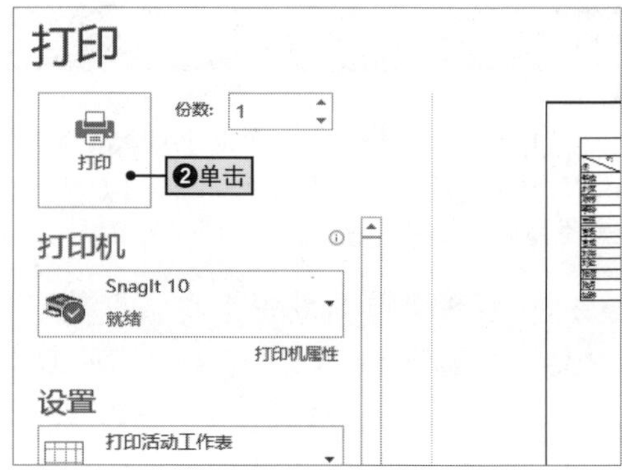

图1-10

2 打印多份表格

在实际工作中常常还有一次性打印多份的表格，如请假单、考勤表等，只需在“文件”选项卡的“打印”选项卡的“份数”数值框中输入需要打印的份数即可，如图1-11所示。

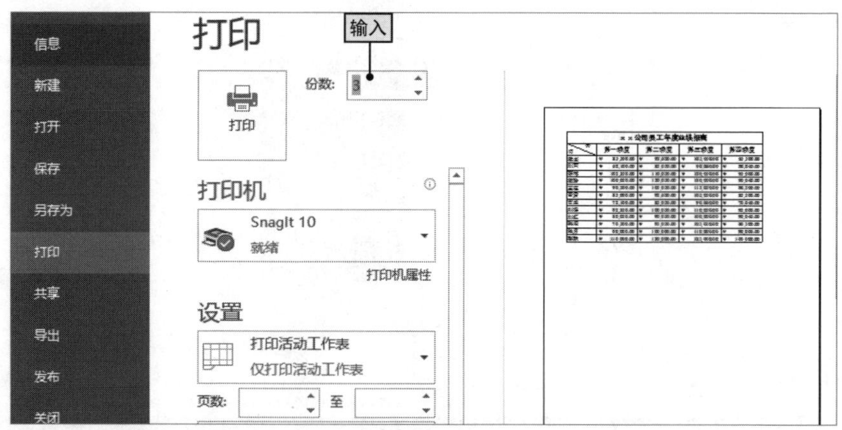

图1-11

第2章 02

为什么你的工作效率总是不高

本章导读

许多财务人员在处理财务数据时，总是效率特别低。这到底是为什么呢？本章将从Excel技术的灵活运用、表格制作的规范性以及批量处理数据这3个方面来分析工作效率低下的原因，对症下药，提高工作效率。

本章要点

数据的管理工具有哪些
数据的计算工具有哪些
数据的分析工具有哪些
报表中存在合并单元格
…………

2.1 熟知Excel技术方能灵活应用

想要用好Excel处理财会数据，需要先了解Excel中到底有哪些处理工具，以及明白这些工具的功能和用法。只有这样才能灵活使用Excel，高效、快捷地完成财会数据处理。

2.1.1 数据的管理工具有哪些

在Excel中，数据管理工具到底有哪些呢？其实主要包括数据排序、数据筛选以及分类汇总，下面分别进行介绍。

1 数据排序

数据排序就是按照指定的顺序对表格数据进行排列。用户可以通过关键字来对数据进行排序，但也不是所有的表格数据都可以使用排序功能。

如果表格的表头、表格内容包含了合并单元格，则不能使用排序功能进行数据排序。如图2-1所示为将销售额按从高到低的顺序进行排序。

	A	B	C	D	E	F
1	日期	负责人	城市	商品	销售额	
2	2019/7/12	孙晓	上海	美的KFR-35GW	¥ 344,000.00	
3	2019/7/13	张顺	上海	格力（GREE）	¥ 158,670.00	
4	2019/7/12	朱阳	重庆	戴尔Vostro 3470	¥ 154,980.00	
5	2019/7/13	王城	上海	戴尔Vostro 3470	¥ 126,000.00	
6	2019/7/13	王敏	杭州	联想(Lenovo)扬天M4000s	¥ 125,460.00	
7	2019/7/14	程天	成都	美的KFR-35GW	¥ 117,600.00	
8	2019/7/13	王宇	北京	格力（GREE）	¥ 111,800.00	
9	2019/7/14	周州	北京	戴尔Vostro 3470	¥ 98,800.00	
10	2019/7/13	曹成	重庆	美的KFR-35GW	¥ 95,200.00	

◀使用数据排序功能将表格按照销售额的高低进行排序。

图2-1

财务人员可根据实际情况选择不同的排序原则，在数据排序分析中，数字数据、文本数据、字符数据和时间数据是排序操作中关键字最常见的类型。

2 数据筛选

当数据量比较大时，财会工作人员如何快速挑选出指定的数据记录是一个比较令人头疼的问题。而对于这一问题，则可以利用Excel中的数据筛选功能从众多数据中筛选出需要的数据或者记录。

如图2-2所示为某家电销售明细表，在该表中，对各个城市的各个销售人员的销售额进行了详细记录。

	A	B	C	D	E	F
1	日期	负责人	城市	商品	销售额	
2	2019/7/12	扬天	上海	联想(Lenovo)扬天M4000s	¥ 29,900.00	
3	2019/7/13	宋治国	杭州	格力（GREE）	¥ 41,600.00	
4	2019/7/13	刘金	北京	美的KFR-35GW	¥ 46,000.00	
5	2019/7/14	张晓红	成都	格力（GREE）	¥ 49,400.00	
6	2019/7/13	刘天	北京	联想(Lenovo)扬天M4000s	¥ 52,900.00	
7	2019/7/12	方芳	杭州	戴尔Vostro 3470	¥ 62,400.00	
8	2019/7/14	王爱明	成都	联想(Lenovo)扬天M4000s	¥ 69,000.00	
9	2019/7/12	余晨	重庆	格力（GREE）	¥ 70,200.00	

图2-2

如图2-3所示为通过在“城市”列设置筛选条件，筛选出杭州和成都的所有销售记录。

	A	B	C	D	E
1	日期	负责人	城市	商品	销售额
3	2019/7/13	宋治国	杭州	格力（GREE）	¥ 41,600.00
5	2019/7/14	张晓红	成都	格力（GREE）	¥ 49,400.00
7	2019/7/12	方芳	杭州	戴尔Vostro 3470	¥ 62,400.00
8	2019/7/14	王爱明	成都	联想(Lenovo)扬天M4000s	¥ 69,000.00
10	2019/7/12	王丽娟	成都	戴尔Vostro 3470	¥ 73,600.00
11	2019/7/12	王泉	杭州	美的KFR-35GW	¥ 78,200.00
16	2019/7/14	程天	成都	美的KFR-35GW	¥ 117,600.00
17	2019/7/13	王敏	杭州	联想(Lenovo)扬天M4000s	¥ 125,460.00

◀使用数据筛选功能筛选出杭州和成都的所有销售记录。

图2-3

数据筛选的方式多种多样，如根据一个条件筛选、根据多个筛选条件筛选以及自定义条件筛选等。

各个筛选方式虽然不同，但都有一个共同点，即只将符合筛选条件的数据暂时存放到一个筛选容器中，当不需要时，又可以恢复到原始数据源状态，且整个筛选和恢复过程中原始数据不会被修改。

3 分类汇总

分类汇总即根据某个关键字，将具有相同值的数据记录整理到一起，从而方便对某一类数据进行汇总分析。

与数据排序工具相似，并不是所有的表格都可以进行分类汇总操作，其对原始数据表格的结构也有一定的要求。如果数据源是包含合并单元格的复杂表头，或者表头包含了空白单元格的普通二维表格，则不能使用分类汇总对数据进行汇总分析。

如图2-4所示为某公司7月21日到26日的销售统计记录，在该表中按日期记录了这段时间内各分店的销售情况。

	A	B	C	D	E	F	G
1	日期	产品编号	产品名称	单价	销售量	销售额	分店
2	2019/7/21	AB4210	爱宝（Aibao）AB4100	¥ 1,430.00	3	¥ 4,290.00	北京店
3	2019/7/21	NGP150	奈高屏风办公桌	¥ 4,900.00	5	¥ 24,500.00	北京店
4	2019/7/22	GN0081	公牛GN-B20A0	¥ 70.00	3	¥ 210.00	天津店
5	2019/7/22	NGP150	奈高屏风办公桌	¥ 4,900.00	5	¥ 24,500.00	天津店
6	2019/7/22	HP0235	惠普 （HP） 136w	¥ 1,150.00	4	¥ 4,600.00	北京店
7	2019/7/22	KM0230	科密 GP1500AF	¥ 1,000.00	1	¥ 10,000.00	天津店
8	2019/7/22	DL0230	得力14601	¥ 1,899.00	2	¥ 2,798.00	南京店
9	2019/7/25	DL0230	得力14601	¥ 1,899.00	2	¥ 2,798.00	北京店
10	2019/7/25	KM0230	科密 GP1500AF	¥ 1,000.00	1	¥ 10,000.00	北京店
11	2019/7/25	GN0081	公牛GN-B20A0	¥ 70.00	3	¥ 210.00	南京店
12	2019/7/25	NGP150	奈高屏风办公桌	¥ 4,900.00	5	¥ 24,500.00	南京店
13	2019/7/25	AB4210	爱宝（Aibao）AB4100	¥ 1,430.00	3	¥ 4,290.00	天津店

图2-4

如图2-5所示为根据日期对各分店的销售额数据进行了分类汇总，从而查看当天的总销售额值。

1	日期	产品编号	产品名称	单价	销售量	销售额	分店
2	2019/7/21	AB4210	爱宝（Aibao）AB4100	¥ 1,430.00	3	¥ 4,290.00	北京店
3	2019/7/21	NGP150	奈高屏风办公桌	¥ 4,900.00	5	¥ 24,500.00	北京店
4	**2019/7/21 汇总**					¥ 28,790.00	
5	2019/7/22	GN0081	公牛GN-B20A0	¥ 70.00	3	¥ 210.00	天津店
6	2019/7/22	NGP150	奈高屏风办公桌	¥ 4,900.00	5	¥ 24,500.00	天津店
7	2019/7/22	HP0235	惠普 （HP） 136w	¥ 1,150.00	4	¥ 4,600.00	北京店
8	2019/7/22	KM0230	科密 GP1500AF	¥ 1,000.00	1	¥ 10,000.00	天津店
9	2019/7/22	DL0230	得力14601	¥ 1,899.00	2	¥ 2,798.00	南京店
10	**2019/7/22 汇总**					¥ 42,108.00	
11	2019/7/25	DL0230	得力14601	¥ 1,899.00	2	¥ 2,798.00	北京店
12	2019/7/25	KM0230	科密 GP1500AF	¥ 1,000.00	1	¥ 10,000.00	北京店
13	2019/7/25	GN0081	公牛GN-B20A0	¥ 70.00	3	¥ 210.00	南京店
14	2019/7/25	NGP150	奈高屏风办公桌	¥ 4,900.00	5	¥ 24,500.00	南京店
15	2019/7/25	AB4210	爱宝（Aibao）AB4100	¥ 1,430.00	3	¥ 4,290.00	天津店
16	2019/7/25	HP0402	惠普（HP）M1136	¥ 1,150.00	3	¥ 3,450.00	天津店
17	**2019/7/25 汇总**					¥ 45,248.00	
18	2019/7/26	KM0230	科密 GP1500AF	¥ 1,000.00	1	¥ 10,000.00	南京店
19	2019/7/26	HP0402	惠普（HP）M1136	¥ 1,150.00	3	¥ 3,450.00	南京店
20	2019/7/26	GN0081	公牛GN-B20A0	¥ 70.00	3	¥ 210.00	北京店
21	2019/7/26	HP0235	惠普 （HP） 136w	¥ 1,150.00	4	¥ 4,600.00	南京店
22	2019/7/26	HP0402	惠普（HP）M1136	¥ 1,150.00	3	¥ 3,450.00	北京店
23	2019/7/26	DL0230	得力14601	¥ 1,899.00	2	¥ 2,798.00	天津店
24	2019/7/26	AB4210	爱宝（Aibao）AB4100	¥ 1,430.00	3	¥ 4,290.00	南京店
25	2019/7/26	HP0235	惠普 （HP） 136w	¥ 1,150.00	4	¥ 4,600.00	天津店
26	**2019/7/26 汇总**					¥ 33,398.00	
27	**总计**					¥ 149,544.00	

◀使用分类汇总功能按照日期将销售额进行汇总统计。

图2-5

2.1.2 数据的计算工具有哪些

可能提到数据计算，都会想到使用公式和函数完成，但其实在财务应用中数据计算并不仅仅只有两种，还有许多计算工具，如单变量求解、模拟运算表以及规划求解等，下面分别进行介绍。

1 公式和函数

公式和函数是Excel所有计算中最基础，也是最常用的工具。财务工作人员可使用公式和函数对报表数据进行计算和分析，从而提高工作效率。如图2-6所示为某公司员工年度业绩报表，在该表中，记录了各员工各季度的销售额。

	A	B	C	D	E
1-2	××公司员工年度业绩报表				
3-4	时间 姓名	第一季度	第二季度	第三季度	第四季度
5	李成	¥ 85,500.00	¥ 92,620.00	¥ 105,050.00	¥ 85,500.00
6	刘军	¥ 62,100.00	¥ 85,050.00	¥ 90,060.00	¥ 90,040.00
7	陈彬	¥ 102,350.00	¥ 110,050.00	¥ 120,050.00	¥ 95,000.00
8	李玲	¥ 100,050.00	¥ 120,050.00	¥ 130,000.00	¥ 90,040.00

图2-6

如图2-7所示为利用函数和公式对各员工一整年的销售额进行了计算，在表中可查看每个员工当年的总销售额。

1-2	××公司员工年度业绩报表					
3-4	时间 姓名	第一季度	第二季度	第三季度	第四季度	总额
5	李成	¥ 85,500.00	¥ 92,620.00	¥ 105,050.00	¥ 85,500.00	=SUM(B5:E5)
6	刘军	¥ 62,100.00	¥ 85,050.00	¥ 90,060.00	¥ 90,040.00	¥ 327,250.00
7	陈彬	¥ 102,350.00	¥ 110,050.00	¥ 120,050.00	¥ 95,000.00	¥ 427,450.00
8	李玲	¥ 100,050.00	¥ 120,050.00	¥ 130,000.00	¥ 90,040.00	¥ 440,140.00

◀使用函数和公式对各个员工的总销售额进行了计算。

图2-7

2 单变量求解

使用公式计算数据时，是根据变量得到数据结果。若当前已知数据结果，需要反过来计算当变量为何值时，得到已知的数据结果，即是单变量求解的过程。单变量求解是解决假定一个公式要取的某一结果值，其中变量的引用单元格应取值为多少的问题。

如图2-8所示，某企业通过在不同的利率下向银行贷款1500000元，偿还期限为5年，按等额分期付款方式，使用单变量求解每月的还款额数据的结果。

2	仅随利率变化的贷款			
3	筹资金额	还款期限（年）	年利率	月还款
4	¥ 1,500,000.00	5	4.75%	¥-28,135.37
5			5.00%	¥-28,306.85
6			5.75%	¥-28,825.15
7			6.35%	¥-29,243.95
8			6.10%	¥-29,069.00
9			6.20%	¥-29,138.90
10			6.30%	¥-29,208.91
11			6.35%	¥-29,243.95
12			6.40%	¥-29,279.01

图2-8

3 模拟运算表

模拟运算功能是指公式中一个或两个变量变化时对公式计算结果的影响，可分为单变量模拟运算和双变量模拟运算。因此，模拟运算功能也是求解方程问题。如图2-9所示为利用模拟运算表功能计算不同利率和不同还款期限下对应的月还款额，最后再将符合公司可采用的还款期限和能接受的利率标记出来。

B	C	D	E	F	G
贷款总额(元)	¥ 4,000,000.00				
最短期限(月)	60				可变利率
最小年利率	4.75%				
月还款额(元)	¥-75,027.65	4.75%	5.00%	5.75%	6.05%
还款期限（月）	60	¥-75,027.65	¥-75,484.93	¥-76,867.07	¥-77,424.24
	84	¥-56,066.95	¥-56,535.64	¥-57,956.01	¥-58,530.14
	120	¥-41,939.10	¥-42,426.21	¥-43,907.69	¥-44,508.70
	156	¥-34,416.45	¥-34,922.39	¥-36,465.92	¥-37,094.05
	180	¥-31,113.28	¥-31,631.75	¥-33,216.40	¥-33,862.42
	216	¥-27,584.28	¥-28,121.35	¥-29,766.78	¥-30,439.10
	240	¥-25,848.95	¥-26,398.23	¥-28,083.34	¥-28,772.74

◀计算出不同利率和不同还款期限下对应的月还款额。

图2-9

4 规划求解

规划求解功能可以直接或间接与目标单元格中公式相关的一组单元格进行处理，并找到目标单元格中公式的最优答案，即相当于对多元方程式组进行求解，常用于最大利润、最小成本等问题的处理。如图2-10所示为利用规划求解功能求出净现值最大的情况并对其投资可行性进行分析。

资金有限情况下的多项目投资决策分析（单位：万元）					
资金限额	¥ 1,300.00	投资回报率	11.00%	项目经营期	8
项目名称	第0年投资额	第1～8年净现金流量	净现值	选择标志	选择结果
茶项目	¥ 260.00	¥ 58.00	¥ 38.48	1	可投资
休闲阅读馆项目	¥ 360.00	¥ 71.00	¥ 5.37	0	不可投资
服装加香与设计项目	¥ 420.00	¥ 87.00	¥ 27.71	1	可投资
网络服务项目	¥ 320.00	¥ 61.00	¥ -6.09	0	不可投资
时尚银饰项目	¥ 300.00	¥ 62.00	¥ 19.06	1	可投资
投资资金合计	¥980.00				
净现值合计	¥85.25				

图2-10

2.1.3 数据的分析工具有哪些

在财务工作中，数据分析也是一项非常重要的工作，财务人员通过对数据进行分析，为公司决策提供可靠的依据。Excel中提供的数据分析工具有很多，常用的有图表工具、透视工具等。

1 图表工具

利用图表工具可以直观、清晰地展示出财务数据分析的结果，用来表现数据间的某种相对关系。在常规状态下，一般运用柱形图比较数据间的多少关系；用折线图反映数据间的趋势关系；用饼图表现数据间的比例分配关系。

如图2-11所示为使用饼图展示某公司整年的各项开支费用占比情况。

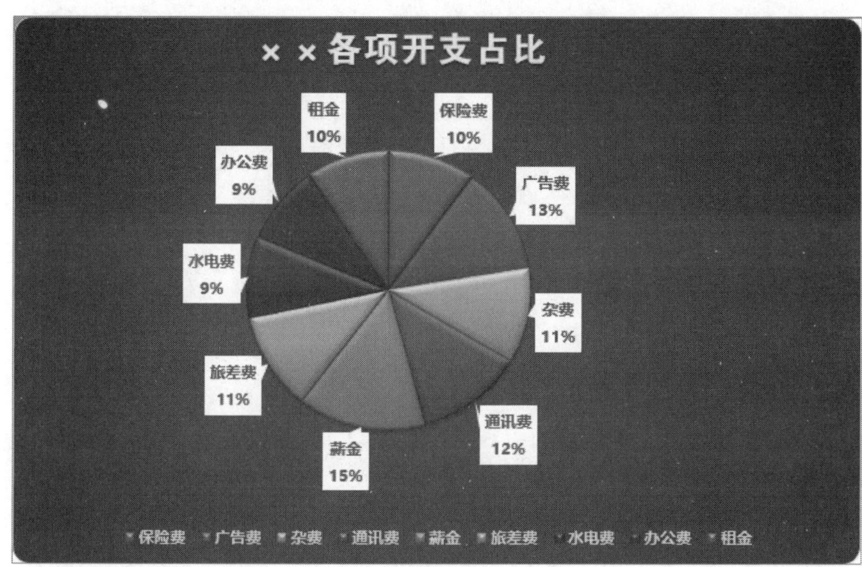

◀使用图表工具展示了某公司年度各项支出费用的占比情况。

图2-11

2 透视工具

对于数据量比较大的财务数据，为了更灵活地进行统计与分析，常使用透视工具来完成，主要包括数据透视表与数据透视图。

数据透视表是一种可以快速汇总大量数据和建立交叉列表的交互式表格。之所以称为数据透视表，是因为可以动态地改变表格的结构组成，以便按照不同目的分析数据。

如图2-12所示为某公司近段时间的销售记录表，在该表中详细记录了购货单位、发货仓库、规格型号、实发数量等信息，由于数据量比较大，在进行数据查看与分析时极为不便。

	D	E	F	G	H	I	J
1	购货单位	发货仓库	规格型号	实发数量	摘要	单位成本	成本
2	TS建材MD专卖店	MD仓库	MD微波炉BCD-208GSMN樱桃红繁花	4	2-33#凭证	1923.078	7692.31
3	TS建材MD专卖店	MD仓库	MD冷柜BCD-179DKMN白色	2	2-33#凭证	1128.205	2256.41
4	TS建材MD专卖店	MD仓库	MD冷柜BCD271VSM白色精彩下乡	2	2-33#凭证	1194.87	2389.74
5	TS建材MD专卖店	李文洁	MD微波炉BCD-195GMN月光银芙蓉	4	2-39#凭证	1658.12	6632.48
6	TS建材MD专卖店	李文洁	MD微波炉BCD-216TGMN水墨红	4	2-39#凭证	1973.505	7894.02
7	WH市东电器经营部	李文洁	MD微波炉BCD-216TGMN水墨红	2	2-39#凭证	1973.505	3947.01
8	WH市东电器经营部	李文洁	MD微波炉BCD-208GSMN樱桃红繁花	10	2-39#凭证	1923.077	19230.77
9	WH市东电器经营部	李文洁	MD微波炉BCD-195GMN魅力红芙蓉	10	2-39#凭证	1658.12	16581.2
10	WH市东电器经营部	李文洁	MD微波炉BCD-205GMN月光银芙蓉	4	2-39#凭证	1923.078	7692.31
11	WH市CD区家用电器商店	李文洁	MD微波炉BCD-208GSMN樱桃红繁花	4	2-39#凭证	1923.078	7692.31

图2-12

为了解决上述问题，财务人员可以利用数据透视表进行数据分析。如图2-13所示为对产品的单价进行了统计分析。

	A	B	C	D	E
3	行标签	平均单价	最大单价	最小单价	
4	MD广州小微波炉BCD-112CM闪白银	1050	1050	1050	
5	MD合肥大微波炉BCD-170QM闪白银	1162.5	1250	1100	
6	MD合肥大微波炉BCD-210TGSM水墨红	1905	2144	0	
7	MD合肥大微波炉BCD-213FTM闪白银	1743.4	1751	1733	
8	MD合肥大微波炉BCD-220UM银白拉丝	2252	2252	2252	
9	MD合肥大微波炉BCD-228UTM银白拉丝	2932	2932	2932	
10	MD合肥大微波炉BCD-253UTM银白拉丝	3500	3500	3500	
11	MD冷柜BC/BD-199VMN白色	1228.75	1229	1228	
12	MD冷柜BC/BD-297KMN白色	1574	1574	1574	

◀使用数据透视表分析产品的销售单价。

图2-13

在使用数据透视表进行数据分析后，数据透视表中数据也可以图表的方式进行展示，这就是数据透视图。如图2-14所示为某公司各产品月营业收入的结构占比分析图表。

	商品类型	求和项:金额
4	国标丝杆	989299.736
5	六角螺母	1065456.667
6	螺纹套	460612.14
7	膨胀螺丝钉	424965.24
8	轴承	400751.097
9	总计	3341084.88

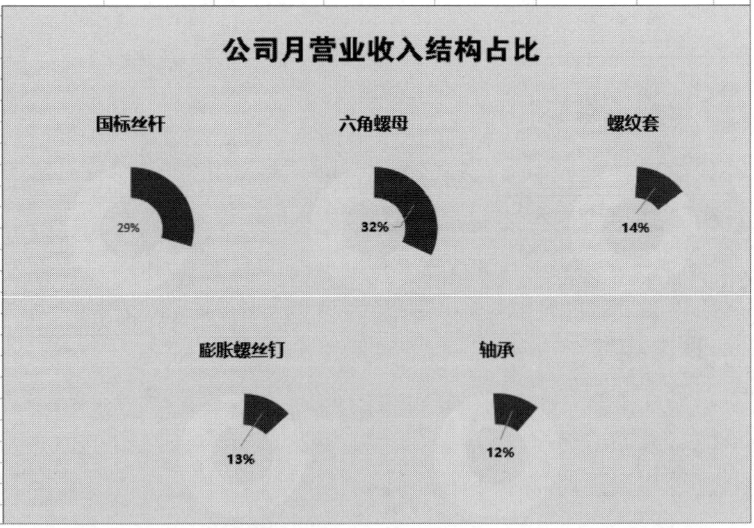

图2-14

因为数据透视图是在数据透视表的基础上创建的，因此二者是动态关联的关系，即当数据透视表中的数据更新后，数据透视图的对应数据也会随之发生变化。

2.2 表格不规范是效率低的基本原因

许多时候，一些简单的数据处理操作也会花费财务人员大量的时间，这其中大部分是因为最初设计的表格结构不规范，数据不规范等问题，导致Excel中的一些自动处理功能不能使用，不得不选用人工手动操作，从而导致工作效率不高。

2.2.1 报表中存在合并单元格

在源数据表格中合并单元格是最常见的。这是因为许多时候为了统计查看的方便会将某些部分进行合并，这种操作看似可以让数据更加清晰，其实对表格的破坏性是极大的。合并单元格后在一定程度上会影响数据分析，因为合并以后，Excel程序只能识别到首个单元格有数据，其他的都是空白单元格。

如图2-15所示的表格中可看到G4:G12单元格区域的内容都是“库存现金”，但其实只有G4单元格有数据，其余均为空白单元格。在进行数据筛选时，也只能得到部分记录。不仅如此，合并单元格还可能造成整个数据区域的单元格大小不一，在进行排序时会提示错误等。因此，在制作报表时不应存在合并单元格。

	D	E	F	G	H	I	J
2	摘要	借方		贷方			
3		账户名称	金额	账户名称	金额		
4	购办公用品	管理费用	¥ 320.00		¥ 320.00		
5	王石借领差旅费	其他应收款	¥ 600.00		¥ 600.00		
6	发放工资	应付职工薪酬	¥ 112,000.00		¥ 112,000.00		
7	偿还银行借款	短期借款	¥ 50,000.00		¥ 50,000.00		
8	提取现金	库存现金	¥ 1,000.00	库存现金	¥ 1,000.00		
9	提现备发工资		¥ 112,000.00		¥ 112,000.00		
10	归还××公司货款	应付账款	¥ 15,500.00		¥ 15,500.00		
11	购进A、B材料		¥ 8,200.00		¥ 8,200.00		
12	购进D材料	原材料	¥ 22,000.00		¥ 22,000.00		

会计分录　科目汇总表

图2-15

2.2.2 单元格中存在复合数据

专业的事情应该由专业的工具来完成，而Excel作为一种数据处理工具，看重的就是数据属性。因此，对于表格中单元格不能存在复合数据，即不同属性的数据不能放在一个单元格中，就好比账号和密码需要分开填写一样。

如图2-16所示为某企业销售情况记录表，在该表中将货主地址和货主姓氏记录在了一个单元格内。

	A	B	C	D	E	F
1	订单ID	客户ID	运货费	货主信息	货主城市	货主地区
2	10248	ALFKI	¥1,357.00	光明北路 124 号/余小姐	北京	华北
3	10249	ANATR	¥9,879.00	青年东路 543 号/谢小姐	济南	华东
4	10250	ANTON	¥469.00	光化街 22 号/谢小姐	秦皇岛	华北
5	10251	AROUT	¥6,890.00	清林桥 68 号/陈先生	南京	华东
6	10252	BERGS	¥967.00	东管西林路 87 号/刘先生	长春	东北
7	10253	BLAUS	¥1,200.00	新成东 96 号/谢小姐	长治	华北
8	10254	BLONP	¥1,200.00	汉正东街 12 号/林小姐	武汉	华中
9	10255	BOLID	¥4,659.00	白石路 116 号/方先生	北京	华北
10	10256	BONAP	¥6,778.00	山大北路 237 号/何先生	济南	华东

图2-16

下面以将“订单表”工作表中的“货主信息”列分为“地址”列和“货主”列为例，讲解其相关操作。

>> 素材文件：素材\第2章\销售情况详细记录.xlsx

>> 效果文件：效果\第2章\销售情况详细记录.xlsx

1 选择分列数据列

打开素材文件，切换到“订单表”工作表，❶在“货主信息”列后插入空白列，❷选择“货主信息”列的所有单元格。

D	E	F
货主信息	❶插入	货主城市
光明北路 124 号/余小姐		北京
青年东路 543 号/谢小姐		济南
光化街 22 号/谢小姐		秦皇岛
清林桥 68 号/陈先生		南京
东管西林路 87 号/刘先生		长春
新成东 96 号/谢小姐		长治
汉正东街 12 号/林小姐		武汉
白石路 116 号/方先生		北京
山大北路 237 号/何先生		济南
清华路 78 号/王先生	❷选择	上海
经三纬四路 48 号/王先生		济南

2 单击“分列”按钮

在“数据”选项卡的“数据工具”组中单击“分列”按钮。

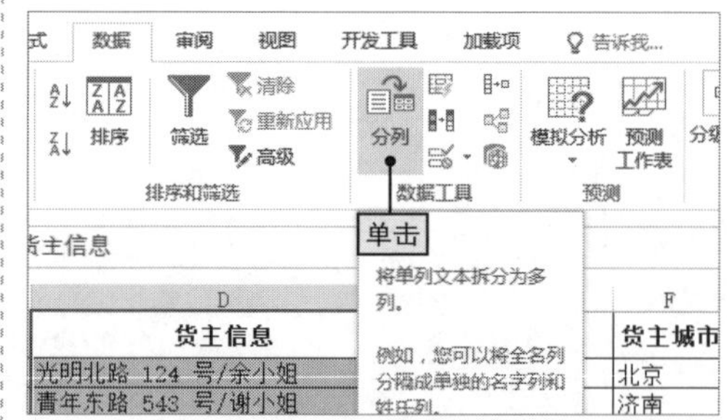

3 选择分列方法

在打开的“文本分列向导-第1步，共3步”对话框中选中“分隔符号”单选按钮，单击“下一步”按钮。

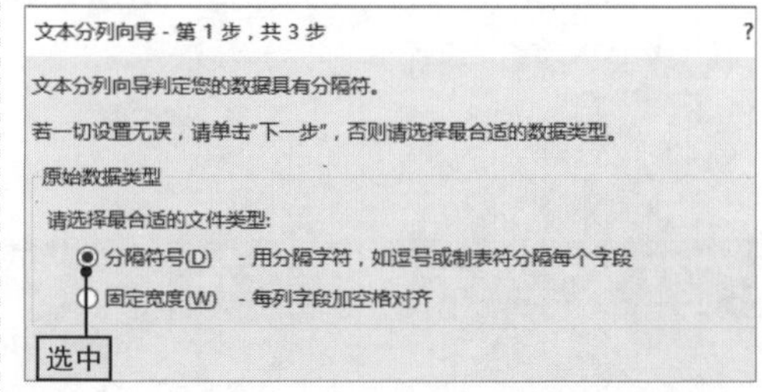

4 设置分列参数

在打开的对话框中仅选中“其他”复选框，并在符号框中输入“/”，单击“下一步”按钮。

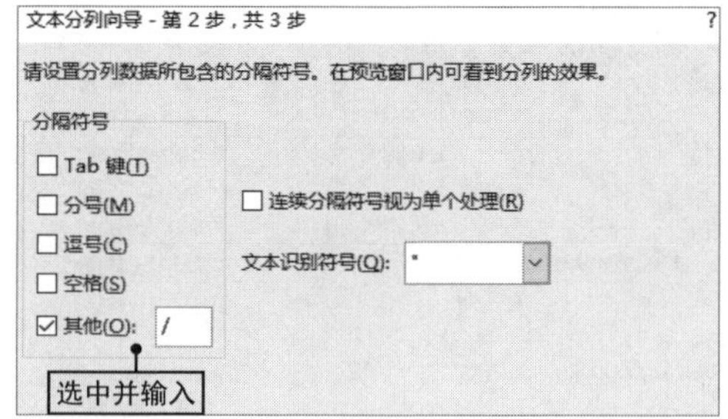

5 完成分列

在打开的对话框中直接单击“完成”按钮，在打开的提示对话框中单击“确定”按钮即可完成。

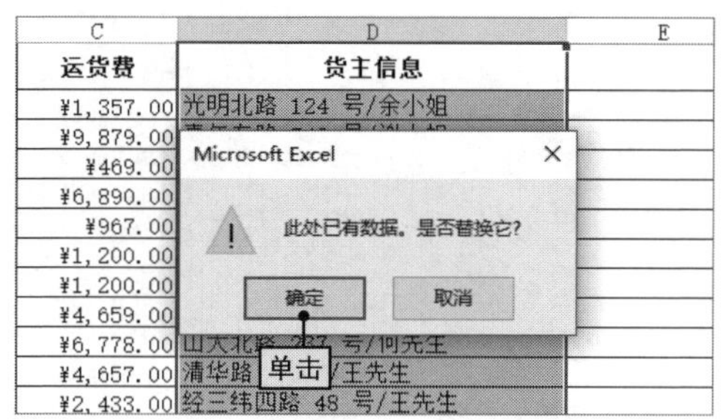

6 查看效果

完成后，即可在返回的表格中查看分列效果，然后对这两列数据列重新命名为“地址”和“货主”。

C	D	E
运货费	地址	货主
¥1,357.00	光明北路 124 号	余小姐
¥9,879.00	青年东路 543 号	谢小姐
¥469.00	光化街 22 号	谢小姐
¥6,890.00	清林桥 68 号	陈先生
¥967.00	东管西林路 87 号	刘先生
¥1,200.00	新成东 96 号	谢小姐
¥1,200.00	汉正东街 12 号	林小姐

查看

2.2.3 表格数据残缺不全

在进行表格制作时，可能会遇到数据缺失的情况，主要分为两种：一种是数据区域中间缺少，如图2-17所示中的黄色单元格。从业务逻辑上看，没有数据就不填写，无可厚非。但如果数据源表要进行分类汇总的话，作为一张数据源表格，没有数据也不能留白，否则会影响数据分析的结果。

	A	B	C	D	E	F	G	H
1	订单日期	订单号	商品名称	商品类型	商品编号	商品毛重	单价	数量
2	2019/7/1	N010248	316不锈钢国标丝杆	国标丝杆	12530273329	1.0kg	¥ 16.00	1254
3		N010248	304不锈钢螺纹套	螺纹套	11144247318	200.00g	¥ 0.26	150000
4		N010248	304不锈钢螺纹套	螺纹套	11144247317	200.00g	¥ 0.18	130000
5	2019/7/2	N010249	304不锈钢六角螺母	六角螺母	12531369200	1.0kg	¥ 4.20	8600
6		N010249	金属螺杆轴承	轴承	49375069281	100.00g	¥ 15.58	1025
7	2019/7/4	N010250	304不锈钢膨胀螺丝钉	膨胀螺丝钉	12591771769	1.0kg	¥ 3.50	8674
8		N010250	304不锈钢国标丝杆	国标丝杆	12530273336	1.0kg	¥ 9.60	1600
9		N010250	316不锈钢国标丝杆	国标丝杆	12530273320	1.0kg	¥ 31.00	568
10	2019/7/5	N010251	304不锈钢国标丝杆	国标丝杆	12530273334	1.0kg	¥ 7.10	1200
11		N010251	304不锈钢国标丝杆	国标丝杆	12530273336	1.0kg	¥ 9.60	1500
12		N010252	316不锈钢六角螺母	六角螺母	12531376602	1.0kg	¥ 7.50	9564
13		N010252	316不锈钢国标丝杆	国标丝杆	12530273319	1.0kg	¥ 98.00	145
14		N010253	316不锈钢国标丝杆	国标丝杆	12530273319	1.0kg	¥ 98.00	754
15		N010253	316不锈钢六角螺母	六角螺母	12531376612	1.0kg	¥ 5.90	12854
16		N010253	304不锈钢国标丝杆	国标丝杆	12530273336	1.0kg	¥ 9.60	6985

图2-17

另一种是单元格从未被填写过，或者填写的数据已被完全删除。对于这类情况，在数据区域数值部分的空白单元格要填上“0”，文本部分的空白单元要填上相应的文本数据，如图2-18所示。

3	商品名称				
4		QDD	WH02	XB05	DQA01	总计
5	GH01931	¥ 2,700,000.00	¥ 2,200,000.00	¥ 500,000.00	未订购	¥ 5,400,000.00
6	GH01932	¥ 2,900,000.00	¥ 3,200,000.00	¥ 1,900,000.00	¥ 200,000.00	¥ 8,200,000.00
7	GH01933	¥ 1,300,000.00	¥ 700,000.00	未订购	未订购	¥ 2,000,000.00
8	GH01946	¥ 2,700,000.00	¥ 600,000.00	未订购	未订购	¥ 3,300,000.00
9	GH01950	¥ 2,200,000.00	¥ 2,800,000.00	未订购	¥ 400,000.00	¥ 5,400,000.00
10	GH01951	未订购	¥ 300,000.00	未订购	未订购	¥ 300,000.00
11	GH01952	未订购	¥ 700,000.00	未订购	¥ 700,000.00	¥ 1,400,000.00
12	GH01934	未订购	¥ 500,000.00	¥ 700,000.00	未订购	¥ 1,200,000.00
13	GH01947	¥ 1,700,000.00	¥ 1,100,000.00	未订购	未订购	¥ 2,800,000.00
14	GH01948	未订购	¥ 200,000.00	未订购	¥ 300,000.00	¥ 500,000.00
15	GH01949	¥ 400,000.00	¥ 200,000.00	¥ 1,600,000.00	未订购	¥ 2,200,000.00
16	GH01953	¥ 500,000.00	未订购	未订购	未订购	¥ 500,000.00
17	GH01954	¥ 200,000.00	未订购	未订购	未订购	¥ 200,000.00
18	总计	¥ 14,600,000.00	¥ 12,500,000.00	¥ 4,700,000.00	¥ 1,600,000.00	¥ 33,400,000.00

图2-18

2.2.4 滥用小计和合计

有时财务人员会一边记录数据一边添加汇总行，这种表格结构使得数据分析极为不便，如图2-19所示的销售记录表中记录员手动添加了每日的小计行。

	A	B	C	D	E	F	G	H
1	订单日期	订单号	城市	商品名称	单价	数量	折扣	金额
2	2019/7/26	N010280	遵义	304不锈钢螺纹套	¥ 0.26	12854	0%	¥ 3,342.04
3	2019/7/26	N010280	遵义	304不锈钢螺纹套	¥ 0.18	6985	0%	¥ 1,257.30
4	2019/7/26	N010280	遵义	316不锈钢国标丝杆	¥ 16.00	368	78%	¥ 4,592.64
5	2019/7/26	N010281	合肥	304不锈钢国标丝杆	¥ 15.00	5468	0%	¥ 82,020.00
6	2019/7/26	N010281	合肥	金属螺杆轴承	¥ 15.58	965	78%	¥ 11,727.07
7	小计：							¥ 102,939.05
8	2019/7/29	N010282	金昌	304不锈钢国标丝杆	¥ 15.00	867	0%	¥ 13,005.00
9	2019/7/29	N010282	金昌	304不锈钢六角螺母	¥ 5.80	685	0%	¥ 3,973.00
10	小计：							¥ 16,978.00
11	2019/7/30	N010283	西宁	316不锈钢国标丝杆	¥ 98.00	457	0%	¥ 44,786.00
12	2019/7/30	N010283	西宁	304不锈钢国标丝杆	¥ 7.10	8796	72%	¥ 44,965.15
13	2019/7/30	N010283	西宁	304不锈钢膨胀螺丝钉	¥ 2.80	4578	0%	¥ 12,818.40
14	小计：							¥ 102,569.55
15	2019/7/31	N010284	长沙	304不锈钢国标丝杆	¥ 7.10	9832	0%	¥ 69,807.20
16	2019/7/31	N010284	长沙	304不锈钢膨胀螺丝钉	¥ 2.80	12000	77%	¥ 25,872.00
17	2019/7/31	N010285	怀化	金属螺杆轴承	¥ 15.58	685	0%	¥ 10,672.30
18	2019/7/31	N010285	怀化	304不锈钢国标丝杆	¥ 7.10	7856	0%	¥ 55,777.60
19	2019/7/31	N010286	荆州	316不锈钢六角螺母	¥ 7.50	864	75%	¥ 4,860.00
20	2019/7/31	N010286	荆州	304不锈钢螺纹套	¥ 0.18	67500	0%	¥ 12,150.00
21	2019/7/31	N010286	荆州	金属螺杆轴承	¥ 15.58	681	0%	¥ 10,609.98
22	小计：							¥ 189,749.08

图2-19

在使用Excel工作时，一般都是先录入数据，然后处理数据，最后分析数据。因此，一般在录入数据时不需要进行合并数据或添加小计行。对于数据量比较大、制作起来也比较麻烦的表格，如果做好后还经常会出现临时调整的情况，这就会更加增添多余的工作量。

2.3 不会批量处理工作效率难以提高

财务人员在处理数据量比较大但其内容相同的工作表时，如果逐个进行处理则需要花费大量的时间，而且极容易出错。因此，学会批量处理是很有必要的，否则难以提高工作效率。

2.3.1 利用工作组批量操作多个工作表

在财务应用中，可能一次要对多个同类型的工作表进行编辑操作，例如制作或编辑一式三联的借款单。如果逐个进行操作则效率比较低，这时就可以利用工作组对多个工作表进行批量操作。

所谓工作组就是将多张工作表组成一个整体，制作者只需要在一张工作表中进行操作，其他工作表对应的位置也会发生相应的变化，从而实现多个工作表的批量操作。

在财务表格的制作过程中，如果多张表格的某部分结果相同或者相似，就可以使用工作组的方式批量对多个表格进行编辑。

如图2-20所示为某公司二季度各月工资明细，且表格结构布局都一样，由于记录的时候不小心将员工刘晓明写成了刘小明，现需要将其更正过来。

4月工资明细

员工编号	员工姓名	性别	部门	基本工资	应发工资
YGBH1001	李丹				
YGBH1002	杨陶				
YGBH1003	刘小明				
YGBH1004	张嘉				
YGBH1005	张炜				
YGBH1006	李聃				

5月工资明细

员工编号	员工姓名	性别	部门	基本工资	应发工资
YGBH1001	李丹				
YGBH1002	杨陶				
YGBH1003	刘小明				
YGBH1004	张嘉				
YGBH1005	张炜				
YGBH1006	李聃				

6月工资明细

员工编号	员工姓名	性别	部门	基本工资	应发工资
YGBH1001	李丹	女	市场部	¥ 3,500.00	¥ 6,880.00
YGBH1002	杨陶	女	市场部	¥ 3,500.00	¥ 6,528.00
YGBH1003	刘小明	男	市场部	¥ 3,500.00	¥ 6,380.00
YGBH1004	张嘉	男	财务部	¥ 4,000.00	¥ 7,180.00
YGBH1005	张炜	男	财务部	¥ 4,000.00	¥ 6,480.00
YGBH1006	李聃	男	财务部	¥ 4,000.00	¥ 7,030.00

图2-20

对于这种表格，因为其结构布局相同，财务人员只需选择所有表格，然后在其中一个表格进行修改，其他表格也会相应修改，如图2-21所示。

二季度工资明细.xlsx [工作组] - Excel

插入 页面布局 公式 数据 审阅 视图 开发工具 加载项 Inquire Power P

	B	C	D	E	F
02	杨陶	女	市场部	¥ 3,500.00	¥ 6,600
03	刘小明	男	市场部	¥ 3,500.00	¥ 6,800
04	张嘉	男	财务部	¥ 4,000.00	¥ 7,000
05	张炜	男	财务部	¥ 4,000.00	¥ 6,900
06	李聃	男	财务部	¥ 4,000.00	¥ 6,800
07	杨娟	女	财务部	¥ 4,000.00	¥ 7,100
08	马英	女	人事部	¥ 4,000.00	¥ 7,250
09	周晓红	女	人事部	¥ 4,000.00	¥ 6,850
10	薛敏	女	人事部	¥ 4,000.00	¥ 6,850
11	祝苗	女	人事部	¥ 4,000.00	¥ 7,050
12	周纳	男	技术部	¥ 4,200.00	¥ 7,100

4月 5月 6月

选择

B6 刘晓明

	A	B	C	D	E
1	4月工资明细				
3	员工编号	员工姓名	性别	部门	基本工资
4	YGBH1001	李丹	女	市场部	¥ 3,500
5	YGBH1002	杨陶	女	市场部	¥ 3,500
6	YGBH1003	刘晓明	男	市场部	¥ 3,500
7	YGBH1004	张嘉	男	财务部	¥ 4,000
8	YGBH1005	张炜	男	财务部	¥ 4,000
9	YGBH1006	李聃	男	财务部	¥ 4,000
10	YGBH1007	杨娟	女	财务部	¥ 4,000
11	YGBH1008	马英	女	人事部	¥ 4,000
12	YGBH1009	周晓红	女	人事部	¥ 4,000
13	YGBH1010	薛敏	女	人事部	¥ 4,000
14	YGBH1011	祝苗	女	人事部	¥ 4,000

修改

图2-21

2.3.2 批量合并相同内容的单元格

财务人员在制作Excel表格时，为了使得自己制作的报表更加简洁明了，方便查阅，经常需要合并很多相同的单元格，如果有几千几万条记录需要合并就需要批量合并。

批量合并相同内容的单元格方法比较多，如使用分类汇总实现批量合并、使用数据透视表实现批量合并单元格等。

使用分类汇总实现批量合并方法比较简单，只需将需要合并的列进行分类汇总后，通过“定位条件”功能将新添加列的空白单元格合并，再删除前面创建的分类汇总，并将新添加的格式复制到合并列，最后删除新添加的列即可。

下面以将“商品销售数据分析”工作簿中的“地区”列相同单元格合并为例，讲解其相关操作。

>> 素材文件：素材\第2章\商品销售数据分析.xlsx

>> 效果文件：效果\第2章\商品销售数据分析.xlsx

1 选择合并列单元格

打开素材文件，切换到“数据源”工作表，❶选择“地区”列的所有数据单元格，❷在“数据”选项卡“分级显示”组中单击“分类汇总”按钮打开“分类汇总”对话框。

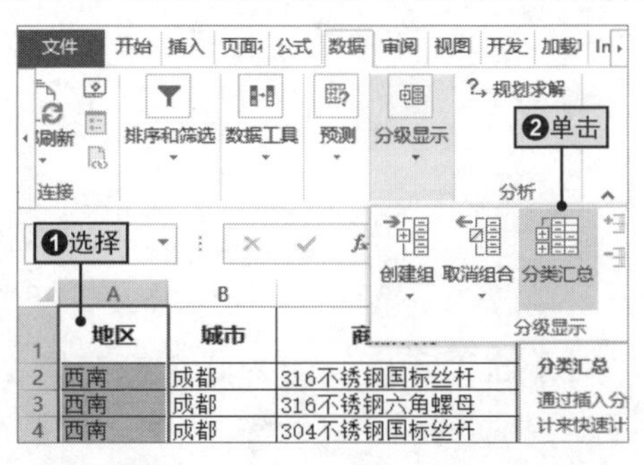

2 创建分类汇总

❶在对话框选中“汇总结果显示在数据下方”复选框，❷单击“确定”按钮。

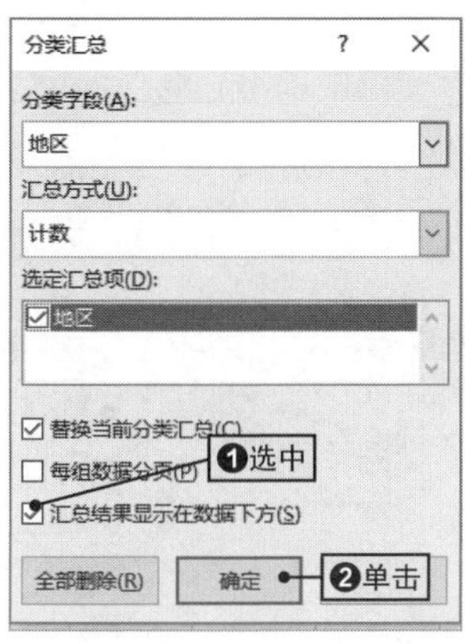

3 执行“定位条件”命令

在生成的A列中的A1单元格输入“地区”，选择A列，❶在“开始”选项卡“编辑”组中单击“查找和选择”下拉按钮，❷选择“定位条件”命令。

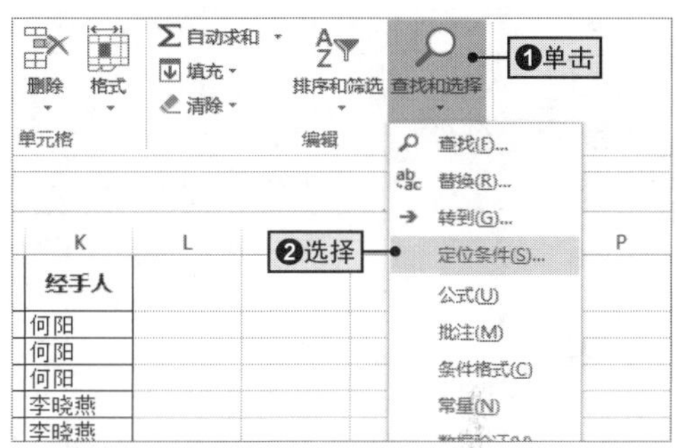

4 设置定位条件

在打开的“定位条件”对话框中选中“空值”单选按钮，单击“确定”按钮确认设置并关闭对话框。

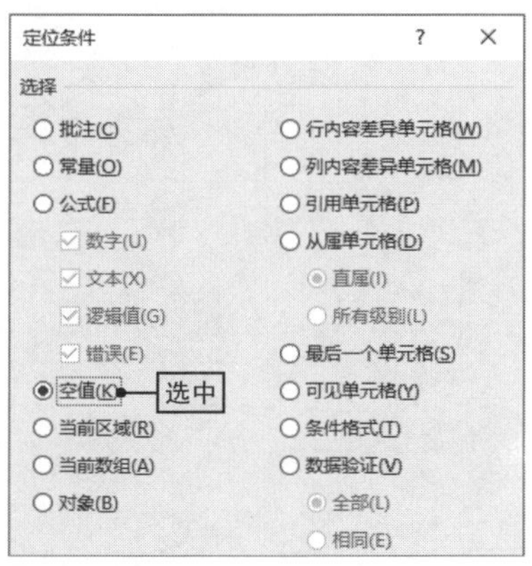

5 单击“分类汇总”按钮

❶在“开始”选项卡的“对齐方式”组单击“合并后居中”按钮，❷选择原“地区”列（B列），❸在“数据”选项卡中单击“分类汇总”按钮。

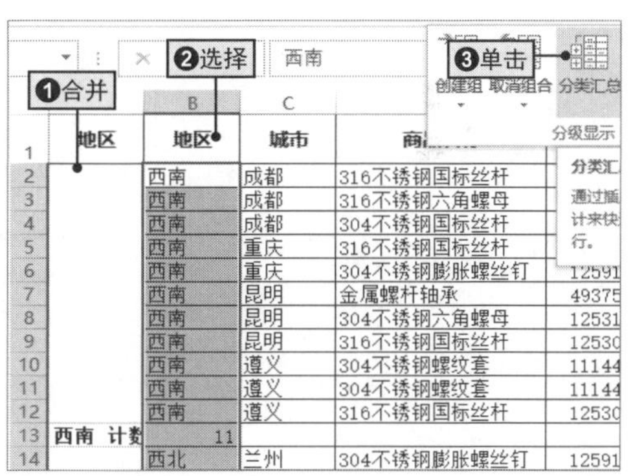

6 删除原“地区”列的分类汇总

❶在打开的“分类汇总”对话框中取消选中“汇总结果显示在数据下方”复选框，❷单击“全部删除”按钮。在打开的提示对话框中单击“确定”按钮。

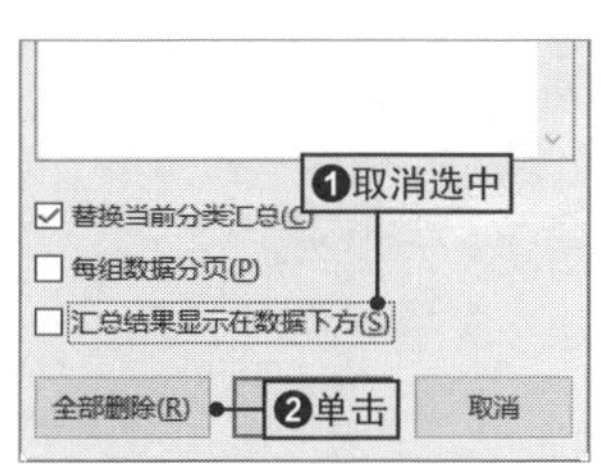

7 复制格式

❶选择A列的合并单元格，在“开始”选项卡中单击“格式刷”按钮，❷选择B列的表内容单元格。

	A	B	C	D	
1	地区	地区	城市	商品名称	
2		西南	成都	316不锈钢国标丝杆	12
3		西南	成都	316不锈钢六角螺母	12
4	❶选择	西南	成都	304不锈钢国标丝杆	12
5		西南	重庆	316不锈钢国标丝杆	12
6		西南	重庆	304不锈钢膨胀螺丝钉	12
7		西南	昆明	金属螺杆轴承	49
8		西南	昆明	304不锈钢六角螺母	12
9		西南	昆明	316不锈钢国标丝杆	12
10		西南	遵义	304不锈钢螺纹套	11
11		西南	遵义	304不锈钢螺纹套	11
12	❷选择	西南	遵义	316不锈钢国标丝杆	12
13		西北	兰州	304不锈钢膨胀螺丝钉	12
14		西北	兰州	316不锈钢国标丝杆	12
15		西北	兰州	316不锈钢国标丝杆	12
16		西北	银川	304不锈钢螺纹套	11
17		西北	银川	316不锈钢国标丝杆	12
18		西北	天水	316不锈钢六角螺母	14
19		西北	天水	304不锈钢膨胀螺丝钉	12
20		西北	金昌	304不锈钢国标丝杆	12
21		西北	金昌	304不锈钢六角螺母	12
22		西北	金昌	304不锈钢螺纹套	11
23		西北	西宁	316不锈钢国标丝杆	12
24		西北	西宁	304不锈钢国标丝杆	12
25		西北	西宁	304不锈钢膨胀螺丝钉	12
26		华中	武汉	304不锈钢六角螺母	12

8 查看效果

删除A列，即可在完成的表格中看到“地区”列多组相同单元格已被合并。

	A	B	C	D
1	地区	城市	商品名称	商品编号
2		成都	316不锈钢国标丝杆	12530273319
3		成都	316不锈钢六角螺母	12531376612
4		成都	304不锈钢国标丝杆	12530273336
5		重庆	316不锈钢国标丝杆	12530273320
6		重庆	304不锈钢膨胀螺丝钉	12591771760
7	西南	昆明	金属螺杆轴承	49375069286
8		昆明	304不锈钢六角螺母	12531369199
9		昆明	316不锈钢国标丝杆	12530273320
10		遵义	304不锈钢螺纹套	11144247318
11		遵义	304不锈钢螺纹套	11144247317
12		遵义	316不锈钢国标丝杆	12530273329
13		兰州	304不锈钢膨胀螺丝钉	12591771760
14		兰州	316不锈钢国标丝杆	12530273319
15		兰州	316不锈钢国标丝杆	12530273320
16		银川	304不锈钢螺纹套	11144247318
17		银川	316不锈钢国标丝杆	12530273320
18		天水	316不锈钢六角螺母	14411023553
19	西北	天水	304不锈钢膨胀螺丝钉	12591771756
20		金昌	304不锈钢国标丝杆	12530273335
21		金昌	304不锈钢六角螺母	12531369190
22		金昌	304不锈钢螺纹套	11144247325
23		西宁	316不锈钢国标丝杆	12530273319
24		西宁	304不锈钢国标丝杆	12530273334
25		西宁	304不锈钢膨胀螺丝钉	12591771760
26		武汉	304不锈钢六角螺母	12531369200

第3章 03

会计凭证表单的设计与功能完善

本章导读

会计凭证是指记录经济业务发生或者完成情况的书面证明，它是登记账簿的依据。按编制程序和用途的不同，会计凭证可分为原始凭证和记账凭证。使用Excel来制作会计凭证，是Excel在财务管理中最基本的应用，也是财务人员必须掌握的技术。

本章要点

制作一式三联的借款单
制作限额领料单
制作差旅费报销单
制作通用记账凭证
…………

3.1 原始凭证表单设计与功能完善

原始凭证又称单据，是记录经济业务已经发生、执行或完成，用以明确经济责任，作为记账依据的最初的书面证明文件。由于其在法律上具有证明效力，所以也可叫做证明凭证。

3.1.1 制作一式三联的借款单

借款单属于一次凭证，是原始凭证的一种。根据公司的不同，借款单的格式也有差异。本例制作的借款单结构比较简单，包括编号、日期、部门、姓名、借款金额大小写、借款理由、备注以及相关人员的签字与盖章部分。对于借款人的还款方式、还款日期等其他项目全部在备注一栏说明即可。

对于各联表单的标识文本，由于录入该数据的位置是合并多行的单元格区域，高度足够，宽度较小，因此可以将这些文本用竖直排列的方式从上到下进行显示。

借款单一般是一式三联，一联作为存根；一联作为财务入账；一联作为回执给借款人。一式三联的借款单其结构都相同，不同的是表格右侧的第一联、第二联和第三联的标识文本不同，因此可以先制作一联，再通过复制工作表的操作得到另外两联，最后再对复制的两联工作表的填充色和标识文本进行修改即可。

下面具体介绍一式三联借款单的具体制作方法。

>> 素材文件：素材\第3章\无

>> 效果文件：效果\第3章\借款单.xlsx

1 制作第一联借款单

1 新建工作簿

新建一个空白工作簿，将其以“借款单”为文件名进行保存。

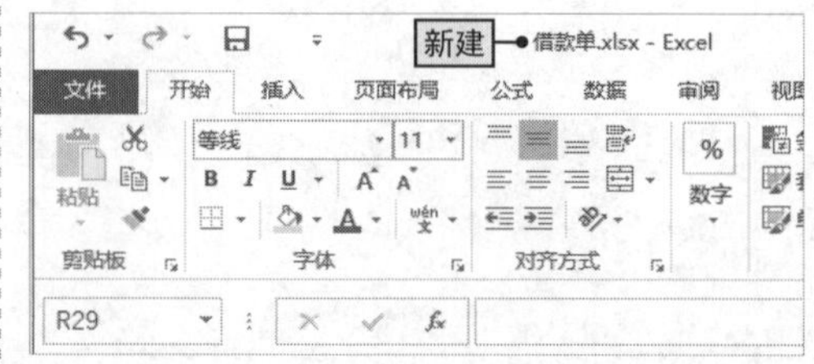

2 重命名工作表并输入标题

❶将“Sheet1”工作表重命名为“第一联”，❷选择E2:F2单元格区域，单击“合并后居中”按钮进行合并，❸在其中输入“借款单”文本。

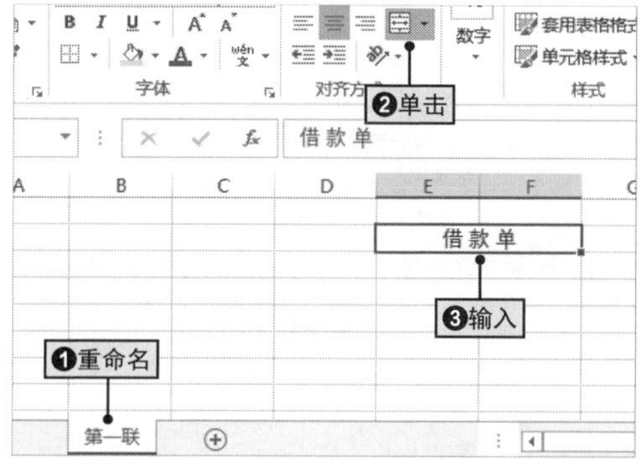

3 输入表格的表头数据

❶在H2、H3、C5、G5单元格中分别相应的表头数据，❷在C6单元格中输入“借款金额”，按【Alt+Enter】组合键强制换行，继续输入“（小写）”。

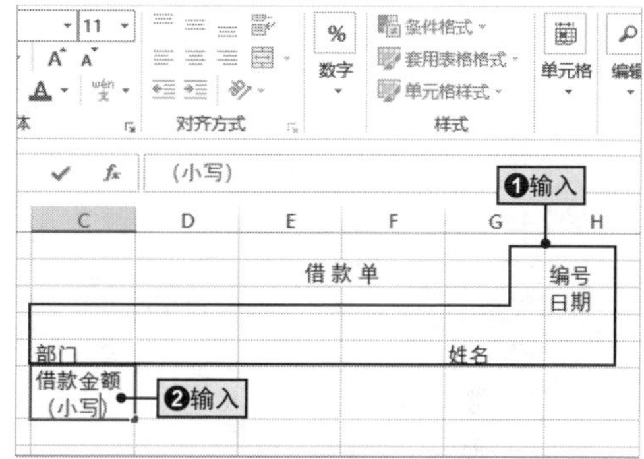

4 输入其他文本

用相同的方法在G6、C7:H10单元格区域的对应位置输入表头，并对整个表格的字体、字号和对齐方式进行设置。

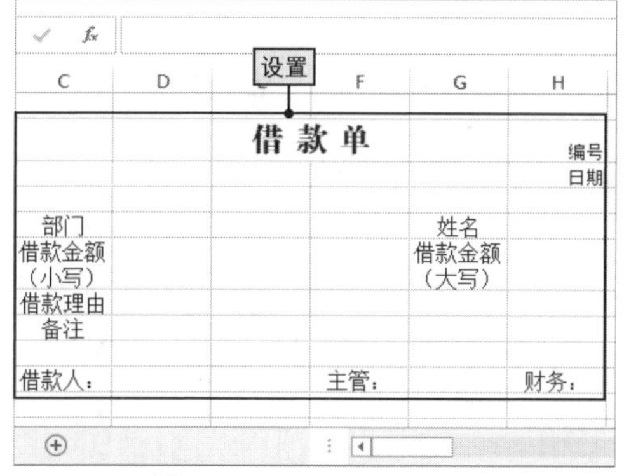

5 为标题单元格添加双底框线

❶选择标题文本，❷单击“字体”组中的“下框线”下拉按钮，❸选择“双底框线”选项为其添加对应效果的边框。

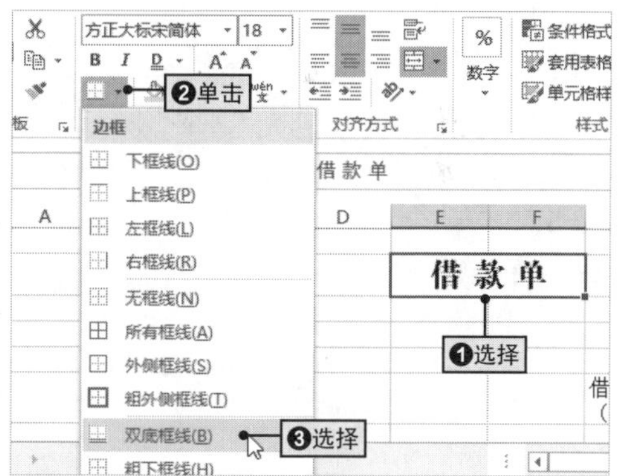

6 添加其他边框线

❶为I2:J2和I3:J3单元格区域仅添加下框线边框，❷在C5:J8单元格区域的对应位置添加相应的边框效果。

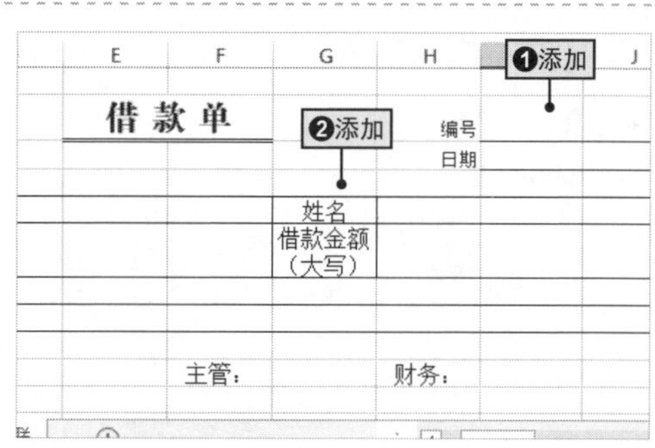

7 执行“行高”命令

❶选择第5～8行单元格，❷在其行号上右击，在弹出的快捷菜单中选择“行高”命令。

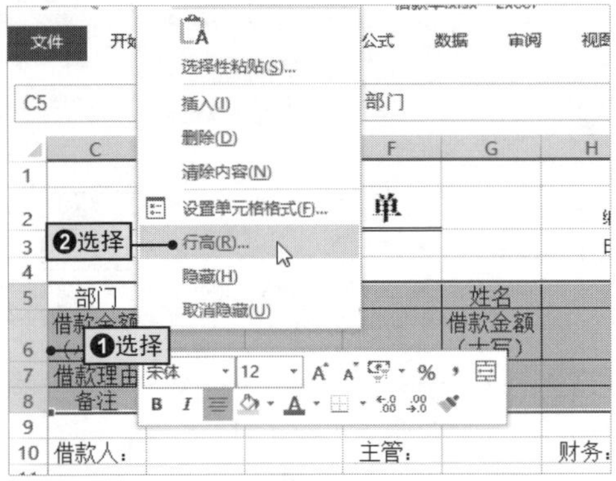

8 精确调整行高

❶在打开“行高”对话框的“行高”文本框中输入“33.75”，❷单击“确定”按钮精确调整行高。

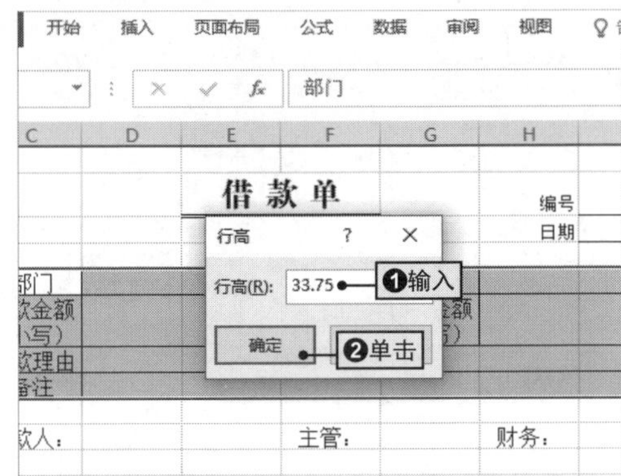

9 快速拖动调整行高

将鼠标光标移动到第一行行号下方的分隔线上，按下鼠标左键不放，向上拖动鼠标减小行高（如果向下拖动鼠标即可调大行高）。

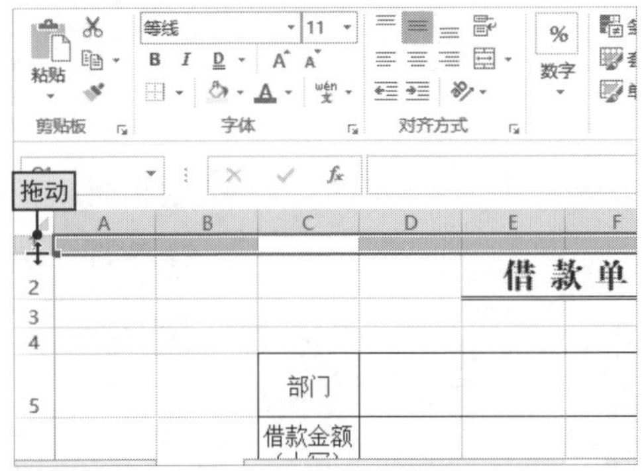

10 调整其他行高和列宽并输入文本

❶用相同的方法对A1:J11单元格区域的行高和列宽进行精确和快速调整，❷合并K5:K8单元格区域，在其中输入“第一联 存根”文本。

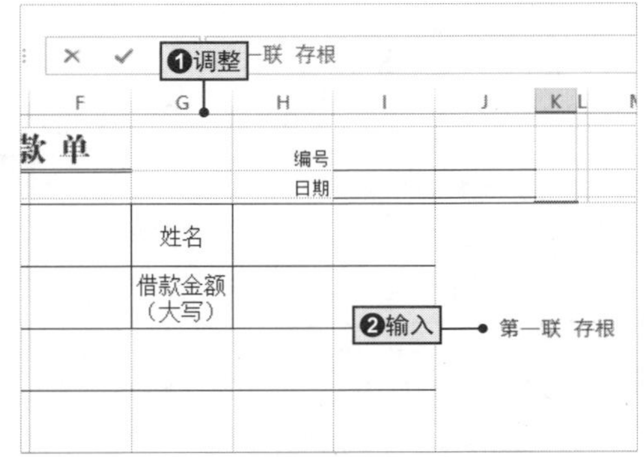

11 更改文字的方向

❶选择合并的“第一联 存根”文本所在的单元格，将其字体格式设置为“宋体、11”，❷单击“开始”选项卡“对齐方式”组的“方向”下拉按钮，❸在弹出的下拉菜单中选择“竖排文字”选项更改文字的显示方向。

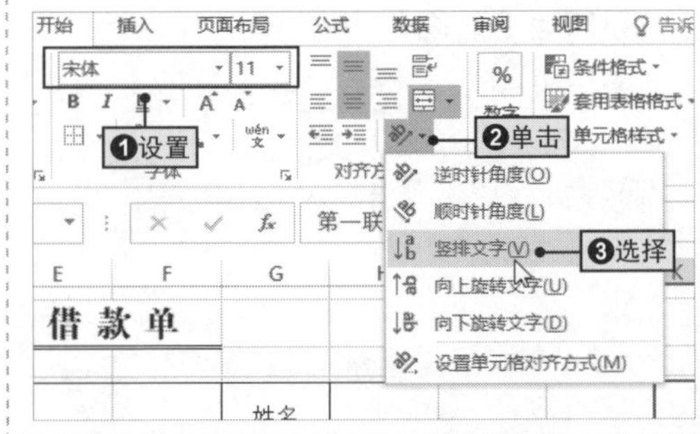

12 单击“符号”按钮

❶选择D6单元格，❷单击“插入”选项卡，❸在“符号”组中单击“符号”按钮打开“符号”对话框。

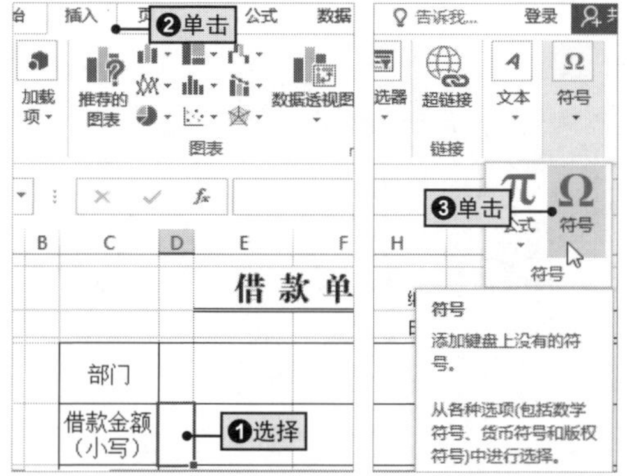

13 插入“¥”符号

❶在该对话框中找到“¥”符号，在其上双击鼠标左键将其插入到单元格中，然后关闭该对话框。

14 设置填充色

❶选择B1:J11单元格区域，单击“字体”组中的“填充颜色”下拉按钮，❷在弹出的下拉菜单中选择“白色，背景1，深色5%”颜色选项，为选择的单元格区域设置填充颜色，完成整个操作。

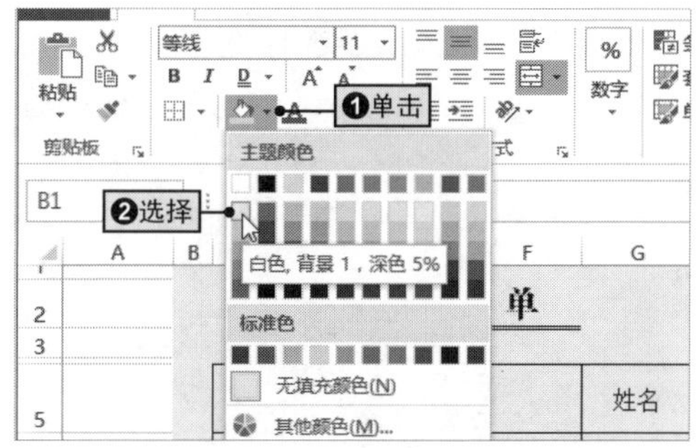

2 制作借款单的第二联和第三联

1 复制工作表

选择“第一联”工作表标签，按住【Ctrl】键不放，拖动第一联工作表标签创建一张副本工作表，用相同的方法创建第二张副本工作表。

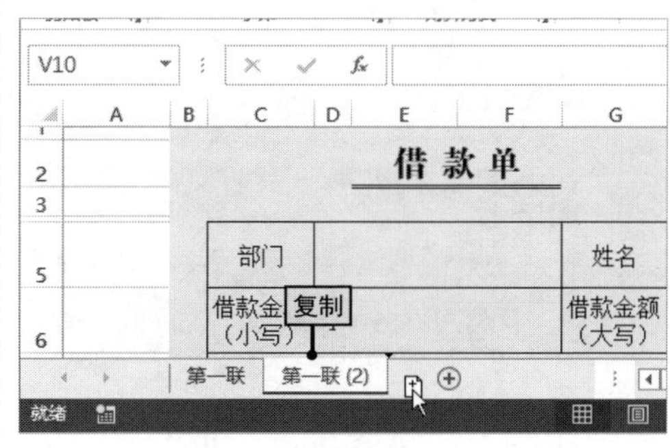

2 重命名工作表并修改文本

❶将创建的副本工作表分别重命名为"第二联"和"第三联"，❷切换到"第二联"工作表，❸在K5单元格中将文本修改为"第二联 财务"。

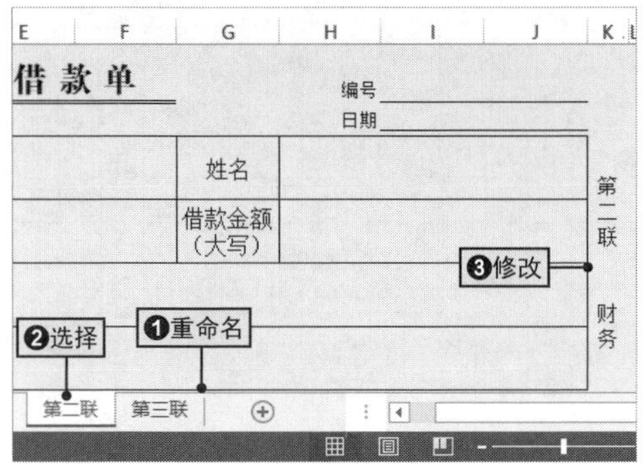

3 执行"其他颜色"命令

❶选择B1:J11单元格区域，❷单击"字体"组中的"填充颜色"下拉按钮，❸在弹出的下拉菜单中选择"其他颜色"命令打开"颜色"对话框。

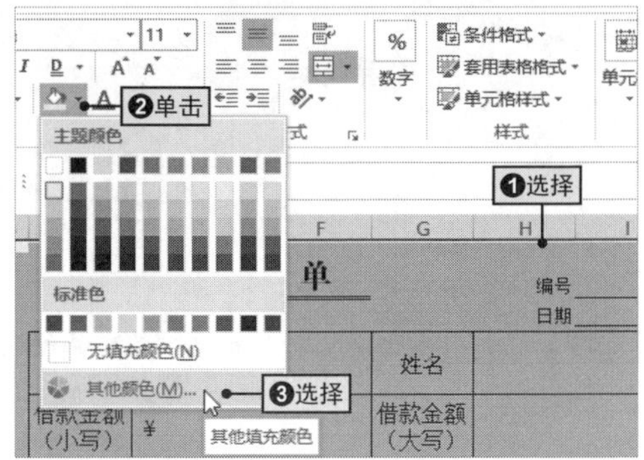

4 修改第二联借款单的填充颜色

❶单击"自定义"选项卡，❷将颜色值设置为"255，225，255"，❸单击"确定"按钮完成第二联借款单的制作。

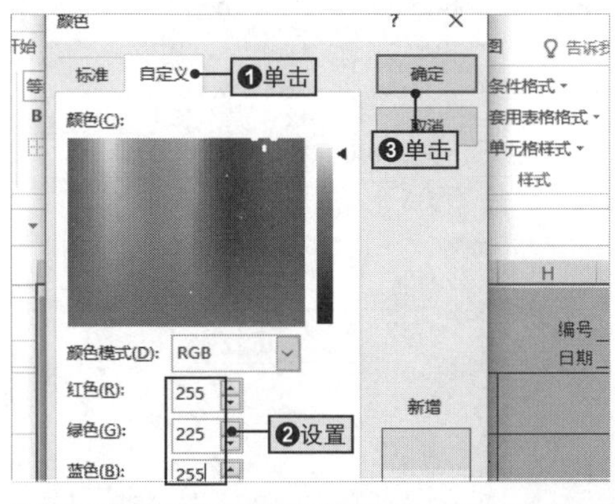

5 制作第三联借款单

❶选择"第三联"工作表，❷将K5单元格中将文本修改为"第三联 借款人"，❸修改对应的单元格填充色，完成操作。

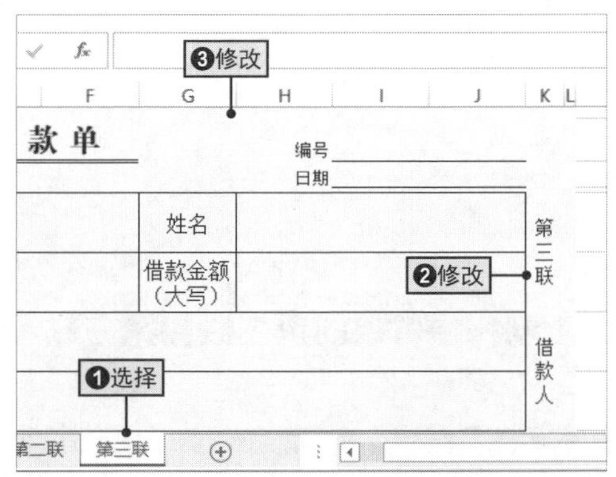

TIP 利用工作组创建一式三联的借款单

对于一式三联借款单的制作，还可以先准备3张空白的工作表，分别重命名为第一联、第二联和第三联，然后同时选择3张工作表形成一个工作组，在其中任意一张工作表中完成制作后，其他两张工作表中也会有相应的表格结构，最后对另外两联表格稍做修改即可完成。

通过如上两个阶段即可完成本案例的一式三联借款单的制作，其最终效果如图3-1所示。

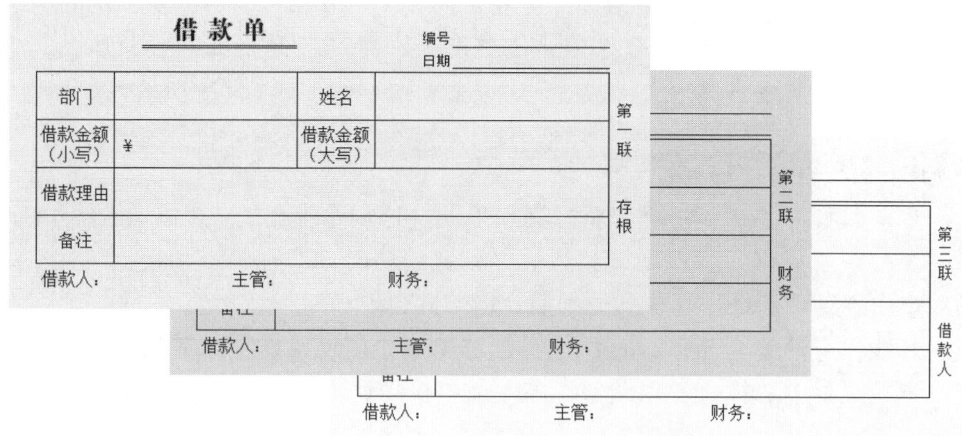

借款单

编号

日期

部门		姓名	
借款金额（小写）	¥	借款金额（大写）	
借款理由			
备注			

借款人：　主管：　财务：

第一联　存根

第二联　财务

第三联　借款人

图3-1

知识点讲解

了解原始凭证有哪些类型

原始凭证按来源不同，可以分为自制原始凭证和外来原始凭证两类。

◆ **自制原始凭证：**是指在经济业务发生、执行或完成时，由本单位的经办人员自行填制的、仅供内部使用的原始凭证，如收料单、领料单、产品入库单等。自制原始凭证按其填制手续不同，又可分为一次凭证、累计凭证、汇总原始凭证和记账编制凭证4种。各类型凭证的介绍如表3-1所示。

表3-1

凭证种类	概　　述
一次凭证	是指只反映一项经济业务，或者同时反映若干项同类性质的经济业务，其填制手续是一次完成的会计凭证
累计凭证	是指在一定期间内，连续多次记载若干不断重复发生的同类经济业务，直到期末，凭证填制手续才算完成，以期末累计数作为记账依据的会计凭证
汇总原始凭证	是指在会计核算工作中，为简化记账凭证的编制工作，将一定时期内若干份记录同类经济业务的原始凭证按照一定的管理要求汇总编制成一张汇总凭证，用以集中反映某项经济业务总括发生情况的会计凭证
记账编制凭证	是根据账簿记录和经济业务的需要编制的一种自制原始凭证

◆ **外来原始凭证**：外来原始凭证是指在同外单位发生经济往来关系时，从外单位取得的凭证。外来原始凭证都是一次凭证。如企业购买材料、商品时，从供货单位取得的发货票。

根据内容自动调整行高/列宽

在前面我们了解了精确调整行高和手动快速调整行高的方法，在Excel中，系统还提供了根据内容自动调整行高、列宽的功能，即程序自动根据单元格中的数据内容自动调整行高和列宽到最合适的大小。

其操作方法非常简单，直接选择目标单元格区域，在“单元格”组的“格式”下拉菜单中选择“自动调整行高”或“自动调整列宽”选项即可，如图3-2所示。

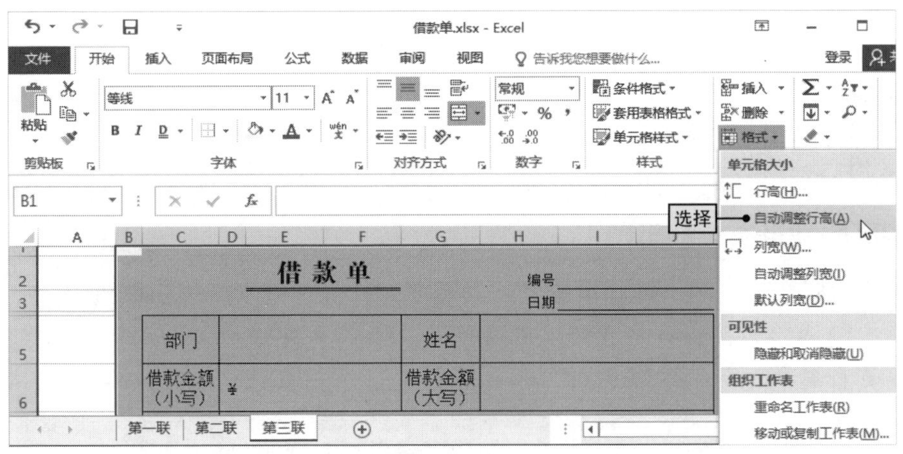

图3-2

自定义设置边框格式

“下边框”下拉菜单中提供的边框样式有限，如果用户想要设置更为丰富的边框效果，可在该下拉菜单中选择“其他边框”命令打开“设置单元格格式”对话框，在“边框”选项卡中可以选择边框的样式、设置边框的颜色、指定为哪些边添加边框等，如图3-3所示。

需要注意的是，通过“设置单元格格式”对话框自定义边框效果时，必须将边框样式和边框颜色选定后，再添加边框，否则不能按设置的边框样式和颜色进行添加。

对于是先选择边框样式，还是先选择边框颜色，没有区分。

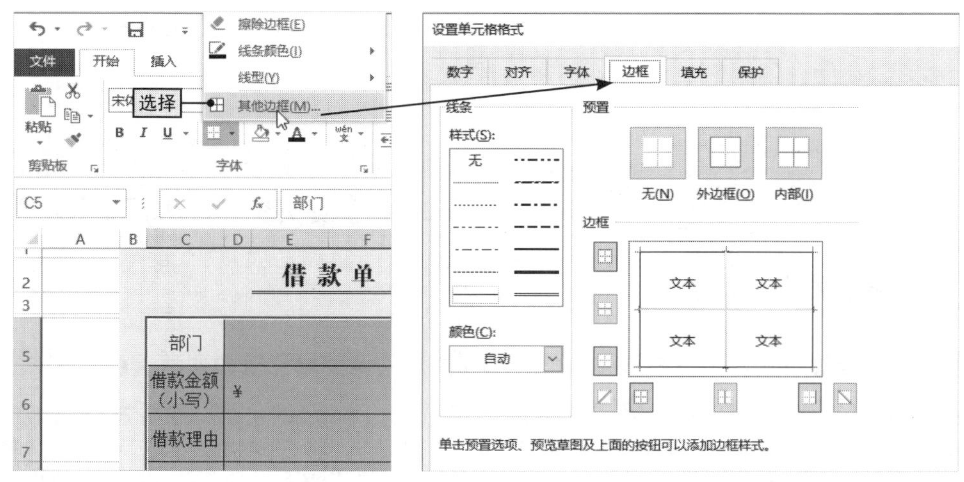

图3-3

3.1.2 制作限额领料单

限额领料单也称定额领料单，是一种累计领料凭证。通常情况下，只要在有效期间内（最多为一个月），领用数量未超过限额，都可以连续使用。

限额领料单一般在每月开始之前，由生产计划部门根据生产作业计划和材料消耗定额，按照每种材料与其用途进行编制。该单据也是一式三联，一联送交仓库据以发料；一联送交领料部门据以领料；一联作为财务联。

在领发材料时，仓库应按单据内所列的材料品名和规格在限额内发放，同时把实发数量和限额结余数填写在仓库和领料单位持有的两份限额领料单内，并由领发料双方在两份限额领料单内签章。月末，结出实物数量和金额，交由会计部门据以记账。如有结余材料，应办理退料手续。

由此可见，对于限额领料单，其中不仅需要详细记录领料的部门、发料仓库、领料用途、领料时间、领料的详细信息，也要有请领人信息、实发数量与领料信息，还要包括退库与限额结余信息。由于在借款单中讲解了一式三联凭证的制作方法，对于三联限额领料单的制作方法与其相似，这里就只做一个限额领料单的模板。但是在制作过程中要注意以下3点：

①第一次请领数量为不超过领用限额的正整数。

②第二次及以后请领数据必须是小于等于限额结余的正整数。

③每次的实发数量必须小于等于请领数量的正整数。

对于这3点，都可以通过Excel中的数据验证功能结合公式来实现，让用户在输入这些数据时自动显示输入有效数据的提示信息，即使输入了错误的数据，程序也会自动进行判断，并打开提示对话框强制用户重新输入有效数据。

下面具体介绍限额领料单的制作方法。

>> 素材文件：素材\第3章\无

>> 效果文件：效果\第3章\限额领料单.xlsx

1 制作限额领料单结构

1 新建工作簿并输入表格内容

❶新建“限额领料单”工作簿，❷将工作表重命名为“模板”，❸在C2:M17单元格区域中合并相应的单元格并输入限额领料单的表格项目。

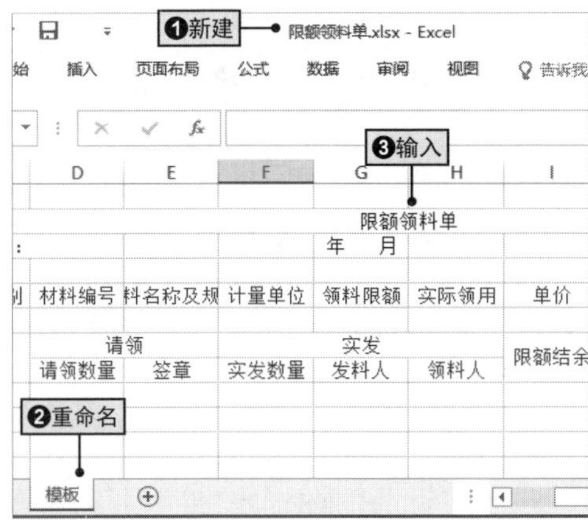

2 自动调整单元格的列宽

❶选择C~M列单元格，❷单击“格式”下拉按钮，❸在弹出的下拉菜单中选择“自动调整列宽”选项，程序自动根据文本内容自动调整单元格的列宽。

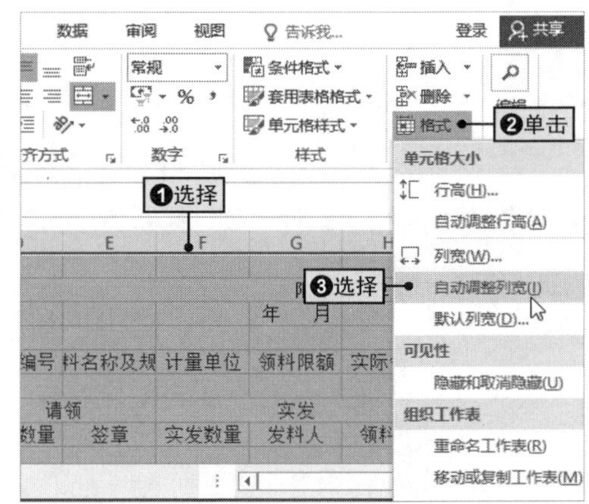

3 调整文本格式并添加边框

❶对表格的其他行列进行适当调整，然后将标题的字体格式设置为“方正大标宋简体，22”，❷为C5:L15单元格区域添加相应的边框格式。

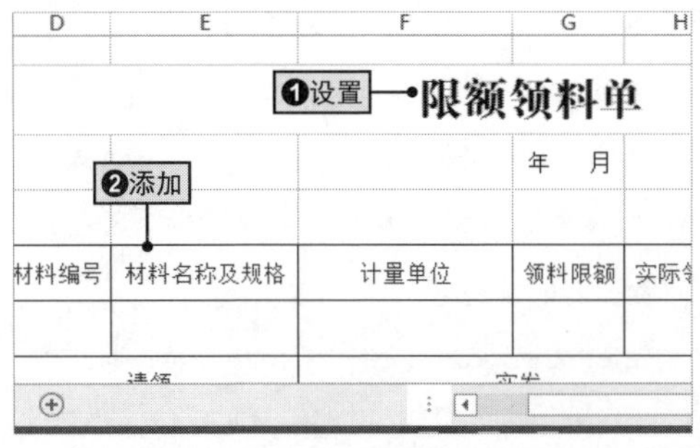

4 添加背景填充色

❶选择B1:N18单元格区域，❷单击“字体”组中的“填充颜色”下拉按钮，❸在弹出的下拉菜单中选择“蓝色，个性色1，淡色80%”选项添加填充色。

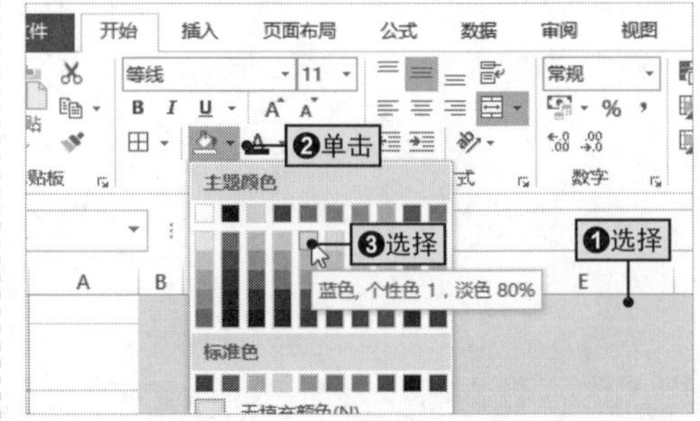

2 对限额领料单的数据进行约束

1 单击“数据验证”按钮

❶选择D9单元格，❷单击“数据”选项卡，❸在“数据工具”组中单击“数据验证”按钮打开“数据验证”对话框。

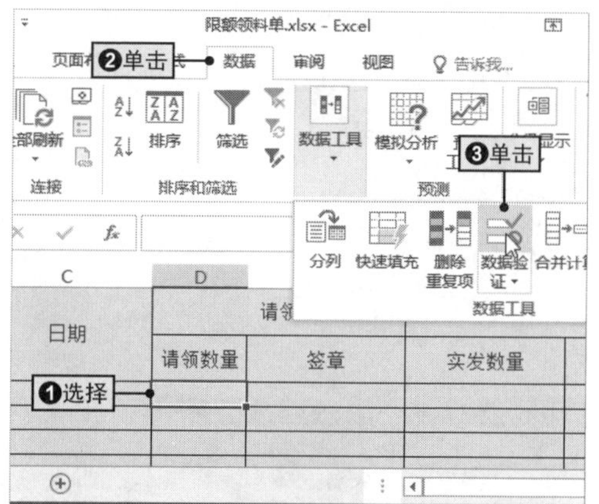

2 设置数据验证条件

❶在该对话框设置“允许”参数为“整数”，❷设置“数据”参数为“介于”，❸设置“最小值”参数为“0”，❹设置“最大值”参数为“=G6”。

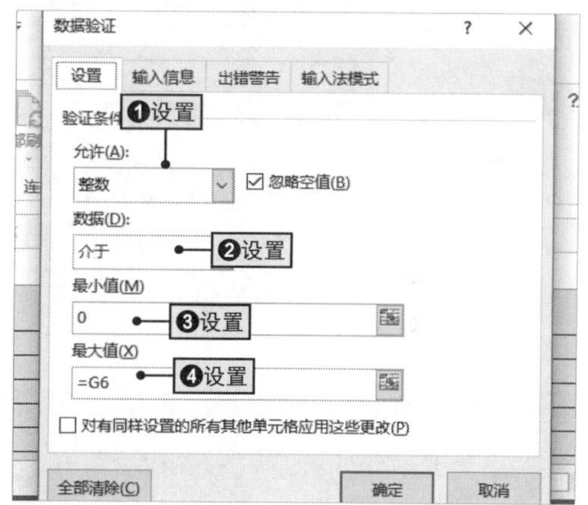

3 设置输入提示信息

❶单击“输入信息”选项卡，❷在“输入信息”列表框中输入当用户选择D9单元格后显示的当前该单元格中允许输入的有效数据的条件。

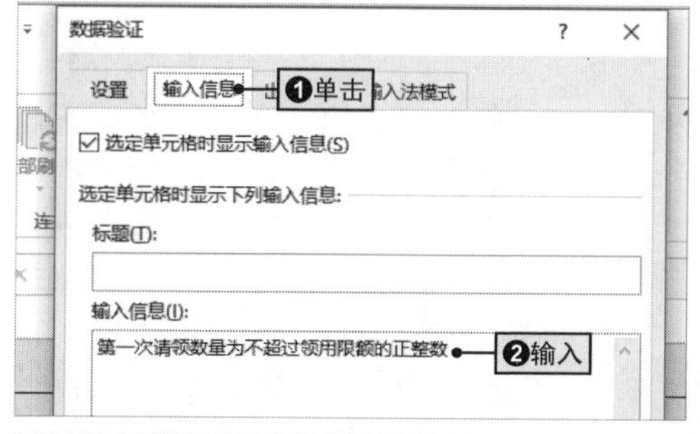

4 设置出错警告

❶单击“出错警告”选项卡，❷在“样式”下拉列表框中选择“信息”选项，❸在“错误信息”列表框中输入对应的信息，单击“确定”按钮。

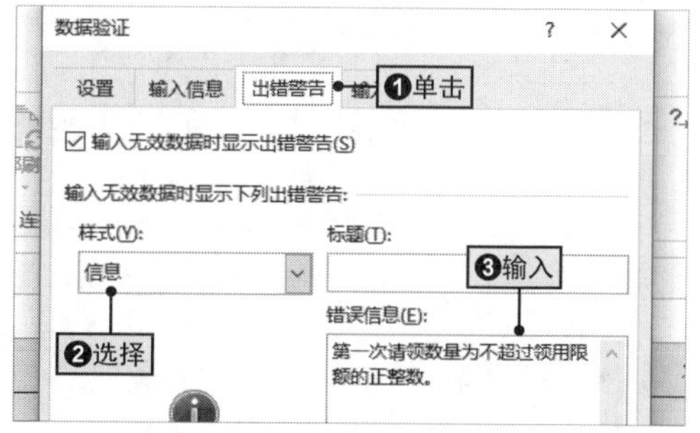

TIP 约束请领数量的说明

在本例中，第一次请领数量的最大值即为G6单元格中输入的领料限额数据；第二次请领数量的最大值为I9单元格中显示的第一次请领后的限额结余数据，即领料限额减第一次请领数据；第三次请领数量的最大值为I10中显示的第一次和第二次请领后的限额结余数据，即第一次限额结余减去第二次请领数据，依此类推。

5 为其他请领单元格设置验证条件

❶为D10单元格设置对应的数据验证条件，❷拖动该单元格的控制柄将该数据验证条件复制到D11:D14单元格区域中。

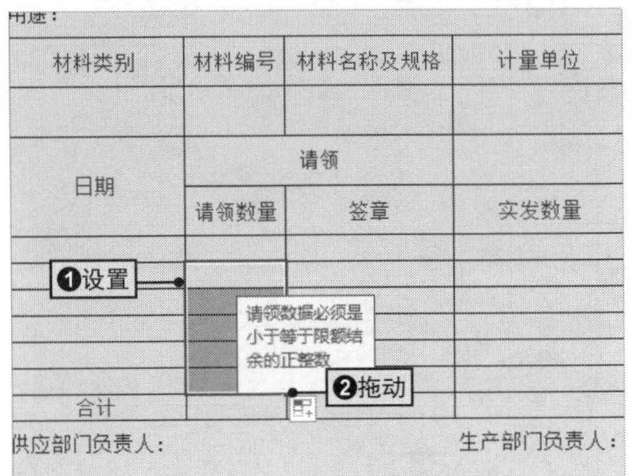

6 设置数据验证条件

选择F9单元格，打开“数据验证”对话框，分别设置“允许”“数据”“最小值”和“最大值”参数。

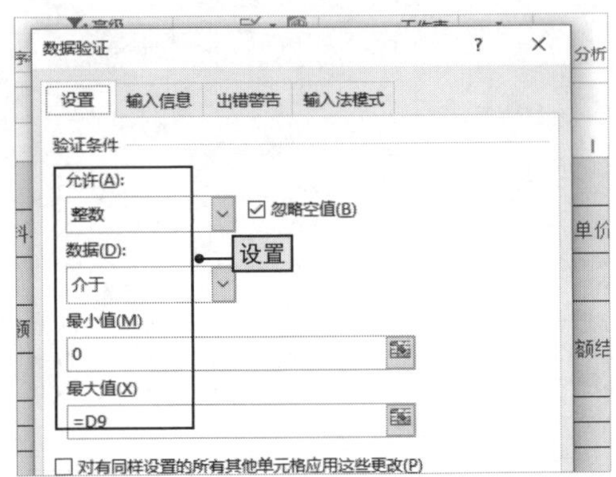

7 复制实发数量的数据验证条件

为F9单元格设置输入信息和出错警告数据验证后关闭对话框。在返回的工作表中拖动F9单元格的控制柄将数据验证条件复制到F10:F14单元格区域中。

8 计算第一个限额结余数据

❶选择I9单元格，❷在编辑栏中输入“=IF(G6-F9=0,"",G6-F9)”公式，按【Ctrl+Enter】组合键完成第一次实领后的结余数量的计算。

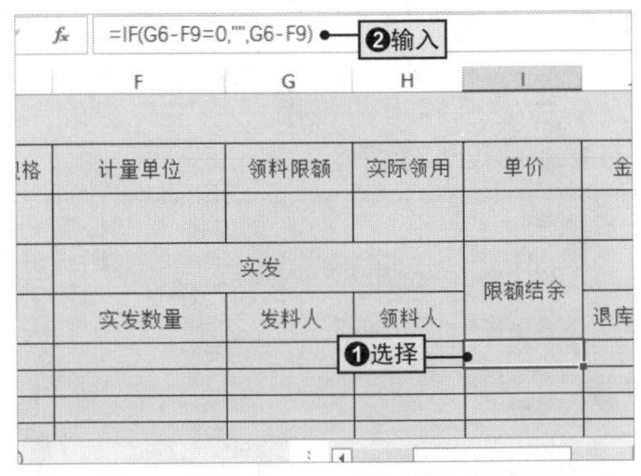

9 计算其他限额结余数据

❶选择I10:I14单元格区域，❷在编辑栏中输入“=IF(ISERR(I9-F10),"",I9-F10)”公式，按【Ctrl+Enter】组合键完成第二次及以后的实领后的结余数量的计算。

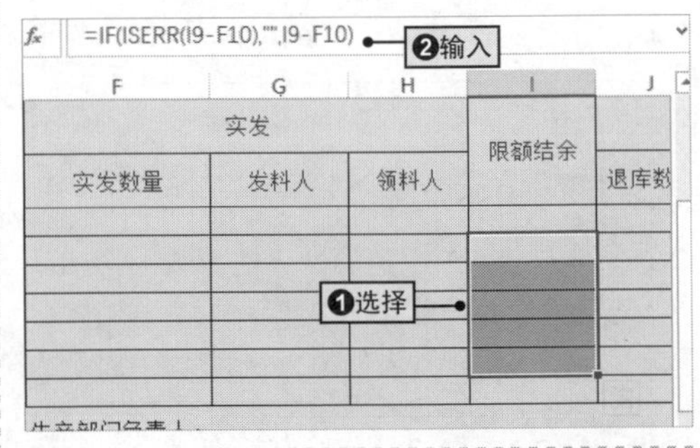

TIP 计算限额结余的说明

在本例中，由于表格中没有数据，所以直接使用“=G6-F9”公式（表示领料限额减第一次实发数量）计算第一次的限额结余数据，I9单元格中将显示“0”值，为了让表格为空时，限额数据也显示空，所以本例用了IF()函数对限额结余值为0进行了处理，即当限额结余值为0时，I9单元格显示空值。

在第二次计算限额结余数据时，如果直接使用“=I9-F10”公式（表示第一次限额结余减第二次实发数量）计算，当I9单元格显示为空值时，公式将返回错误值#VALUE!。为了避免在单元格中显示错误值，这里使用ISERR()函数对差值计算的结果是否为错误值进行了判断，然后通过IF()函数确定输出结果。

通过如上两个阶段即可完成本案例的限额领料单的制作，其最终效果展示如图3-4所示。

限额领料单

领料部门：　　　　年　月　　　　发料仓库：

用途：　　　　凭证编号：

材料类别	材料编号	材料名称及规格	计量单位	领料限额	实际领用	单价	金额	备注	
日期	请领		实发			限额结余	退库		
	请领数量	签章	实发数量	发料人	领料人		退库数量	退料人	收料人
合计									

第×联

供应部门负责人：　　　　生产部门负责人：　　　　仓库管理员：

图3-4

需要特别注意的是，在设置了数据验证的单元格中，如果违反了约束条件，程序会警告，一定要记得修改无效的数据。如果忘记修改，此时程序是可以接受非法值的。如图3-5所示，领料限额为50，第一次请领数据必须小于限额，但是这里的无效值60却被保存下来了。

材料类别	材料编号	材料名称及规格	计量单位	领料限额	实际领用	单价	金额	备
				50				
日期	请领		实发			限额结余	退库	
	请领数量	签章	实发数量	发料人	领料人		退库数量	退料人
	60					50		
						50		
						50		
						50		
						50		

第一次请领数量为不超过领用限额的正整数

图3-5

对于这种情况，最后的表单中就会保留这些非法值，因此，完成数据的录入后，最好使用圈释数据功能对表格中的数据是否非法进行检测。

其具体方法是：选择表格中的所有数据单元格，单击“数据验证”按钮右侧的下拉按钮，选择“圈释无效数据”选项即可，如图3-6所示。

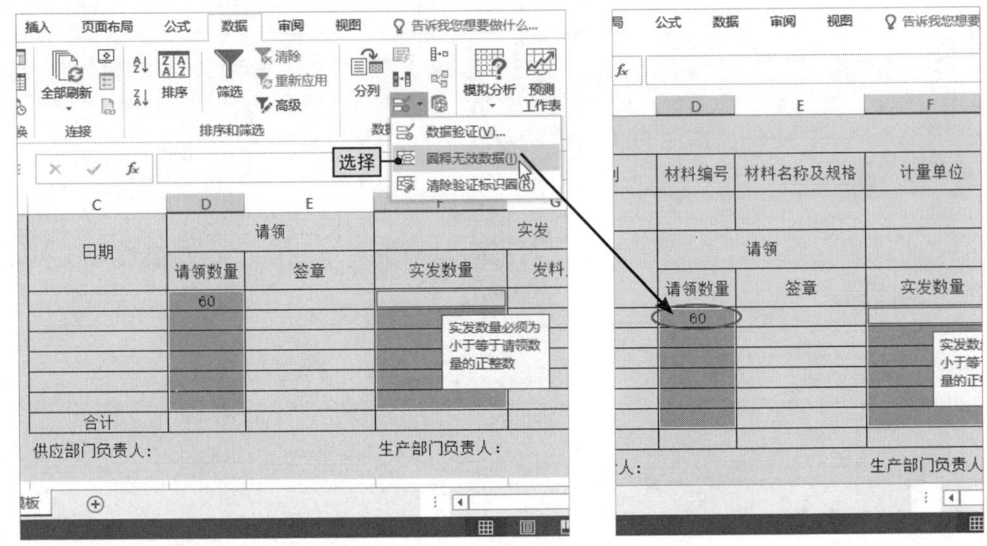

图3-6

如果要取消圈释无效的数据，直接选择数据单元格区域后，在“数据验证”下拉菜单中选择“清除验证标识圈”选项即可，或者重新输入有效数据，标识圈则自动消失。

知识点讲解

设置序列数据源为什么没有下拉列表

在财务管理中使用数据验证功能时，除了可以对数字数据的范围进行限制以外，在资产管理中，文本数据也是一种常见的数据类型。大多数的状态描述、资产名称都是由文本来描述的，如固定资产类别、凭证号、名称、规格、使用部门、使用状态、资产变动情况等。

在这些数据中，某些数据是有特别规定的，例如固定资产类别分为房屋建筑类、运输类、机器设备类、电子设备类……使用部门为生产部、库存部、销售部、营业部、设计部……不能将“电子设备类”输入为“点子设备类”，不能将“生产部”输入为“生成部”……

要约束用户在单元格中输入指定的文本序列数据，也可以使用数据验证功能来实现，如图3-7所示的使用部门列的数据就是用数据验证功能来实现的（相关操作方法已经在第1章介绍了）。

制表日期：2020/10/31

编号	日期	固定资产类别	凭证号	名称	规格	使用部门	使用状态	资产变动情况
A001	2016/5/6	房屋建筑类	N001	库房	280平方米	库存部	在用	自建
A002	2016/6/10	房屋建筑类	N005	电脑室	1间	[illegible]	[illegible]	投资投入
B001	2017/2/16	运输类	N010	微型货车	≤1.8T	[illegible]	[illegible]	投资输出
B002	2017/5/12	运输类	N012	运输车	10T	[illegible]	[illegible]	报废
B003	2017/8/24	运输类	N016	汽车	15T	生产部	维修	出售
C001	2017/11/26	机器设备类	N022	机床	1台	生产部	更新	购入
C002	2018/1/5	机器设备类	N026	包装机	YSBP	生产部	更新	投资投入
C003	2018/3/15	机器设备类	N032	空调	美的	营业部	维修	购入
D001	2018/6/10	电子设备类	N038	扫描仪	惠普	设计部	更新	部门调拨
D002	2018/10/15	电子设备类	N044	计算机	联想	设计部	更新	投资投入
D003	2019/1/10	电子设备类	N048	打印机	方正	设计部	更新	购入

生产部
库存部
销售部
营业部
设计部

固定资产折旧处理

图3-7

但是有时候我们明明已经设置了允许序列，但是在返回的工作表中却不能弹出序列下拉列表，这是什么原因呢？

其实，造成这种效果，主要是因为在设置允许条件时误将“提供下拉箭头”复选框取消了，在这种情况下，即使设置了允许序列来源，系统也不会在单元格右侧显示下拉按钮，自然也就不能弹出输入列表，而且当用户输入了非序列的数据，程序也会提出警告，如图3-8所示。

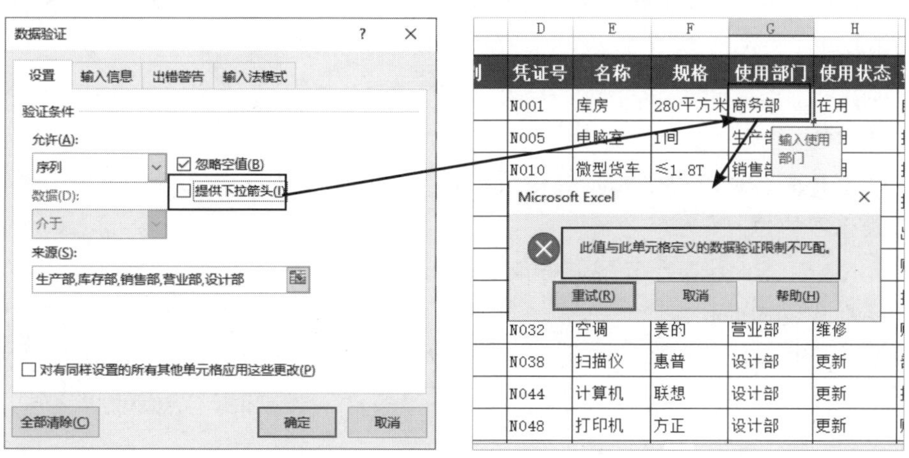

图3-8

清除设置的数据验证约束

设置数据验证约束后，又想取消设置，只需选中要清除数据验证的单元格后，打开“数据验证”对话框，单击底部的“全部清除”按钮即可清除其数据验证的所有设置，如图3-9所示。如果只想清除某一方面的设置，则需进入相应的选项卡清除设置即可。

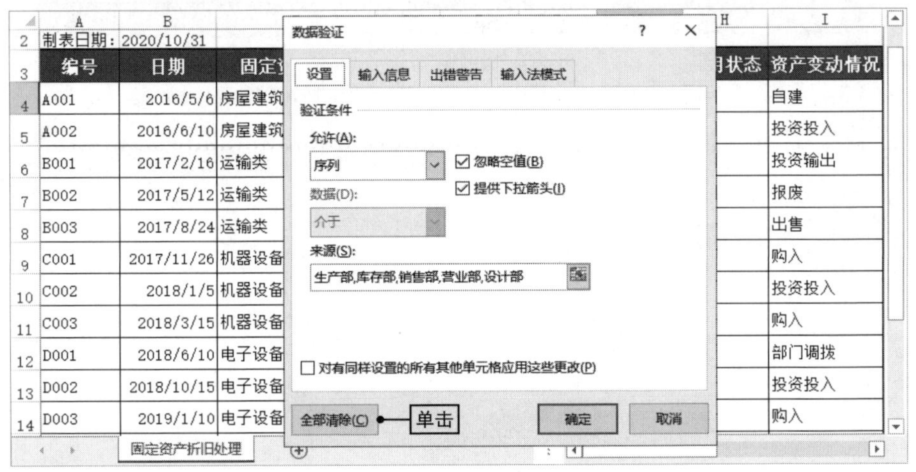

图3-9

IF()函数的使用

IF()函数是一个非常常用的函数，它能根据条件判断真假值，并根据逻辑计算的真假值返回不同的结果。

其语法结构为：IF(logical_test,value_if_true,value_if_false)。从语法结构中可以看出，IF()函数包含3个参数，各参数的具体含义分别如下。

- logical_test：用于表示计算结果为TRUE或FALSE的任意值或表达式，即判断条件。
- value_if_true：用于指定当设置的logical_test条件成立返回TRUE值时函数要返回的值。
- value_if_false：用于指定当设置的logical_test条件不成立返回FALSE值时函数要返回的值。

IF()函数参数的含义看起来显得太过抽象，可以将IF()函数简单地理解为“IF（条件，真值，假值）”，它表示当“条件”成立时，结果取“真值”，否则取“假值”。

ISERR()函数的使用

ISERR()函数主要用于处理在使用公式计算数据时出现的错误值。其语法结构为：ISERR(value)。从语法结构中可以看出，ISERR()函数只有一个参数value，该参数主要用于指定需要进行检测的单元格引用。当指定的单元格引用存在错误值，则函数返回TRUE值，否则返回FALSE值。

但是需要注意的是，ISERR()函数不能对#N/A错误值进行判断，当在单元格中存在该错误值时，函数仍然返回FALSE值。

3.1.3　制作差旅费报销单

差旅费报销单属于汇总凭证，当员工出差返回单位后，应据实填写“差旅费报销单”，只有在该单据中列出的行程中涉及到的各种费用，财务部才予以报销，否则将不予报销。

为了确保填写的数据准确，且符合标准，可以通过Excel对其中要填写的数据进行约束，并结合数据计算功能对填写的数据进行自动汇总。例如：

①通过设置允许用户编辑区域将差旅报销单中可供用户填写以外的其他区域锁定，让员工只在指定区域内填写数据。

②使用数据验证功能将出差的起止日期进行限定。

③利用公式和函数对出差天数、各种小计数据进行汇总，并将合计金额的大写通过公式来进行自动转换，从而避免手动填写出错。

此外，为了指导用户更好地填写数据，还可以使用批注添加填写提示。

下面具体介绍差旅费报销单的具体制作方法。

>> 素材文件：素材\第3章\无

>> 效果文件：效果\第3章\差旅费报销单.xlsx

1　设计并制作差旅费报销单的结构

1 构建表结构

新建“差旅费报销单”工作簿文件，将“Sheet1”工作表重命名为“模板”，在A1:S19单元格区域中构建差旅费报销单的结构，并设置相应的字体格式。

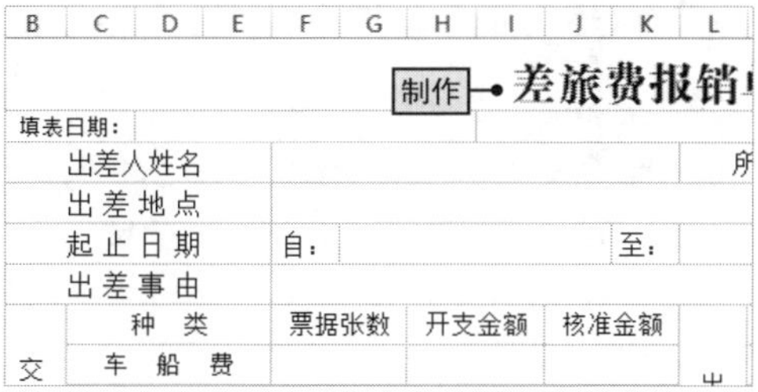

B	C	D	E	F	G	H	I	J	K	L
					制作	差旅费报销				
填表日期：										
	出差人姓名									所
	出差地点									
	起止日期			自：				至：		
	出差事由									
	种　类			票据张数		开支金额		核准金额		
交	车　船　费									出

2 为表格添加边框效果

❶选择B3:S18单元格区域，❷单击“下边框”下拉按钮，❸选择“所有框线”选项。❹再在该下拉菜单中选择“粗外侧框线”选项。

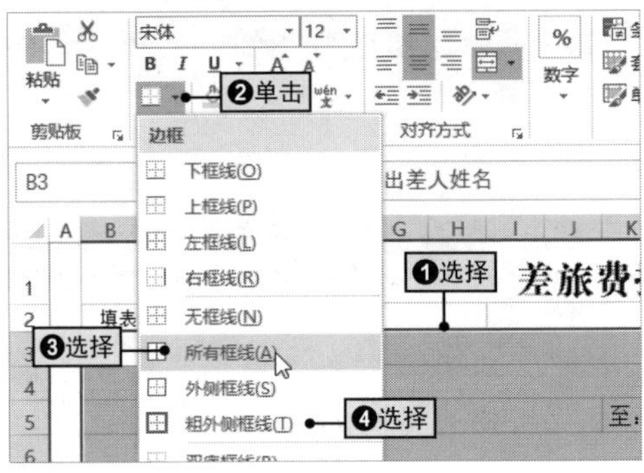

3 设置数据验证条件

选择G5单元格，打开“数据验证”对话框，分别设置允许、数据、开始日期和结束日期。

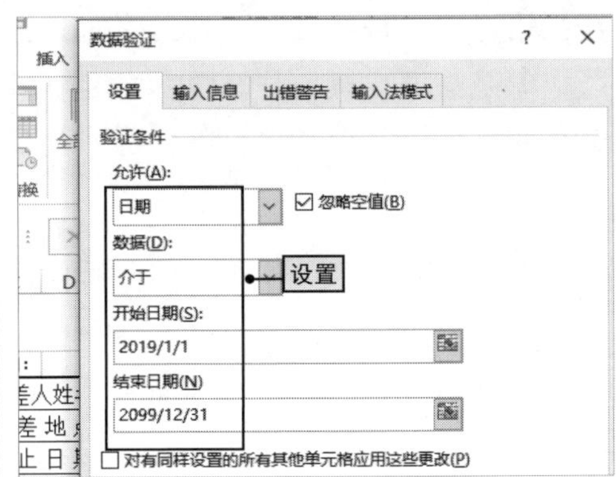

4 设置出错警告

❶单击“出错警告”选项卡，❷设置标题为“超出输入范围”，❸设置对应的错误信息内容，最后单击“确定”按钮关闭对话框。

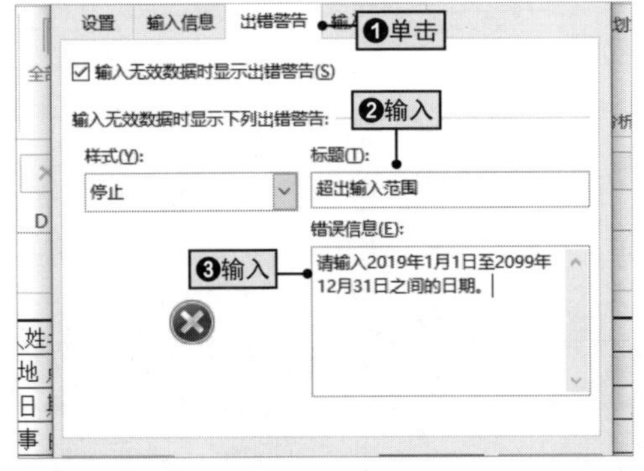

5 设置终止日期的验证条件

选择L5单元格，打开“数据验证”对话框，设置数据验证条件为日期介于G5（输入的起始日期）和2099/12/31之间，设置对应的出错警告后关闭该对话框。

6 为单元格的值添加“天”单位

❶选择Q5单元格，按【Ctrl+1】组合键打开“设置单元格格式”对话框的“数字”选项卡，在“分类”列表框中选择“自定义”选项，❷在“类型”文本框的“G/通用格式”占位符右侧输入“天”，最后单击“确定”按钮关闭对话框。

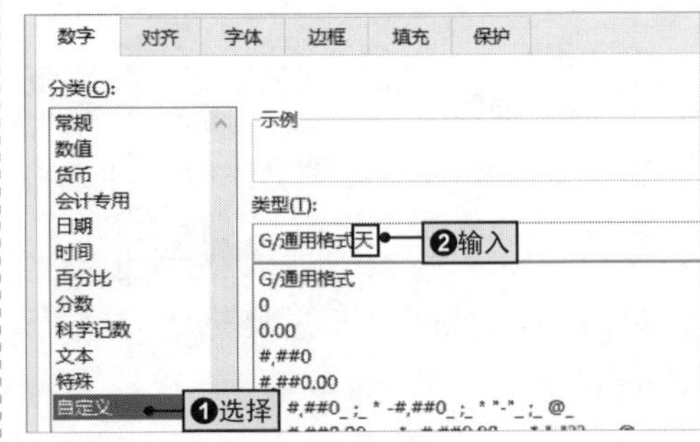

7 更改单元格的数据格式

❶选择差旅报销单中所有与金额相关的单元格，❷单击"数字"组中下拉列表框右侧的下拉按钮，❸选择"会计专用"选项更改单元格的数据格式。

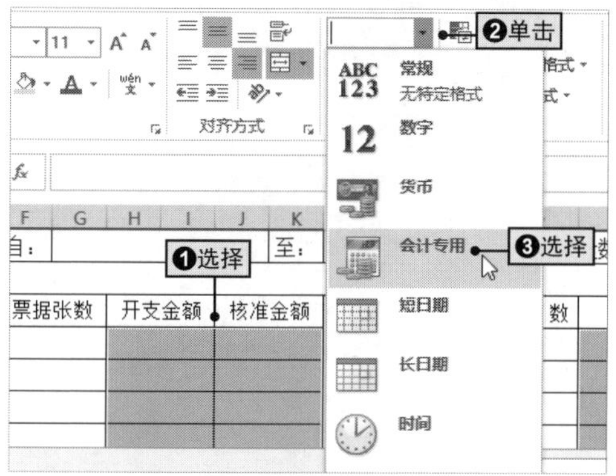

8 添加批注框

❶选择F3单元格，❷单击"审阅"选项卡，❸在"批注"组中单击"新建批注"按钮添加一个批注框。

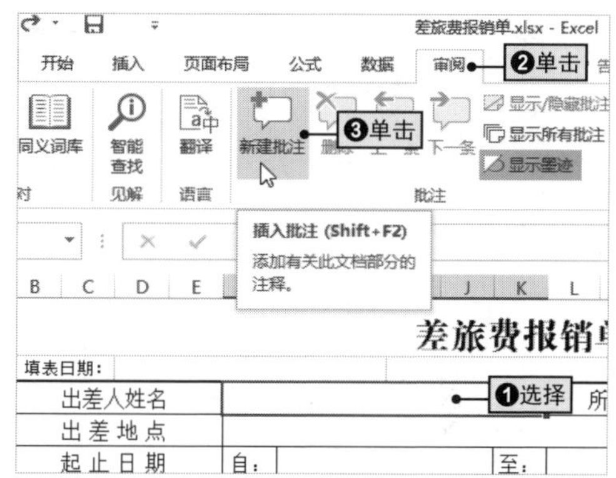

9 添加批注内容

删除批注框中的默认文本，直接在其中输入"填写出差人的姓名"文本，然后选择其他任意单元格退出批注的可编辑状态。

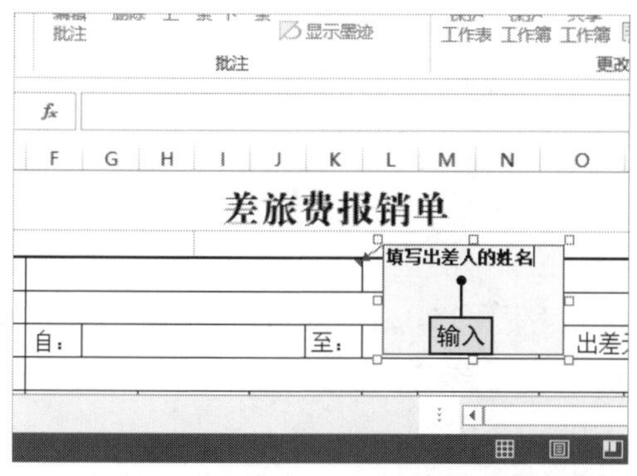

10 添加其他批注内容

用相同的方法为其他指定单元格添加对应的批注内容完成表格结构的制作与设计（选择带批注的单元格后，程序将弹出批注框，显示批注内容）。

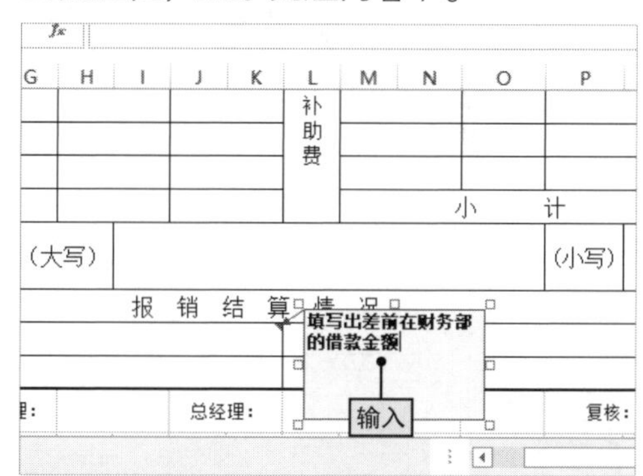

TIP 货币格式与会计专用格式的区别

在Excel中，货币格式和会计专用格式二者在本质上是没有任何区别，都可以表示货币金额数据。但是二者在显示上存在一定的区别，对于货币格式而言，它主要用于表示一般货币数值，是按照货币数据的最左侧数据靠左对齐；而会计专用格式可以对一列数值进行货币符号和小数点对齐。

2 实现数据的自动合计与转化

1 计算出差天数

❶选择Q5单元格，❷在编辑栏中输入“=IF(OR(G5="",L5=""),"",DATEDIF(G5,L5,"D")+1)”公式，按【Ctrl+Enter】组合键完成计算出差天数公式的输入。

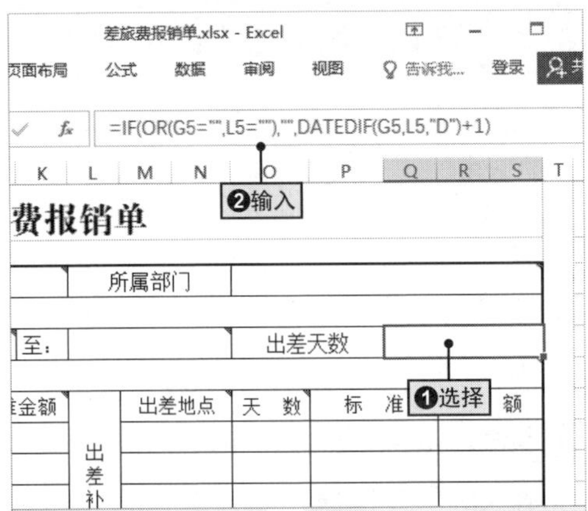

2 计算小计数据

❶选择H13单元格，❷在编辑栏中输入“=SUM(H8:I12)”公式，按【Ctrl+Enter】组合键完成开支金额的汇总。用相同的方法计算其他小计数据。

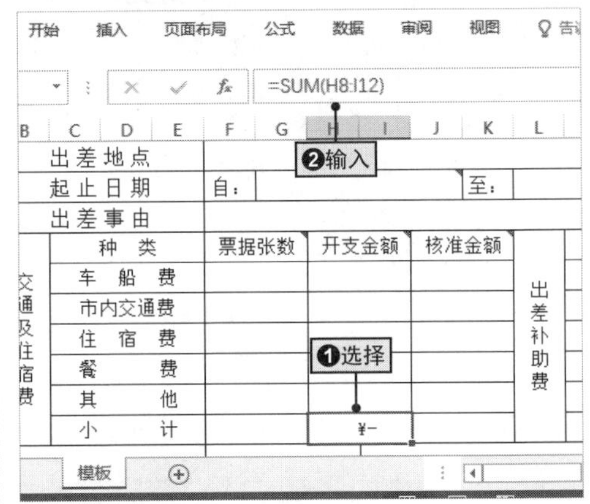

3 计算出差补助费

❶选择R8:R12单元格区域，❷在编辑栏中输入“=O8*P8”公式，按【Ctrl+Enter】组合键即可完成各项出差补助费的计算。

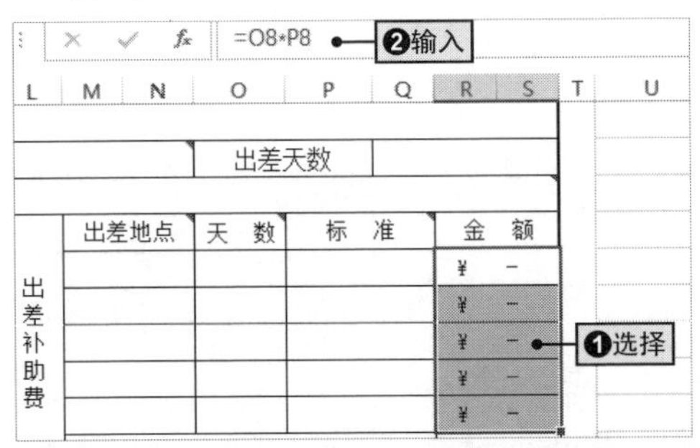

4 计算报销合计金额

❶选择Q14单元格，❷在编辑栏中输入“=J13+R13”公式，按【Ctrl+Enter】组合键完成此次出差报销费用的合计金额数据。

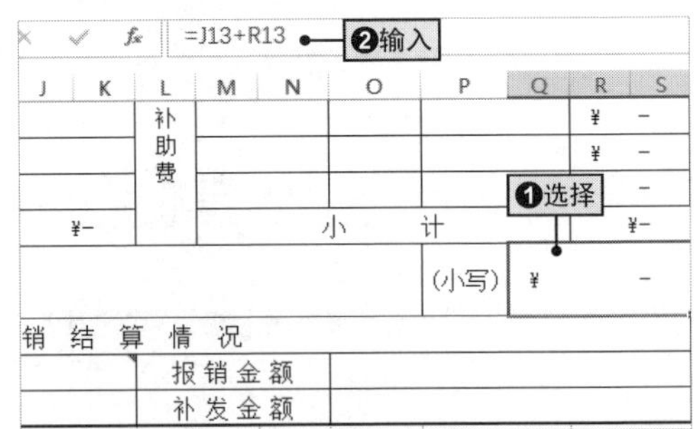

TIP 出差天数计算公式说明

在“=IF(OR(G5="",L5=""),"",DATEDIF(G5,L5,"D")+1)”公式中，“OR(G5="",L5="")”部分主要用于判断是否填写了起止出差日期，“DATEDIF(G5,L5,"D")+1”部分用于计算出差的天数。最后用IF()函数来确定输出结果。

5 将合计转化为大写

❶选择I14单元格，❷在编辑栏中输入“=IF(Q14>=0,,"负")&TEXT(ABS(Q14)-MOD(ABS(Q14),1),"[dbnum2]")&IF(MOD(Q14,1)=0, "元整","元")&SUBSTITUTE(SUBSTITUTE(TEXT(MOD(ABS(Q14),1)*100,"[dbnum2]0角0分"),"零角",),"零分",)”公式，按【Ctrl+Enter】组合键完成将合计金额转为大写的公式的输入。

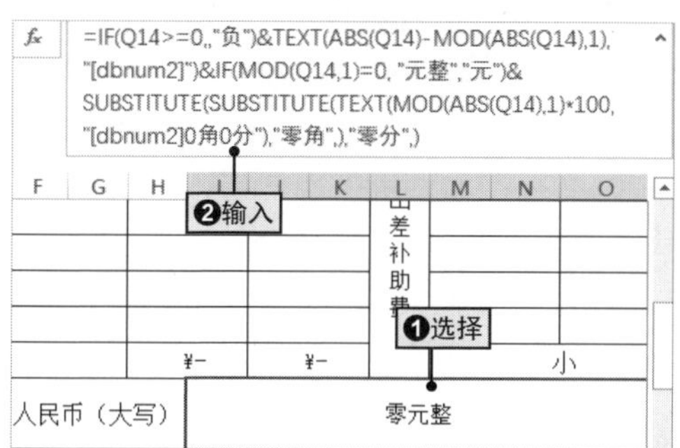

6 计算报销金额数据

❶选择Q17单元格，❷在编辑栏中输入“=Q14”公式，按【Ctrl+ Enter】组合键完成报销金额数据的引用。

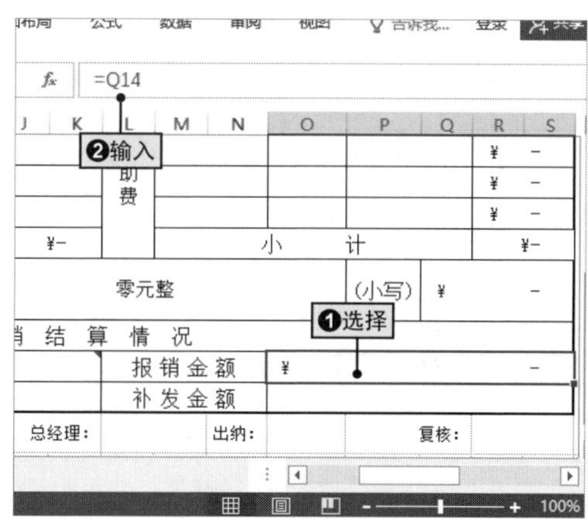

7 计算退回金额

❶选择F18单元格，❷在编辑栏中输入“=IF(O17<F17,F17-O17,0)”公式，按【Ctrl+Enter】组合键完成计算退回金额的公式的输入。

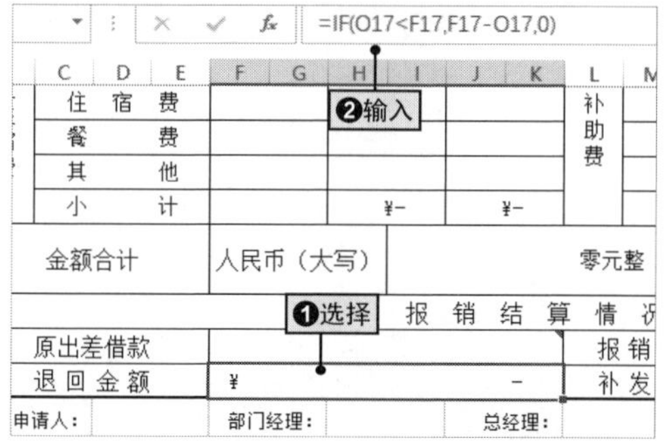

8 计算补发金额

❶选择O18单元格，❷在编辑栏中输入“=IF(O17>=F17,O17-F17,0)”公式，按【Ctrl+Enter】组合键完成计算补发金额的公式的输入。

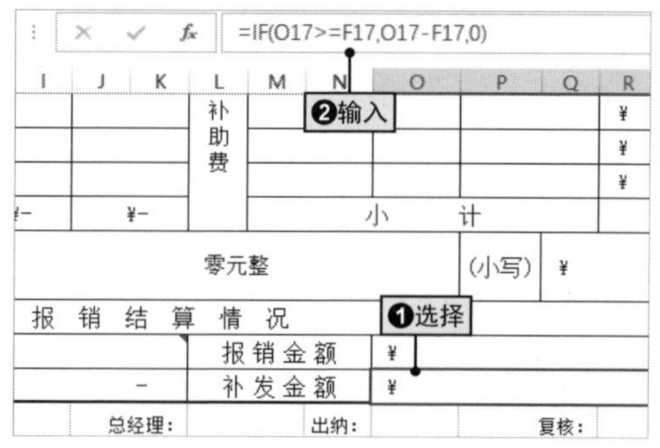

9 格式化并保护工作表

将可供用户填写的单元格标识为黄色，然后将工作表设置为仅黄色单元格区域可供使用，其他单元格不能编辑（有关操作见第1章的1.3.2节内容）。

通过如上两个阶段即可完成本案例的差旅费报销单的制作，其最终效果展示如图3-10所示。

差旅费报销单

填表日期：

出差人姓名					所属部门				
出差地点									
起止日期		自：		至：			出差天数		
出差事由									
交通及住宿费	种类	票据张数	开支金额	核准金额	出差补助费	出差地点	天数	标准	金额
	车船费								¥ -
	市内交通费								¥ -
	住宿费								¥ -
	餐费								¥ -
	其他								¥ -
	小计		¥-	¥-		小计			¥-
金额合计		人民币（大写）	零元整				（小写）	¥ -	
报销结算情况									
原出差借款					报销金额	¥ -			
退回金额		¥ -			补发金额	¥ -			

申请人：　　部门经理：　　总经理：　　出纳：　　复核：

图3-10

TIP 本例设置表格填充色的说明

在本例中，整个工作表中除了差旅费报销单表格以外，其他单元格区域显示的是灰色，要实现这个效果，可以先全选整张工作表中的单元格，将其设置为灰色，然后单独选择差旅费报销单的所有单元格区域，将其填充色设置为白色，最后选择可供用户填写的单元格，将其填充色设置为黄色。

知识点讲解

使用批注

批注可以为单元格添加说明文本，向其他用户表达批注者对此单元格的意见。需要说明的是，Excel中的同一个单元格只能包含一个批注。为单元格添加批注后，“新建批注”按钮将变为“编辑批注”按钮，使得用户不能为同一个单元格添加新的批注。

并且添加批注后，默认情况下，在单元格中添加的批注并不会显示出来，添加有批注的单元格右上角有一个小三角形，将鼠标光标指向该单元格，即可显示出批注框。

使用该方法显示批注时，当鼠标光标移开单元格后，批注框随之隐藏。如果要使批注内容始终显示在工作表上，可在“批注”组中单击“显示所有批注”按钮，如图3-11所示。

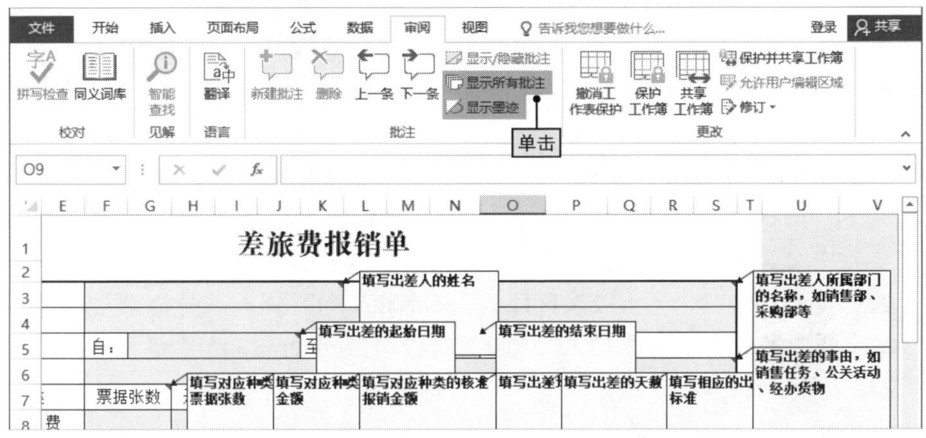

图3-11

无论在何种情况下，只要工作表中包含有批注内容，在“批注”组中单击“上一条”或“下一条”按钮，就可以依次查看工作表中的批注内容。

将数字转化为大写

在实际的凭证填制中，对于金额的填写是有要求的，具体如下。

- 大写金额用汉字壹、贰、叁、肆、伍、陆、柒、捌、玖、拾、佰、仟、万、亿、元、角、分、零、整等。
- 大写金额前未印有“人民币”字样的，应加写“人民币”3个字，“人民币”字样和大写金额之间不得留有空白。
- 大写金额到“元”或者“角”为止的，后面要写“整”或“正”字，金额有“分”的，不写“整”或“正”字。

在Excel中，虽然使用“特殊”数字格式中的“中文大写数字”类型可以将数字全部转化为对应的大写金额，但是其转化后的数据与会计中的规范要求不符，即对于大写金额到“元”或者“角”为止的，不会在后面添加“整”或“正”字，如图3-12所示。

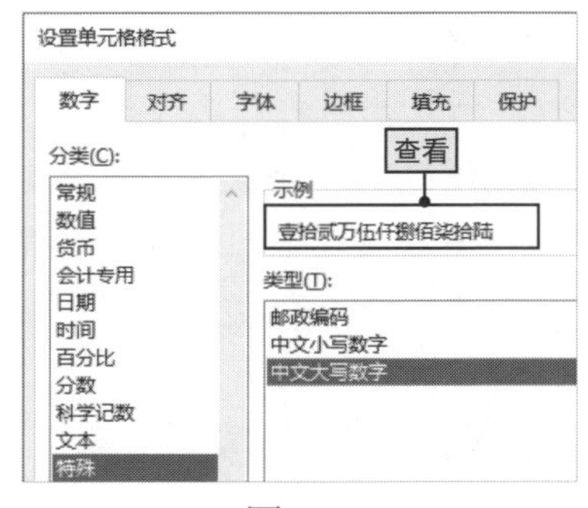

图3-12

为了达到实际要求，在将数字转化为大写

时，可以用函数的方式来完成。但是在这之前，首先需要先把人民币大写的形式确定下来。在本例中的人民币大写的形式可以分为4部分，分别为正负部分、整数部分、单位部分和小数部分，所以在利用公式将数字金额转换为人民币大写时，只需要把这4部分分别写出来，再依次连接在一起。

在本例中，应用了3个文本连接符“&”连接人民币大写的4个部分，其各部分的作用如下。

- **第一部分：**用IF()函数来判断数字金额的正负以及在金额为负时在人民币大写前面加上“负”字。
- **第二部分：**用TEXT()函数输出人民币大写的整数部分。该函数参数中出现了“[dbnum2]”部分，它是一种格式参数，其功能是将数字转换为对应的中文大写，相应的还有“[dbnum1]”和“[dbnum3]”格式参数。如果在单元格中输入“=TEXT(1234,"[dbnum1]")”公式，将得到“一千二百三十四”的结果；如果输入“=TEXT(1234,"[dbnum3]")”公式，将得到“1千2百3十4”的结果。
- **第三部分：**用IF()函数来确定输出的单位。
- **第四部分：**先用TEXT()函数输出金额的小数部分，再连用两个SUBSTITUTE()函数来去除其中不符合习惯的部分。

OR()函数的使用

OR()函数主要用于对数据进行交集运算，也称逻辑或运算。只要指定的所有条件中有一个条件成立，该函数返回逻辑真值TRUE；当所有条件都不成立时，则函数返回逻辑假值FALSE。

OR()函数的语法结构为：OR(logical1,logical2,…)，对于该函数而言，需要注意以下几点问题。

- logical参数可以是逻辑值，也可以是逻辑表达式，其返回值可以是TRUE，也可以是FALSE。
- 该函数的参数的个数的取值范围为1～255，因此logical1参数为必须参数，其他参数为可选参数。
- 使用OR()函数时，如果数组或引用的参数中包含文本或空白单元格，这些值将被忽略。若指定的单元格区域内包括非逻辑值，则将返回#VALUE!错误值。

DATEDIF()函数的使用

在日期数据的处理过程中，如果要快速计算两个日期的时间间隔，可以使用DATEDIF()函数来完成，其语法结构为：DATEDIF(start_date,end_date,unit)，从语法结构中可以看出，DATEDIF()函数有3个参数，各参数的具体作用如下。

- ◆ start_date：该参数代表时间段内的第一个日期或起始日期。
- ◆ end_date：该参数代表时间段内的最后一个日期或结束日期。
- ◆ unit：该参数用于指定计算时间间隔的单位和方式，该参数有多种值，参数值不同（参数值不区分大小写），函数返回的差值就不同，具体作用如表3-2所示。

表3-2

参数值	含 义
"Y"	计算start_date与end_date指定的日期中的整年数，如公式“=DATEDIF("2018-8-10","2019-8-30","y")”返回1
"M"	计算start_date与end_date指定的日期中的整月数，如公式“=DATEDIF("2018-8-10","2019-8-30","m")”返回12
"D"	计算start_date与end_date指定的日期中的天数，如公式“=DATEDIF("2018-8-10","2019-8-30","d"）”返回385
"MD"	计算start_date与end_date指定的日期中天数的差；该参数值忽略日期中的月和年，如公式“=DATEDIF("2018-8-10","2019-8-30","md")”返回20
"YM"	计算start_date与end_date指定的日期中月数的差，该参数值忽略日期中的日和年，如公式“=DATEDIF("2018-8-10","2019-8-30","ym")”返回0
"YD"	计算start_date与end_date指定的日期中天数的差，该参数值忽略日期中的年，如公式“=DATEDIF("2018-8-10","2019-8-30","yd")”返回20

SUM()函数的使用

如果要直接对指定的多个数据进行快速求和，可以使用程序提供的SUM()函数来完成，其语法结构为：SUM(number1,number2,…)，在使用该函数进行计算时，需要注意以下几点。

- ◆ SUM()函数的参数个数的取值范围为1～255个，也可以是具体的数据集合，也可以是对单元格或单元格区域的引用。
- ◆ 如果直接将SUM()函数中的参数输入为数字、逻辑值及数字的文本表达式，也可计算出结果，其中文本值会被自动转换为数字；逻辑值TRUE会被转换为数字1，FALSE会被转换为数字0。
- ◆ 如果参数是一个数组或引用，则只计算其中的数字。数组或引用中的空白单元格、逻辑值或文本将被忽略。

3.2 记账凭证表单设计与功能完善

记账凭证是会计人员根据审核无误的原始凭证或汇总原始凭证，用来确定经济业务应借、应贷的会计科目和金额而填制的会计凭证。它是登记账簿的直接依据。

3.2.1 制作通用记账凭证

通用记账凭证也称为“记账凭证”或“记账凭单”，它是适合于所有经济业务、格式统一的记账凭证，一般适用于业务量少、凭证不多的小型企事业单位。

在记账凭证中，对于每个科目的借贷金额是分散填列到记账凭证中的借方金额栏和贷方金额栏的，合计数据也是分散进行填充的。为了使合计金额数据准确填列，可以使用公式进行自动计算并完成分散填充。

因为在分散的单个单元格中，能够表示的数据范围为0~9。因此需要对数据求和后的进位进行处理，这就有必要了解进位处理的原理及其过程，其具体的原理及过程如下。

第一对同列的各项数据汇总求和。

第二从“分”位开始处理进位，首先判断“分”位的数据是否大于9，如果大于9，则会发生进位，将该数据右侧数据截取出来，作为分散填列结果中“分”位的数据；将该数据的左侧数据截取出来，记录为“分”位的进位。

第三将“角”位的汇总结果与“分”位的进位数据相加，判断此时“角”位的数据是否大于9，如果大于9，将该数据右侧的数据截取出来，作为分散填列结果中“角”位的数据；将该数据的左侧数据截取出来，记录为“角”位的进位。

第四将“元”位的汇总结果与“角”位的进位数据相加，判断此时“元”位的数据是否大于9，如果大于9，将该数据右侧的数据截取出来，作为分散填列结果中“元”位的数据；将该数据的左侧数据截取出来，记录为“元”位的进位。

……

下面将进位处理的具体处理过程用示意图的方式展示出来，帮助读者理解，其具体过程示意图如图3-13所示。

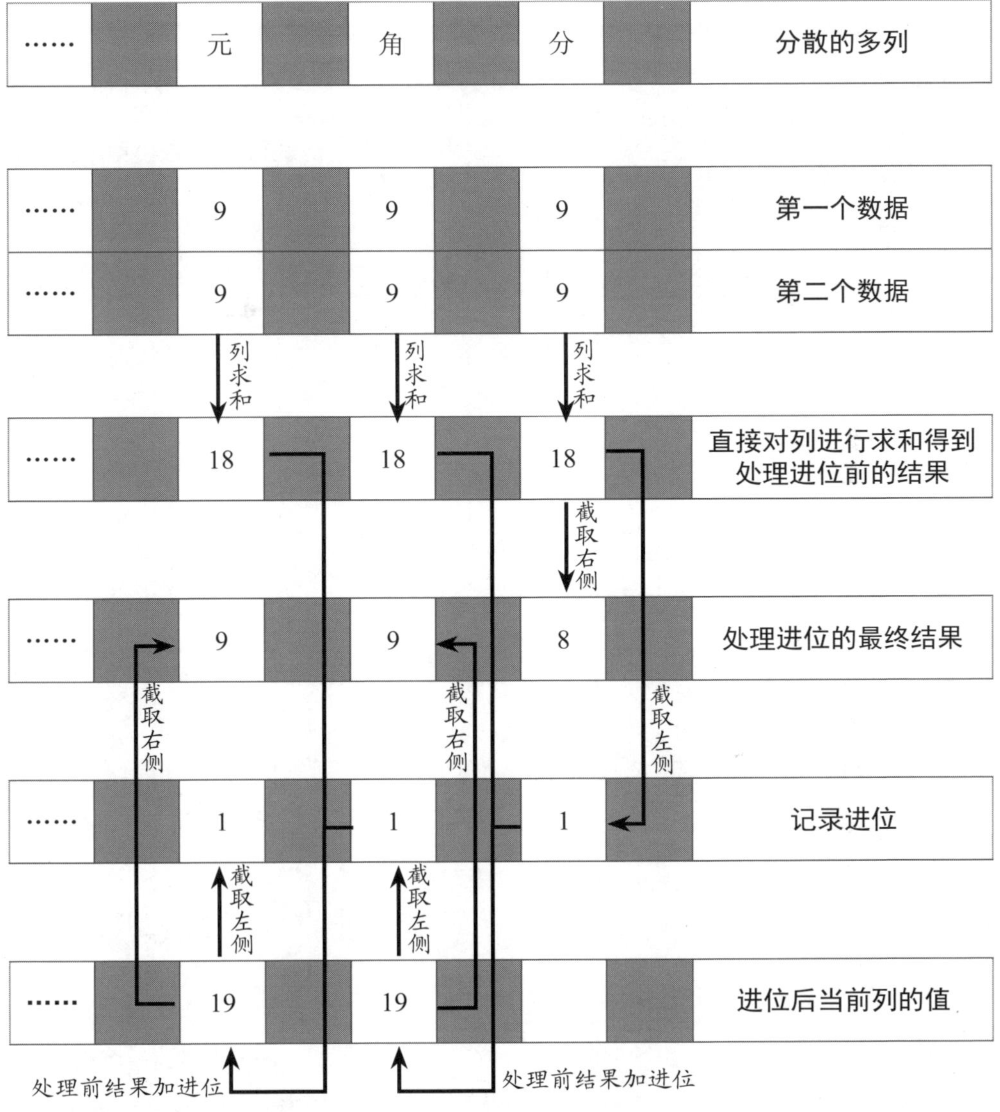

图3-13

下面具体介绍通用记账凭证的具体制作方法。

>> 素材文件：素材\第3章\无

>> 效果文件：效果\第3章\记账凭证.xlsx

1 制作记账凭证表格结构

1 初步构建表结构

❶新建“记账凭证”工作簿，❷在A1:Z14单元格区域中合并相应单元格并输入对应的文本内容，调整合适的列宽完成表格结构的初步构建。

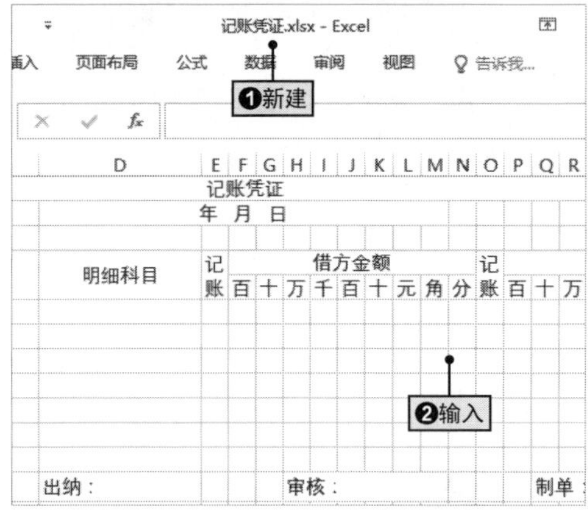

2 设置文本格式并调整行高

❶设置表格文本的字体、字号和对齐方式，❷通过拖动鼠标光标的方法快速增大第1行单元格的行高和减小第3行单元格的行高。

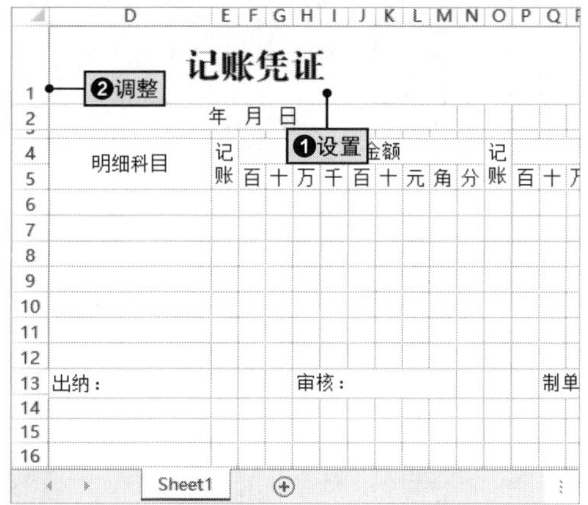

3 精确调整行高

❶选择第4~14行单元格，打开“行高”对话框，❷在“行高”文本框中输入18，❸单击“确定”按钮关闭对话框完成精确调整行高的操作。

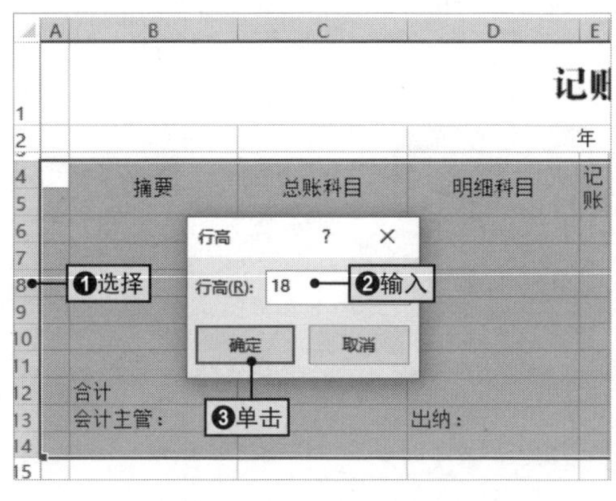

4 添加边框效果

❶选择B4:X12单元格区域，❷在“字体”组中单击“下边框”按钮右侧的下拉按钮，❸选择“所有框线”选项快速为指定单元格区域添加边框效果。

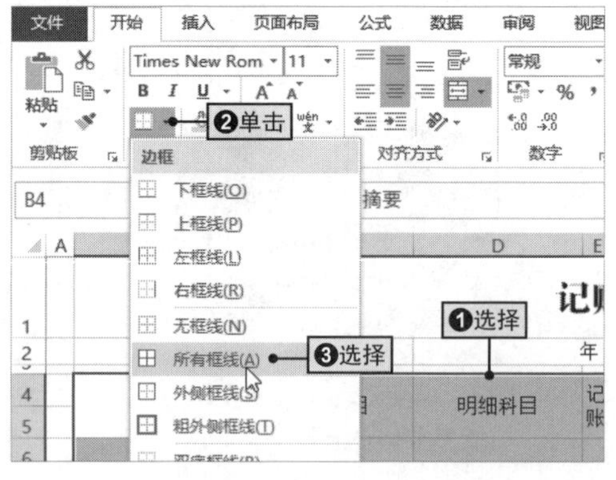

2 实现合计金额的分散填充

1 添加辅助表格

在D16:X20单元格区域中添加辅助计算区域表格，为表格中的文本设置对应的字体格式和对齐方式，并添加相应的边框效果。

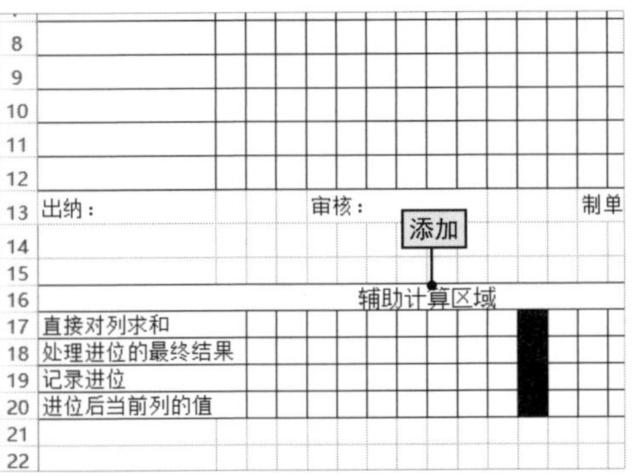

2 将借方金额的每列数据求和

❶选择F17:N17单元格区域，❷在编辑栏中输入“=SUM(F6:F11)”公式，按【Ctrl+Enter】组合键完成借方金额各列数据求和。

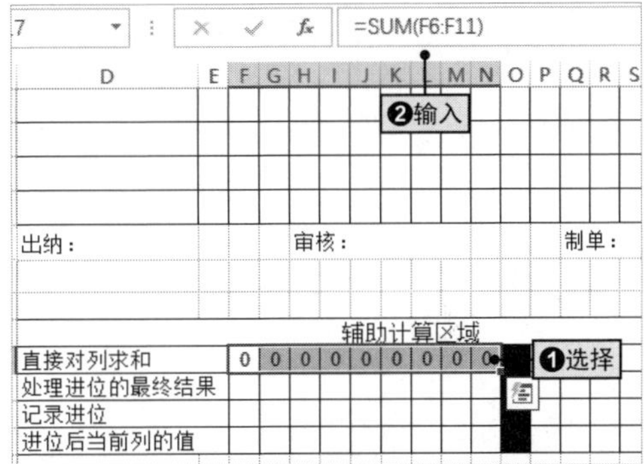

3 获得分位的数据

❶选择N18单元格，❷在编辑栏中输入“=VALUE(RIGHT(N17))”公式，按【Ctrl+Enter】组合键获取“分”列直接求和后的右侧数据，得到分的数据。

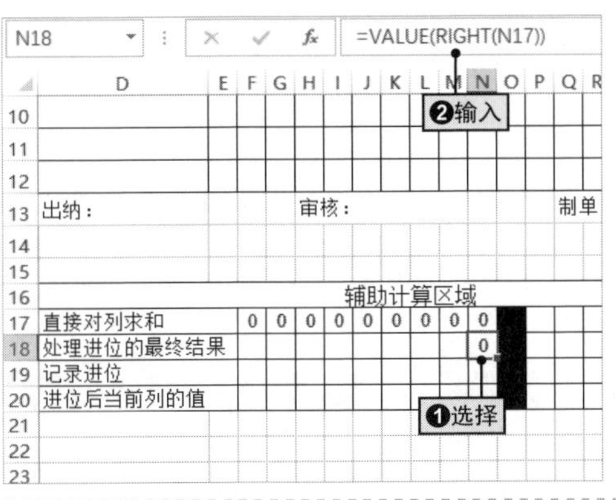

4 获得分的进位数据

❶选择N19单元格，❷在编辑栏中输入“=IF(N17<=9,0,VALUE(LEFT(N17)))”公式，按【Ctrl+ Enter】组合键获取“分”列直接求和后的左侧数据，得到分的进位数据。

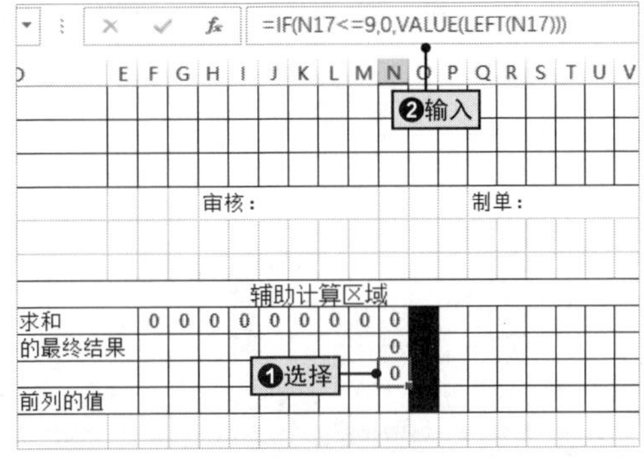

TIP 实现分散填充合计数据的说明

在本例制作的记账凭证中，由于处理合计金额的进位比较麻烦，期间会有多重转换，为了更好地理解与实现合计金额的分散填充，在本例的功能实现过程中将添加一个辅助计算区域，在其中分别处理各列的进位，并得到最终的结果，然后在记账凭证的合计分散单元格中直接通过引用该最终结果的方式在借贷金额列中填列。

5 计算角位加分位进位后的值

❶选择M20单元格，❷在编辑栏中输入“=M17+N19”公式，按【Ctrl+Enter】组合键计算将分位的进位加上后的当前角位的数据。

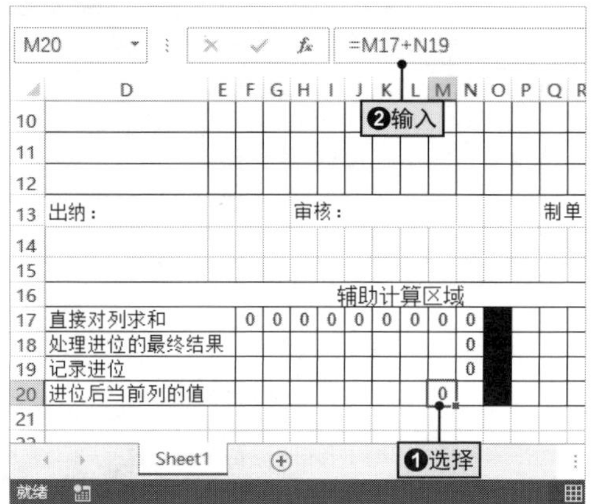

6 得到角的数据

❶选择M18单元格，❷在编辑栏中输入“=IF(M20>0,VALUE(RIGHT(M20)),0)”公式，按【Ctrl+Enter】组合键得到角的数据。

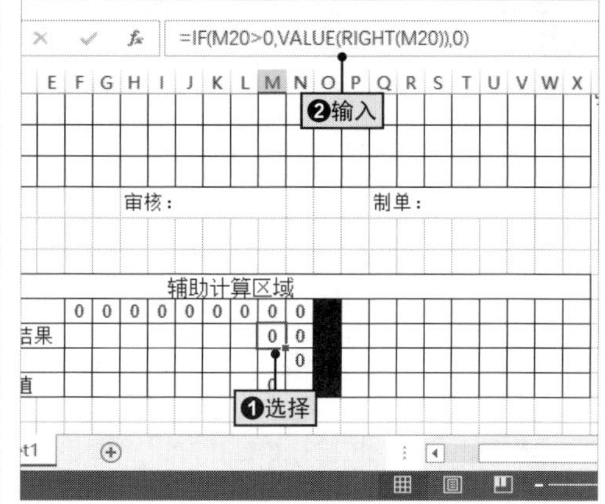

7 计算角位的进位数据

❶选择M19单元格，❷在编辑栏中输入“=IF(M20>9,VALUE(LEFT(M20)),0)”公式，按【Ctrl+Enter】组合键得到角的进位数据。

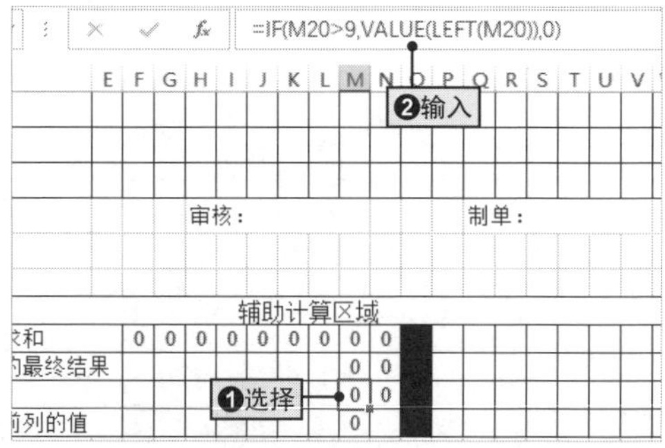

8 计算借方金额栏的其他数据

根据步骤5~7的操作原理，对借方金额栏中其他位的数据进行进位处理，得到最终的结果。

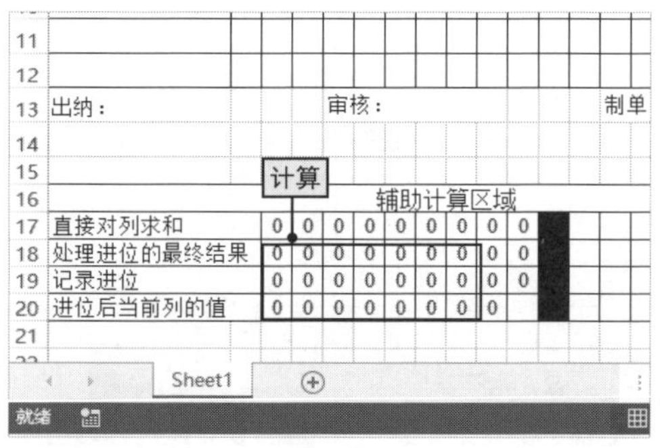

9 填写借方金额的百万位合计值

❶选择借方金额栏中的百万合计单元格，即选择F12单元格，❷在编辑栏中输入“=IF(F18=0,"",F18)”公式，按【Ctrl+Enter】组合键确认借方的百万位数据。

10 填写借方金额的十万位合计值

❶选择G12单元格，❷在编辑栏中输入“=IF(AND(F18=0,G18=0),"",G18)”公式，按【Ctrl+Enter】组合键确认借方的十万位数据。

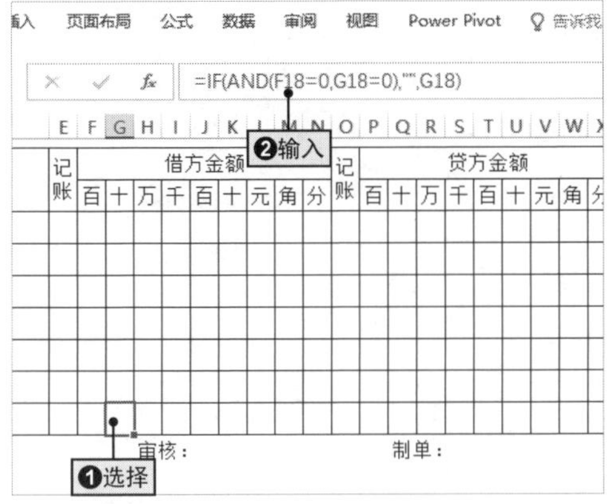

11 填写其他位的合计值

用相同的方法确认借方金额中的万、千、百、十、元、角和分位的合计数据，完成借方金额中合计数据的自动分散填列的计算。

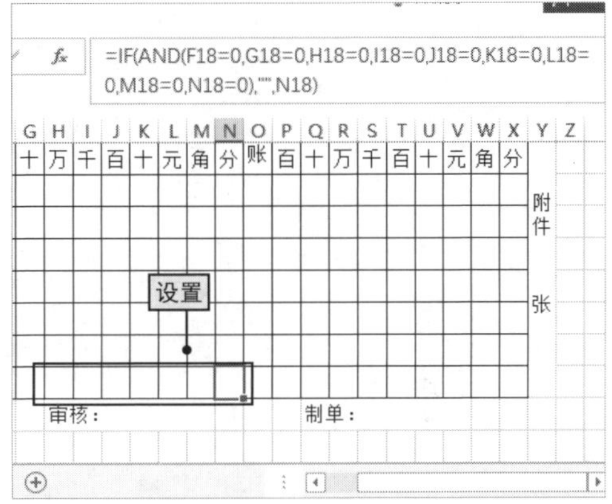

12 完成贷方金额的辅助数据计算

❶复制辅助区中F17:N20单元格区域的公式，❷选择P17:X20单元格区域，❸右击，在弹出的快捷菜单中选择“公式”命令完成公式的复制。

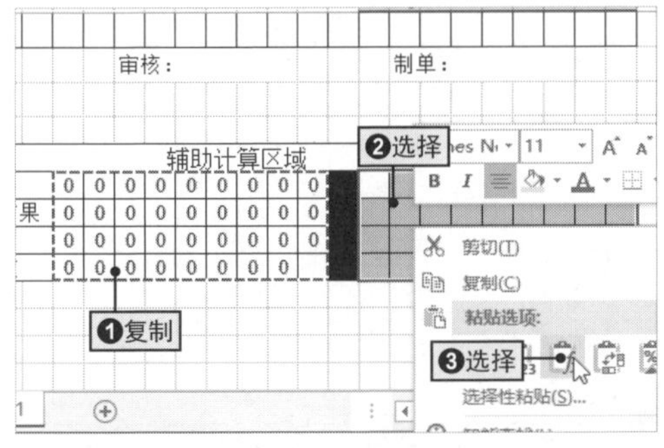

13 完成贷方金额的分散填充引用

❶复制借方合计金额中的公式，❷选择P12:X12单元格区域，❸右击，在弹出的快捷菜单中选择“公式”命令完成公式的复制。

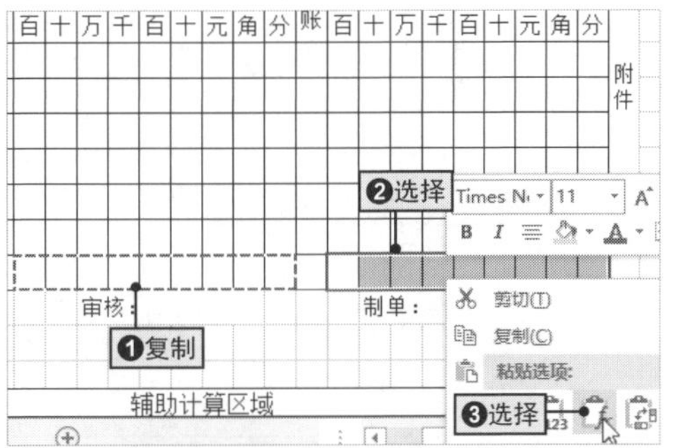

TIP 合计数据分散填充的引用说明

在本例中，在引用填制最终计算的分散合计数据时，当前数据最高位之前的其他高位必须填制为空白，如最大值为1543，则万、十万、百万位的合计要显示为空，要达到此目的，就需要使用IF()函数对其高位是否为0进行判断。例如本例的合计千位单元格中输入“=IF(AND(F18=0,G18=0,H18=0,I18=0),"",I18)”公式，就是判断处理进位后的最终结果是否为0，如果都为零，则当前的数据可能最高位是百，那么千以上的位无数据。如果有任意一个不为零，则填入计算的处理进位后的最终数据。

14 隐藏辅助区域

❶选择第16~20行单元格，在行号上右击（也可以在选择的行的所在单元格上右击），❷在弹出的快捷菜单中选择“隐藏”命令将辅助区域隐藏。

15 设置填充色和边框

❶选择A1:Z14单元格区域，将其填充色设置为白色，❷单击“下边框”下拉按钮，❸选择“外侧框线”选项添加外边框完成操作。

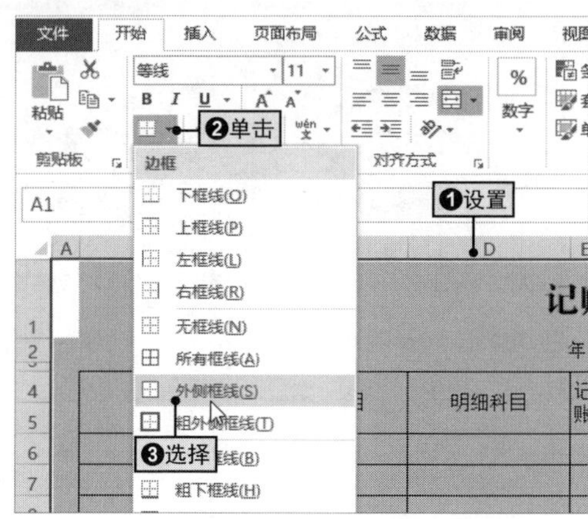

通过如上两个阶段即可完成本案例的通用记账凭证的制作，其最终效果展示如图3-14所示。

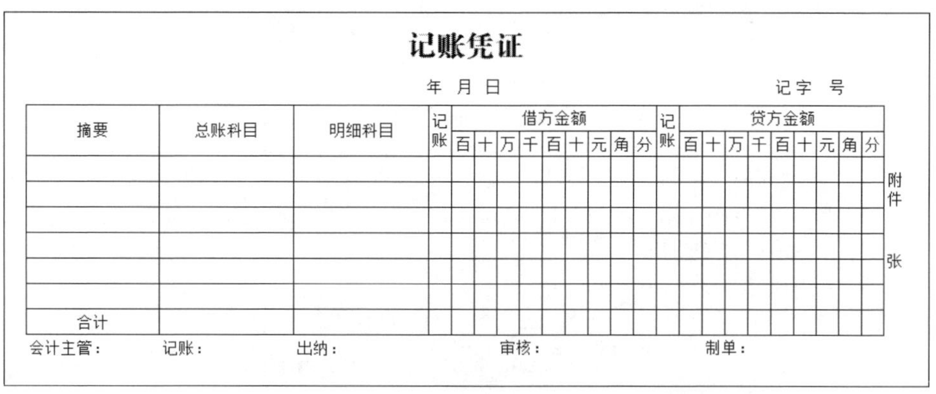

记账凭证

年 月 日 　　　　　　　　记字 号

摘要	总账科目	明细科目	记账	借方金额									记账	贷方金额								
				百	十	万	千	百	十	元	角	分		百	十	万	千	百	十	元	角	分
合计																						

附件 张

会计主管：　记账：　出纳：　审核：　制单：

图3-14

知识点讲解

隐藏和显示行列

在处理财务数据时，为了方便操作和处理，有时候需要在表单中通过添加各种辅助区域来辅助操作，如果不需要显示这些辅助区域，可以将其隐藏。除了案例中通过快捷菜单隐藏行列以外，还可以通过“格式”下拉菜单完成，其具体操作是：选择需要隐藏的行或列中的任意单元格，在“开始”选项卡“单元格”组中单击“格式”下拉按钮，选择“隐藏和取消隐藏”命令，在其子菜单中选择需要的选项即可，如图3-15所示。

图3-15

如果要将隐藏的行或者列显示出来，可以选择隐藏的行或列前后相邻的几行或者几列，然后在“开始”选项卡“单元格”组中单击“格式”下拉按钮，选择“隐藏和取消隐藏”命令，在其子菜单中选择“取消隐藏行”或“取消隐藏列”选项即可。

RIGHT()函数的使用

如果要从字符的右侧开始，向左侧截取指定字符，则可以使用RIGHT()函数来实现，其语法结构为：RIGHT(text,num_chars)。从语法结构可以看出，该函数有两个参数，各参数的具体功能如下。

- text：用于指定包含提取字符的字符串。
- num_chars：用于指定截取text参数中的前几个字符，若返回最后一个字符，该参数可以省略。

LEFT()函数的使用

如果要从字符的左侧开始，向右侧截取指定字符，则可以使用LEFT()函数来实现，其语法结构为：LEFT(text,num_chars)。

LEFT()函数的参数与RIGHT()函数中对应参数的作用是相同的，若返回第一个字符，直接省略num_chars参数即可。

VALUE()函数的使用

通过RIGHT()函数和LEFT()函数截取出来的结果为文本类型的数据，要确保截取出来的数据能继续参与计算，还需要将其转化为数值类型。

在Excel中，使用VALUE()函数可以将文本类型的数字字符串转换成数值，其语法结构为：VALUE(text)。从语法结构中可以看出，VALUE()函数只有一个参数text，该参数用于指定需要转换成数值格式的文本，text参数既可以用双引号直接引用文本，也可以引用其他单元格中的文本。

此外，在使用VALUE()函数时，如果存放原始数据的单元格的样式为常规单元格格式，在直接使用“=”引用后，结果单元格的常规单元格格式也会变为相应的存储原始数据单元格的格式；而使用VALUE()函数引用数据并转化后，结果单元格的常规单元格格式不发生任何改变。

AND()函数的使用

AND()函数主要用于对数据进行并集运算，也称逻辑与运算。当指定的所有条件都成立时，该函数返回逻辑真值TRUE；只要有一个条件不成立，则函数返回逻辑假值FALSE。

AND()函数的语法结构为：AND(logical1,logical2,...)。该函数的参数与OR()函数的参数的作用和使用方法相同。

3.2.2 制作收款凭证

收款凭证是指用于记录库存现金和银行存款收款业务的记账凭证，它是由出纳人员根据审核无误的原始凭证收款后填制的。在借贷记账法下，收款凭证与通用的记账凭证有相似的结构，因此可以在通用记账凭证的基础上修改，从而快速得到收款凭证。相比于记账凭证，收款凭证有如下区别。

①在收款凭证左上方需要填列借方科目。

②在收款凭证的右上角填写“银收字　号”或“收字　号”。

③在科目栏填写相应的贷方总账科目和贷方明细科目。

④在金额栏填列经济业务实际发生的贷方金额。

下面介绍通过通用的记账凭证结构快速制作收款凭证的具体方法。

>> 素材文件：素材\第3章\收款凭证.xlsx

>> 效果文件：效果\第3章\收款凭证.xlsx

1 修改标题并添加借方科目填列项

❶打开素材文件，❷将“记账凭证”标题修改为“收款凭证”，❸在B2单元格中输入“借方科目：”文本。

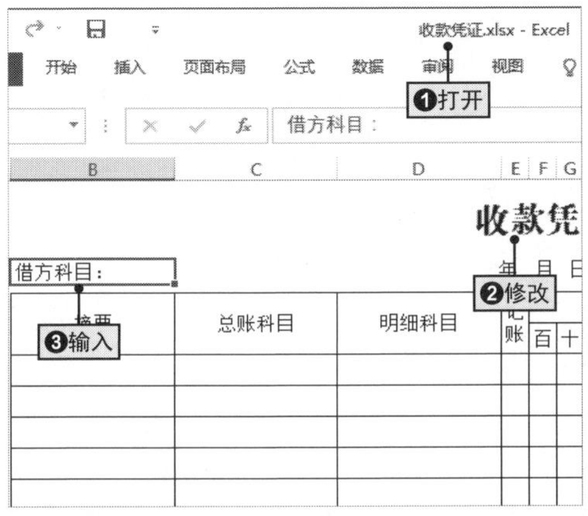

2 取消合并单元格

❶选择合并的C4:D4单元格区域，❷在“对齐方式”组中单击“合并后居中”按钮右侧的下拉按钮，❸选择“取消单元格合并”选项。

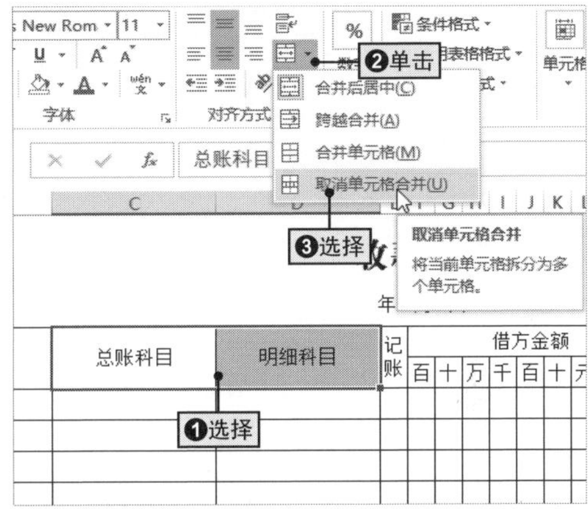

3 编辑贷方科目栏

❶将C4:D4单元格区域的文本移动到C5:D5单元格区域，❷合并C4:D4单元格区域，在其中输入“贷方科目”文本，完成贷方科目栏的修改。

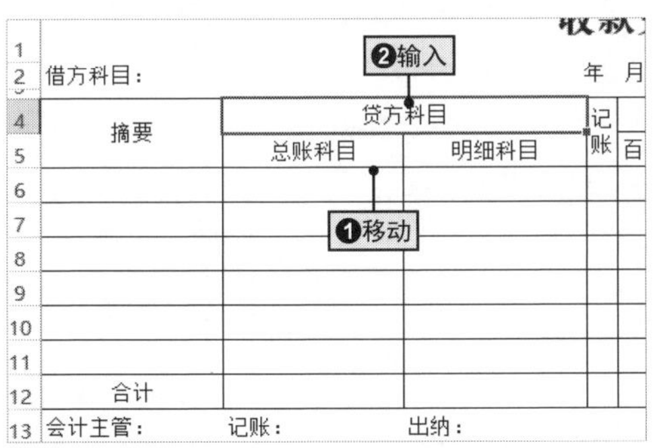

4 删除借方金额填列

将表格右上角的“记字”文本修改为“记收”文本，❶选择E~N列，在列标上右击，❷选择“删除”命令将原记账凭证中金额栏中的借方金额列删除。

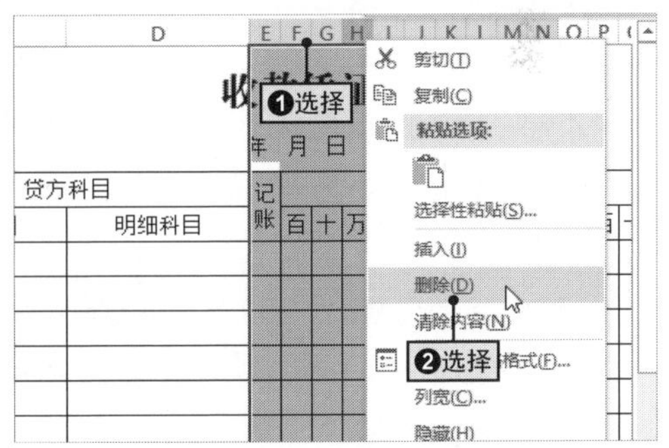

5 修改填列项名称和表格列宽

❶将“贷方金额”文本修改为“金额”，❷由于删除借方金额列后“审核”签章部分被删除，将其重新添加到表格下方，修改摘要和贷方科目所在列的列宽完成表格外观结构的调整，至此完成收款凭证的制作。

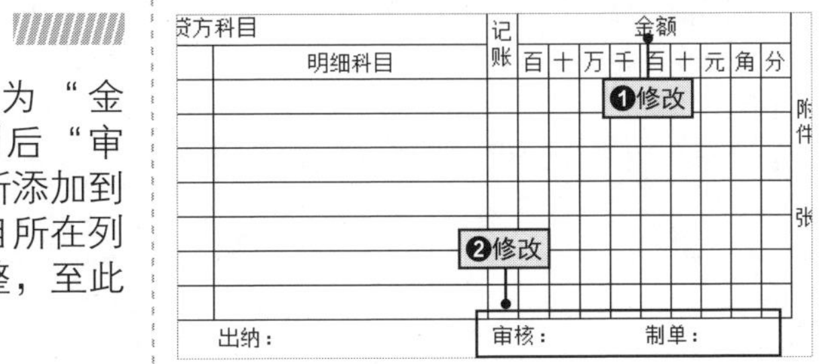

通过如上几个步骤即可完成本案例的收款凭证的制作，其最终效果展示如图3-16所示。

收款凭证

借方科目：　　　　　　年　月　日　　　　　　记收　号

摘要	贷方科目		记账	金额								
	总账科目	明细科目		百	十	万	千	百	十	元	角	分
合计												

附件　张

会计主管：　　记账：　　出纳：　　审核：　　制单：

图3-16

3.2.3 制作付款凭证

付款凭证是根据现金和银行存款付出业务的原始凭证编制、专门用来填列付款业务会计分录的记账凭证。它不仅是出纳人员付款的依据，也是登记现金日记账、银行存款日记账以及有关明细分类账总分类账的依据。

根据现金付出业务的原始凭证编制的付款凭证称为现金付款凭证；根据银行存款付出业务的原始凭证编制的付款凭证称为银行存款付款凭证。

付款凭证和收款凭证的外观结构是一致的，只有填列的内容不一样，因此基于收款凭证可以更加快速地完成付款凭证的制作。那么付款凭证与收款凭证不同的地方是什么呢？具体如下：

①在付款凭证左上方需要填列贷方科目。

②在付款凭证的右上角填写“银付字　号”或“付字　号”。

③在科目栏填写相应的借方总账科目和借方明细科目。

④在金额栏填列经济业务实际发生的借方金额。

下面介绍通过收款凭证结构快速制作付款凭证的具体制作方法。

>> 素材文件：素材\第3章\付款凭证.xlsx

>> 效果文件：效果\第3章\付款凭证.xlsx

1 修改标题并添加贷方科目填列项

❶打开素材文件，❷将“收款凭证”标题修改为“付款凭证”，❸将B2单元格中的文本修改为“贷款科目：”。

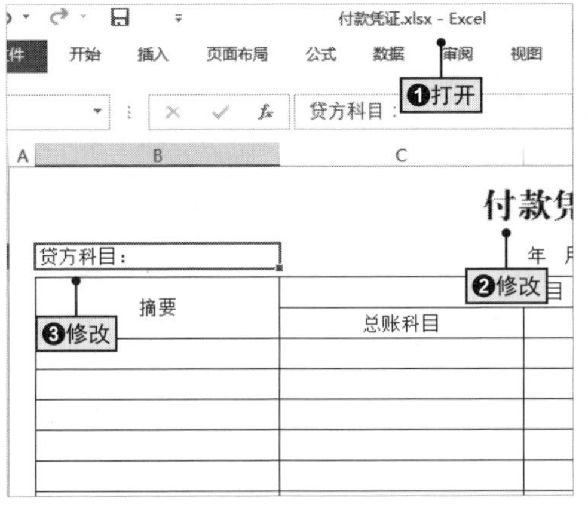

2 修改借方科目栏和记付字号

❶将C4单元格的文本修改为“借方科目”，❷修改表格右上角的“记收”文本为“记付”，至此完成表格制作。

通过如上两个步骤即可完成本案例的付款凭证的制作，其最终效果展示如图3-17所示。

图3-17

3.2.4 制作转账凭证

转账凭证是用以记录与货币资金收付无关的转账业务的凭证，它是由会计人员根据审核无误的转账原始凭证填制的。在会计中，转账凭证用以编制不涉及“现金”和“银行存款”科目的会计分录。

转账凭证的结构与通用的记账凭证的结构基本一样，唯一的区别是右上角的“记字”变为“转字”。所以，在Excel中，直接将记账凭证的标题修改为“转账凭证”，将表格右上角的“记字”修改为“转字”即可快速得到转账凭证。其效果如图3-18所示。

转账凭证

年 月 日 转字 号

摘要	总账科目	明细科目	记账	借方金额									记账	贷方金额								
				百	十	万	千	百	十	元	角	分		百	十	万	千	百	十	元	角	分
合计																						

附件 张

会计主管： 记账： 出纳： 审核： 制单：

图3-18

在本章中，我们自制的会计凭证数量很少，只有几种，而实际财会工作中涉及的凭证类型很多，但是只要掌握了本章的几种会计凭证的制作方法，其他的会计凭证都能制作，其制作方法基本都相似，归纳总结为两种情况。

- **情况一，仅用作打印使用的表格：**这类表格就按照实际使用的凭证样式，使用合并单元格、输入文本、格式化文本、添加边框等基础Excel操作即可完成制作。
- **情况二，带计算的表格：**这类表格的结构制作很简单，对于计算功能，可分为两种情况，一种是直接计算结果，如差旅报销单中的出差天数、合计金额等，另一种是将一个数据计算结果按分、角、元、十、百、千、万……进行分散填充，如记账凭证表。无论哪种计算，使用Excel自带的公式和函数，都可以完成。这些公式函数的使用也很简单，其语法结构和使用方法在Excel的帮助中都可以查询到，财会人员唯一要做的就是理清楚解决问题的思路，只有将待计算的数据的计算原理和过程理清楚了，再配合对应的公式函数即可完成数据计算。

第4章 04

财务数据的填制与统计分析

本章导读

准确的财务数据填制是会计核算的前提。对于各类会计凭证填制，在会计学上有专业的要求，而本章主要从Excel操作的方面介绍如何在Excel电子表格中填写凭证以及日常数据，并进行一些简单的统计分析。

本章要点

填写差旅费报销情况
填写材料领用信息
汇总并结算各项费用金额
利用柱形图比较各项费用的大小

4.1 日常财务单据的填制方法

财务单据是财务上专用的表格，包括各财务表单、收据、报销单据、盘点表等。它是财务部门进行资金、货物管理的有效工具，对资金、货物的进出、支配都有据可依，有地可查。本节将具体讲解如何用Excel来填制财务单据。

4.1.1 填写差旅费报销情况

在差旅费报销单中，对于数据计算的部分，已经在表格中通过公式进行了功能设置，无需工作人员手动计算。而且对于需要具体填写差旅费明细的位置，在模板表格中已经用黄色填充色进行了标识，因此，工作人员在填制差旅费报销数据时，只需要根据出差人员提供的原始凭证，将相关内容输入到表单中即可。

假设，2019年7月8日，何阳到北京出差归来。交通费、住宿费及补助情况如下：

①7月1日8:40从成都市启程，次日12:31到达北京市，火车硬座车票一张，计236元。

②7月4日16:40从北京市启程，次日20:36返回成都市，火车硬座车票一张，计236元。

③北京市地铁票4张，计24元；成都市地铁票2张，计12元。

④住宿单据一张，共3天，计780元。

另外，根据公司规定，付给出差人员伙食补助50元/天。

何阳在出差前已经向财务预领出差借款1600元，余款已如数退回现金，结清了本月1日的预借款。

现在需要根据如上出差信息填写差旅费报销单，需要注意的是，在本例中填写日期时不能使用TODAY()函数来获取，因为根据该函数填写的当前系统时间会随着系统时间的改变而更新，此时如要快速填写当前系统时间，可以使用【Ctrl+；】组合键，下面具体讲解差旅费报销单的填写方法。

>> 素材文件：素材\第4章\差旅费报销单.xlsx

>> 效果文件：效果\第4章\差旅费报销单.xlsx

1 录入系统日期数据

❶打开素材文件，❷选择D2单元格，直接按【Ctrl+; 】组合键在该单元格中快速录入当前系统的日期。

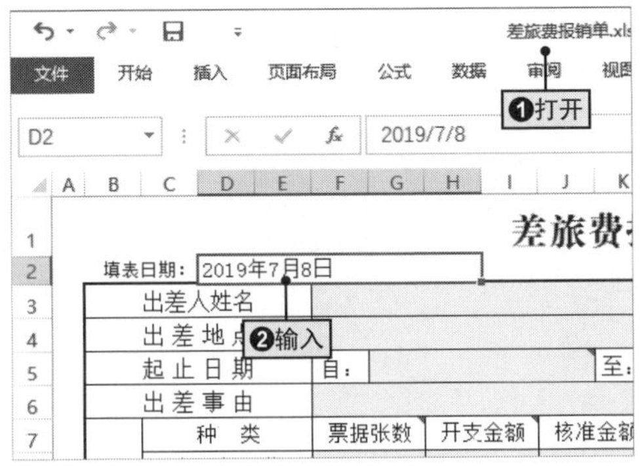

2 输入出差人姓名

选择合并的F3单元格，系统自动弹出批注信息，提示输入出差人的姓名，这里直接输入“何阳”，按【Ctrl+Enter】组合键确认输入。

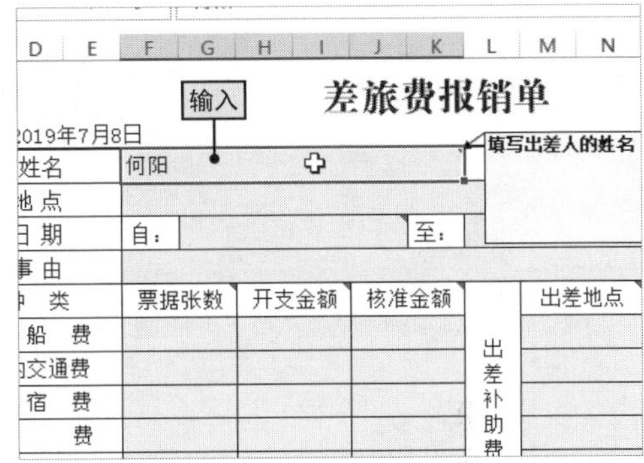

3 根据起止日期计算出差天数

输入所属部门和出差地点后，分别在G5和L5单元格中输入“7-1”和“7-5”，按【Enter】键后程序自动填入日期数据并计算出差天数。

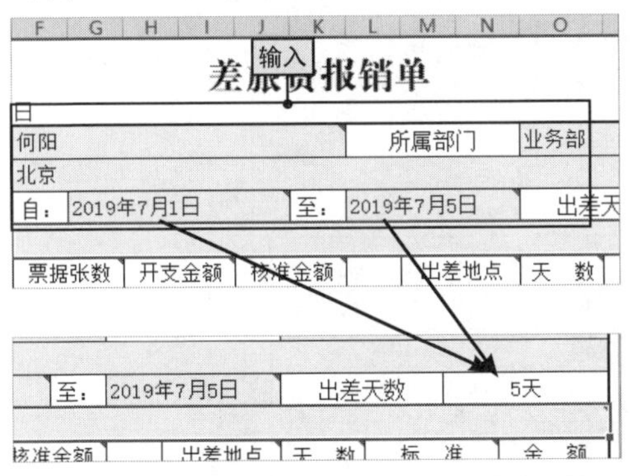

4 自动进行小计数据的计算

在交通及住宿费和出差补助费表格中输入对应的数据，程序自动计算小计，并统计报销金额数据。

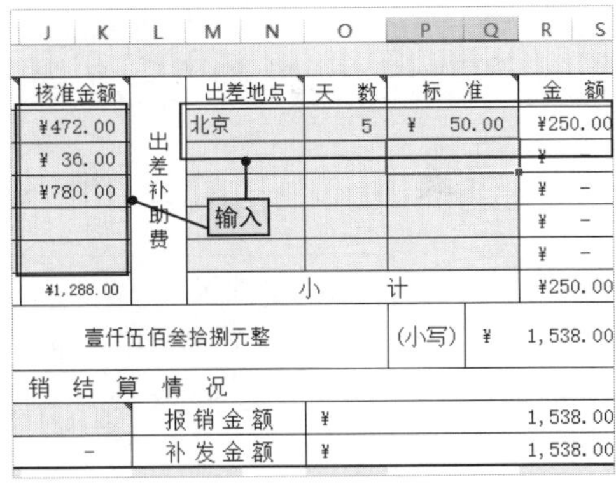

5 输入出差借款和申请人

❶在F17单元格中输入原出差借款数据“1600”元，程序自动进行报销结算处理，❷在D19单元格中输入申请人姓名完成该表单的填写。

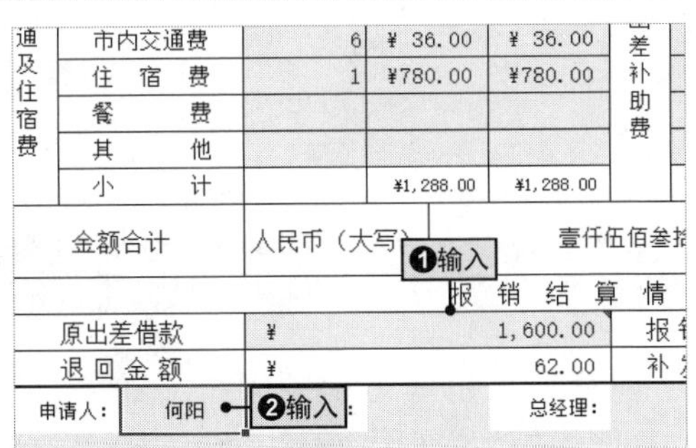

通过如上几个步骤即可完成本案例的差旅费报销单的填写，其最终效果展示如图4-1所示。

差旅费报销单

填表日期：2019年7月8日

出差人姓名		何阳			所属部门	业务部			
出差地点		北京							
起止日期		自：2019年7月1日		至：2019年7月5日			出差天数	5天	
出差事由									
交通及住宿费	种类	票据张数	开支金额	核准金额	出差补助费	出差地点	天数	标准	金额
	车船费	2	¥472.00	¥472.00		北京	5	¥ 50.00	¥250.00
	市内交通费	6	¥ 36.00	¥ 36.00					¥ -
	住宿费	1	¥780.00	¥780.00					¥ -
	餐费								¥ -
	其他								¥ -
	小计		¥1,288.00	¥1,288.00		小计			¥250.00
金额合计		人民币（大写）	壹仟伍佰叁拾捌元整				（小写）	¥ 1,538.00	
报销结算情况									
原出差借款		¥ 1,600.00			报销金额	¥ 1,538.00			
退回金额		¥ 62.00			补发金额	¥ -			

申请人：何阳　部门经理：　总经理：　出纳：　复核：

图4-1

TIP 对退回金额开具收据

在本例中，出差人将未使用完的出差借款62元退回后，会计人员还会对报销人员退回的预借差旅费填制一张“退回预借差旅费”收据，其填制后的效果如图4-2所示。

收　　据

日期：2019/7/8　　第 15 号

今收到　何阳退回预借差旅费									
人民币（大写）	陆拾贰元整	金额							
		十	万	千	百	十	元	角	分
					¥	6	2	0	0
备注：									

第三联　记账联

收款单位：　会计主管：　收款人：

图4-2

4.1.2 填写材料领用信息

材料领用单是由领用材料的部门或者人员（简称领料人）根据所需领用材料的数量填写的单据。在会计中，领料单和限额领料单虽然都是自制的原始凭证，但是二者是不一样的。领料单属于一次性凭证，它是指已填列的凭证，不能再重复使用。

材料领用单的内容有领用日期、材料名称、单位、数量、金额等。领料人凭借领料单到仓库中领取所需材料时，由库存管理人员确认并出具出货单方可领取材料。为明确材料领用过程中的不同责任，领料单除了要有领用人的签名外，还需要主管人员的签名，保管人的签名等。

假设，成衣车间要包装产成品，车间主管何阳派李玫去材料仓库（仓库主管：张子扬，发料人：赵丹）请领包装箱、记号笔和明细账册，具体的材料信息如下：

①编号为5505，单价为125元的包装箱50个。

②编号为5506，单价为10元的记号笔10支。

③编号为5507，单价为8元的明细账册2本。

将这些信息直接填入到材料领用单中即可，但是需要注意的是，该单据中的日期虽为当前的系统日期，但是也只能直接按【Ctrl+；】组合键获取。

在本例中，由于领料单有三联，一联财务联，一联领料单位联，一联出库单位联，每联中的数据都是一样的，因此直接将三联工作表全部选择，一次录入即可完成三联单据中数据的录入，从而提高录入速度。

下面具体介绍这些领料信息的填写方法。

>> 素材文件：素材\第4章\材料领用单.xlsx

>> 效果文件：效果\第4章\材料领用单.xlsx

1 选择3张工作表

❶打开素材文件，❷选择第一联工作表后按住【Shift】键不放选择第三联工作表，将3张工作表同时选中。

2 输入数据

❶输入领料单位和发料仓库，❷在合并的O4单元格中输入“1”，按【Ctrl+Enter】组合键自动输入编号。

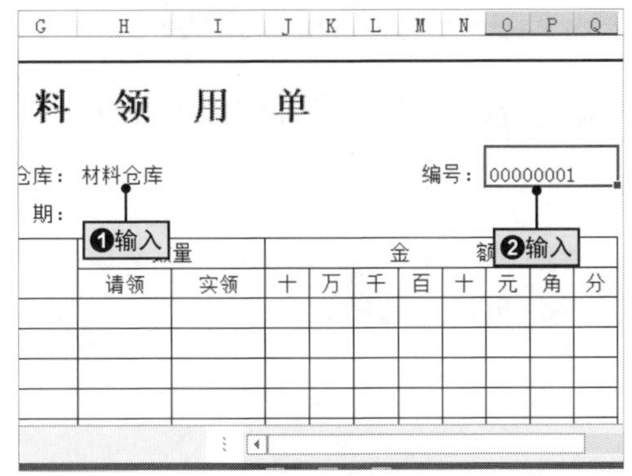

3 输入用途和日期

❶输入材料的领用用途，❷选择合并的H5单元格，直接按【Ctrl+; 】组合键即可在该单元格中快速录入当前系统的具体日期。

4 输入包装箱的领料信息

在C9:I9单元格中分别输入材料编号、材料名称、单位、单价、请领和实领数据，在输入实领数据后，系统自动将金额分散填充到金额栏中。

发料仓库： 材料仓库　　编号： 0000000

日　期： 2019年7月4日

单价	数量		金额						
	请领	实领	十	万	千	百	十	元	角
125.00	50	50		¥	6	2	5	0	0
贰佰伍拾元整		合计		¥	6	2	5	0	0

管：　　发料人：　　领料人：

输入

5 输入记号笔的领料信息

在C10:I10单元格中分别输入相应的领料信息后，程序自动将该领料涉及的总金额分散填充到金额栏中，并且将当前领料的两种材料的合计进行分散填充。

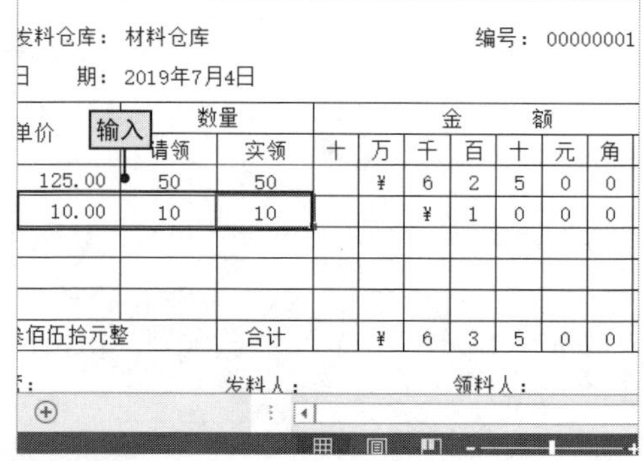

6 完成表单数据的填写

❶用相同的方法将明细账册的领料信息填写完毕，❷将相关责任人在表单下方填写好完成整个领料单的填写操作。

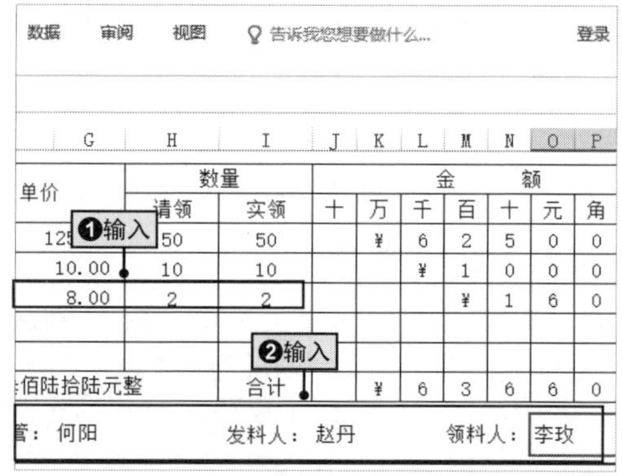

7 查看其他联的领料信息填写情况

选择任意工作表标签退出工作组状态，如选择第二联工作表的工作表标签，此时可以查看到该表格中的对应位置填写了相应的领料信息。

途：包装产成品　　日　期： 2019年7月4日

号	材料名称	单位	单价		数量		十
					请领	实领	
	包装箱	个	¥	125.00	50	50	
	记号笔	支	¥	10.00	10	10	
	明细账册	本	¥	8.00	2	2	
币（大写）			陆仟叁佰陆拾陆元整			合计	

管： 张于[illegible]　　领料部门主管： 何阳　　发料人： 赵丹

选择

第一联　第二联　第三联

通过如上几个步骤即可完成本案例的材料领料单的填写，其最终效果展示如图4-3所示。

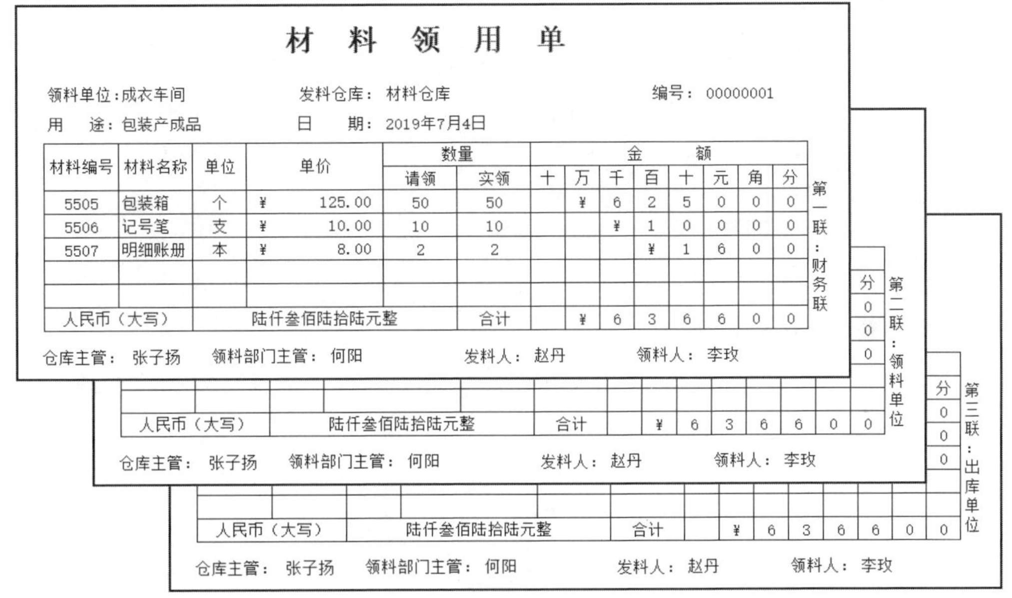

材　料　领　用　单

领料单位：成衣车间　　发料仓库：材料仓库　　编号：00000001

用　　途：包装产成品　　日　　期：2019年7月4日

材料编号	材料名称	单位	单价	数量		金额							
				请领	实领	十	万	千	百	十	元	角	分
5505	包装箱	个	¥ 125.00	50	50		¥	6	2	5	0	0	0
5506	记号笔	支	¥ 10.00	10	10			¥	1	0	0	0	0
5507	明细账册	本	¥ 8.00	2	2				¥	1	6	0	0
人民币（大写）		陆仟叁佰陆拾陆元整			合计		¥	6	3	6	6	0	0

第一联：财务联

仓库主管：张子扬　　领料部门主管：何阳　　发料人：赵丹　　领料人：李玫

第二联：领料单位

第三联：出库单位

图4-3

输入以0开头的数据

在一些原始凭证或财务单据中，其中的编号有可能是以0开头的数据，如在本例的材料领料单中，编号为“00000001”“00000002”……

默认情况下，直接在Excel的单元格中输入以“0”开头的数据，系统不会显示数据前的“0”，如输入数据“00000001”，确认输入后，单元格中显示的数据为“1”。如果要按照需要的形式显示出完整的数据，首先需要对单元格进行设置。

其方法为：选择单元格或单元格区域，打开“设置单元格格式”对话框，在“分类”列表框中选择“自定义”选项，然后在右侧的“类型”文本框中输入数据的位数，如需要输入的编号数据有8位，则输入“00000000”，如图4-4所示，最后单击“确定”按钮即可。

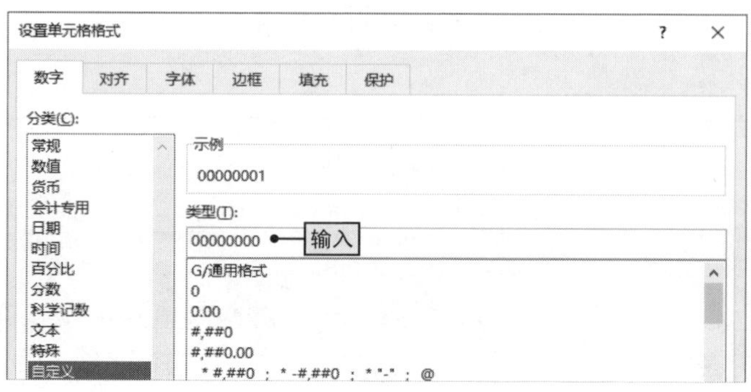

图4-4

使用函数分散填写数据

在第3章制作通用记账凭证时，借贷科目的金额是手动填写到借方金额和贷方金额栏中的，最后对每栏的数据汇总，通过处理进位将结果分散填充到分散的合计单元格中。

而在本例中的单项领料的金额和所有材料的金额都是自动分散填充到金额栏中，而且还自动在数据最前面添加了“￥”符号。这些都是通过编写公式来完成的。以本例在“金额”栏中是将实领数据与单价相乘的结果分别填写到金额的对应列为例解释其具体实现的过程，其实现过程如下。

- 第一，根据实领数量与单价得出单项领料的总额。
- 第二，将领料总额乘以100，以消除金额中的小数点。
- 第三，使用TEXT()函数将金额转化为“￥”格式的数据，添加“￥”符号的目的是防止他人修改凭证中的金额数据。由于本领料单的最大数据为8位数，因此，使用REPT()、TEXT()函数得到一个“[多个空格]Y[金额]”格式的数据，最后用RIGHT()函数从右向左截取8个字符得到文本类型的金额数据。
- 第四，使用MID()函数逐个提取字符将其分散填充到“金额”栏对应的列，对于具体提取哪个数据，则用COLUMN()函数返回的列标索引编号来指定。本例中的十万位是整个金额的第一列，所以使用“COLUMN(A$1)”部分来返回A列的列表索引编号1。即提取第一个数据的第一位填写到十万位的单元格中。

综上，即本例使用的公式为“=IF($F9*$I9=0,"",MID(RIGHT(TEXT($F9*$I9*100,REPT(" ",8)&"￥0"),8), COLUMN(A$1),1))”。其中，“$F9*$I9=0”部分用于判断是否填写实领数据，如果未填写，则金额栏中显示空值。如果填写了数据，则IF()函数执行“MID(RIGHT(TEXT($F9*$I9*100,REPT(" ",8)&"￥0"),8), COLUMN(A$1),1)”。

TIP 查看公式的运行过程

在Excel中，对于复杂公式的运行过程，可以通过单击“公式”选项卡“公式审核”组中的“公式求值”按钮，打开如图4-5所示的对话框，在其中连续单击“求值”按钮即可逐级查看公式的处理过程，从而帮助用户更好地理解公式。

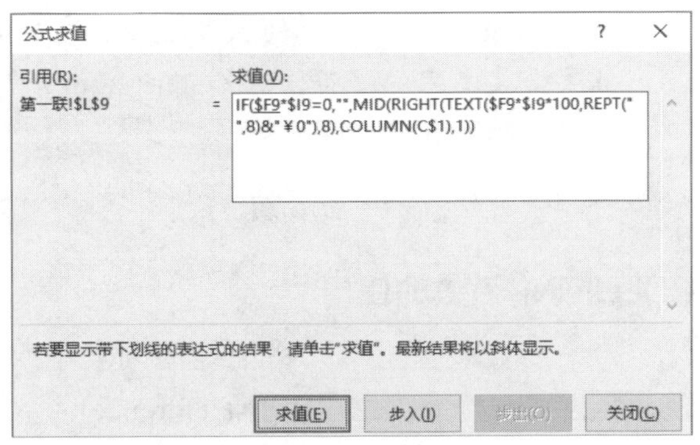

图4-5

TEXT()函数的使用

使用TEXT()函数可将指定的数值类型转换为指定的文本类型，其语法结构为：TEXT(value,format_text)。从语法结构中可以看出，该函数有两个参数，各参数的具体功能如下。

- value：该参数用于指定需要转换为文本数据的数值数据，它可以是具体的数值数据，也可以是对包含数值的单元格的引用或者计算结果为数字值的公式引用。
- format_text：用于指定需要将数值数据转换为某种文本格式，可以是货币、日期、时间、分数和百分比等格式的文本，但不能包含星号（*）。

REPT()函数的使用

使用REPT()函数可以按照指定的次数重复显示字符，其作用相当于Excel的复制功能。其语法结构为：REPT(text,number_times)。从语法结构可以看出，该函数有两个参数，各参数的具体功能如下。

- text：用于指定需要重复显示的文本字符。
- number_times：用于指定文本重复显示的次数。

MID()函数的使用

如果要从字符的中间指定位置开始，向右截取指定长度的字符，则可以使用MID()函数来实现，其语法结构为：MID(text,start_num,num_chars)。从语法结构可以看出，该函数有3个参数，各参数的具体功能如下。

- text：用于指定包含提取字符的字符串。
- start_num：用于表示要从文本中提取的第一个字符的位置。如果start_num大于text的长度，MID()函数将返回空值；如果start_num小于文本长度，但

start_num加num_chars的长度超过了文本text的长度，MID()函数将返回开始位置至文本末的字符；如果start_num小于1或num_chars为负数，MID()函数将返回#VALUE!错误值。

◆ num_chars：表示要返回的字符的个数。

COLUMN()函数的使用

如果要获取指定单元格地址的列表索引，可以使用COLUMN()函数来实现，其语法结构为：COLUMN(reference)。从语法结构可以看出，该函数只有一个参数，其主要用于指定需要获取列标的单元格，该参数值也可以是指定的单元格区域，当该参数值为某一个单元格区域时，函数返回该单元格区域中第一个单元格的列标索引编号。

数组公式和名称在数据计算中的应用

◆ 认识数组公式

数组公式就是参数是数组的公式，在数据计算过程中，如果出现统计模式相同而引用的单元格不同的情况，可使用数组公式。

例如，将A列的数据和B列的数据相乘后再累加，使用普通公式为“=SUM(A1*B1,A2*B2,A3*B3,A4*B4,A5*B5,……,AN*BN)”。而使用数组公式为“=SUM(A1:AN*B1:BN)”。

需要注意的是，在Excel中，要得到数组公式的计算结果，必须按【Ctrl+Shift+Enter】组合键，并且使用数组公式计算数据结果时，系统会自动在公式两边加上花括号“{}”，用户不能手动输入该花括号，否则Excel会认为输入的是一个正文标签。

◆ 认识名称

对于名称，在数据计算中，主要是用于替换公式中某个反复被使用的部分，从而将复杂、冗长的计算公式进行简化，不仅可以提高公式的可读性，而且，在一定程度上还可以避免错误的产生。

对于将公式定义成名称的方法也简单，直接在“公式”选项卡“定义的名称”组中单击“定义名称”按钮，在打开的“新建名称”对话框的“名称”文本框中定义名称，在“范围”下拉列表中可以设置名称的作用范围，然后在“引用位置”文本框中输入公式，如图4-6所示，最后单击“确定”按钮即可。

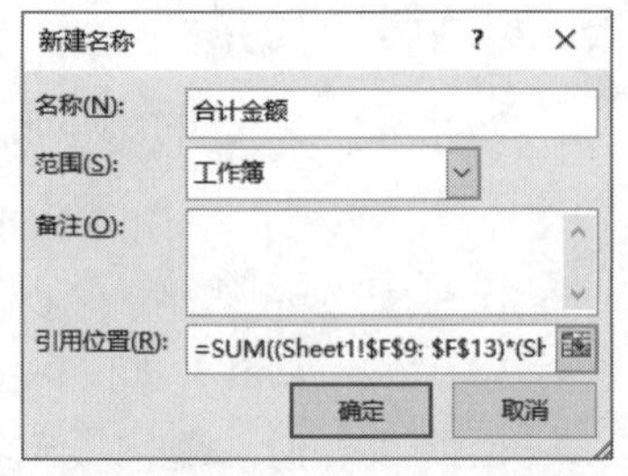

图4-6

在本例中，领料总额的计算公式为：领料总额=包装箱总额+记号笔总额+明细账册总额=包装箱单价×实领+记号笔单价×实领+明细账册单价×实领。

如果运用普通公式进行分散填充处理，整个公式就会很冗长和烦琐。因此本例在计算并处理合计金额的分散填充时，就同时运用了数组公式和名称来简化公式。具体为：

第一步，使用数组公式可以将领料金额合计公式简化为“=SUM((Sheet1!$F$9: $F$13)*(Sheet1!$I$9: $I$13))”。

第二步，将领料金额合计公式定义为“合计金额”名称，从而将公式简化为“=IF(合计金额=0,"",MID(RIGHT(TEXT(合计金额*100,REPT(" ",8)&"￥0"),8),COLUMN(B$1),1))”。

经过这样处理，不仅让公式简单明了，易于阅读，而且也更加精炼。

4.2 日常财务数据的统计分析

为了更好地控制费用开支、杜绝浪费，公司可以建立一张日常费用管理表，在其中详细记录公司当月的日常财务费用、管理费用和销售费用，在月底时通过统计分析，直观地观察和分析当月的开支情况。

4.2.1 汇总并结算各项费用金额

在“日常费用记录表”工作表中详细记录了公司10月份的财务费用、管理费用和销售费用明细，现在要在“日常费用统计表”工作表中按这3种科目类型进行费用汇总，并结算最终的小计数据。

将一张表格的数据在另一张表中显示并进行汇总，其实就是通过单元格引用的方式将数据源表的数据引用到分析表中，但是为了确保数据的准确引用，从而保证基于这些引用数据进行的结算和分析的正确性，可以将源表的数据按照科目进行汇总，然后将其引用到分析表中。

由于日常开支数据是按照时间的先后顺序来记录的，在使用Excel的分类汇总功能之前，首先需要对源表进行排序，使相同费用科目的记录显示在一起。

下面具体介绍如何将“日常费用记录表”工作表中的数据汇总到“日常费用统计表”工作表中并进行结算的相关操作。

>> 素材文件：素材\第4章\日常费用统计.xlsx

>> 效果文件：效果\第4章\日常费用统计.xlsx

1 复制单元格区域

打开素材文件，在“日常费用记录表”工作表中选择B4:B13单元格区域，按【Ctrl+C】组合键执行复制操作。

2 粘贴日期数据

❶选择“日常费用统计表”工作表标签，❷选择A4单元格，按【Ctrl+V】组合键执行粘贴操作。

3 打开“排序”对话框

❶切换到日常费用记录表，选择A4:J13单元格区域，❷单击“数据”选项卡，❸在“排序和筛选”组中单击“排序”按钮打开“排序”对话框。

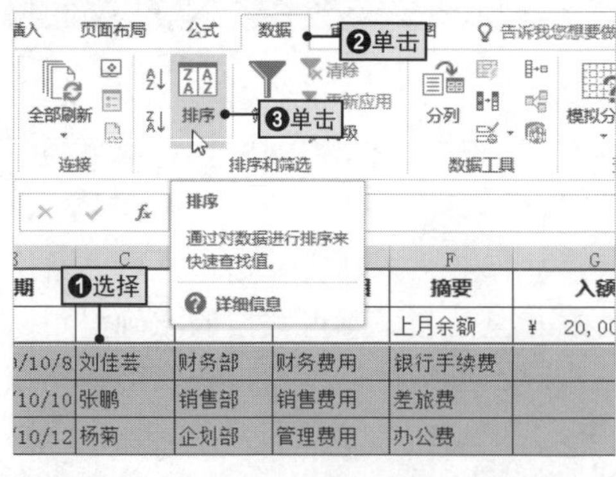

4 根据E列数据排序单元格区域

❶在主要关键字栏的“列”下拉列表框选择“列E”选项，❷保持其他参数不变，单击“确定”按钮，程序自动按E列的数据对所选单元格区域进行排序。

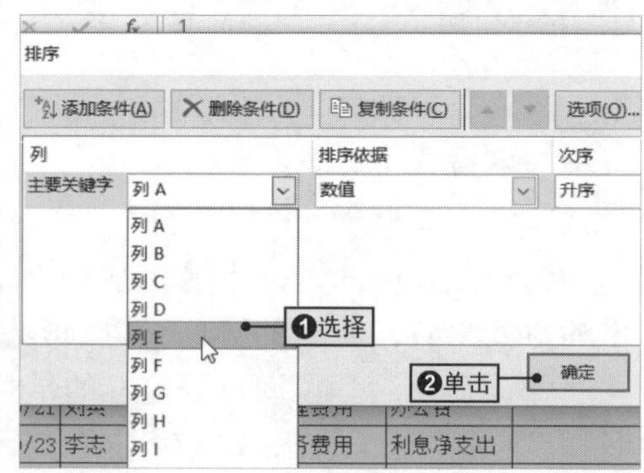

5 单击“分类汇总”按钮

❶选择任意数据单元格，这里选择D5单元格，❷在“数据”选项卡“分级显示”组中单击“分类汇总”按钮。

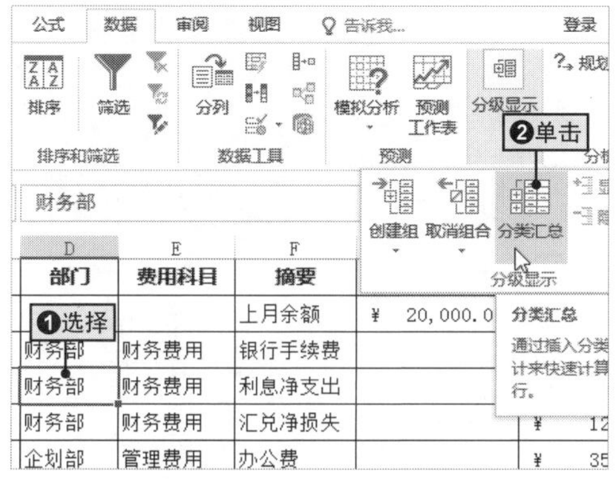

6 设置分类汇总

❶在打开的“分类汇总”对话框中设置分类字段为“费用科目”，❷设置选定汇总项仅为“出额”。

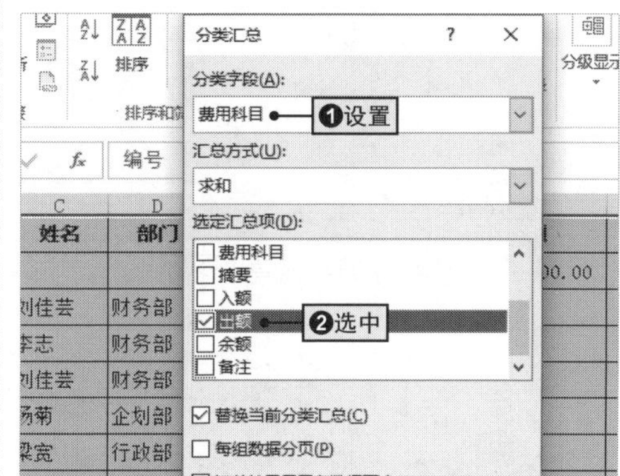

7 查看汇总结果

单击“确定”按钮确认设置的分类汇总，在返回的工作表中即可查看到程序自动将记录按费用科目进行了汇总，并且可以查看到出额的汇总数据。

费用科目	摘要	入额	出额	
	上月余额	¥ 20,000.00		¥
财务费用	银行手续费		¥ 50.00	¥
财务费用	利息净支出		¥ 100.00	¥
财务费用	汇兑净损失		¥ 120.00	¥
财务费用 汇总		查看	¥ 270.00	
管理费用	办公费		¥ 350.00	¥
管理费用	招聘费		¥ 100.00	¥
管理费用	差旅费		¥ 200.00	¥
管理费用	办公费		¥ 160.00	¥
管理费用 汇总			¥ 810.00	
销售费用	差旅费		¥ 2,000.00	¥

8 设置财务费用的合计

❶切换到“日常费用统计表”工作表，在B14单元格输入“小计”，❷在C14单元格中输入“=SUM(C4:C13)”公式，按【Ctrl+Enter】组合键确认输入。

=SUM(C4:C13)

A	B	C	D
2019/10/12			
2019/10/15			
2019/10/16			
2019/10/19			
2019/10/21			
2019/10/23			
2019/10/27	❶输入	❷输入	
2019/10/30			
	小计	¥ -	

9 完成其他公式的输入

❶复制B14:C14单元格，分别选择D14:E14、F14:G14单元格，执行粘贴操作，完成管理费用和销售费用的小计设置，❷选择H4:H14单元格区域，❸在编辑栏中输入“=C4+E4+G4”公式，按【Ctrl+Enter】组合键确认输入。

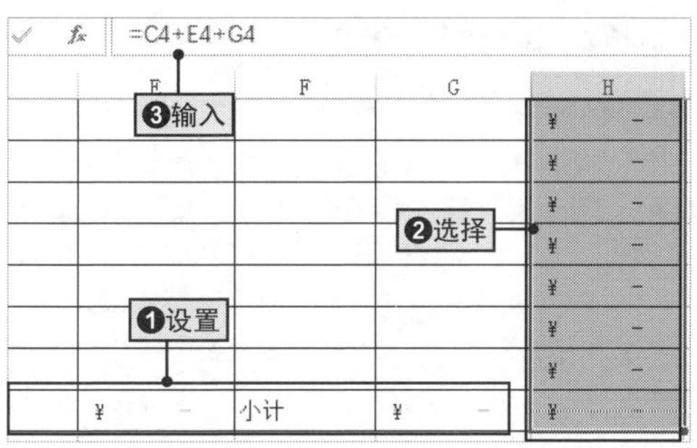

10 切换到引用工作表

❶在“日常费用统计表”工作表的B4单元格中输入“=”，❷选择“日常费用记录表”工作表标签。

11 引用其他工作表中的数据

❶在切换到的工作表中选择F4单元格，❷按【Ctrl+Enter】组合键，在返回的日常费用统计表中可查看到引用的数据。

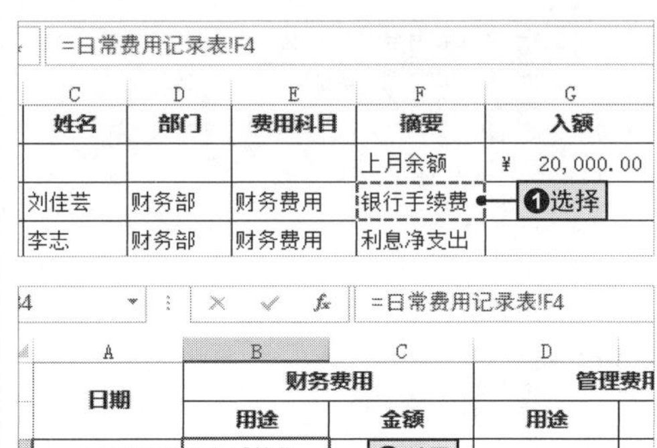

12 引用其他财务费用数据

用相同的方法将8日的财务费用金额及23日和27日的财务费用摘要和金额数据引入到日常费用统计表，程序自动显示小计金额（以此可核查数据的正确性）。

13 完成数据的引用

用相同的方法将管理费用和销售费用的摘要和金额数据引入到日常费用统计表中的对应日期中，程序将自动完成各费用项目的所有费用的合计。

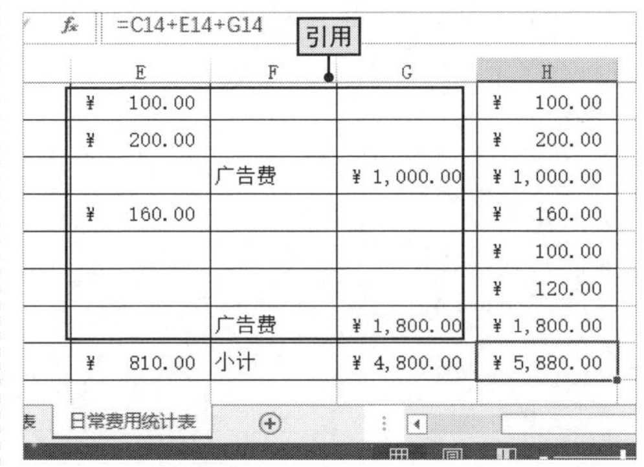

14 将公式结果转化为值

❶选择A4:G13单元格区域，按【Ctrl+C】组合键执行复制操作，❷在选择的单元格区域上右击，❸在弹出的快捷菜单中选择“值”命令将引用公式转化为值（该步骤的目的是防止数据源表格中的记录的顺序发生变化，而导致汇总结算错误）。

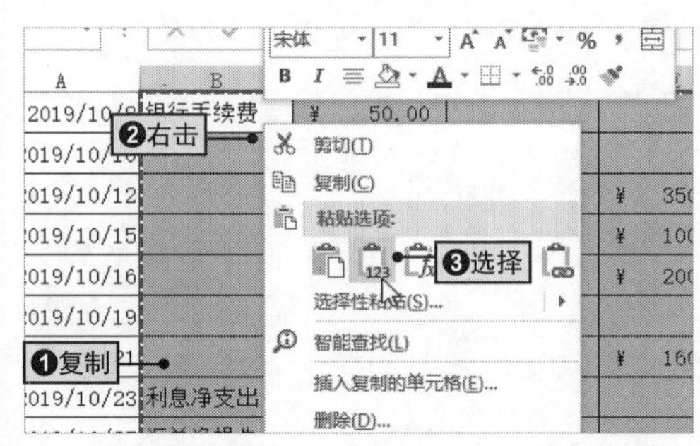

通过如上几个步骤即可完成本案例的日常费用的汇总和结算操作，其最终效果展示如图4-7所示。

日常费用统计表

日期	财务费用		管理费用		销售费用		合计
	用途	金额	用途	金额	用途	金额	
2019/10/8	银行手续费	¥ 50.00					¥ 50.00
2019/10/10					差旅费	¥ 2,000.00	¥ 2,000.00
2019/10/12			办公费	¥ 350.00			¥ 350.00
2019/10/15			招聘费	¥ 100.00			¥ 100.00
2019/10/16			差旅费	¥ 200.00			¥ 200.00
2019/10/19					广告费	¥ 1,000.00	¥ 1,000.00
2019/10/21			办公费	¥ 160.00			¥ 160.00
2019/10/23	利息净支出	¥ 100.00					¥ 100.00
2019/10/27	汇兑净损失	¥ 120.00					¥ 120.00
2019/10/30					广告费	¥ 1,800.00	¥ 1,800.00
	小计	¥ 270.00	小计	¥ 810.00	小计	¥ 4,800.00	¥ 5,880.00

图4-7

知识点讲解

单元格的引用类型

在Excel中，单元格引用类型有相对引用、绝对引用和混合引用3种。

- 相对引用是指在公式中单元格的地址相对于公式所在的位置而发生改变，它是Excel的默认引用类型。在包含相对引用的公式中，将公式移动或复制到其他单元格，公式中引用的单元格地址也会随之变化。
- 绝对引用是指公式中包含的某个单元格的引用，无论将公式复制到什么地方，该引用地址始终保持不变。在形态上，绝对引用与相对引用的区别在于，绝对引用是在单元格列标与行号之前加入了“$”符号。
- 混合引用是指仅在引用单元格的列标左侧或行号左侧添加一个“$”符号，如$D6、D$6等。与绝对引用相似，在混合引用中，添加了“$”符号的列标或行号在公式的复制或移动过程中始终保持不变，而相对引用的列标或行号随着新单元格的列标或行号的变化而变化。

相对引用、绝对引用和混合引用在写法上仅仅是一个“$”符号的差别，“$”符号既可以手动输入，也可以通过按【F4】键在各种引用类型间切换，其方法是：将文本插入点定位到需要切换引用类型的单元格地址中或选择公式需要切换引用类型的单元格地址，连续按【F4】键即可。

分类汇总明细数据的查看及删除操作

在对数据创建分类汇总后，默认是显示所有汇总数据和明细数据，有时为了方便查看，可以将分类汇总后暂时不需要查看的数据隐藏起来，当需要查看的时候，再将其显示出来。显示或隐藏明细数据可通过以下两种方法实现。

- **通过任务窗格显示或隐藏明细数据：**在对工作表创建分类汇总后，在工作表左侧将显示“分类汇总”任务窗格，单击其中的1、2、3按钮可按汇总级别显示明细数据，单击-和+按钮可分别隐藏和显示相应级别的明细数据。
- **通过功能区选项卡显示或隐藏明细数据：**选择需要隐藏或显示其明细数据的分类中的任意一个单元格，切换到“数据”选项卡，在“分级显示”组中单击“显示明细数据”按钮或“隐藏明细数据”按钮，显示或隐藏当前分类的明细数据，如图4-8所示。

如果不再需要分类汇总，可选择分类汇总数据所在区域的任意单元格，打开“分类汇总”对话框，单击左下角的“全部删除”按钮，如图4-9所示。

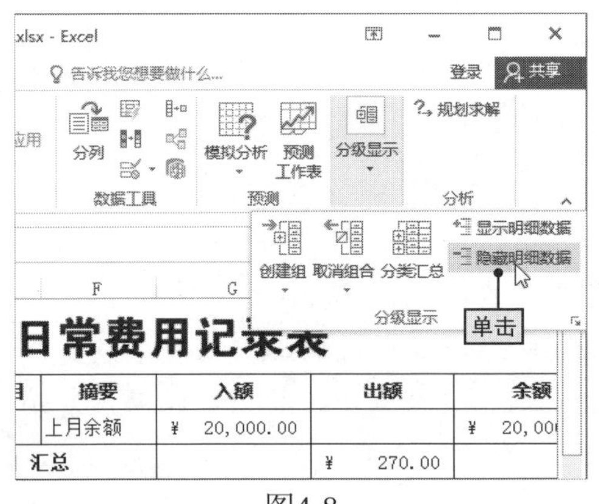

图4-8

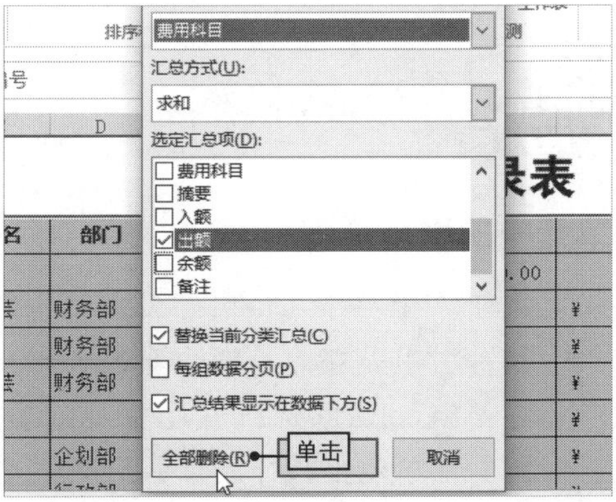

图4-9

4.2.2 利用柱形图比较各项费用的大小

对于上例统计的日常费用数据，其小计数据是分散显示在表格中的，为了更加直观地查看各数据在当月总支出中所占的百分比大小，此时就需要使用Excel图表来完成。

一般情况下，查看一项数据在总体数据中的占比情况，都采用饼图图表。但是在日常费用统计表中，数据是零散显示的，如果用饼图显示，得不到最终的效果，因此本例将使用百分比堆积柱形图来显示，而且创建图表的方法也不能像一般情况下那样，选择数据后创建图表，只能通过先创建空白图表，然后逐个将系列添加到图表中。

下面介绍如何使用图表在日常费用统计表中对分散显示的科目小计数据进行直观显示，其具体操作如下。

» 素材文件：素材\第4章\日常费用统计与分析.xlsx

» 效果文件：效果\第4章\日常费用统计与分析.xlsx

1 新建空白图表

❶打开素材文件，选择空白单元格，❷单击“插入”选项卡，❸单击“插入柱形图或条形图”下拉按钮，❹选择“百分比堆积柱形图”选项。

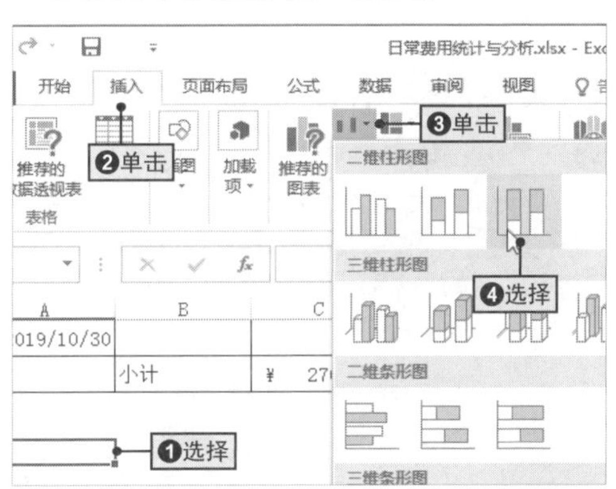

2 单击“选择数据”按钮

程序自动创建空白图表并激活“图表工具 设计”选项卡，在“数据”组中单击“选择数据”按钮。

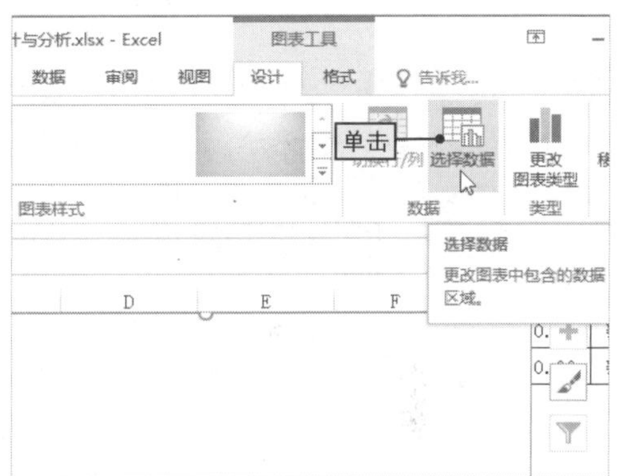

3 单击“添加”按钮

在打开的“选择数据源”对话框中单击“添加”按钮打开“编辑数据系列”对话框。

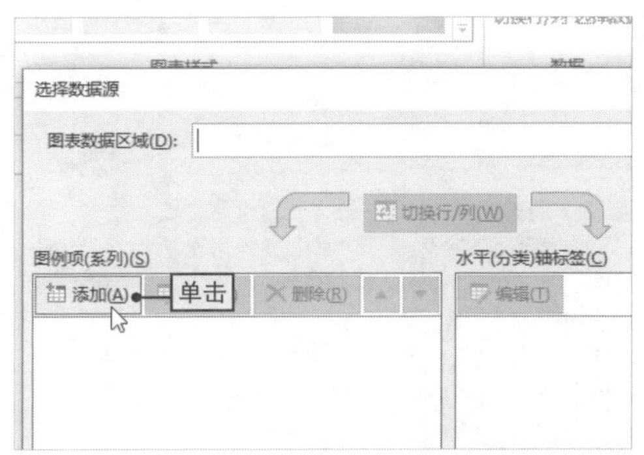

4 添加第一个数据系列

❶将文本插入点定位到“系列名称”参数框中，选择表格中的B2单元格，❷删除默认的系列值，设置引用位置为C14单元格，❸单击“确定”按钮。

5 添加其他数据系列

❶用相同的方法添加管理费用和销售费用数据系列，❷单击“确定”按钮关闭对话框。

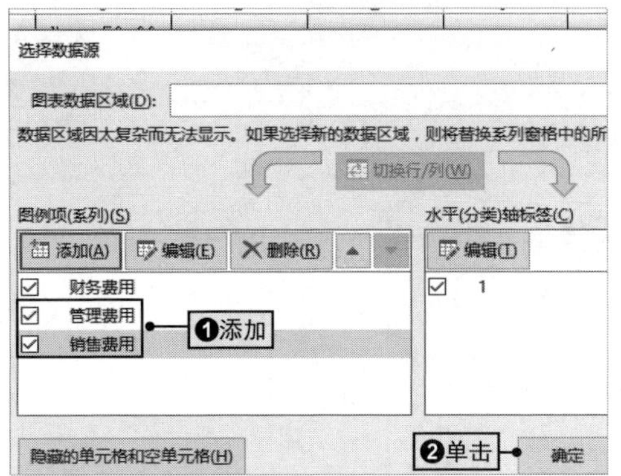

6 在图表上方添加标题

❶在“图表工具 设计”选项卡中单击“添加图表元素”下拉按钮，❷选择“图表标题/图表上方”命令。

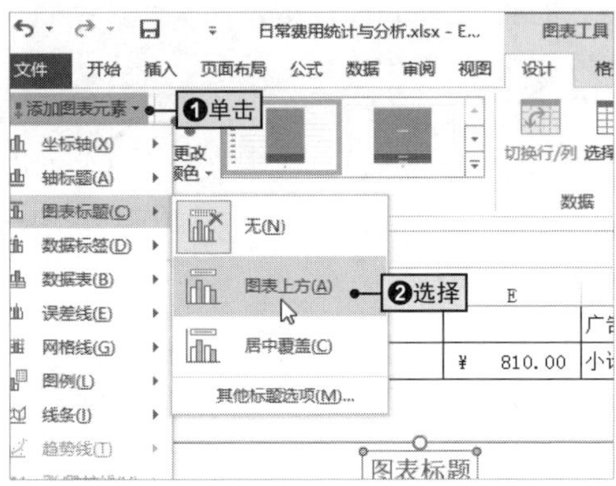

7 修改图表标题

将默认的图表标题占位符文本删除，重新输入标题为“各项费用科目所占百分比大小”，单击其他空白位置退出编辑状态。

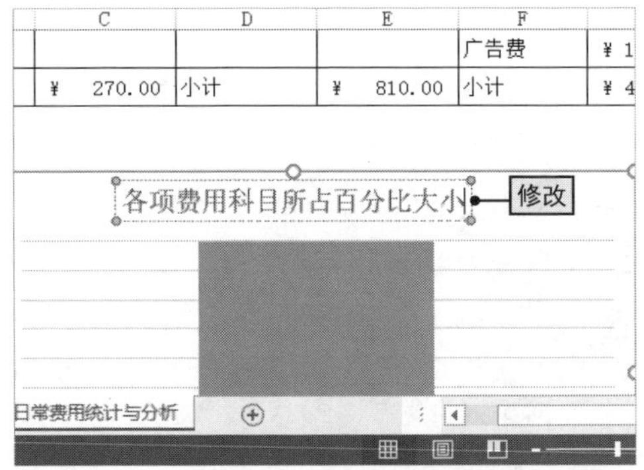

8 执行“更多选项”命令

❶选择图表，单击右上角的“图表元素”按钮，❷将鼠标光标指向“数据标签”选项，单击右侧出现的向右的三角形按钮，❸选择“更多选项”命令。

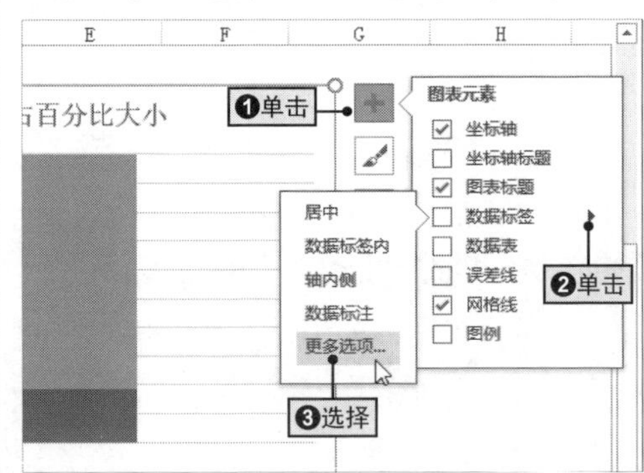

9 添加数据标签并修改标签内容

❶程序自动为每个系列添加一个数据标签，双击一个数据标签，❷在打开的“设置数据标签格式”任务窗格中选中“系列名称”复选框更改数据标签的显示内容，用相同的方法为其他数据标签添加系列名称，❸单击任务窗格右上角的“关闭”按钮关闭任务窗格。

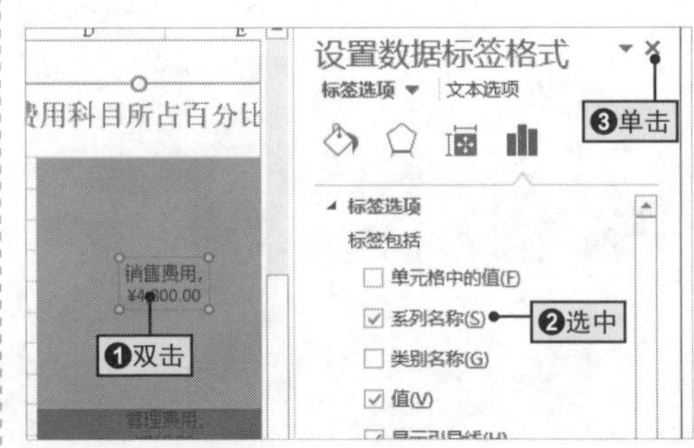

10 修改图表中文本的字体格式

选择标题文本，在“开始”选项卡中为其设置对应的文本格式。用相同的方法为图表中的其他文本设置相应的格式。

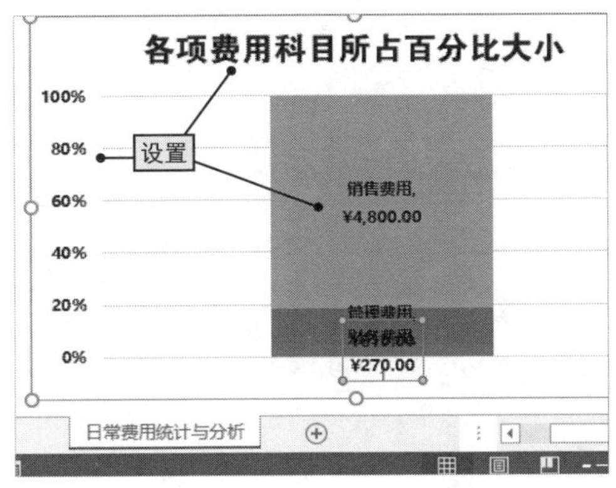

11 快速调整图表大小

选择图表，将鼠标光标移动到右下角的控制点上，当其变为双向箭头时，按下鼠标左键不放，向右下方拖动更改图表大小，完成整个操作。

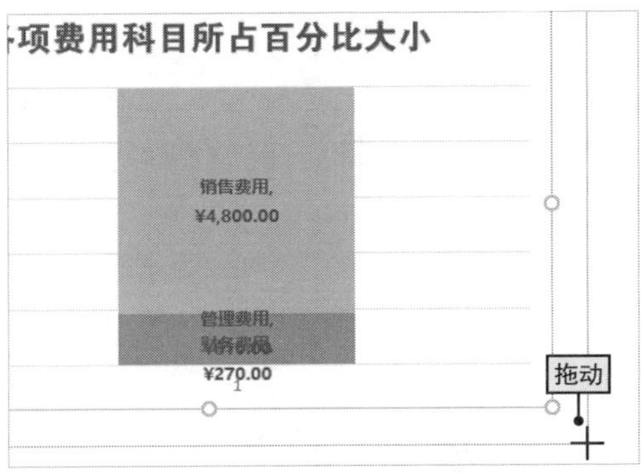

通过如上几个步骤即可完成本案例的各项费用科目所占百分比大小图表的制作，其最终效果展示如图4-10所示。

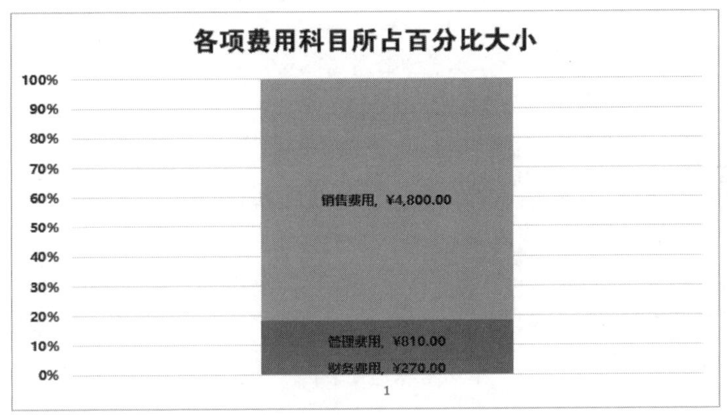

图4-10

知识点讲解

创建图表的常规方法

在Excel中，选择连续的行列数据后，在“插入”选项卡“图表”组中单击对应的下拉按钮，在弹出的下拉菜单中选择需要的图表类型即可快速创建相应的图表。此外，在Excel 2016中，系统还提供了推荐图表功能，它可以根据用户所选的数据类型进行分析并推荐合适的图表。用户只需要选择图表数据源后，在“图表”组中单击“推荐的图表”按钮，在打开的对话框中的“推荐的图表”选项卡下选择合适的图表，单击“确定”按钮即可完成插入，如图4-11所示。

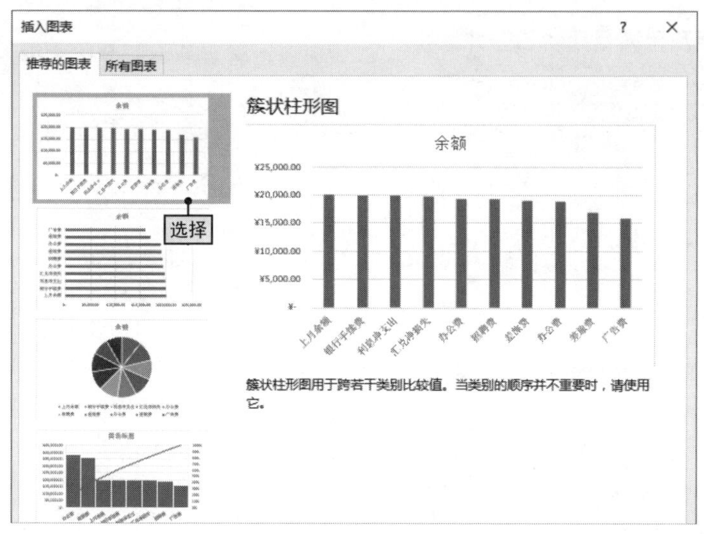

图4-11

调整图表大小

如果对图表大小没有精确要求，通常直接拖动图表4边和4个顶点的控制点即可快速调整图表大小。

如果对图表大小有精确要求，尤其要让多个图表的大小统一时，此时可选择图表后，单击“图表工具 格式”选项卡，在“大小”组的“高度”和“宽度”数值框中输入相应的数值即可精确调整图表的大小，如图4-12所示。

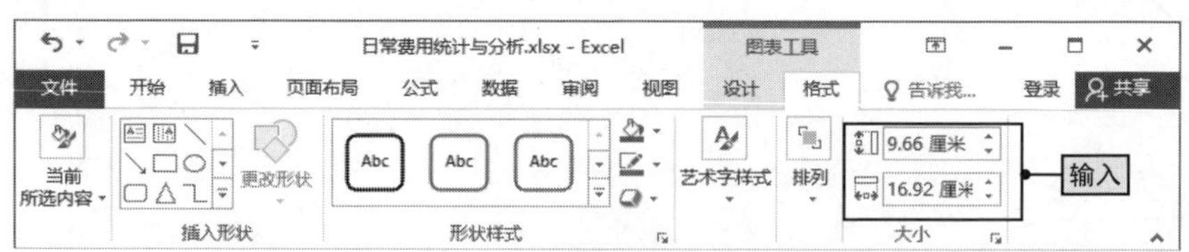

图4-12

第5章 05

科目的汇总与账簿登记

本章导读

在会计工作中，如果公司采用科目汇总表账务处理程序，那么科目汇总就是非常重要的一个环节，它是将各张准确无误的记账凭证中的信息按照统一的会计科目在科目汇总表中进行汇总，会计人员再据以登记各种总分类账簿。

本章要点

设置企业会计科目
根据经济业务编制会计分录
根据会计分录登记现金日记账
编制科目汇总表
…………

5.1 登记日记账

日记账又称序时账，是会计人员根据准确无误的收款凭证、付款凭证逐笔登记的现金日记账和银行存款日记账。二者的登记方法相似，本节将以现金日记账簿的登记方法为例，讲解利用Excel来登记日记账的相关操作。在这之前首先要设置科目并编制当月对应的会计分录。

5.1.1 设置企业会计科目

会计科目是进行各项会计记录和提供各项会计信息的基础。根据公司经营性质的不同，会计科目的具体编号和科目名称也有所不同。因此，不同的企业可以在国家财政部颁布的企业会计制度的会计科目基础上结合各自的实际情况来设置会计科目。

在Excel中制作会计科目表主要用于企业查询自身的会计账务，其主要包括会计科目编号、科目名称以及会计类别，所涉及的内容都是一般的常规数据，因此表格的制作很简单。但是为了确保数据的准确性和表格的易读性，在制作会计科目表时，需要注意以下几点。

①为了统计企业涉及的会计科目的总数，在会计科目表中要添加序号列，本例假设企业的会计科目总数已经确定，共96个，此时可以通过自动填充数据的功能快速填充序号列的数据。

②由于会计科目的类别有资产类、负债类、共同类、所有者权益类、成本类和损益类六大类，为了避免出现数据的错误录入，简化录入方式，可以使用Excel的数据验证功能创建一个固定的下拉列表，将这六大类数据以序列的方式设置一个约束条件，从而实现快速选择输入数据的效果。

③在本例中，假设与公司有业务来往的银行有工商银行和农业银行，但是一个会计编号“1002”不能同时标识这两家银行，因此本例需要在规定的编号基础上进行增加，将“银行存款-工商银行”科目的编号定义为“100201”，将“银行存款-农业银行”科目的编号定义为“100202”。

④为了更好地区别各类会计科目，本例将使用条件格式功能，将每种会计科目类型所在的行填充相同的颜色，从色块来辨别各大类别的会计科目。需要注意的是，由于一次定义的条件格式规则只能对其中的某一类数据起作用，本例有6个科目类别，因此需要在同一单元格区域上定义6次，才能将所有的类别

都自动设置对应的填充颜色。

⑤由于本例中的数据记录比较多，当要查看靠后的数据时，表头被隐藏后，靠后数据与表头的对应关系不明显，因此本例考虑将标题和表头进行冻结，让用户在查看数据时，表头始终显示。

下面具体讲解会计科目表的制作和设置过程。

>> 素材文件：素材\第5章\无

>> 效果文件：效果\第5章\会计科目表.xlsx

1 制作会计科目表结构

1 新建工作簿并输入标题和表头

❶新建“会计科目表”工作簿，❷将“Sheet1”工作表重命名为“会计科目”，❸合并A1:D1单元格区域，在其中输入标题，并在A2:D2单元格区域输入表头。

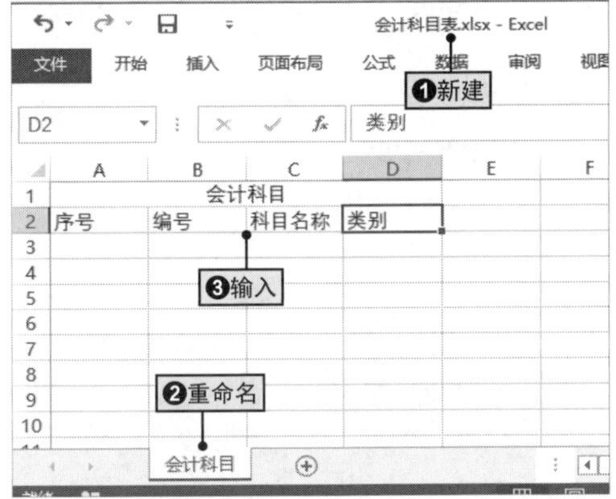

2 执行“序列”命令

❶在A3单元格中输入序号1，❷单击“编辑”组中的“填充”下拉按钮，❸在弹出的下拉菜单中选择“序列”命令打开“序列”对话框。

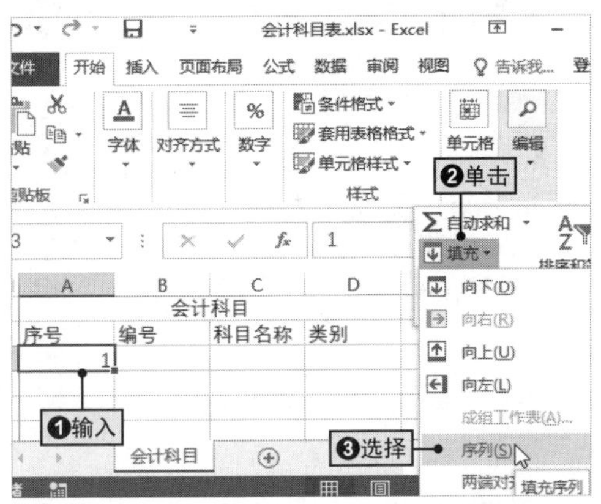

3 设置等差填充序列

❶在“序列产生在”栏中选中“列”单选按钮，❷在“终止值”文本框中输入“96”，❸单击“确定”按钮。

TIP 利用对话框填充数据的注意事项

当输入起始数据后选择了需填充的单元格区域，此时在“序列”对话框中就不需要再设置终止值，程序会根据步长值自动填充到所选的末尾单元格。

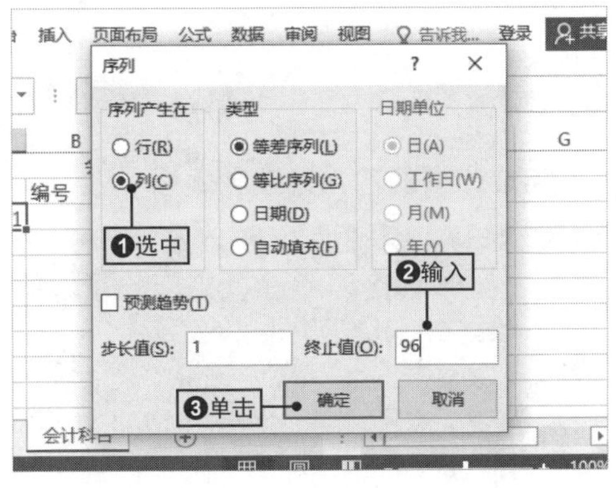

4 选择指定单元格区域

❶选择D3单元格，❷在名称框中输入“D3:D98”单元格区域，按【Enter】键即可快速选择D3:D98单元格区域。

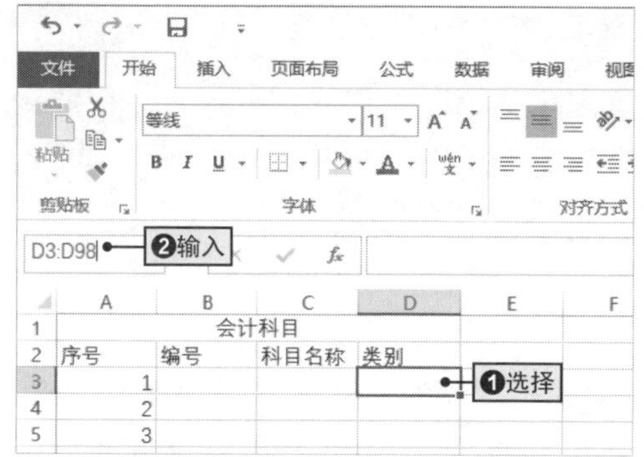

5 单击“数据验证”按钮

❶单击“数据”选项卡，❷在“数据工具”组中单击“数据验证”按钮打开“数据验证”对话框。

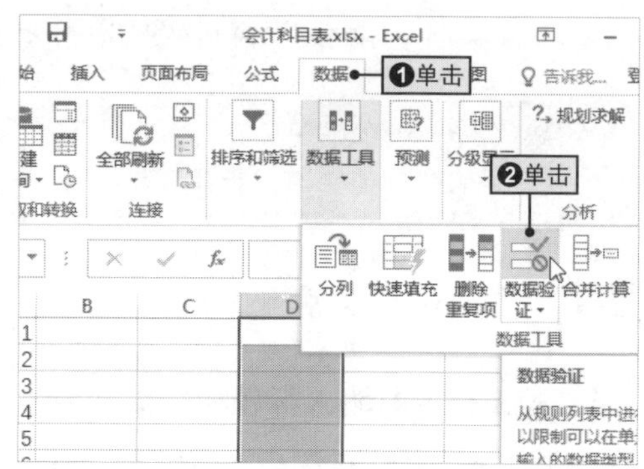

6 设置数据验证条件

❶设置允许为“序列”，❷在“来源”参数框中输入“资产类,负债类,共同类,所有者权益类,成本类,损益类”数据序列，❸单击“确定”按钮。

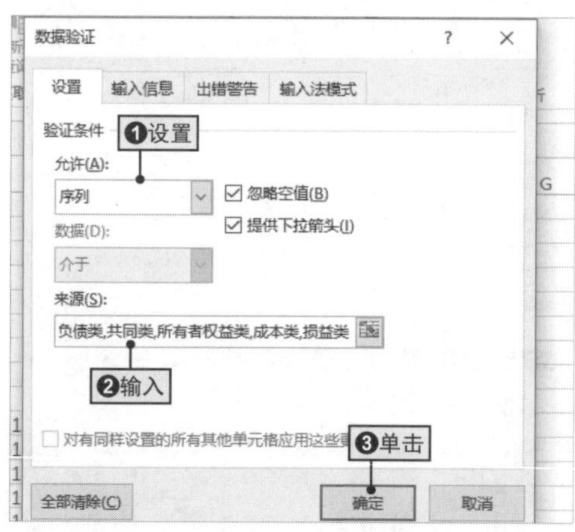

7 输入第一个会计科目

❶在返回的工作表的B3:C3单元格中输入对应的编号和科目名称，❷选择D3单元格，单击其右侧的下拉按钮，❸选择“资产类”选项输入该文本。

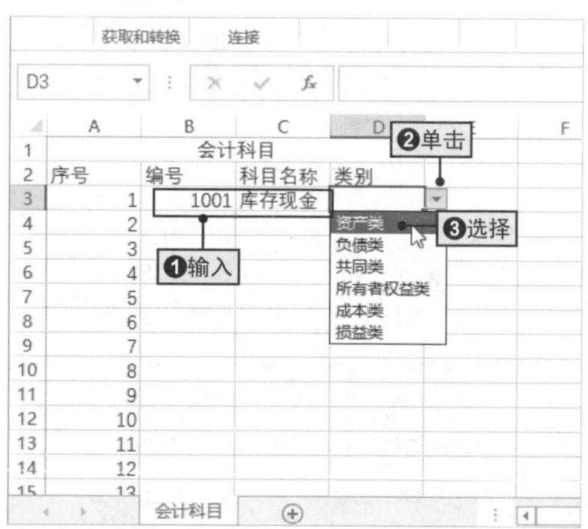

8 完成数据的输入并设置表格

在表格中完成所有数据的输入，对标题、表头和表格内容设置相应的字体格式，最后为A2:D98单元格区域添加边框线，并设置对应的列宽，完成表格结构的制作。

设置

会计科目			
序号	编号	科目名称	类别
1	1001	库存现金	资产类
2	1002	银行存款	资产类
3	100201	银行存款-工商银行	资产类
4	100202	银行存款-农业银行	资产类
5	1015	其他货币资金	资产类
6	1101	交易性金融资产	资产类
7	1121	应收票据	资产类
8	1122	应收账款	资产类

2 完善表格方便查看

1 执行“新建规则”命令

❶选择A3:D98单元格区域，❷单击“开始”选项卡“样式”组中的“条件格式”下拉按钮，❸选择“新建规则”命令打开“新建格式规则”对话框。

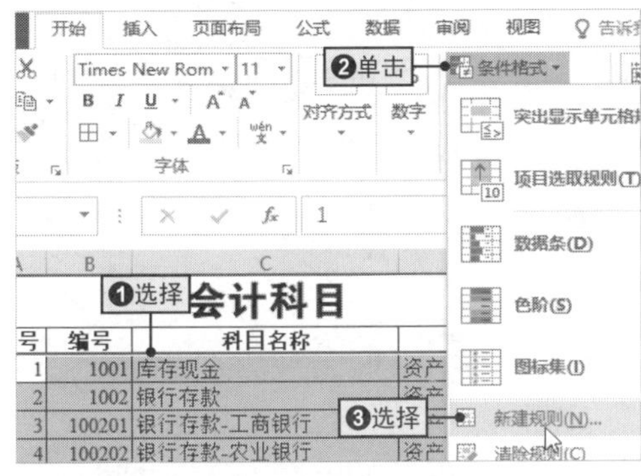

2 自定义设置规则

❶选择“使用公式确定要设置格式的单元格”选项，❷在“为符合此公式的值设置格式”参数框中设置对应的公式，❸单击“格式”按钮。

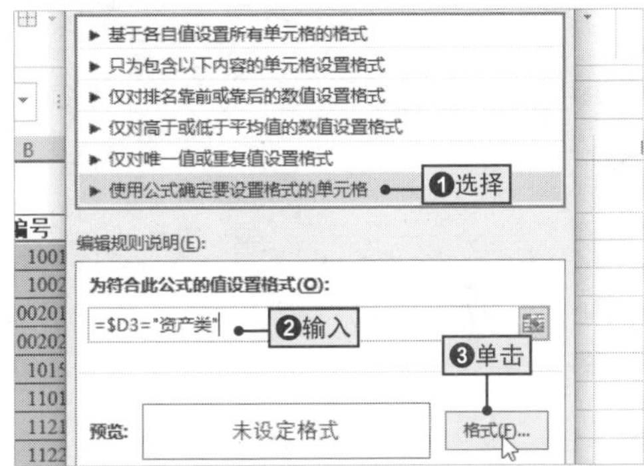

3 设置符合规则的填充颜色

❶在打开的“设置单元格格式”对话框中单击“填充”选项卡，❷在其中选择需要的填充色，单击“确定”按钮。

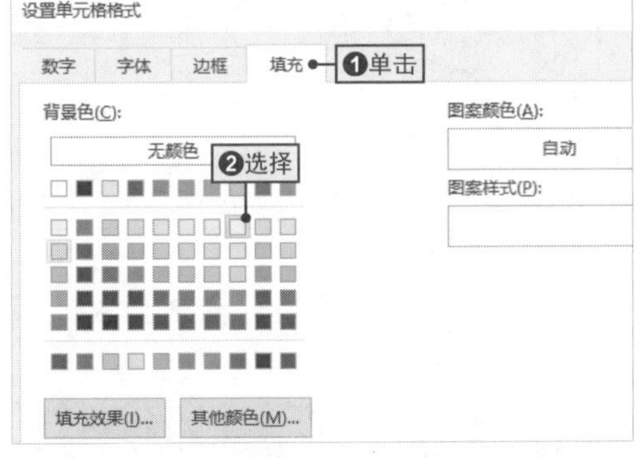

4 确认自定义的条件格式规则

在返回的对话框中单击“确定”按钮应用条件格式，此时系统自动将表格中的所有资产类会计科目设置为一种填充色。

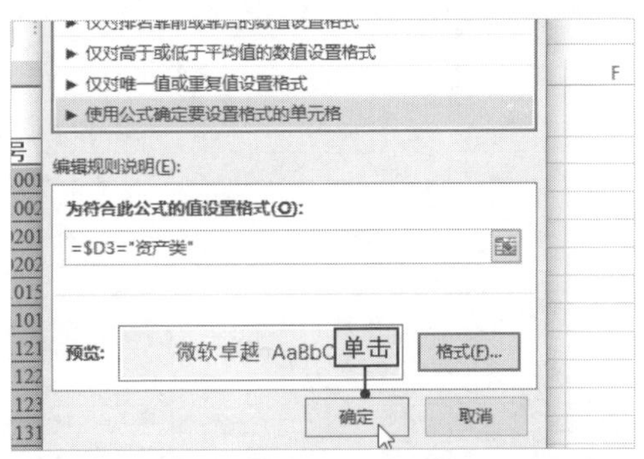

TIP 自定义条件格式规则中公式的说明

从“=$D3="资产类"”公式中可知，单元格的行是可变的，列是不变的，其意义为仅判断每行记录中的D列数据是否为资产类，如果对应行的D列为资产类，则条件判断成功，该行的每个单元格都返回TRUE值。在Excel中，用公式来定义条件格式规则时，只有公式返回TRUE值时，条件格式才起作用，因此通过该公式可以将选择的A3:D98单元格区域中的所有资产类的会计科目所在行的数据单元格的填充色设置为相同颜色。

5 为其他类别设置规则

保持单元格区域的选择状态，用相同的方法为其他科目类别设置条件格式规则，实现自动为某类别的会计科目设置对应的填充色。

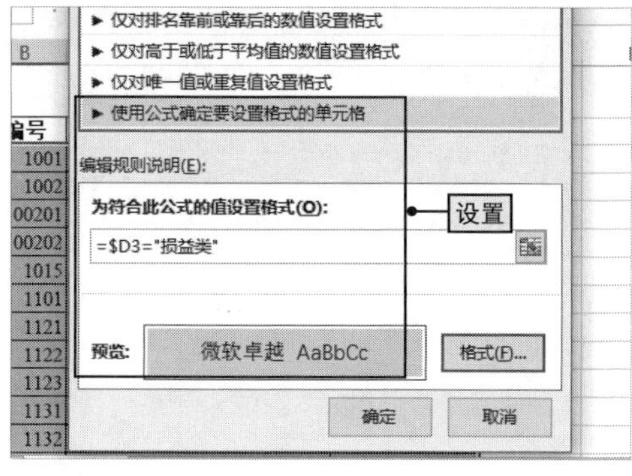

6 冻结指定窗格

❶选择A3单元格，❷单击“视图”选项卡，❸单击“冻结窗格”下拉按钮，❹选择“冻结拆分窗格”选项，冻结标题和表头行，完成操作。

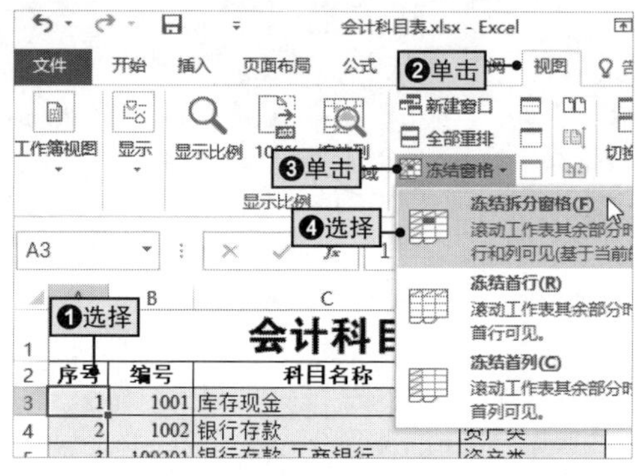

通过如上两个阶段即可完成本案例的会计科目表的制作，其最终效果展示如图5-1所示。

	A	B	C	D
1	会计科目			
2	序号	编号	科目名称	类别
3	1	1001	库存现金	资产类
4	2	1002	银行存款	资产类
5	3	100201	银行存款-工商银行	资产类
6	4	100202	银行存款-农业银行	资产类
7	5	1015	其他货币资金	资产类
8	6	1101	交易性金融资产	资产类
9	7	1121	应收票据	资产类
10	8	1122	应收账款	资产类
11	9	1123	预付账款	资产类
12	10	1131	应收股利	资产类
13	11	1132	应收利息	资产类
14	12	1231	其他应收款	资产类
15	13	1241	坏账准备	资产类
16	14	1321	代理业务资产	资产类
17	15	1401	材料采购	资产类
18	16	1402	在途物资	资产类
19	17	1403	原材料	资产类
20	18	1404	材料成本差异	资产类
21	19	1406	库存商品	资产类
22	20	1407	发出商品	资产类
23	21	1410	商品进销差价	资产类
24	22	1411	委托加工物资	资产类
25	23	1412	包装物及低值易耗品	资产类
26	24	1461	存货跌价准备	资产类
27	25	1501	待摊费用	资产类
28	26	1521	持有至到期投资	资产类
29	27	1522	持有至到期投资减值准备	资产类

会计科目

	A	B	C	D
1	会计科目			
2	序号	编号	科目名称	类别
60	58	2401	预提费用	负债类
61	59	2411	预计负债	负债类
62	60	2501	递延收益	负债类
63	61	2601	长期借款	负债类
64	62	2602	长期债券	负债类
65	63	2801	长期应付款	负债类
66	64	2802	未确认融资费用	负债类
67	65	2811	专项应付款	负债类
68	66	2901	递延所得税负债	负债类
69	67	3101	衍生工具	共同类
70	68	3201	套期工具	共同类
71	69	3202	被套期项目	共同类
72	70	4001	实收资本	所有者权益类
73	71	4002	资本公积	所有者权益类
74	72	4101	盈余公积	所有者权益类
75	73	4103	本年利润	所有者权益类
76	74	4104	利润分配	所有者权益类
77	75	4201	库存股	所有者权益类
78	76	500	生产成本	成本类
79	77	5101	制造费用	成本类
80	78	5201	劳务成本	成本类
81	79	5301	研发支出	成本类
82	80	6001	主营业务收入	损益类
83	81	6051	其他业务收入	损益类
84	82	6101	公允价值变动损益	损益类
85	83	6111	投资收益	损益类
86	84	6301	营业外收入	损益类

会计科目

图5-1

知识点讲解

快速选择单元格区域的方法

在Excel中，我们经常用拖动鼠标的方式选择单元格区域，但是当Excel数据特别庞大，有几千行甚至上万行时，用鼠标拖选的方法就显得很不方便了。除了在前面操作中介绍的通过名称框来快速选择指定单元格区域以外，下面还是以选择A1:D98单元格区域为例，再介绍几种快速选择该单元格区域的方法。

- **结合【Shift】键操作：**先选择A1单元格，按住【Shift】键不放，再选择D98单元格即可。
- **结合【Ctrl+Shift】组合键加方向键操作：**先选择A1单元格，然后按下【Ctrl+Shift】组合键，再按【→】键可选择使用过的多列的最右列，即扩展选择到D1单元格，再按【↓】键，可选择使用过的多行的最后一行，即扩展选择到D98单元格。
- **结合【Ctrl+Shift+Home或者End】组合键操作：**先选择A1单元格后，按下【Ctrl+Shift+End】组合键可选择该单元格右下角使用过的所有单元格区域，即A1:D98单元格区域（如果选择A1:D25单元格区域，先选择D25单元格，按下【Ctrl+Shift+Home】组合键可选择该单元格左上角的所有使用过的单元格，即A1:D25单元格区域）。
- **使用定位条件功能选择：**按【F5】键调出“定位”对话框，单击“定位条件”按钮，在打开的“定位条件”对话框中选中“当前区域”单选按钮，单击“确定”按钮即可选择所有使用过的单元格区域，如图5-2所示。

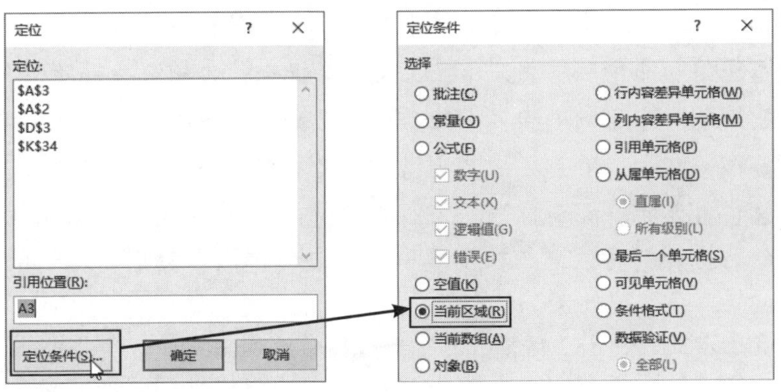

图5-2

使用突出显示规则自动填充颜色

在Excel中，如果要实现自动对符合条件的单元格或者数据记录设置填充色，可以使用系统提供的条件格式的突出显示功能实现。在本例中使用的是自定义公式设置条件，也可以使用程序内置的条件，其操作是：选择单元格区域，单击“开始”选项卡“样式”组的“条件格式”下拉按钮，选择“突出显示单元格规则”命令，在弹出的子菜单中可以选择不同条件的突出显示规则，如图5-3所示。

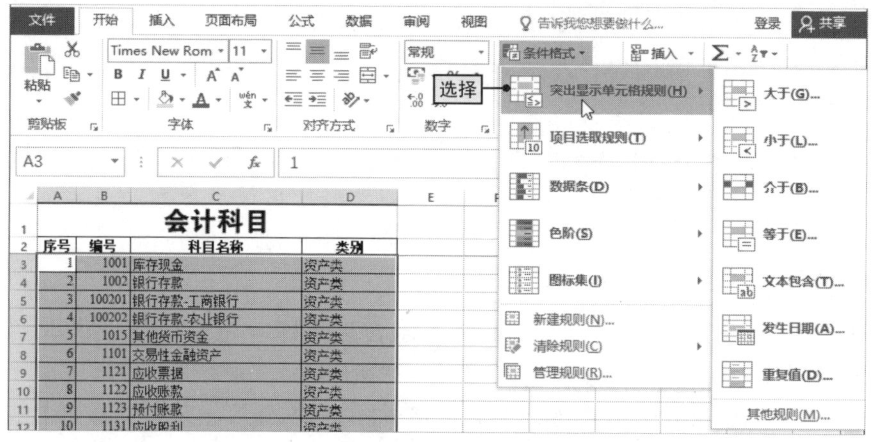

图5-3

在“突出显示单元格规则”子菜单中，各命令的作用如下。

- ◆ **“大于”命令**：用于突出显示大于某个指定数据的所有数据。
- ◆ **“小于”命令**：用于突出显示小于某个指定数据的所有数据。
- ◆ **“介于”命令**：用于突出显示介于某个范围的所有数据。
- ◆ **“等于”命令**：用于突出显示等于某个具体数据的所有数据。
- ◆ **“文本包含”命令**：用于突出显示文本数据中包含指定字符的所有数据。
- ◆ **“发生日期”命令**：用于突出显示指定发生日期的所有数据。
- ◆ **“重复值”命令**：用于突出显示指定数据集合中的所有重复数据。

选择这些命令后，都会打开一个对应的对话框，如图5-4所示为选择“文本包含”命令后打开的对话框，在文本框中可以设置需要突出显示的单元格的条件，在“设置为”下拉列表框中选择需要的填充格式，单击“确定”按钮即可。

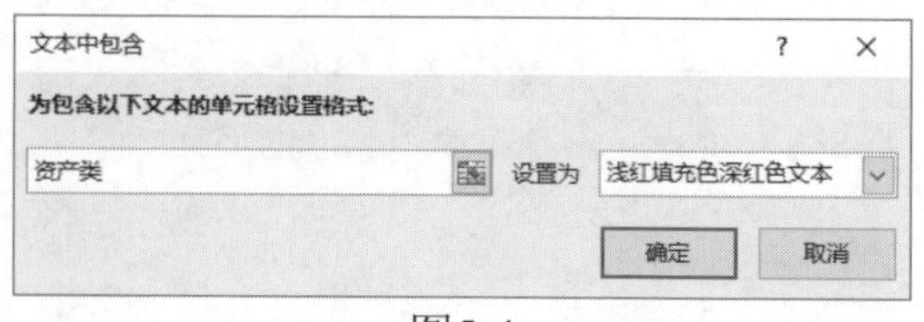

图5-4

通过内置的条件格式规则，只能对符合格式的单元格进行突出显示，不能对符合条件的单元格所在行的所有单元格进行突出显示，要突出显示符合条件的单元格所在的行，只能用本例中通过编写公式自定义条件格式规则的方法来实现。

TIP 如何清除设置的条件格式规则

在Excel中，选择设置了条件格式规则的单元格区域，在“条件格式”下拉菜单中选择“清除规则”命令，在弹出的子菜单中选择“清除所选单元格的规则”命令可清除当前选择的单元格的条件格式。

如果要清除整个工作表的条件格式规则，则需要选择“清除整个工作表的规则”命令，如图5-5所示。

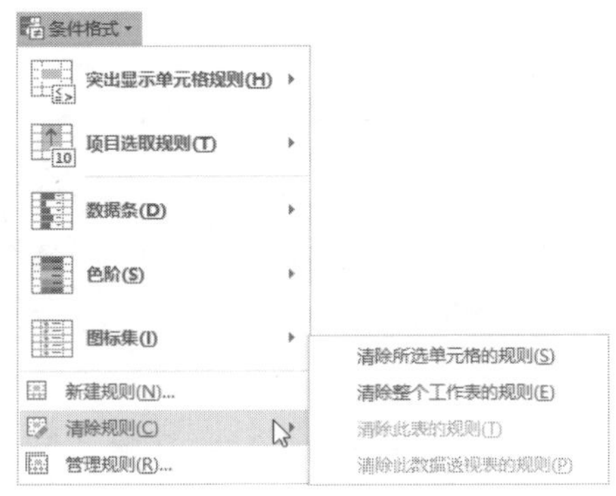

图5-5

冻结工作表窗格

当数据在工作表的末尾时，将不太方便查看表头与数据的对应关系。通过Excel提供的冻结工作表窗格功能将指定单元格行或列进行冻结后，用户可以任意查看工作表的其他部分而不移动表头所在的行或列。

冻结工作表窗格的操作为：单击“视图”选项卡，在“窗口”组中单击“冻结窗格”下拉按钮，在弹出的下拉列表中选择所需的冻结方式即可。

在Excel中主要有3种冻结方式，其具体含义如下。

- **冻结拆分窗格：**以中心单元格左侧和上方的框线为边界将窗口分为4个部分，冻结后拖动滚动条查看工作表中的数据时，中心单元格左侧和上方的行和列的位置不变。如本例中就是冻结的拆分窗格。
- **冻结首行：**指冻结工作表的首行，垂直滚动查看工作表中的数据时，保持工作表的首行位置不变。
- **冻结首列：**指冻结工作表的首列，水平滚动查看工作表中的数据时，保持工作表的首列位置不变。

TIP 取消工作表窗格的冻结

对于冻结后的工作表，再次单击“冻结窗格”下拉按钮，在弹出的下拉列表中选择“取消冻结窗格”选项，即可取消对工作表窗格的冻结。

5.1.2 根据经济业务编制会计分录

会计分录是采用借贷记账法登记账户名称、记账方向和涉及金额的记录，是简化的会计凭证。根据“有借必有贷，借贷必相等”的记账规则，每笔交易或事项都必须按其内容一方面记入借方，另一方面记入贷方，借贷双方数额必须相等。

在填制会计分录时，首先应根据每笔发生的经济业务编制相应的内容，对于经济业务的填制，比较简单，直接将该经济业务对应的时间、记账凭证号数、摘要、借方的账户名称和借方金额、贷方的账户名称和贷方金额对应填写到表格中即可。

其次，使用函数判断借贷是否相等，其处理方式是将所有的借方金额和贷方金额分别进行累加，再将二者相减，差值为0，则表示借贷相等，差值不为0，则表示借贷不等。

为了让借贷相等与否更加直观，可以通过突出显示单元格规则将借贷相等时的单元格填充设置为绿色，借贷不等时的单元格填充设置为浅红填充色。

假设，某公司为小规模纳税人，在2019年7月发生了如下几笔经济业务：

- 2019年7月2日，提取现金1 000元，记银付字1号凭证。
- 2019年7月3日，以银行存款的方式归还××公司货款15 500元，记银付字2号凭证。
- 2019年7月3日，购进A、B材料，共计8 200元，以银行存款付清款项，记银付字3号凭证。
- 2019年7月5日，以银行存款偿还短期借款50 000元，记银付字4号凭证。
- 2019年7月6日，购进C材料，共计6 500元，款项暂时还未支付，记转字1号凭证。
- 2019年7月7日，购买办公用品320元，以现金付讫，记现付字1号凭证。
- 2019年7月8日，王石借领差旅费600元现金，记现付字2号凭证。
- 2019年7月9日，购进D材料，共计22 000元，以银行存款付清款项，记银付字5号凭证。
- 2019年7月10日，从银行提取现金112 000元，用于备发工资，记银付字6号凭证。
- 2019年7月10日，分配本月工资，生产车间人员工资共计52 000元，管理人员工资共计60 000，记转字2号凭证。
- 2019年7月10日，以现金发放本月工资112 000元，记现付字3号凭证。

下面具体介绍如何根据这些经济业务编制会计分录，并判断借贷平衡与否，其具体操作如下。

>> 素材文件：素材\第5章\无

>> 效果文件：效果\第5章\会计分录.xlsx

1 新建工作簿并创建表格结构

❶新建“会计分录”工作簿，❷在A1:H16单元格区域中构建会计分录表格结构，并设置对应的表格格式。

2 填列会计分录

根据发生的经济业务，将相关的信息填列到会计分录表格中（填写过程中要注意金额是借方还是贷方）。

会计分录

填列

2019年 月	日	记账凭证号数	摘要	借方 账户名称
7	2	银付1	提取现金	库存现金
	3	银付2	归还××公司货款	应付账款
	3	银付3	购进A、B材料	原材料
	5	银付4	偿还银行借款	短期借款
	6	转1	购进C材料	原材料
	7	现付1	购办公用品	管理费用
	8	现付2	王石借领差旅费	其他应收款
	9	银付5	购进D材料	原材料
	10	银付6	提现备发工资	库存现金

3 判断借贷是否相等

❶选择合并的E16单元格，在编辑栏输入“=IF(SUM(F4:F15)-SUM(H4:H15)=0,"借贷相等","借贷不相等")”公式，❷按【Ctrl+Enter】组合键执行公式判断借贷是否相等。

4 执行“文本包含”命令

❶保持E16合并单元格的选择状态，单击“开始”选项卡“样式”组中的“条件格式”下拉按钮，❷选择“突出显示单元格规则”命令，❸在弹出的子菜单中选择“文本包含”命令。

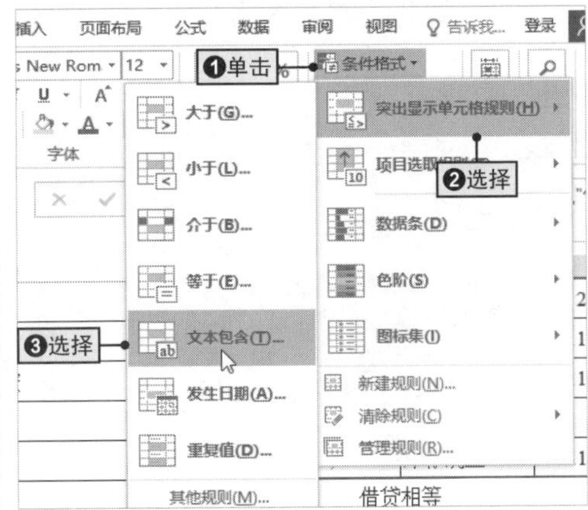

TIP 判断借贷平衡是否相等的公式说明

在本例中使用的“=IF(SUM(F4:F15)-SUM(H4:H15)=0,"借贷相等","借贷不相等")”公式中，“SUM(F4:F15)”部分用于汇总借方金额总额，“SUM(H4:H15)”用于汇总贷方金额总额，则公式可以简化理解为“=IF(借方金额总额-贷方金额总额=0,"借贷相等","借贷不相等")”，通过使用IF()函数进行判断，二者差额为0，条件成立，输出“借贷相等”的结果，否则输出“借贷不相等”的结果。

5 设置文本包含

❶在打开的“文本中包含”对话框的文本框中输入“借贷相等”，❷在“设置为”下拉列表框中选择“自定义格式”命令。

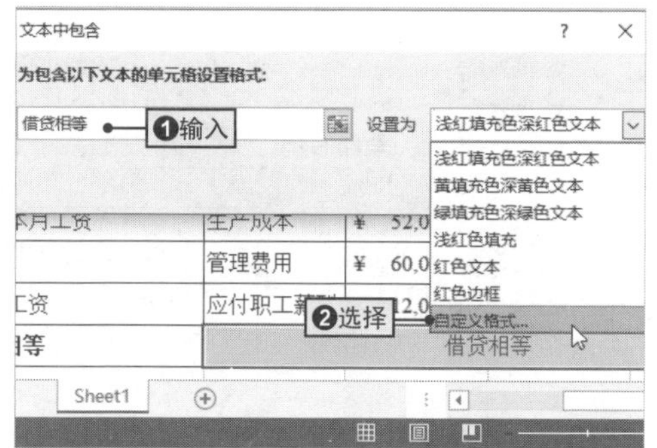

6 设置字体格式

❶在打开的“设置单元格格式”对话框中单击“字体”选项卡，❷设置字形为加粗，❸设置颜色为“白色，背景1”。

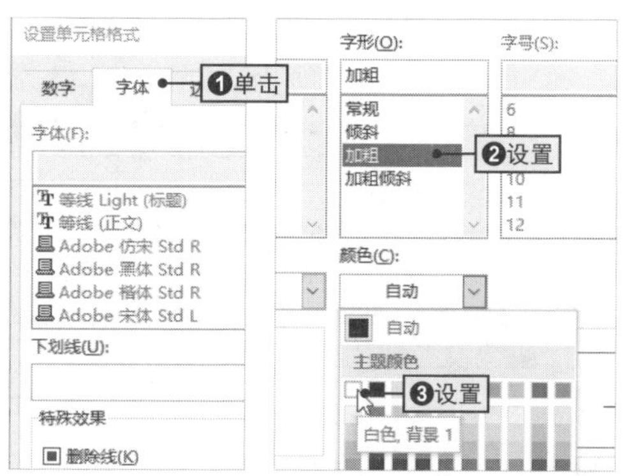

7 设置填充格式

❶单击“填充”选项卡，❷在“背景色”栏中选择需要的填充色，这里选择“绿色”颜色，单击“确定”按钮完成单元格格式的设置。

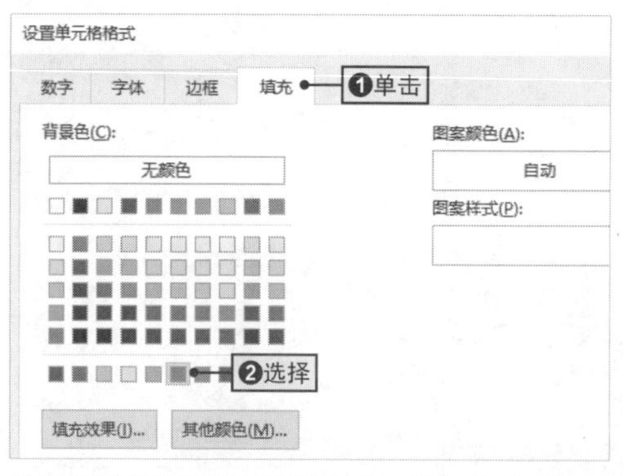

8 确认设置的突出显示规则

❶程序返回到“文本中包含”对话框，此时可以预览到工作表中设置的条件格式效果，❷单击“确定”按钮关闭对话框确认设置。

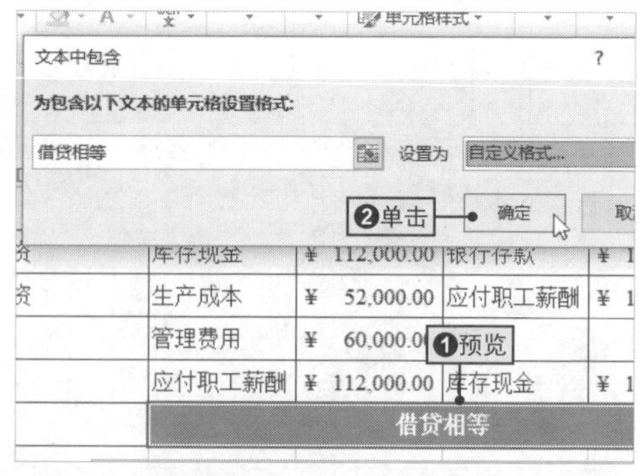

9 为借贷不相等设置突出显示规则

❶保持E16合并单元格的选择状态，打开“文本中包含”对话框，在文本框中输入“借贷不相等”文本，❷在“设置为”下拉列表框中选择“浅红填充色深红色文本”选项，❸单击“确定”按钮完成整个操作。

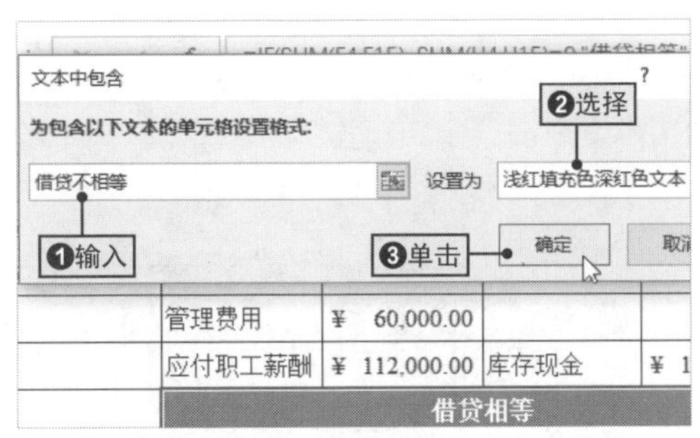

通过如上几个步骤即可完成本案例的会计分录的编制，其最终效果展示如图5-6所示。

会计分录

2019年		记账凭证号数	摘要	借方		贷方	
月	日			账户名称	金额	账户名称	金额
7	2	银付1	提取现金	库存现金	¥ 1,000.00	银行存款	¥ 1,000.00
	3	银付2	归还××公司货款	应付账款	¥ 15,500.00	银行存款	¥ 15,500.00
	3	银付3	购进A、B材料	原材料	¥ 8,200.00	银行存款	¥ 8,200.00
	5	银付4	偿还银行借款	短期借款	¥ 50,000.00	银行存款	¥ 50,000.00
	6	转1	购进C材料	原材料	¥ 6,500.00	应付账款	¥ 6,500.00
	7	现付1	购办公用品	管理费用	¥ 320.00	库存现金	¥ 320.00
	8	现付2	王石借领差旅费	其他应收款	¥ 600.00	库存现金	¥ 600.00
	9	银付5	购进D材料	原材料	¥ 22,000.00	银行存款	¥ 22,000.00
	10	银付6	提现备发工资	库存现金	¥ 112,000.00	银行存款	¥ 112,000.00
	10	转2	分配本月工资	生产成本	¥ 52,000.00	应付职工薪酬	¥ 112,000.00
				管理费用	¥ 60,000.00		
	10	现付3	发放工资	应付职工薪酬	¥ 112,000.00	库存现金	¥ 112,000.00
判断借贷是否相等				借贷相等			

图5-6

突出显示包含指定字符的整条记录

在会计分录表中，记账凭证的标识有“银付”“现付”“转”3种，如果要查看其中某一类型的会计分录，此时可以通过自定义条件格式的方式来进行设置，其具体操作是：选择所有会计凭证记录单元格区域，在“条件格式”下拉菜单中选择“新建规则”命令，如图5-7所示。

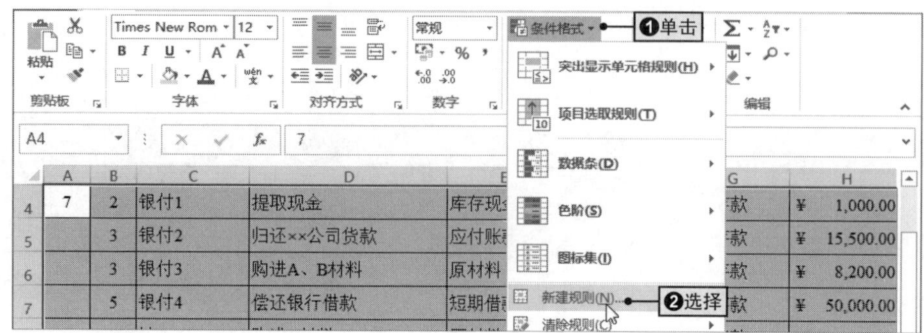

图5-7

在打开的“新建格式规则”对话框的列表框中选择“使用公式确定要设置格式的单元格”选项，在下方的参数框中输入“=FIND("银付",$C4)=1”公式，单击“格式”按钮，如图5-8左图所示。在打开的“设置单元格格式”对话框中单击“填充”选项卡，选择一种填充色，如图5-8右图所示。

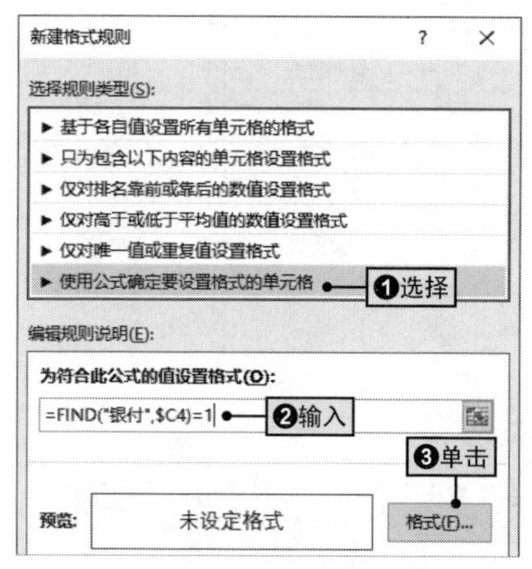

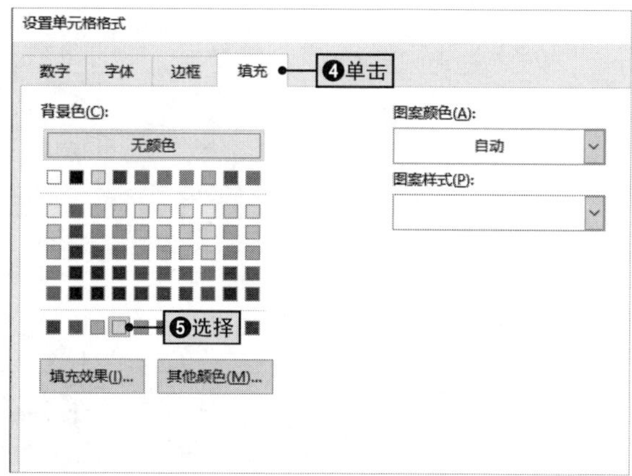

图5-8

然后依次单击“确定”按钮关闭“设置单元格格式”对话框和“新建格式规则”对话框，在返回的工作表中即可查看到所有的银付会计分录被突出显示出来了，如图5-9所示。

	2019年		记账凭证号数	摘要	借方		贷方	
	月	日			账户名称	金额	账户名称	金额
4	7	2	银付1	提取现金	库存现金	¥ 1,000.00	银行存款	¥ 1,000.00
5		3	银付2	归还××公司货款	应付账款	¥ 15,500.00	银行存款	¥ 15,500.00
6		3	银付3	购进A、B材料	原材料	¥ 8,200.00	银行存款	¥ 8,200.00
7		5	银付4	偿还银行借款	短期借款	¥ 50,000.00	银行存款	¥ 50,000.00
8		6	转1	购进C材料	原材料	¥ 6,500.00	应付账款	¥ 6,500.00

图5-9

管理条件格式规则

在设置了条件格式后，如果需要修改条件格式的参数，或更改条件格式应用的范围等，可在“条件格式”下拉菜单中选择“管理规则”命令，在打开的“条件格式规则管理器”对话框中进行相应的操作，如图5-10所示。

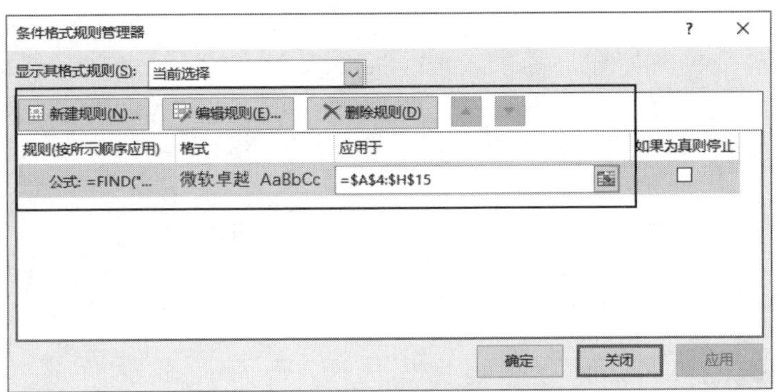

图5-10

FIND()函数的使用

在Excel中，如果要搜索一个字符串在另一个字符串中出现的位置，可以使用程序提供的FIND()函数来完成，其语法结构为：FIND(find_text,within_text,start_num)。从语法结构可以看出，FIND()函数包含3个参数，各参数的具体含义分别如下。

- find_text：用于指定需要查找的文本。
- within_text：用于指定在某个字符串或者单元格中查找。
- start_num：用于指定在within_text中开始查找的字符的编号，tart_num参数也可以省略，省略时表示从within_text的第一个字符开始查找。

5.1.3　根据会计分录登记现金日记账

现金日记账是专门用来核算和监督库存现金每天的收入、支出和结余情况的账簿，现在要求根据图5-6所示的会计分录中的经济业务，制作该公司当月的现金日记账。

在Excel中要完成该效果，可以使用筛选功能分别将借方账户名称为库存现金以及贷方账户名称为库存现金的业务筛选出来，然后按照时间的先后顺序排列发生的业务，整理好数据后添加标题、表头、承前数据、本月合计数据，完成现金日记账的制作。

需要注意的是，虽然本例是根据单列数据进行排序，但是本例的表头为复合表头，即存在合并单元格，此时只能将数据记录选中，通过对话框来执行排序操作。

对于结余数据的计算，其公式为：当前结余＝上日结余+本日收入合计－本日支出合计。在本例中，假设6月现金日记账的月结余为2000元，下面具体介绍根据会计分录制作现金日记账的方法，其具体操作如下。

>> 素材文件：素材\第5章\现金日记账.xlsx

>> 效果文件：效果\第5章\现金日记账.xlsx

1 获取当期现金日记账的数据

1 进入筛选状态

❶打开素材文件，选择A4:H15单元格区域，❷单击“数据”选项卡，❸在“排序和筛选”组中单击“筛选”按钮进入数据筛选状态。

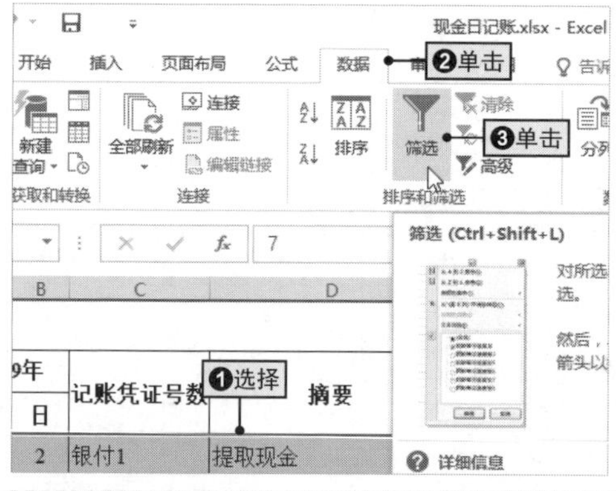

2 设置筛选条件

❶单击借方账户名称第一个单元格右侧的下拉按钮，❷在弹出的筛选器面板中取消选中“全选”复选框，❸选中“库存现金”复选框，❹单击“确定”按钮。

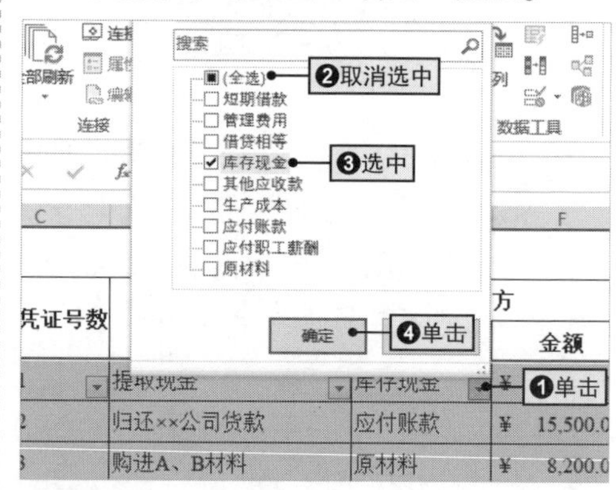

3 提取筛选结果

程序自动将借方账户名称为库存现金的所有数据筛选出来而隐藏其他分录，❶选择所有筛选的数据，按【Ctrl+C】组合键进行复制，❷选择A21单元格，按【Ctrl+V】组合键将复制的记录粘贴到该位置。

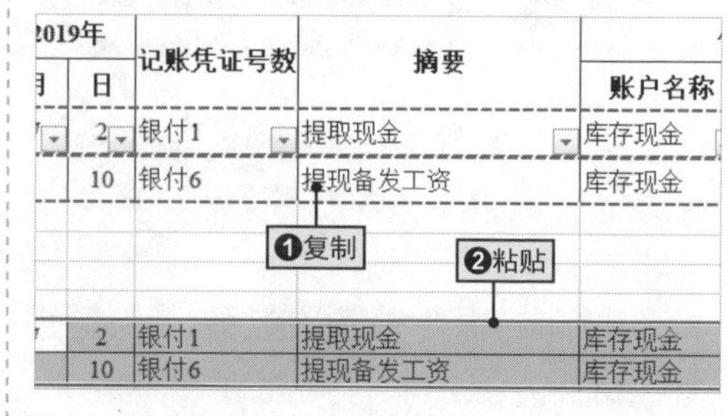

4 清除筛选结果

❶单击借方账户名称第一个单元格右侧的下拉按钮，❷在弹出的筛选器面板中选择“从‘库存现金’中清除筛选”命令清除筛选结果。

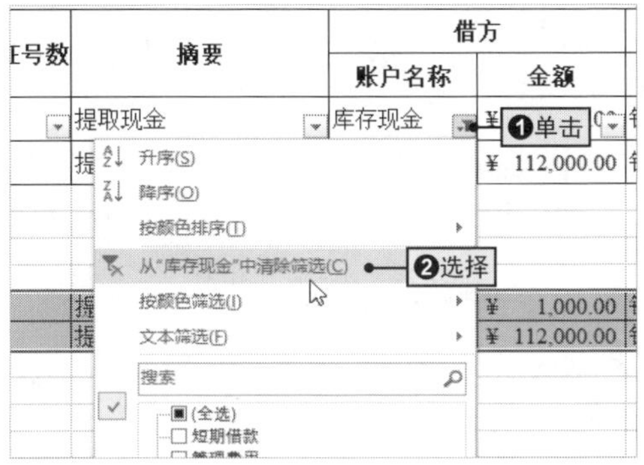

5 设置筛选条件

❶单击贷方账户名称第一个单元格右侧的下拉按钮，❷在弹出的筛选器面板中取消选中“全选”复选框，❸选中“库存现金”复选框，❹单击“确定”按钮。

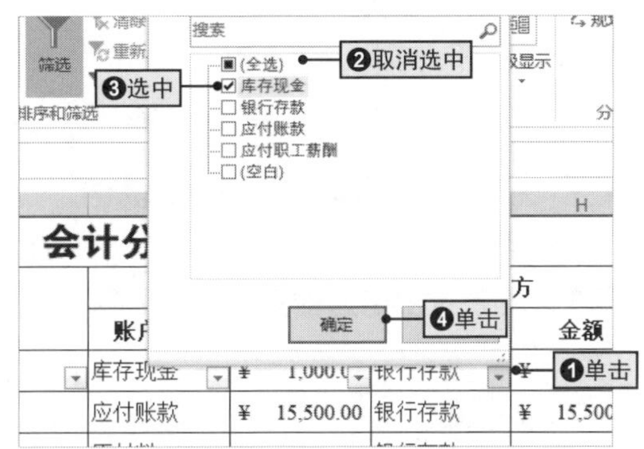

6 提取筛选结果

程序自动将贷方账户名称为库存现金的所有数据筛选出来而隐藏其他分录，❶复制所有筛选的数据，❷选择A23单元格，将复制的记录粘贴到该位置。

D	E	F	G
提取现金	库存现金	¥ 1,000.00	银行存款
购办公用品	管理费用	¥ 320.00	库存现金
王石借领差旅费	其他应收款	¥ 600.00	库存现金
发放工资	应付职工薪酬	¥ 112,000.00	库存现金
提取现金	库存现金	¥ 1,000.00	银行存款
提现备发工资	库存现金	¥ 112,000.00	银行存款
购办公用品	管理费用	¥ 320.00	库存现金
王石借领差旅费	其他应收款	¥ 600.00	库存现金
发放工资	应付职工薪酬	¥ 112,000.00	库存现金

❶复制　❷粘贴

7 退出筛选状态

直接在“数据”选项卡“排序和筛选”组中单击“筛选”按钮退出数据表中的筛选状态。

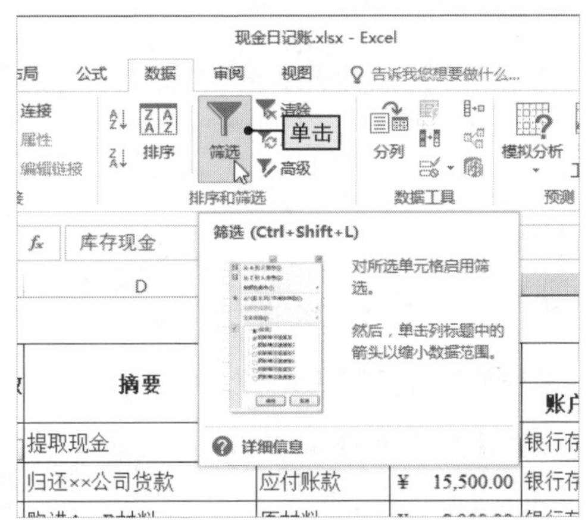

TIP 筛选并提取贷方库存现金分录的说明

在本例中，步骤4是不必可少的，如果在步骤4中不恢复到筛选状态初期，直接进行步骤5，则此时表示在已有的筛选结果上继续设置筛选条件，此时将得不到贷方库存现金分录数据。另外，在步骤6中复制筛选结果时，包含筛选状态下拉按钮的行不能复制，此时该行是筛选区域中的表头，不是筛选结果区域。

8 添加表头

退出筛选状态，复制数据源表格中的表头数据，将其粘贴到筛选结果的前面，完成现金日记账数据源的准备。

判断借贷是否相等

添加

2019年		记账凭证号数	摘要	账户名
月	日			
7	2	银付1	提取现金	库存现金
	10	银付6	提现备发工资	库存现金
	7	现付1	购办公用品	管理费用
	8	现付2	王石借领差旅费	其他应收
	10	现付3	发放工资	应付职工

2 完善现金日记账的表格结构

1 移动现金日记账数据源

在“会计分录”工作表中选择A19:H25单元格区域，剪切选择的单元格区域，切换到“现金日记账”工作表，将剪切的内容粘贴到A2单元格中。

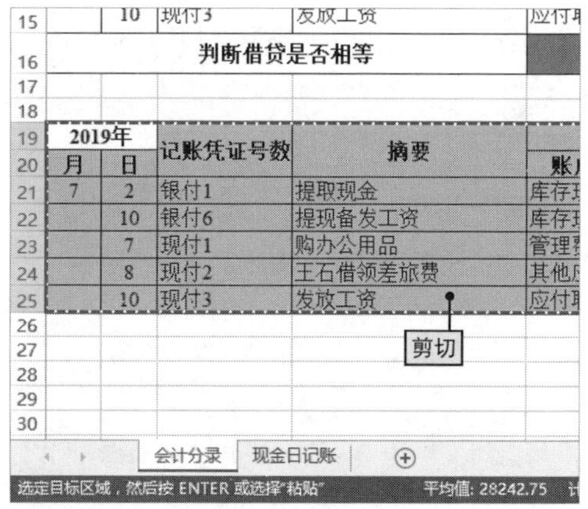

2 自动调整列宽

❶保持粘贴的单元格区域的选择状态，单击“格式”下拉按钮，❷在弹出的下拉菜单中选择“自动调整列宽”选项完成表格列宽的自动调整。

3 调整现金日记账表格结构

选择借方和贷方文本所在的合并单元格，取消其合并，按【Delete】键删除“借方”和“贷方”文本，然后合并相应的单元格，并完成“对方科目”“收入”“支出”表头的制作。

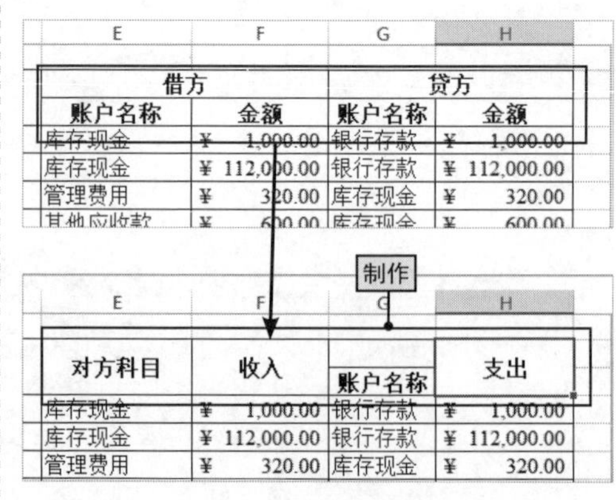

4 填写借方库存现金的对方科目

❶复制G5:G6单元格区域的账户名称，❷将其粘贴到E5:E6单元格区域中（E列中存储的是所有账户名称为“库存现金”科目的对方科目）。

5 删除库存现金对方科目的金额

删除原“库存现金”科目对方科目对应的金额，如这里删除H5:H6和F7:F9单元格区域中的金额数据。

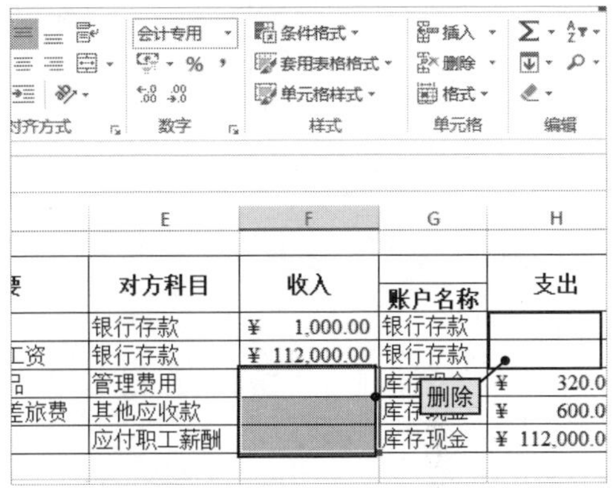

6 插入行与删除列

❶在表头下方插入空行，用于记录上月结余数据，❷选择G列数据，❸右击，在弹出的快捷菜单中选择“删除”命令删除该列。

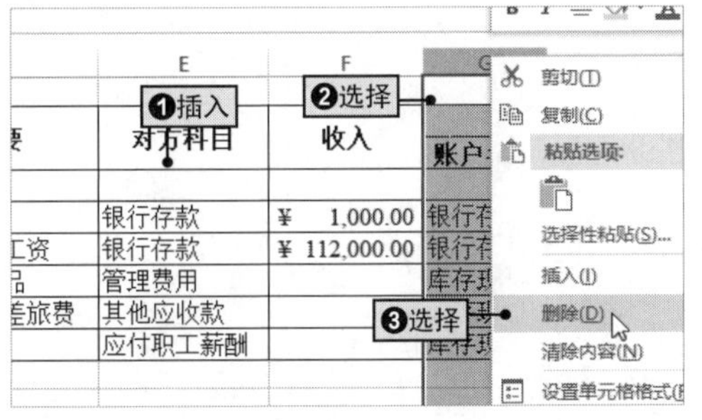

7 添加承前页并填入结余数据

❶在插入的空白行的对应位置输入承前页相关信息，❷添加“结余”列，❸在承前页行的结余位置输入上月的结余数据2000。

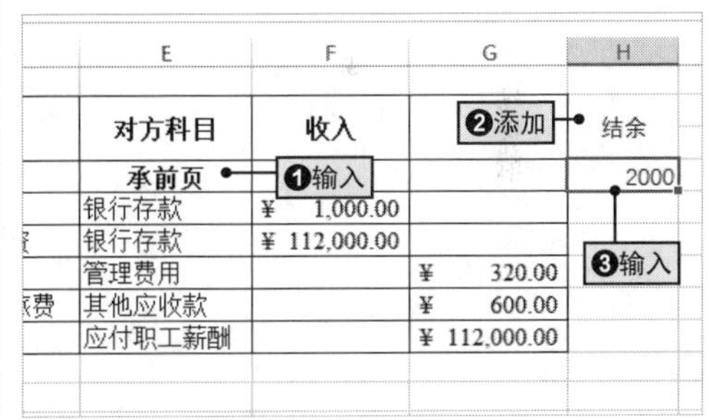

8 完善并设置表格结构

在表格末尾添加本月合计行，在第一行添加“现金日记账”标题，调整整个表格中文本的字体格式、行高和列宽，然后为表格添加合适的边框效果，完成现金日记账表格结构的制作。

制作

2019年		记账凭证号数	摘要	对方科目	
月	日				
7	1			承前页	
7	2	银付1	提取现金	银行存款	¥
	10	银付6	提现备发工资	银行存款	¥
	7	现付1	购办公用品	管理费用	
	8	现付2	王石借领差旅费	其他应收款	
	10	现付3	发放工资	应付职工薪酬	
7			本月合计		

现金日记账

3 对现金日记账的结余数据进行计算并汇总本月合计

1 计算结余数据

❶选择H5:H9单元格区域，在编辑栏中输入“=H4+F5-G5”公式，❷按【Ctrl+Enter】组合键完成各业务发生后的当前结余数据。

2 自动求和

❶选择F10单元格，单击“公式”选项卡，❷在“函数库”组中单击“自动求和”按钮，❸程序自动在F10单元格中填入对应的求和公式。

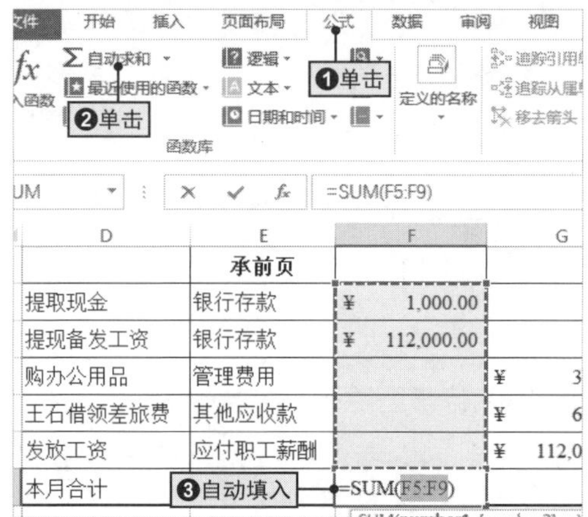

3 复制公式计算本月支出合计

❶按【Ctrl+Enter】组合键完成本月收入合计数据的计算，❷拖动F10单元格的控制柄到G10单元格完成F10单元格中公式的复制，从而计算出本月支出的合计。

=SUM(F5:F9)

方科目	收入	支出	结余
承前页			¥ 2,000.00
存款	¥ 1,000.00		¥ 3,000.00
存款	¥ 112,000.00		¥ 115,000.00
费用		¥ 320.00	¥ 114,680.00
应收款		¥ 600.00	¥ 114,080.00
职工薪酬		¥ 112,000.00	¥ 2,080.00
	¥ 113,000.00	¥ 112,920.00	

❶计算 ❷拖动

4 引用结余数据

❶选择H10单元格，在编辑栏中输入“=H9”公式，❷按【Ctrl+Enter】组合键完成本月结余数据的引用。

5 打开“排序”对话框

❶选择A5:H9单元格区域，❷单击“数据”选项卡，❸在“排序和筛选”组中单击“排序”按钮即可打开“排序”对话框。

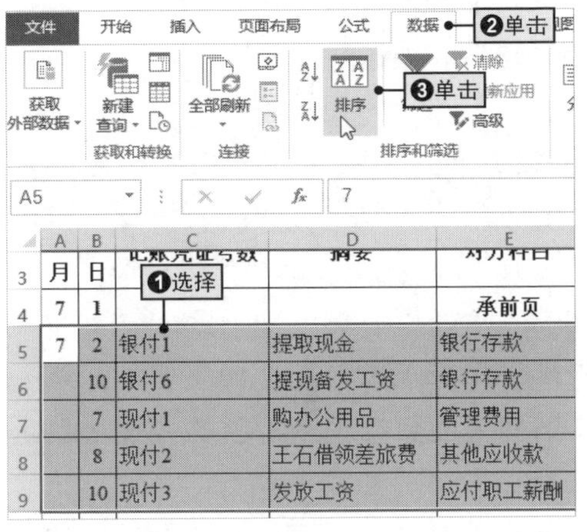

6 设置排序依据

❶在主要关键字的“列”下拉列表框中选择“列B”选项，保持次序的升序设置，❷单击“确定”按钮关闭对话框，完成业务按时间先后顺序排序。

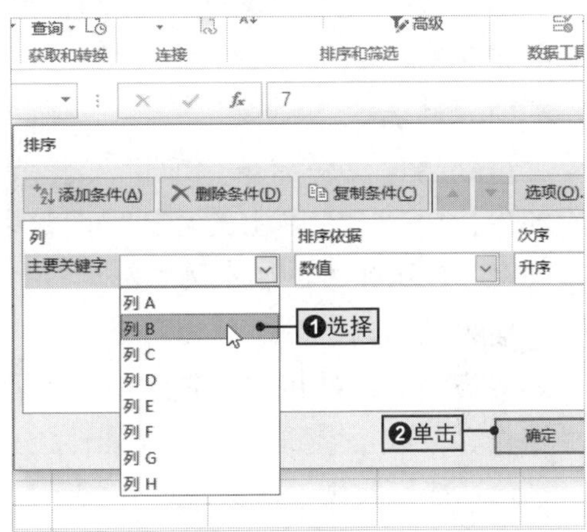

通过如上几个阶段即可完成本案例的现金日记账的编制，其最终效果展示如图5-11所示。

现金日记账							
2019年		记账凭证号数	摘要	对方科目	收入	支出	结余
月	日						
7	1			承前页			¥ 2,000.00
7	2	银付1	提取现金	银行存款	¥ 1,000.00		¥ 3,000.00
	7	现付1	购办公用品	管理费用		¥ 320.00	¥ 2,680.00
	8	现付2	王石借领差旅费	其他应收款		¥ 600.00	¥ 2,080.00
	10	银付6	提现备发工资	银行存款	¥ 112,000.00		¥ 114,080.00
	10	现付3	发放工资	应付职工薪酬		¥ 112,000.00	¥ 2,080.00
7			本月合计		¥ 113,000.00	¥ 112,920.00	¥ 2,080.00

图5-11

对于银行日记账的编制，其方法与现金日记账的编制方法相似，不同的是，在准备数据源时，是筛选账户名称为“银行存款”的会计科目。

知识点讲解

通过筛选器进行数据筛选

Excel提供的数据筛选功能可以帮助用户快速筛选出符合条件的记录。在筛选器面板中，可以进行的筛选有两种，一种是自动筛选，另一种是自定义筛选。

◆ 自动筛选

自动筛选比较简单，即进入表格筛选状态后，直接单击表头字段右侧对应的下拉按钮，在弹出的筛选器面板中选中要筛选的数据对应的复选框，单击“确定”按钮即可，如本例中筛选科目名称为“库存现金”的相关会计分录。

◆ 自定义筛选

自动筛选只能以当前已经存在的单元格值作为筛选条件，如果要根据单元格中包含某几个字符作为筛选条件，想找到相关的数据记录，就需要使用自定义筛选功能来实现。其具体操作如下。

在筛选器面板中选择“文本筛选”命令，在弹出的子菜单中选择需要的命令，或者直接选择“自定义筛选”命令，在打开的“自定义自动筛选方式”对话框中设置筛选条件即可。如图5-12所示，在对话框中单击“确定”按钮后可将表格中类别为“资产类”或者“负债类”的记录筛选出来。（在“自定义自动筛选方式”对话框中，选中“与”单选按钮表示两个条件必须同时满足；选中“或”单选按钮表示两个条件中满足任意一个条件即可）。

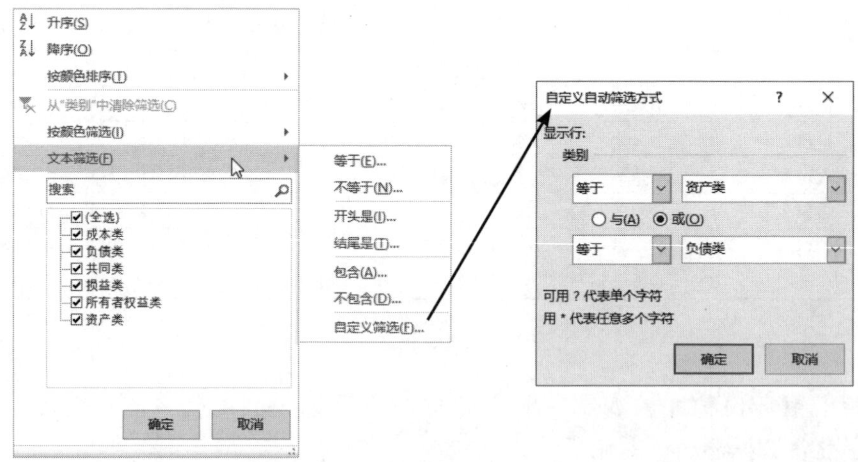

图5-12

在使用筛选器进行数据筛选时，其中的命令经常显示不一样，有时候显示“文本筛选”命令，有时候显示“数字筛选”命令，有时候显示“日期筛选”命令，虽然“按颜色筛选”命令一直存在，但有时该命令为可用状态，有时该命令为不可用状态，如图5-13所示。

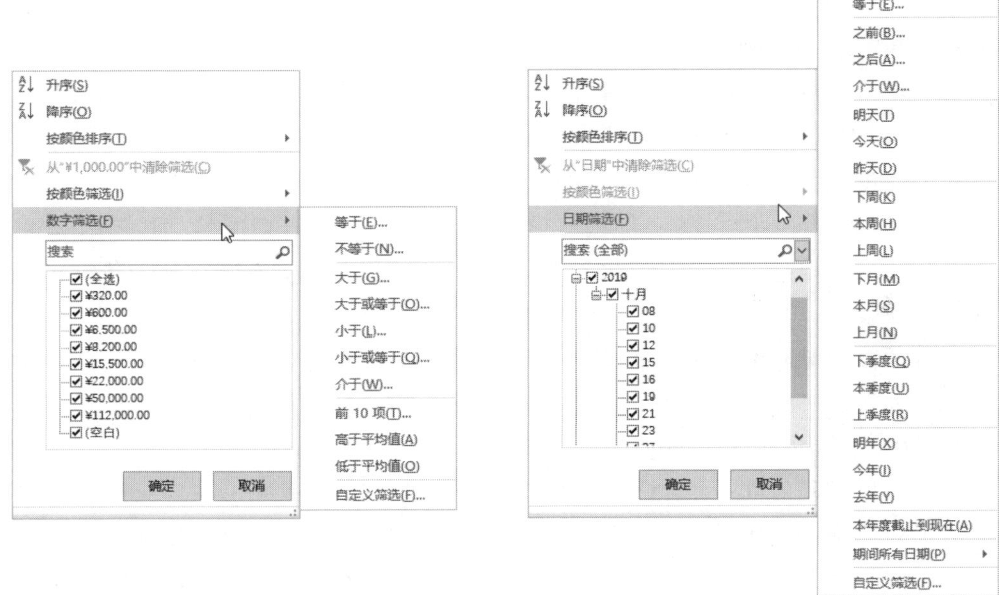

图5-13

这主要与筛选数据源的数据类型不同有关，具体说明如下。

①对于数字数据、货币类型的数据，其对应的筛选器面板都显示“数字筛选”命令。

②对于文本类型的数据，其对应的筛选器面板显示“文本筛选”命令。

③对于日期数据，其对应的筛选器面板显示“日期筛选”命令。

④对于“按颜色筛选”命令是否可用，这就取决于筛选数据源的数据单元格是否有填充色，或者数据是否有文本颜色。若单元格有填充色，或者数据有文本颜色，此时“按颜色筛选”命令为可用状态，否则则不可用。

TIP 快速进入/退出筛选状态

在Excel中，选择任意数据单元格后，按【Ctrl+Shift+L】组合键即可快速进入到筛选状态，再次按【Ctrl+Shift+L】组合键即可退出筛选状态。

数据的排序操作

数据排序就是根据指定的关键字将表格按照关键字的升序或者降序进行排列。Excel中的数据排列分为根据单列排列和根据多列排列。

◆ 根据单列排序

根据单列排序是指在整个数据表中只根据一个字段来进行排序，该字段被称为关键字。其操作很简单，直接选择关键字所在列的任意单元格，在“数据”选项卡“排序和筛选”组中单击“升序”或“降序”按钮即可将表格数据按照关键字的升序顺序或者降序顺序进行排序。

◆ 根据多列排序

在根据某个关键字的升序或者降序顺序排列后，得到的结果中存在重复值，此时就需要通过“排序”对话框，在其中设置多个关键字，从而依据多列数据进行排序，解决数据排序结果存在重复值的情况。

对于包含复合表头的工作表，需要将数据记录按照某列数据的升序或降序进行排列，此时也可以借助“排序”对话框来完成数据的排序，如本例中对现金日记账中的业务记录按照发生时间的先后顺序进行排序。

对于排序结果中，7月10日发生两笔业务，如果此时需要按照现付凭证在前，银付凭证在后的顺序排序，则在设置排序依据时，在设置完B列的主要关键字后，还需要单击“添加条件”按钮添加次要关键字，在其中设置按照C列的升序顺序排序即可（文字的排序原则是：降序是从左到右按拼音Z～A的顺序排列，升序是从左到右按拼音A～Z的顺序排列），如图5-14所示。

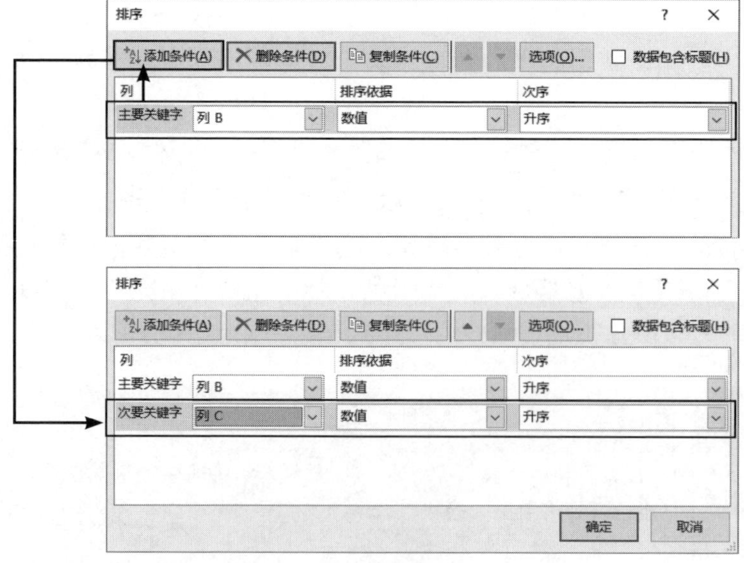

图5-14

5.2 汇总本期科目并进行试算平衡

对于每月发生的经济业务，在月底结账时会登记总账，但是在这之前，为了确保每笔业务准确登记，还需要先汇总本期科目，并对汇总科目的借贷以及本期余额的借贷是否平衡进行判断。在借贷平衡的基础上再来登记账簿。

5.2.1 编制科目汇总表

科目汇总表也称为记账凭证汇总表或者账户汇总表，该表是根据一定时期内所有的记账凭证定期加以汇总而重新编制的记账凭证。通过编制科目汇总表可以简化总分类账的登记过程。

在Excel中，如果已经制作了会计分录，在此基础上来编制科目汇总表，相对而言会简单许多。

其编制的核心过程为：

①利用删除重复项知识提取出不重复的会计科目到科目汇总表中。

②在会计分录中按照借方科目排序会计分录记录，通过分类汇总功能汇总借方相同科目的金额，利用公式将汇总结果引用到科目汇总表中对应科目的借方金额栏。

③在会计分录中删除分类汇总，按照贷方科目排序会计分录记录，通过分类汇总功能汇总贷方相同科目的金额，利用公式将汇总结果引用到科目汇总表中对应科目的贷方金额栏。

④在会计科目汇总表中填写汇总的记账凭证号起讫号数。为了让显示更加清晰，会使用Excel中的自动换行功能和强制换行功能。

下面具体讲解如何通过会计分录来编制科目汇总表。

>> 素材文件：素材\第5章\科目汇总表.xlsx

>> 效果文件：效果\第5章\科目汇总表.xlsx

1 单击“删除重复项”按钮

❶打开素材文件，将会计分录表中的借贷科目复制到K列，在该列选择任意数据，❷单击“数据”选项卡，❸在“数据工具”组单击“删除重复项”按钮。

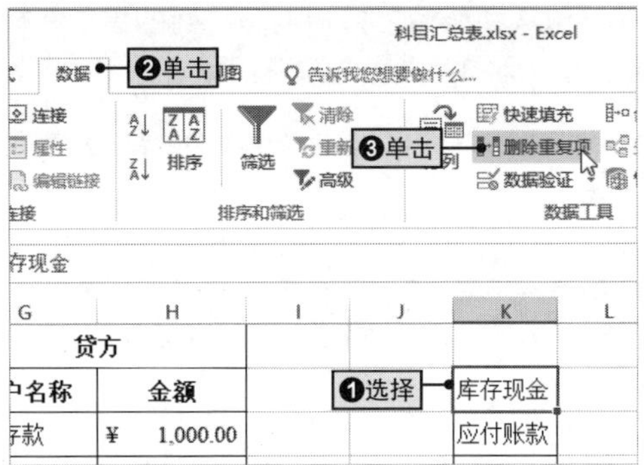

2 设置删除重复项的列

在打开的“删除重复项”对话框中可以设置需要删除重复项的列，这里保持默认的设置，单击“确定”按钮。

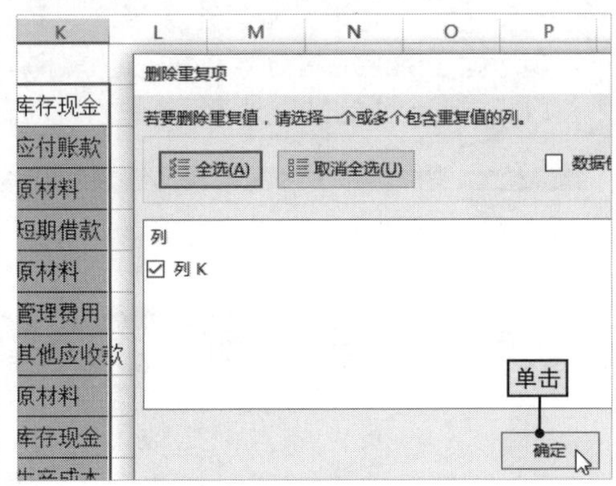

3 完成重复项的删除

程序自动在K列中查找重复项，并将重复的项删除，在打开的对话框中显示发现的重复项以及保留的唯一值个数，单击“确定”按钮。

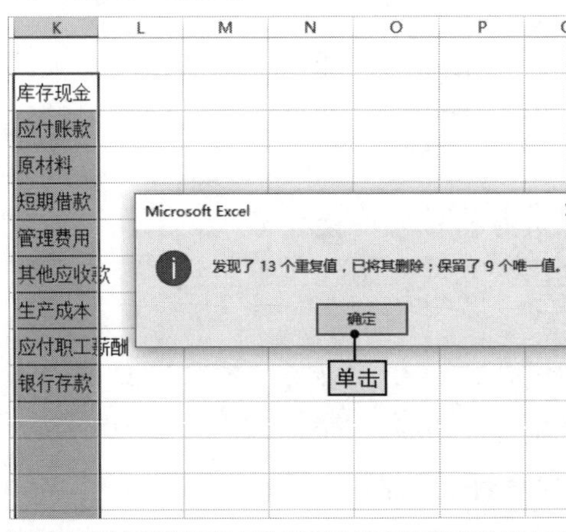

4 在科目汇总表中填列科目

选择保留的会计科目名称，执行剪切操作，切换到科目汇总表，❶选择B4单元格，右击，❷选择“值”命令将剪切的内容移动到该位置。

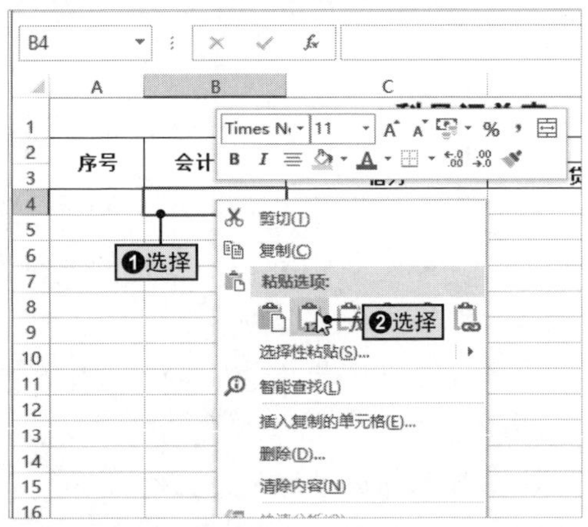

5 填充序号数据

❶在A4:A5单元格中分别输入“1”和“2”，选择这两个单元格，❷拖动控制柄到A12单元格完成序号数据的填充。

序号
会计科目
本期发生额
借方
1 库存现金
2 应付账款
❶输入
原材料
短期借款
管理费用
其他应收款
生产成本
应付职工薪酬
银行存款
❷拖动

6 打开“排序”对话框

❶在会计分录表中选择A4:H15单元格区域，❷单击“数据”选项卡，❸在“排序和筛选”组中单击“排序”按钮打开“排序”对话框。

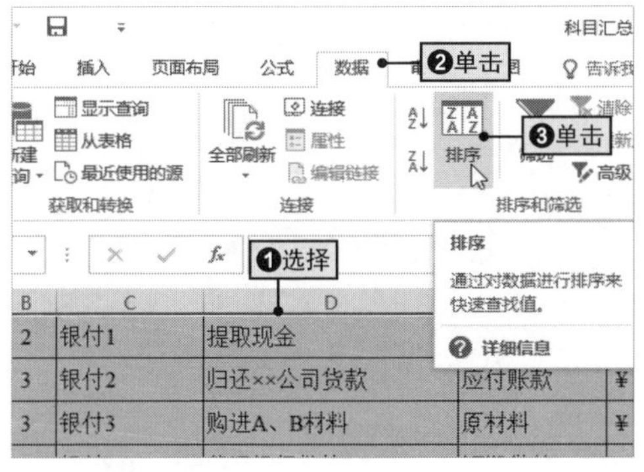

7 按借方科目升序排列会计分录

❶在主要关键字栏的“列”下拉列表框中选择“列E”选项，❷保持次序为升序的设置，单击“确定”按钮将选择的会计分录记录按借方科目的升序排序。

8 单击“分类汇总”按钮

❶在返回的工作表中选择E4:F15单元格区域，❷在“数据”选项卡“分级显示”组中单击“分类汇总”按钮。

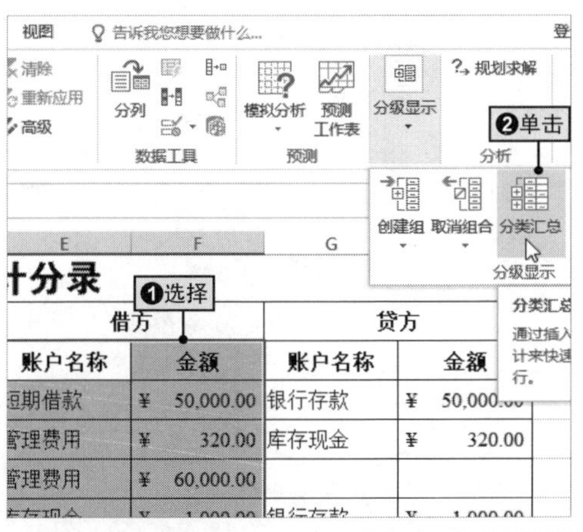

9 创建分类汇总

在打开的“分类汇总”对话框中保持分类字段、汇总方式和汇总项的默认设置，单击“确定”按钮创建分类汇总。

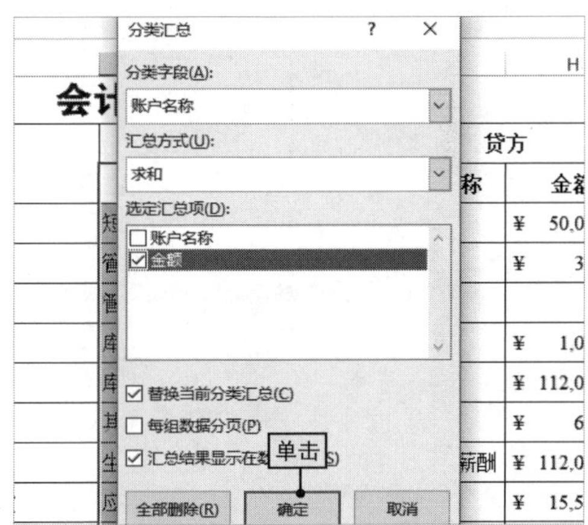

10 显示各借方科目的汇总金额

在返回的工作表中单击左侧任务窗格中的2按钮，仅显示各类借方会计科目的汇总金额数据。

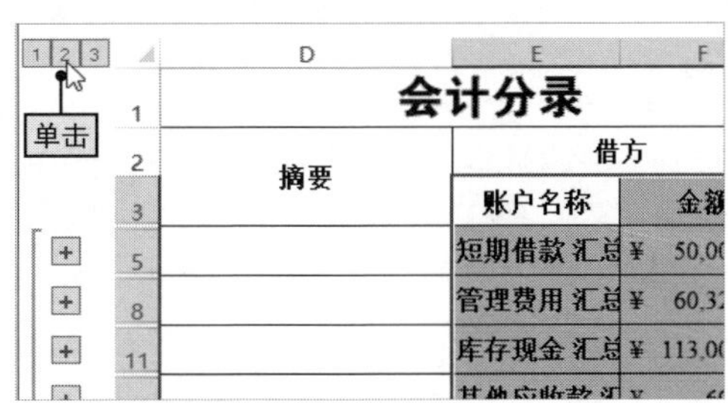

11 引用库存现金科目的借方金额

❶在科目汇总表中选择C4单元格，在编辑栏中输入“=IF(ISERROR(VLOOKUP(B4&"汇总",会计分录!$E$5:$F$23,2,0)),0,VLOOKUP(B4&"汇总",会计分录!$E$5:$F$23,2,0))”公式，❷按【Ctrl+Enter】组合键计算结果。

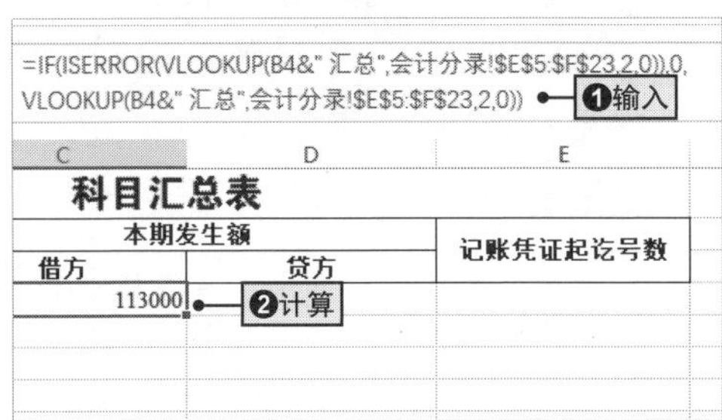

12 复制公式并将公式结果转化为值

❶拖动C4单元格的控制柄复制公式完成其他会计科目借方金额的填列，复制引用的借方金额数据，右击，❷在弹出的快捷菜单中选择“值”命令将带公式的结果转化为值。

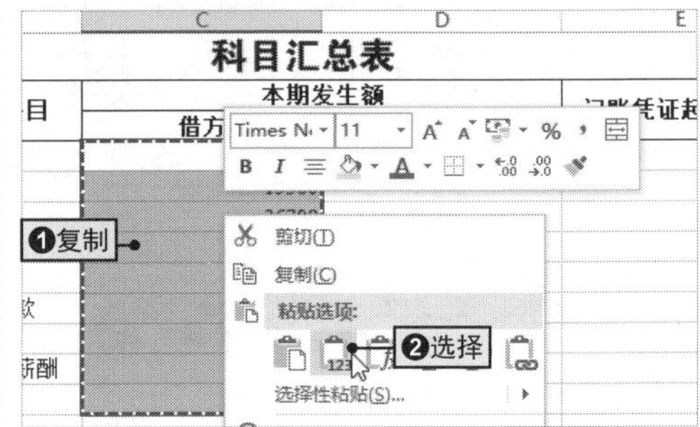

13 删除分类汇总

❶切换到会计分录工作表中，选择分类汇总结果单元格区域，❷打开“分类汇总”对话框，单击“删除全部”按钮删除分类汇总。

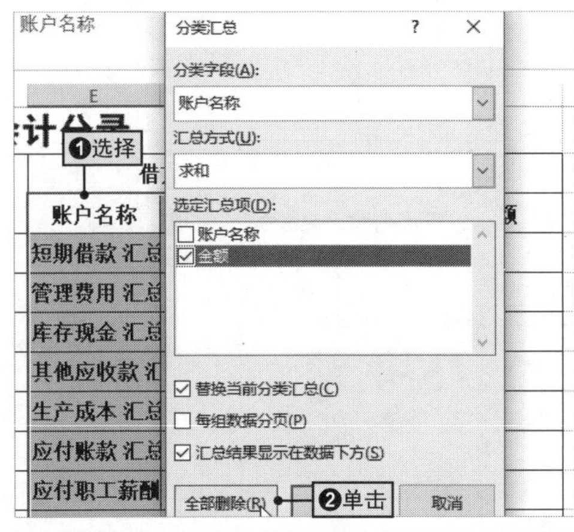

14 对贷方科目进行分类汇总

❶将会计分录数据按照G列的升序进行排序，选择G5:H15单元格区域，❷打开“分类汇总”对话框，单击“确定”按钮创建分类汇总。

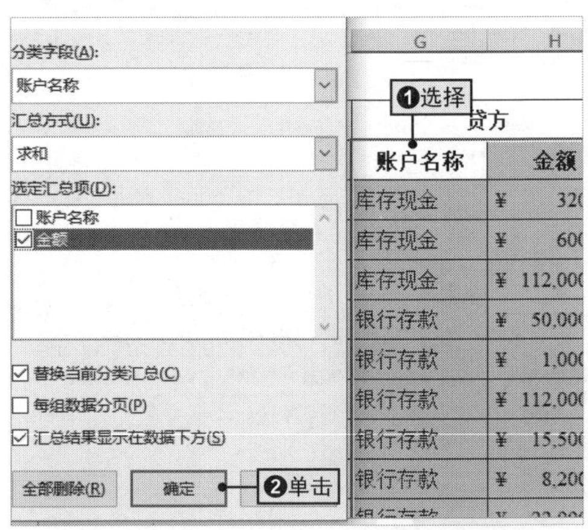

15 显示各贷方科目的汇总金额

在返回的工作表中单击左侧任务窗格中的2按钮，仅显示各类贷方会计科目的汇总金额数据。

16 引用库存现金科目的贷方金额

❶在科目汇总表中选择D4单元格，在编辑栏中输入“=IF(ISERROR(VLOOKUP(B4&"汇总",会计分录!$G$7:$H$18,2,0)),0,VLOOKUP(B4&"汇总",会计分录!$G$7:$H$18,2,0))”公式，❷按【Ctrl+Enter】组合键计算结果。

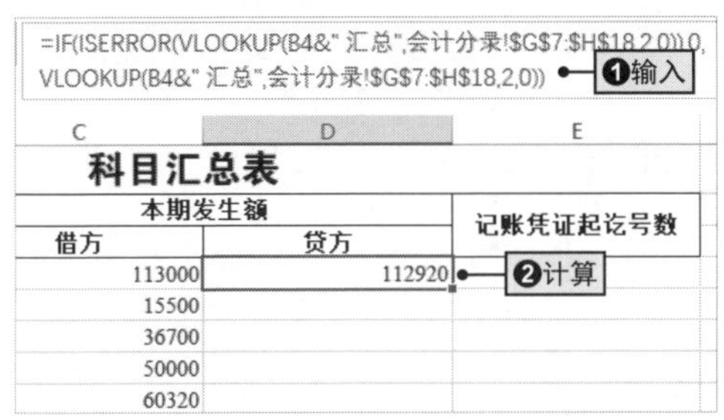

17 设置自动换行

❶复制公式计算其他科目的贷方金额并将数据结果转化为值，合并E4:E12单元格区域，❷在“对齐方式”组中单击“自动换行”按钮为合并单元格设置自动换行格式。

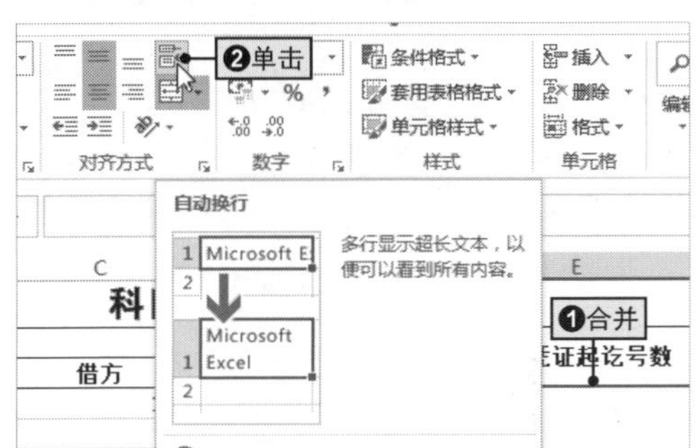

18 录入银行付款凭证起讫号数信息

❶在合并的E4单元格中输入银行付款凭证的起讫号数，❷按【Alt+Enter】组合键进行强制换行。

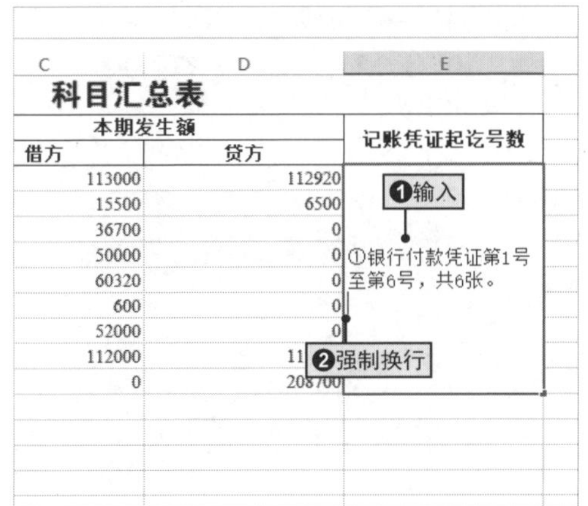

19 录入其他凭证的起讫号数信息

用相同的方法完成现金付款凭证和转账凭证起讫号数信息的录入。

20 设置表格效果

对科目汇总表中的具体内容的对齐方式、数据格式进行设置，调整合适的行高和列宽，并为表格添加对应的边框格式完成表格制作的所有操作。

设置

科目汇总表

序号	会计科目	本期发生额	
		借方	贷方
1	库存现金	¥ 113,000.00	¥ 1
2	应付账款	¥ 15,500.00	¥
3	原材料	¥ 36,700.00	¥
4	短期借款	¥ 50,000.00	¥

通过如上一些步骤即可完成本案例的科目汇总表的编制，其最终效果展示如图5-15所示。

科目汇总表

序号	会计科目	本期发生额		记账凭证起讫号数
		借方	贷方	
1	库存现金	¥ 113,000.00	¥ 112,920.00	①银行付款凭证第1号至第6号，共6张。②现金付款凭证第1号至第2号，共2张。③转账凭证第1号至第2号，共2张。
2	应付账款	¥ 15,500.00	¥ 6,500.00	
3	原材料	¥ 36,700.00	¥ -	
4	短期借款	¥ 50,000.00	¥ -	
5	管理费用	¥ 60,320.00	¥ -	
6	其他应收款	¥ 600.00	¥ -	
7	生产成本	¥ 52,000.00	¥ -	
8	应付职工薪酬	¥ 112,000.00	¥ 112,000.00	
9	银行存款	¥ -	¥ 208,700.00	

图5-15

TIP 本案例引用借贷科目汇总金额数据的公式说明

在本例中，引用借贷科目汇总金额数据的公式相似，这里以引用借方会计科目汇总金额的公式为例进行说明。在“=IF(ISERROR(VLOOKUP(B4&"汇总",会计分录!$E$5:$F$23,2,0)),0,VLOOKUP(B4&"汇总",会计分录!$E$5:$F$23,2,0))”公式中，“VLOOKUP(B4&" 汇总",会计分录!$E$5:$F$23,2,0)”部分的作用主要用于在会计分录表格的分类汇总数据区域中查询科目汇总表中当前科目对应的借方金额的汇总数据。由于分类汇总中的汇总行的字段，在Excel创建分类汇总时，会自动在会计科目后面添加“汇总”文本，因此在利用VLOOKUP()函数进行查找数据操作时，在第一个参数中添加了“&"汇总"”部分，即在进行查找操作时，程序自动将科目汇总表中的会计科目的名称添加“汇总”文本进行匹配。

为了避免由于查无结果的情况出现，因此本例使用了ISERROR()函数对查询结果进行判断，当查无结果时，对应的会计科目的本期发生额为0。

由于本例是基于分类汇总结果编写的科目汇总表，当完成借方金额的填列后，再进行贷方金额的填列时，要删除以借方会计科目创建的分类汇总，为避免在删除分类汇总后不影响已经填列借方本期发生额的数据显示，所以需要将带公式结果的数据转化为不带公式的常量值。

知识点讲解

直接删除重复记录

对于重复项的清除，Excel中提供了删除重复项功能，直接通过单击“数据”选项卡“数据工具”组中的“删除重复值”按钮即可启用该功能，通过该功能可以指定检测的列，从而对表格中的指定部分进行重复项的检测并清除。

需要注意的是，在使用该功能删除重复记录时，必须先选择数据表中的任意数据单元格，否则在启用删除重复项功能时，程序将打开如图5-16所示的提示对话框。

如果所有列都有可能存在重复数据，则在“删除重复值”对话框中选中所有列的复选框即可。如果只需要检查某列中是否存在重复值，可以在“删除重复值”对话框中先单击“取消全选”按钮，然后单独选中需要检测的列对应的复选框即可，如图5-17所示。

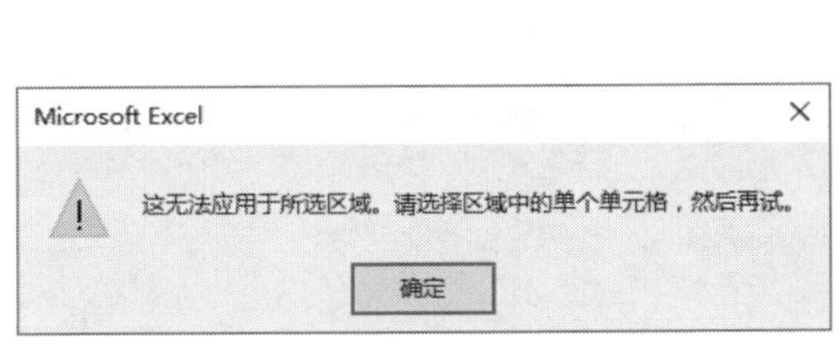

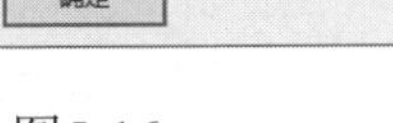

图5-16

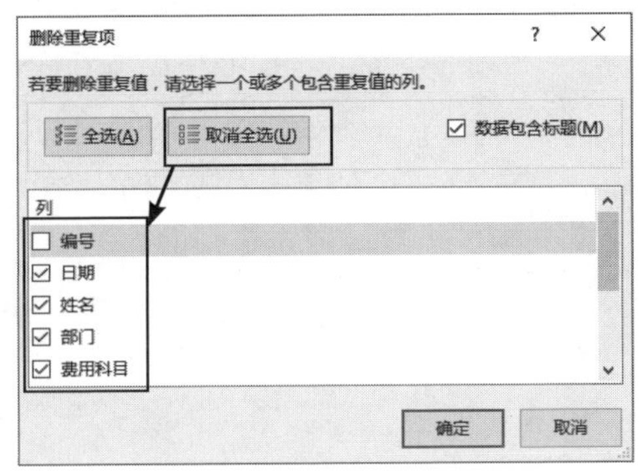

图5-17

ISERROR()函数的使用

ISERROR()函数的作用主要用于处理数据计算过程中出现的所有错误值，如#N/A、#VALUE!、#REF!、#DIV/0!、#NUM!、#NAME?或#NULL!。其语法结构为：ISERROR(value)，该函数只有一个参数，其作用主要用于指定需要进行检测的单元格引用或者某个表达式的返回值。当指定的单元格引用或者表达式的返回值存在错误值，则函数返回TRUE值，否则函数返回FALSE值。

VLOOKUP()函数的使用

VLOOKUP()函数的功能是按列查找，最终返回该列所需查询列序所对应的值。其语法结构为：VLOOKUP(lookup_value,table_array,col_index_num,range_lookup)。从语法结构可以看出，VLOOKUP()函数包含4个参数，各参数的具体含义如下。

- lookup_value：用于指定需要在数据表第一列中进行查找的数值。该参数可以为数值、引用或文本字符串。

◆ table_array：用于指定数据查找的多行和多列范围。

◆ col_index_num：用于表示table_array参数中待返回的匹配值的列号。如果参数值为1时，函数返回table_array第一列的数值；如果参数的值小于1，函数返回#VALUE!错误值；如果参数的值大于table_array的列数，函数返回#REF!错误值。

◆ range_lookup：用于指明函数在查找时是精确匹配还是近似匹配。如果参数值为TRUE、1或省略，表示函数将查找近似匹配值，即在找不到精确匹配值时，函数返回小于lookup_value的最大值；如果参数值为FALSE或0，表示函数将进行精确匹配，若精确匹配找不到，则函数返回错误值#N/A。

此外，在使用VLOOKUP()函数时，还需要注意以下几点内容。

①lookup_value参数的值必须在table_array中处于第一列。

②lookup_value参数指代的值与table_array中第一列的值的数据类型要一致，这主要是针对文本型的数字，虽然看起来都是数字，但是一个是数值，一个是文本，函数是搜索不到的。

③用“&”运算符连接若干个单元格的内容作为查找的参数，在查找的数据有类似的情况下可以做到事半功倍。

5.2.2 编制试算平衡表

试算平衡就是根据借贷记账法的“有借必有贷，借贷必相等”的平衡原理，检查和验证账户记录是否正确的一种方法。在财务工作中，试算平衡工作是通过编制试算平衡表完成的。

试算平衡表不仅能在结计利润前及时发现错误并予以更正。同时，它还汇集了各账户的资料，依据试算平衡表编制会计报表将比直接依据分类编制会计报表更为方便。

在Excel中，编制试算平衡表要结合会计科目表和科目汇总表完成。

◆ **会计科目表的作用：**为了快速在试算平衡表中录入科目名称数据，并确保录入的会计科目编号与会计科目名称是一致的，所以将采用VLOOKUP()函数编写查询公式来进行自动控制，当用户在表单中录入会计科目编号（或科目名称）时，自动在会计科目表中查询该编号（科目）对应的科目名称（编号），并自动显示在对应位置，以此来减少出错。

◆ **科目汇总表的作用：**主要是快速将本期的借方发生额和贷方发生额填写到

试算平衡表中的对应列中，避免手动输入出现的错误。其具体的填列方法是通过VLOOKUP()函数在科目汇总表中查找对应的会计科目，然后返回该科目的借方金额到本期借方发生额列，返回该科目的贷方金额到本期贷方发生额列。

在使用VLOOKUP()函数查询数据时需要注意，查询关键字所在的列必须要按照关键字的升序或者降序进行排序，否则查询结果将出现错误，即在本例的试算平衡表中，假设先给定了所有的会计科目，则需要使用VLOOKUP()函数在会计科目表中查询编号，此时需要制作一个辅助表格，前面一列为会计科目，后面一列为科目编号，然后将该辅助表格按照会计科目的降序（或者升序）排序，排序后的表格即为VLOOKUP()函数的查询区域。

在科目汇总表中同样需要科目汇总表的数据按照会计科目的降序（或升序）排序，然后将其作为VLOOKUP()函数的查询区域来查询数据。为了方便排序数据，当科目汇总表作为引用数据源时，可以将其表头的合并效果取消。

在根据期初余额、本期发生额计算期末余额时，要分清楚数据填写在借方还是贷方，在本例编制的试算平衡表中，已经填列了会计科目和各科目的期初借方余额和期初贷方余额，如图5-18所示。

	A	B	C	D	E	F	G
1					试算平衡表		
2	序号	科目编号	会计科目	期初借方余额	期初贷方余额	本期借方发生额	本期贷方发生额
3	1		库存现金	¥ 96,548.20	¥ -		
4	2		银行存款	¥ 586,472.10	¥ -		
5	3		应收账款	¥ 457,832.60	¥ -		
6	4		预付账款	¥ -	¥ -		
7	5		其他应收款	¥ 2,546,875.30	¥ -		
8	6		原材料	¥ 986,754.00	¥ -		
9	7		长期待摊费用	¥ 45,861.30	¥ -		
10	8		固定资产	¥ 125,476.80	¥ -		
11	9		累计折旧	¥ -	¥ 78,542.60		
12	10		短期借款	¥ -	¥ 2,458,769.00		
13	11		应付账款	¥ -	¥ 265,874.10		
14	12		其他应付款	¥ -	¥ 785,421.90		
15	13		应付职工薪酬	¥ -	¥ 154,624.00		
16	14		应交税费	¥ -	¥ 17,542.10		
17	15		实收资本	¥ -	¥ 1,374,998.00		
18	16		本年利润	¥ -	¥ -		
19	17		利润分配	¥ -	¥ -		
20	18		生产成本	¥ 289,951.40	¥ -		
21	19		制造费用	¥ -	¥ -		
22	20		税金及附加	¥ -	¥ -		
23	21		管理费用	¥ -	¥ -		
24	22		财务费用	¥ -	¥ -		
25	23		所得税费用	¥ -	¥ -		
26			合计				

会计科目表 | 科目汇总表 | 试算平衡表

图5-18

在上图中：

- 资产类和成本费用类科目的期末余额计算公式为“期初借方余额+本期借方发生额-本期贷方发生额”的会计科目有库存现金、银行存款、应收账款、预付账款、其他应收款、原材料、长期待摊费用、固定资产、生产成本、制造费用、管理费用、财务费用和所得税费用。如果公式结果大于0，则填列到期末借方余额列，否则填列到期末贷方余额列。
- 负债类、所有者权益和收入类期末余额计算公式为“期初贷方余额+本期贷方发生额-本期借方发生额”的会计科目有累计折旧、短期借款、应付账款、其他应付款、应付职工薪酬、应交税费、实收资本、本年利润、利润分配和税金及附加。如果公式结果大于0，则填列到期末贷方余额列，否则将公式结果用ABS()函数取绝对值后填列到期末借方余额列。

完成期末余额的计算后，即可对试算平衡表中的期初余额、本期发生额和期末余额进行汇总，判断各汇总数据的借贷方是否平衡。为了让结果直观展示，可以分别为其设置条件格式规则，以不同的填充色效果来判断借贷是否平衡。

下面具体讲解如何通过会计科目表和科目汇总表来编制试算平衡表。

>> 素材文件：素材\第5章\试算平衡表.xlsx

>> 效果文件：效果\第5章\试算平衡表.xlsx

1 在试算平衡表中自动填列科目编号

1 添加辅助表格并排序数据

❶打开素材文件，在会计科目表的G列和H列添加科目名称和编号数据列，选择添加的数据，❷单击“数据”选项卡，❸在“排序和筛选”组中单击“降序”按钮。

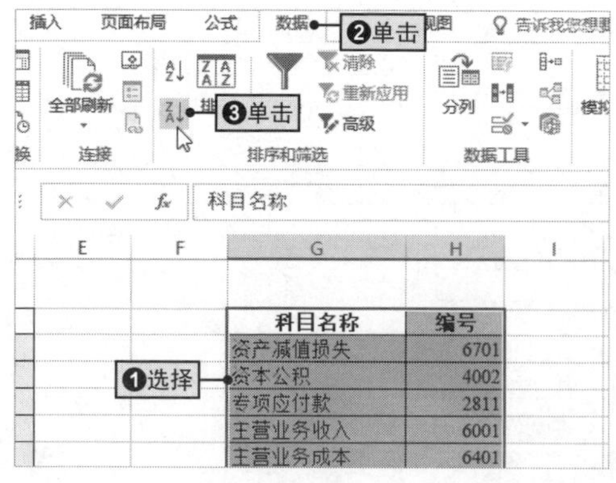

2 引用科目编号数据

❶在试算平衡表中选择B3:B25单元格区域，在编辑栏中输入“=IF(C3="","",VLOOKUP(C3,会计科目表!$G$2:$H$98,2,0))”公式，❷按【Ctrl+Enter】组合键完成数据的引用。

3 将公式结果转化为常量值

❶保持单元格区域的选择状态，按【Ctrl+C】组合键进行复制，右击，❷在弹出的快捷菜单中选择“值”命令将带计算公式的结果转化为常量值。

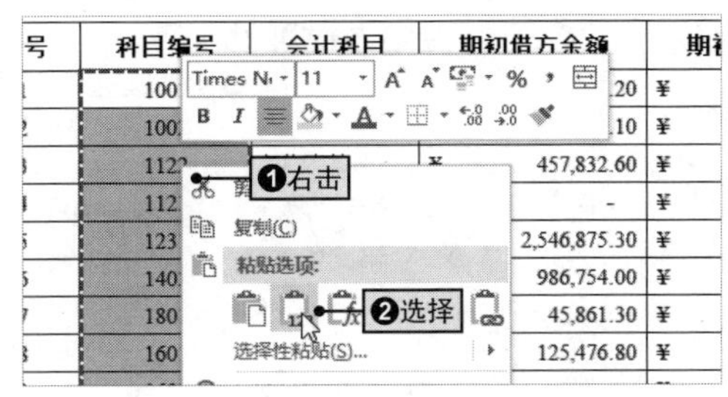

2 在试算平衡表中自动填列本期发生额

1 排序数据

❶切换到科目汇总表，选择A2:D12单元格区域，❷打开“排序”对话框，设置主要关键字的列为“会计科目”，其他参数保持不变，单击“确定”按钮。

2 引用本期借方发生额数据

❶在试算平衡表中选择F3:F25单元格区域，在编辑栏中输入“=IF(ISERROR(VLOOKUP(C3,科目汇总表!$B$3:$D$13,2,0)),0,VLOOKUP(C3,科目汇总表!$B$3:$D$13,2,0))”公式，❷按【Ctrl+Enter】组合键计算数据。

3 引用本期贷方发生额数据

❶选择G3:G25单元格区域，在编辑栏中输入“=IF(ISERROR(VLOOKUP(C3,科目汇总表!$B$3:$D$13,3,0)),0,VLOOKUP(C3,科目汇总表!$B$3:$D$13,3,0))”公式，❷按【Ctrl+Enter】组合键计算数据。

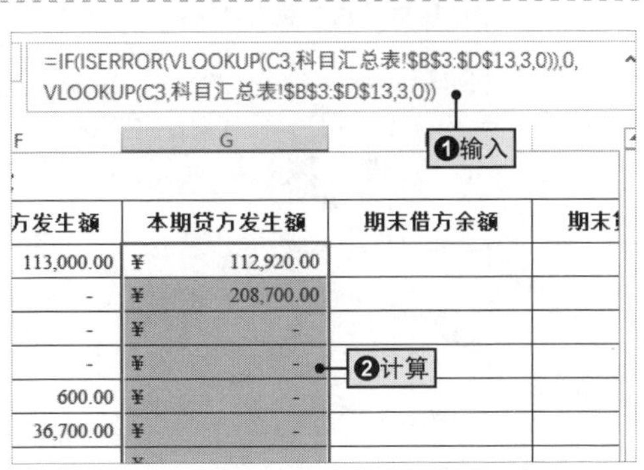

4 将公式结果转化为常量值

❶选择引用的本期借方发生额和本期贷方发生额数据单元格区域，按【Ctrl+C】组合键进行复制，右击，❷在弹出的快捷菜单中选择“值”命令将带计算公式的结果转化为常量值。

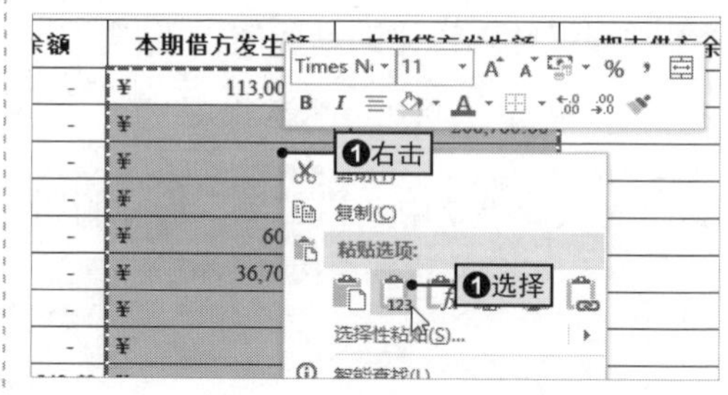

3 在试算平衡表中计算期末余额

1 计算资产、成本费用科目期末借方余额

❶在试算平衡表中选择H3:H10单元格区域，在编辑栏中输入“=IF(D3+F3-G3>0,D3+F3-G3,0)”公式，❷按【Ctrl+Enter】组合键完成数据的计算。

页面布局 公式 数据 审阅 视图 告诉我... 登录

fx =IF(D3+F3-G3>0,D3+F3-G3,0)

❶输入

本期贷方发生额	期末借方余额	期末贷方余额
¥ 112,920.00	¥ 96,628.20	
¥ 208,700.00	¥ 377,772.10	
¥ -	¥ 457,832.60	
¥ -	¥ -	
¥ -	¥ 2,547,475.30	
¥ -	¥ 1,023,454.00	
¥ -	¥ 45,861.30	
¥ -	¥ 125,476.80	

❷计算

2 计算资产、成本费用科目期末贷方余额

❶选择I3:I10单元格区域，在编辑栏中输入“=IF(D3+F3-G3<0,D3+F3-G3,0)”公式，❷按【Ctrl+Enter】组合键完成数据的计算。

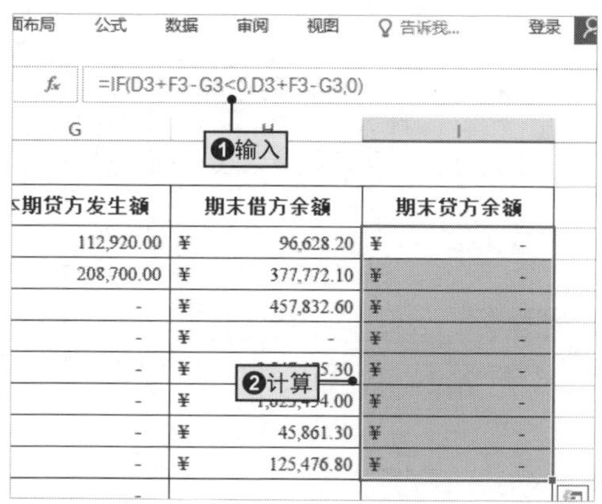

3 计算负债、所有者权和收入科目期末借方余额

❶选择H11:H19单元格区域，在编辑栏中输入“=IF(E11+G11-F11<0,ABS(E11+G11-F11),0)”公式，❷按【Ctrl+Enter】组合键完成数据的计算。

fx =IF(E11+G11-F11<0,ABS(E11+G11-F11),0)

❶输入

G	H	I
¥ -	¥ 457,832.60	-
¥ -	¥ -	¥ -
¥ -	¥ 2,547,475.30	¥ -
¥ -	¥ 1,023,454.00	¥ -
¥ -	¥ 45,861.30	¥ -
¥ -	¥ 125,476.80	¥ -
¥ -	¥ -	
¥ -	¥ -	
¥ 6,500.00	¥ -	
¥ -	¥ -	

❷计算

4 计算负债、所有者权和收入科目期末贷方余额

❶选择I11:I19单元格区域，在编辑栏中输入“=IF(E11+G11-F11>0,E11+G11-F11,0)”公式，❷按【Ctrl+Enter】组合键完成数据的计算。

=IF(E11+G11-F11>0,E11+G11-F11,0)

❶输入　❷计算

G		H		I
-	¥	.832.60	¥	-
-	¥	-	¥	-
-	¥	2,547,475.30	¥	-
-	¥	1,023,454.00	¥	-
-	¥	45,861.30	¥	-
-	¥	125,476.80	¥	-
-	¥	-	¥	78,542.60
-	¥	-	¥	2,408,769.00
6,500.00	¥	-	¥	256,874.10
-	¥		¥	785,421.90
112,000.00	¥	-	¥	154,624.00
9,865.00	¥	-	¥	17,542.10
-	¥	-	¥	1,374,998.00

5 计算其他科目的期末借方/贷方余额

用相同的方法在H20:I25单元格区域中输入对应的公式完成其他会计科目的期末借方余额和期末贷方余额的计算。

计算

-	¥	-	¥	2,408,769.00
6,500.00	¥	-	¥	256,874.10
-	¥	-	¥	785,421.90
112,000.00	¥	-	¥	154,624.00
9,865.00	¥	-	¥	17,542.10
-	¥	-	¥	1,374,998.00
-	¥		¥	-
-	¥	-	¥	-
-	¥	341,951.40	¥	-
-	¥	-	¥	-
-	¥	-	¥	-
-	¥	60,320.00	¥	-
-	¥	-	¥	-
-	¥	-	¥	-

4 汇总期初、本期和期末的借贷金额并试算平衡

1 通过自动求和汇总数据

❶选择D26:I26单元格区域，❷单击“公式”选项卡，❸在“函数库”组中单击“自动求和”按钮，程序自动对每列数据进行汇总求和。

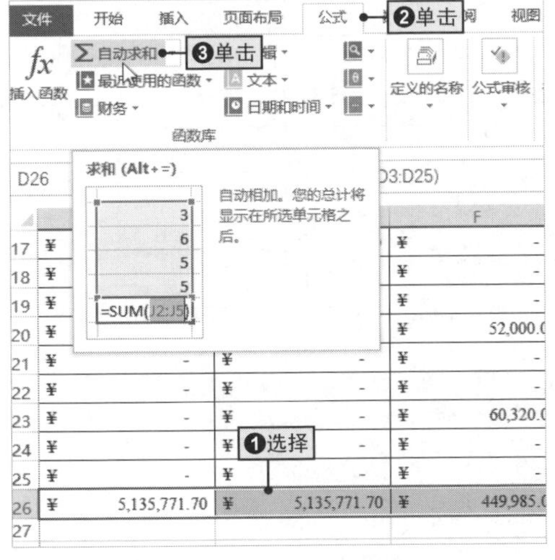

2 执行“重复值”命令

❶选择期初余额的借贷合计数据单元格，❷单击“开始”选项卡，❸在“条件格式”下拉菜单中选择“突出显示单元格规则/重复值”命令。

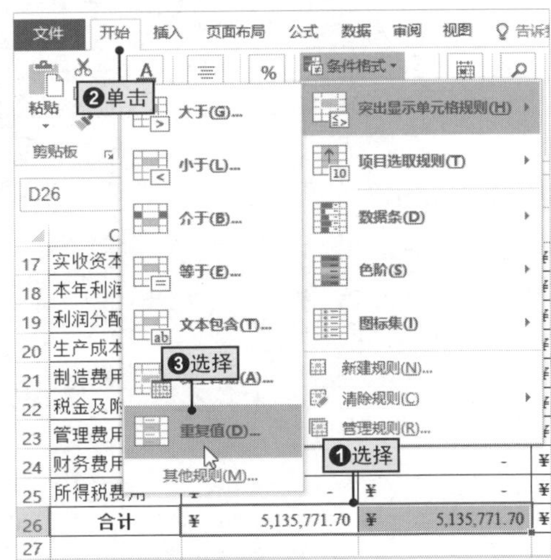

3 确认设置的突出显示规则

❶在打开的“重复值”对话框中默认选中重复值的设置格式为“浅红填充色深红色文本”，并且可以预览效果，❷单击“确定”按钮确认设置。

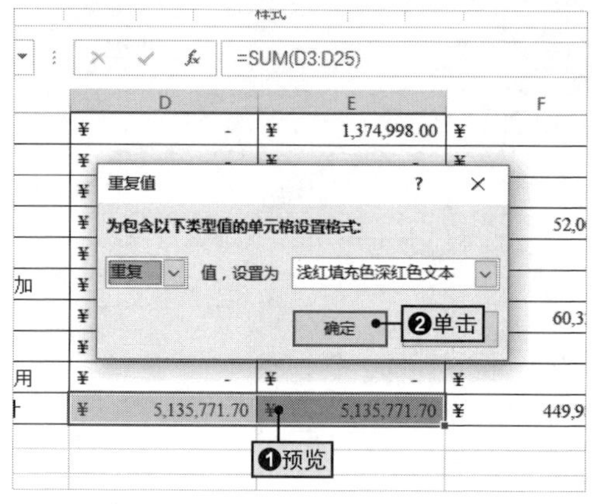

4 为其他数据设置重复值突出显示规则

用相同的方法分别为本期发生额的借贷合计金额和期末余额的借贷合计金额设置不同的重复值突出显示规则，完成数据借贷相等的判断设置。

112,000.00	¥ 112,000.00	¥ -	¥ 1
9,865.00	¥ 9,865.00	¥ -	¥
-	¥ -	¥ -	¥ 1,3
-	¥ -	¥ -	¥
-	¥ -	¥ -	¥
52,000.00	¥ -	¥ 341,951.40	¥
-	¥ -	¥ -	¥
-	¥ -	¥ -	¥
60,320.00	¥ -	¥ 60,320.00	¥
-	¥ -	¥ -	¥
-	¥ -	¥ -	¥
449,985.00	¥ 449,985.00	¥ 5,076,771.70	¥ 5,(

设置

科目汇总表　试算平衡表

通过如上几个阶段即可完成本案例的试算平衡表的编制，其最终效果展示如图5-19所示。

试算平衡表

序号	科目编号	会计科目	期初借方余额	期初贷方余额	本期借方发生额	本期贷方发生额	期末借方余额	期末贷方余额
1	1001	库存现金	¥ 96,548.20	¥ -	¥ 113,000.00	¥ 112,920.00	¥ 96,628.20	¥ -
2	1002	银行存款	¥ 586,472.10	¥ -	¥ -	¥ 208,700.00	¥ 377,772.10	¥ -
3	1122	应收账款	¥ 457,832.60	¥ -	¥ -	¥ -	¥ 457,832.60	¥ -
4	1123	预付账款	¥ -	¥ -	¥ -	¥ -	¥ -	¥ -
5	1231	其他应收款	¥ 2,546,875.30	¥ -	¥ 600.00	¥ -	¥ 2,547,475.30	¥ -
6	1403	原材料	¥ 986,754.00	¥ -	¥ 36,700.00	¥ -	¥ 1,023,454.00	¥ -
7	1801	长期待摊费用	¥ 45,861.30	¥ -	¥ -	¥ -	¥ 45,861.30	¥ -
8	1601	固定资产	¥ 125,476.80	¥ -	¥ -	¥ -	¥ 125,476.80	¥ -
9	1602	累计折旧	¥ -	¥ 78,542.60	¥ -	¥ -	¥ -	¥ 78,542.60
10	2001	短期借款	¥ -	¥ 2,458,769.00	¥ 50,000.00	¥ -	¥ -	¥ 2,408,769.00
11	2202	应付账款	¥ -	¥ 265,874.10	¥ 15,500.00	¥ 6,500.00	¥ -	¥ 256,874.10
12	2241	其他应付款	¥ -	¥ 785,421.90	¥ -	¥ -	¥ -	¥ 785,421.90
13	2211	应付职工薪酬	¥ -	¥ 154,624.00	¥ 112,000.00	¥ 112,000.00	¥ -	¥ 154,624.00
14	2221	应交税费	¥ -	¥ 17,542.10	¥ 9,865.00	¥ 9,865.00	¥ -	¥ 17,542.10
15	4001	实收资本	¥ -	¥ 1,374,998.00	¥ -	¥ -	¥ -	¥ 1,374,998.00
16	4103	本年利润	¥ -	¥ -	¥ -	¥ -	¥ -	¥ -
17	4104	利润分配	¥ -	¥ -	¥ -	¥ -	¥ -	¥ -
18	5000	生产成本	¥ 289,951.40	¥ -	¥ 52,000.00	¥ -	¥ 341,951.40	¥ -
19	5101	制造费用	¥ -	¥ -	¥ -	¥ -	¥ -	¥ -
20	6405	税金及附加	¥ -	¥ -	¥ -	¥ -	¥ -	¥ -
21	6602	管理费用	¥ -	¥ -	¥ 60,320.00	¥ -	¥ 60,320.00	¥ -
22	6603	财务费用	¥ -	¥ -	¥ -	¥ -	¥ -	¥ -
23	6801	所得税费用	¥ -	¥ -	¥ -	¥ -	¥ -	¥ -
		合计	¥ 5,135,771.70	¥ 5,135,771.70	¥ 449,985.00	¥ 449,985.00	¥ 5,076,771.70	¥ 5,076,771.70

图5-19

知识点讲解

ABS()函数使用说明

ABS()函数用于返回一个数值的绝对值，其语法结构为：ABS(number)。从语法结构中可以看出，ABS()函数只包含一个number参数，该参数主要用于指定需要返回其绝对值的实数，它可以是具体的数据，也可以是单元格引用，或者是计算结果为数据的表达式。

5.3 登记总分类账簿

总分类账簿又称为总分类账，它是根据总分类科目开设的账户，用来登记该账户的全部经济业务。总分类账的格式一般采用“借方”“贷方”“余额”三栏式。各会计科目的总分类账的登记方法相同，下面以登记“应付账款”科目的总分类账为例，讲解相关的操作方法。

>> 素材文件：素材\第5章\总分类账.xlsx

>> 效果文件：效果\第5章\总分类账.xlsx

应付账款总分类账的登记分为两个阶段，一是根据会计分录准备总分类账所需的数据，二是根据试算平衡表引用科目的期初余额，然后根据本期发生额计算科目的余额。

在提取当月会计科目为“应付账款”的所有经济业务时，会计人员可以直接从编制好的会计分录中通过数据筛选功能分别将借方科目为“应付账款”和贷方科目为“应付账款”的所有会计分录筛选出来，再将筛选结果填列到总分类账中即可。

需要注意的是，由于筛选方法是根据借贷科目分别筛选，如果最终的筛选结果的日期不是按照经济业务发生的先后顺序排列，此时还需要在总分类账中通过排序功能将整理的数据按照日期的先后顺序重新排列。如果筛选结果的顺序刚好是按照日期的先后顺序排列，则可以不用对整理结果进行排序。

在根据试算平衡表的期初余额数据计算期末余额时，其计算公式同样需要区分科目的类别。

在本例中，应付账款科目属于负债类，其期末余额计算公式为“期初贷方余额+本期贷方发生额-本期借方发生额”，在总分类账中，期初余额在贷方。

- 如果依据该公式计算的结果大于0，则借贷标识栏显示“贷”。
- 如果依据该公式计算的结果小于0，余额填列为绝对值结果，并且借贷方向变为借方。
- 如果依据该公式计算的结果等于0，则借贷标识栏显示“平”。

反之亦然。

此外，在本例提供的“总分类账”表结构中，要求在表格前面填写科目编号及对应的会计科目名称。为了快速方便地填写，本例在登记账簿之前，还需要完善该表格，可以利用辅助列先将编号和科目名称连接在一起，再将其作为序列数据源，通过数据验证功能提供下拉列表框来选择输入该数据。

下面具体介绍应付账款科目的总分类账的登记过程。

1 完善总分类账表格结构

1 连接科目编号与会计科目名称

❶打开素材文件，在试算平衡表的K列输入表头后选择K3:K25单元格区域，在编辑栏中输入“=B3&" "&C3”公式，❷按【Ctrl+Enter】组合键完成数据的计算。

2 打开“数据验证”对话框

❶切换到总分类账表格，在其中选择合并的D3单元格，❷单击“数据”选项卡，❸在“数据工具”组中单击“数据验证”按钮打开“数据验证”对话框。

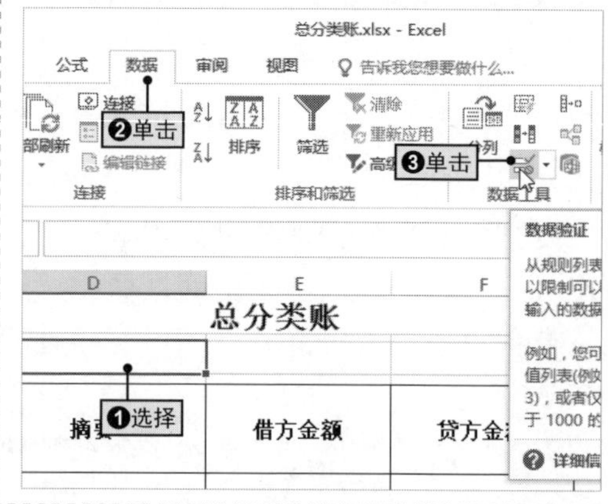

3 设置序列来源

❶在该对话框的“允许”下拉列表框中选择“序列”选项，❷将文本插入点定位到“来源”参数框中，选择试算平衡表中的K3:K25单元格区域完成数据来源的设置，最后单击“确定”按钮关闭对话框，完成数据验证的设置。

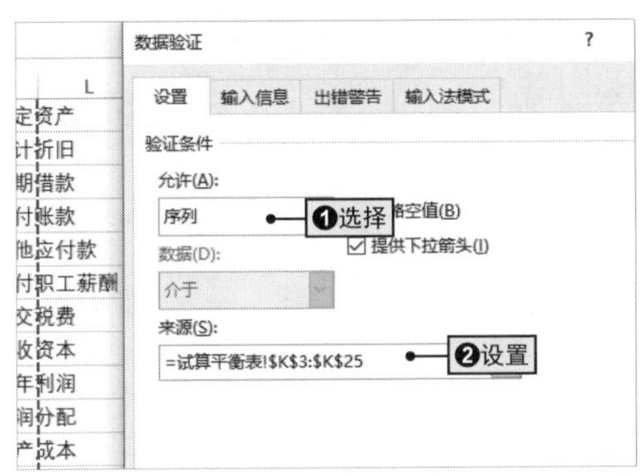

4 填列数据

❶在返回的总分类账表格中即可查看到D3单元格右侧出现了下拉按钮，单击该下拉按钮，❷在弹出的下拉列表中即可查看到各会计科目及其对应的会计科目名称，这里选择“2202 应付账款”选项输入该数据。

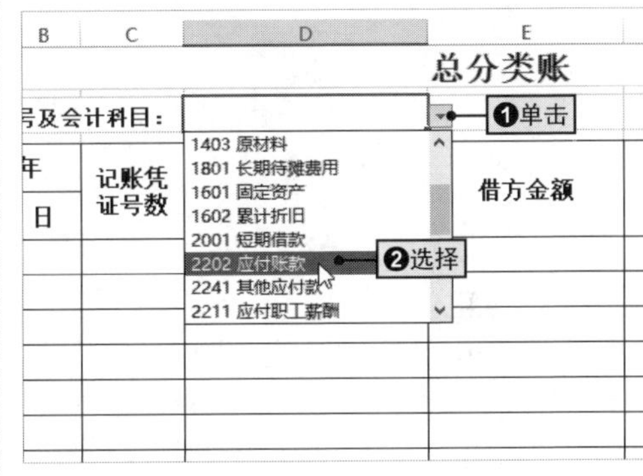

2 根据会计分录准备总分类账所需的数据

1 设置数据筛选条件

❶在会计分录表中选择A4:H20单元格区域，进入筛选状态，单击借方账户名称下方的单元格右侧的下拉按钮，❷仅选中“应付账款”复选框。

2 复制借方应付账款科目的筛选结果

单击“确定”按钮即可筛选出借方科目为“应付账款”的会计分录，选择该会计科目中会计分录的月、日、记账凭账号数和摘要单元格区域，按【Ctrl+C】组合键完成复制操作。

3 粘贴数据并引用数据

❶切换到总分类账表格中，将复制的内容粘贴到A8:D8单元格区域，❷选择E8单元格，在编辑栏中输入“=会计分录!F5”公式，❸按【Ctrl+Enter】组合键完成数据的计算。

4 筛选数据并复制数据

❶返回会计分录表，清除筛选结果，重新按贷方的应付账款科目筛选数据，❷选择A8:D8单元格区域，按【Ctrl+C】组合键复制选择的单元格区域。

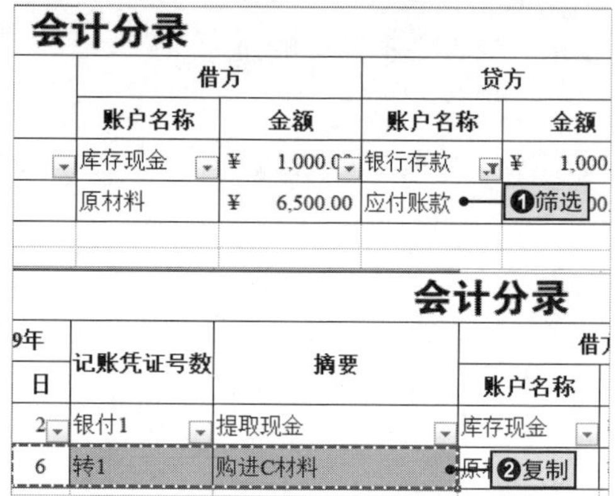

5 粘贴数据到总分类账工作表中

切换到总分类账工作表，在其中选择A9单元格，直接按【Ctrl+V】组合键即可将复制的贷方应付账款会计分录数据粘贴到A9:D9单元格区域中。

	A	B	C	D	E
1					总分类
3	科目编号及会计科目：			2202 应付账款	
5	2019年		记账凭证号数	摘要	借方
6	月	日			
7					
8		3	银付2	归还××公司货款	¥
9		6	转1	购进C材料	
10					(Ctrl)
11					
12					
13					
14					

粘贴

6 完成数据的引用

❶选择F9单元格，在编辑栏中输入“=会计分录!H8”公式，❷按【Ctrl+Enter】组合键即可将会计分录中应付账款的贷方金额引用到该位置。

TIP 借贷金额最好使用公式引用方式获取

在本例中，对于账户的借方金额和贷方金额最好通过公式的方式引用获取，这样可以避免因为手动输入错误数据后，导致后面的余额数据计算错误。如果因为手动输入错误数据而导致的本期余额错误，此时再来重新查找错误产生的原因，将是一项非常烦琐的工作。

3 根据试算平衡表计算余额数据并检验余额结果的正确性

1 录入月份和承前页文本

❶在总分类账工作表的A7单元格中输入“7”，❷在D7单元格中输入“承前页”文本，完成月份和承前页文本的录入。

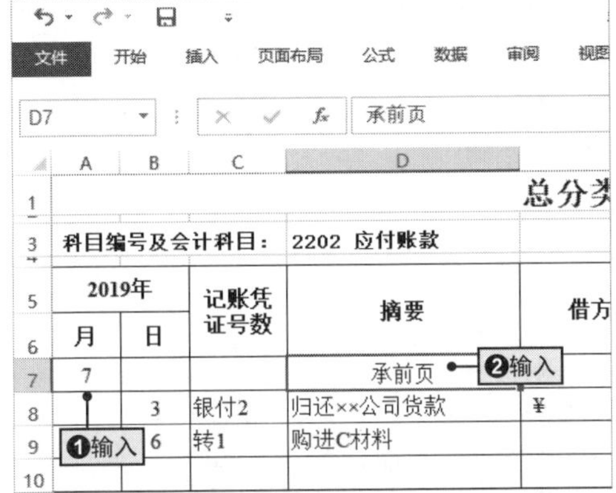

2 引用科目的期初贷方余额数据

❶选择H7单元格，在编辑栏中输入“=试算平衡表!E13”公式，❷按【Ctrl+Enter】组合键计算数据，❸在G7单元格中输入“贷”文本。

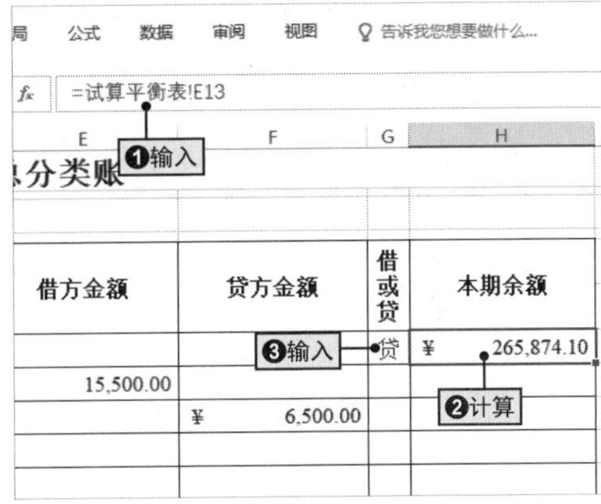

3 计算各本期余额数据

❶选择H8:H9单元格区域，在编辑栏中输入“=ABS(H7+F8-E8)”公式，❷按【Ctrl+Enter】组合键计算每笔业务发生后的本期余额。

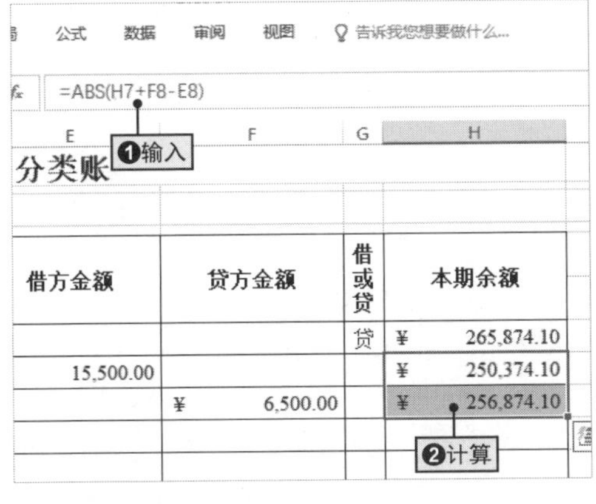

4 判断各本期余额的借贷方向

❶选择G8:G9单元格区域，在编辑栏中输入“=IF(H7+F8-E8>0,"贷",IF(H7+ F8-E8<0,"借","平"))”公式，❷按【Ctrl+Enter】组合键计算每笔业务发生后的本期余额的借贷方向。

5 检验本期余额的正确性

❶选择任意空白单元格，在编辑栏中输入“=H9=试算平衡表!I13”公式，❷按【Ctrl+Enter】组合键，程序自动将当前总分类账中的本期余额与试算平衡表中相同会计科目的本期余额数据进行比较，并返回TRUE值，表示二者相等，从而判断当前的计算是正确的。稍后删除该单元格的公式即可。

F	G	H	I	J
贷方金额	借或贷	本期余额		
	贷	¥ 265,874.10		
	贷	¥ 250,374.10		
6,500.00	贷	¥ 256,874.10		TRUE

通过如上几个阶段即可完成本案例应付账款会计科目的总分类账的登记，其最终效果展示如图5-20所示。

总分类账

科目编号及会计科目： 2202 应付账款

2019年		记账凭证号数	摘要	借方金额	贷方金额	借或贷	本期余额
月	日						
7			承前页			贷	¥ 265,874.10
	3	银付2	归还××公司货款	¥ 15,500.00		贷	¥ 250,374.10
	6	转1	购进C材料		¥ 6,500.00	贷	¥ 256,874.10

图5-20

第6章 06

财务报表的编制

本章导读

财务报表是反映企业某一特定日期财务状况和某一会计期间经营成果、现金流量的总结性书面文件。用好财务报表，不仅可以分析企业当前的运营情况，还能为企业制订未来发展计划提供数据基础。本章将介绍如何在Excel中编制财务报表。

本章要点

编制资产负债表
编制利润表
编制现金流量表

6.1 编制资产负债表

资产负债表亦称财务状况表，其主要作用是反映企业在某一特定日期内（如月末、季末、年末）资产、负债和所有者权益状况。

资产负债表将企业在一定时期内的全部资产、负债及所有者权益等项目中的会计科目下发生的经济业务进行分类汇总。如图6-1所示为常见的资产负债表结构。

资产负债表

编制单位：　　　　年　月　日　　　　单位：元

资产	期初余额	期末余额	负债和所有者权益	期初余额	期末余额
流动资产：			流动负债：		
货币资金			短期借款		
交易性金融资产			交易性金融负债		
衍生金融资产			衍生金融负债		
应收票据			应付票据		
应收账款			应付账款		
预付账款			预收账款		
其他应收款			合同负债		
存货			应付职工薪酬		
合同资产			应交税费		
持有待售资产			其他应付款		
一年内到期的非流动资产			持有待售负债		
其他流动资产			一年内到期的非流动负债		
流动资产合计			其他流动负债		
非流动资产：			**流动负债合计**		
债权投资			非流动负债：		
其他债权投资			长期借款		
长期应收款			应付债券		
长期股权投资			其中：优先股		
其他权益工具投资			永续债		
其他非流动金融资产			租赁负债		
投资性房地产			长期应付款		
固定资产			预计负债		
在建工程			递延收益		
生产性生物资产			递延所得税负债		
油气资产			其他非流动负债		
使用权资产			**非流动负债合计**		
无形资产			**负债合计**		
开发支出			所有者权益：		
商誉			实收资本		
长期待摊费用			其他权益工具		
递延所得税资产			其中：优先股		
其他非流动资产			永续债		
非流动资产合计			资本公积		
			减：库存股		
			其他综合收益		
			专项储备		
			盈余公积		
			未分配利润		
			所有者权益合计		
资产总计			**负债和所有者权益总计**		

图6-1

某公司对10月的各项经济业务进行登记，并制作了对应的试算平衡表，如图6-2所示（这里仅展示本例中使用的会计科目的期初借贷方余额和期末借贷方余额）。

10月试算平衡表

序号	科目编号	账户名称	期初借方余额	期初贷方余额	期末借方余额	期末贷方余额
1	1001	库存现金	¥ 3,000.00		¥ 6,000.00	
2	1002	银行存款	¥ 256,910.47		¥ 277,455.47	
3	1015	其他货币资金	¥ 112,211.40		¥ 112,211.40	
4	1121	应收票据	¥ 120,000.00		¥ 136,950.00	
5	1122	应收账款	¥ 830,002.00		¥ 830,002.00	
6	1123	预付账款			¥ 10,000.00	
7	1231	其他应收款	¥ 35,000.00		¥ 35,000.00	
8	1241	坏账准备		¥ 30,000.00		¥ 30,000.00
9	1403	原材料	¥ 850,043.00		¥ 868,343.00	
10	1402	在途物资				
11	1431	周转材料	¥ 76,521.40		¥ 76,521.40	
12	1406	库存商品	¥ 506,000.00		¥ 582,500.00	
13	1524	长期股权投资	¥ 340,000.00		¥ 340,000.00	
14	1601	固定资产	¥ 1,853,000.00		¥ 2,003,500.00	
15	1602	累计折旧		¥ 243,000.00		¥ 300,000.00
16	1604	在建工程	¥ 523,000.00		¥ 523,000.00	
17	1605	工程物资	¥ 330,000.00		¥ 330,000.00	
18	2001	短期借款		¥ 320,000.00		¥ 470,000.00
19	2202	应付账款		¥ 653,200.45		¥ 690,490.45
20	2205	预收账款				¥ 50,000.00
21	2201	应付票据		¥ 50,000.00		¥ 50,000.00
22	2211	应付职工薪酬		¥ 480,000.00		¥ 480,500.00
23	2221	应交税费		¥ 203,045.00		¥ 199,795.00
24	2232	应付利息		¥ 32,000.00		¥ 32,000.00
25	2241	其他应付款		¥ 13,200.00		¥ 15,700.00
26	2801	长期应付款		¥ 403,500.00		¥ 403,500.00
27	4001	实收资本		¥ 1,800,000.00		¥ 1,800,000.00
28	4002	资本公积		¥ 530,012.00		¥ 530,012.00
29	4101	盈余公积		¥ 203,000.00		¥ 203,175.50
30	4103	本年利润		¥ 66,730.82		¥ 66,730.82
31	4104	利润分配		¥ 408,000.00		¥ 409,579.50
32	2231	应付股利		¥ 400,000.00		¥ 400,000.00
33	500	生产成本				
34	5101	制造费用				
35	6001	主营业务收入				
36	6051	其他业务收入				
37	6301	营业外收入				
38	6401	主营业务成本				
39	6402	其他业务成本				
40	6602	管理费用				
41	6601	销售费用				
42	6603	财务费用				
43	6711	营业外支出				
44	6801	所得税费用				
		合计	¥ 5,835,688.27	¥ 5,835,688.27	¥ 6,131,483.27	¥ 6,131,483.27

图6-2

下面要根据试算平衡表中的数据来编制资产负债表。

从资产负债表结构和制作的试算平衡表可以发现：在资产负债表中，不是所有的项目都与会计科目的名称相同，例如“货币资金”。

对于资产负债表中的大部分项目的期初余额和期末余额都可以在试算平衡表中使用SUMIF()函数查找到相应的科目，然后将其对应的期初余额或者期末余额引用到资产负债表中即可。

需要注意的是，由于在资产负债表中为了体现项目之间的层级关系，会在某些项目前面通过添加空格来控制其层级，在查找科目之前，首先需要使用TRIM()函数将空格去除，否则查找不到相应的会计科目。

为了让编写的公式含义更加明确，本例将通过在试算平衡表中对账户名称、期初借方余额、期初贷方余额、期末借方余额和期末贷方余额对应的单元格区域设置名称。

在资产负债表中，只有少部分项目需要通过公式单独计算来填列，在本例中，需要通过公式计算填列的资产负债项目有货币资金、应收账款、存货、固定资产、在建工程、其他应付款和未分配利润，各项目的具体计算公式如下：

①货币资金=库存现金+银行存款+其他货币资金

②应收账款=应收账款-坏账准备

③存货=在途物资+原材料+库存商品+周转材料

④固定资产=固定资产-累计折旧

⑤在建工程=在建工程+工程物资

⑥其他应付款=应付利息+应付股利+其他应付款

⑦未分配利润=本年利润+利润分配

最后，将所有项目的数据填写完后，就要利用公式或者函数计算资产的期初与期末总计，负债及所有者权益的期初与期末总计。

此外，在资产负债表中，由于资产属于资金的占用，负债和所有者权益是资金的来源，因此根据资金的借贷平衡原理，资金占用和资金来源的总计结果有两个相等原则，即：

- 资产的期初余额总计与负债及所有者权益的期初余额总计必须相等。
- 资产的期末余额总计与负债及所有者权益的期末余额总计必须相等。

为了直观地判断两个总计结果是否相等，在本例中，将为两个期初余额总计和两个期末余额总计单元格分别添加突出显示重复值的条件格式规则，通过识别是否有相同填充色来判断对应的两个总计结果是否相等。

在本例，将两个期初余额总计相等的突出显示条件格式设置为“浅红色填充深红色文本”，将两个期末余额总计相等的突出显示条件格式设置为“黄填充色深黄色文本”。

下面具体讲解根据试算平衡表编制资产负债表的方法。

>> 素材文件：素材\第6章\资产负债表.xlsx

>> 效果文件：效果\第6章\资产负债表.xlsx

1 在试算平衡表中定义单元格名称

1 单击“根据所选内容创建”按钮

❶打开素材文件，切换到试算平衡表，选择C2:E46和H2:I46单元格区域，❷单击“公式”选项卡，❸在“定义的名称”组中单击“根据所选内容创建”按钮。

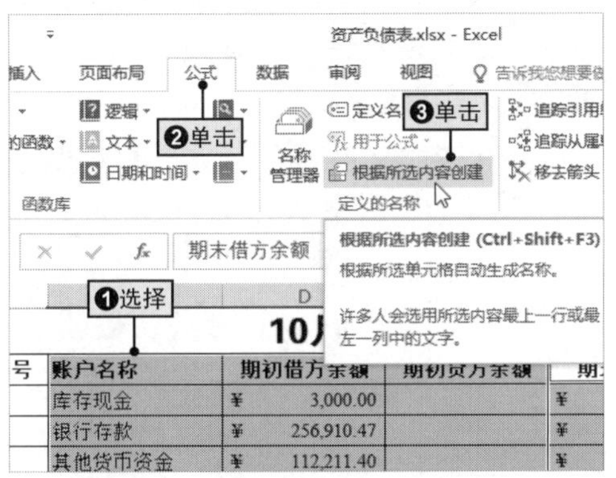

2 根据首行创建名称

❶在打开的“以选定区域创建名称”对话框中取消选中“最左列”复选框，❷单击“确定”按钮确认以选择的单元格区域的首行为名称定义单元格名称。

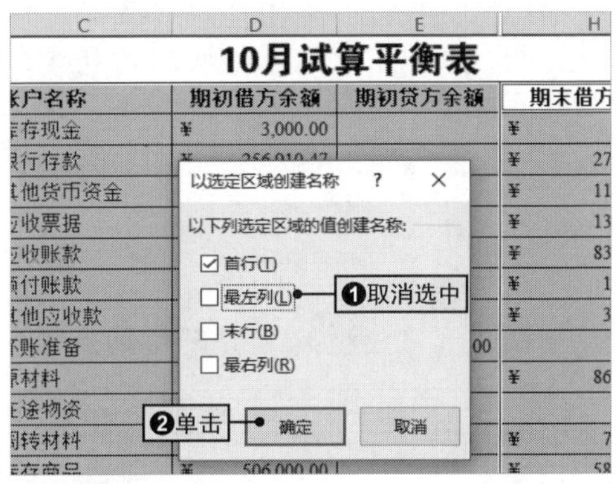

3 打开“名称管理器”对话框

在返回的工作表中单击“定义的名称”组中的“名称管理器”按钮打开“名称管理器”对话框。

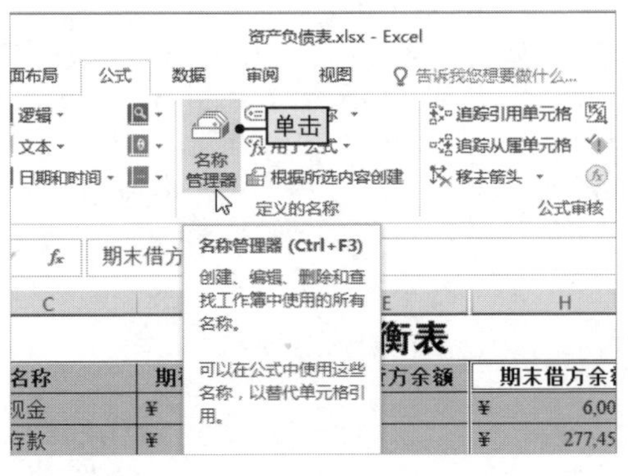

4 查看创建的名称

❶在该对话框的列表框中即可查看到创建的单元格名称，选择名称，❷在下方即可查看到对应的引用位置。最后关闭该对话框即可。

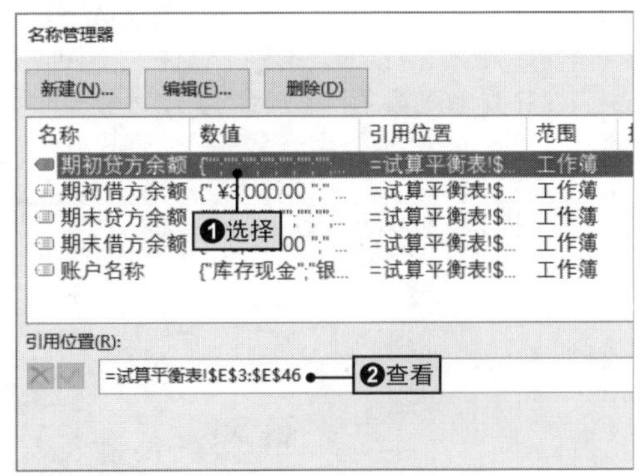

TIP 步骤1选择单元格的注意事项

在本例的试算平衡表中，由于将本期借贷方的发生额数据列隐藏了，因此在步骤1中，只能分别选择C2:E46和H2:I46单元格区域，如果直接拖动鼠标选择当前显示的账户名称、期初和期末的借贷方余额列，会将隐藏的本期借贷方的发生额数据列同步选择。

2 对资产负债表进行填列

1 填列货币资金的期初余额

❶在资产负债表中选择B5单元格，在编辑栏中输入“=试算平衡表!D3+试算平衡表!D4+试算平衡表!D5”公式，❷按【Ctrl+Enter】组合键将试算平衡表中的库存现金、银行存款和其他货币资金科目的期初余额数据求和，进行货币资金期初余额的填列。

2 填列货币资金的期末余额

❶在资产负债表中选择C5单元格，在编辑栏中输入“=试算平衡表!H3+试算平衡表!H4+试算平衡表!H5”公式，❷按【Ctrl+Enter】组合键将试算平衡表中的库存现金、银行存款和其他货币资金科目的期末借方余额数据求和，进行货币资金期末余额的填列。

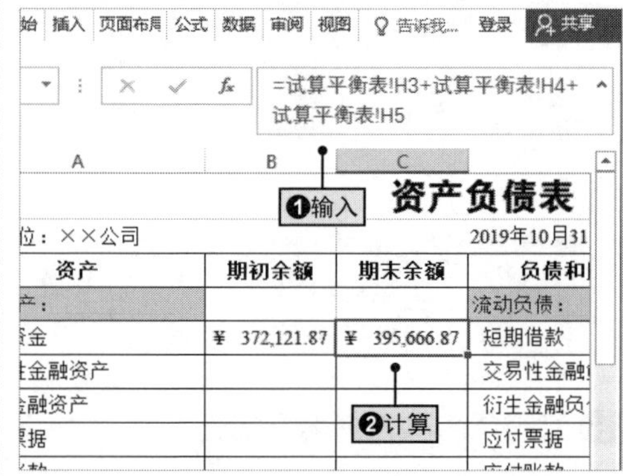

3 编写公式填列期初余额数据

❶选择B6:B8单元格区域，在编辑栏中输入“=IF(SUMIF(账户名称,TRIM(A6),期初借方余额)=0,"",SUMIF(账户名称,TRIM(A6),期初借方余额))”公式，❷按【Ctrl+Enter】组合键在试算平衡表中的查找相同会计科目的期初借方余额数据，进行对应资产项目的填列。

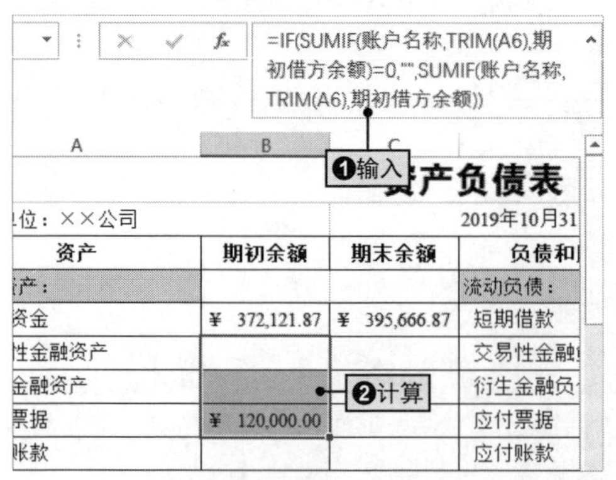

4 编写公式填列期末余额数据

❶选择C6:C8单元格区域，在编辑栏中输入“=IF(SUMIF(账户名称,TRIM(A6),期末借方余额)=0,"",SUMIF(账户名称,TRIM(A6),期末借方余额))”公式，❷按【Ctrl+Enter】组合键在试算平衡表中的查找相同会计科目的期末借方余额数据，进行对应资产项目的填列。

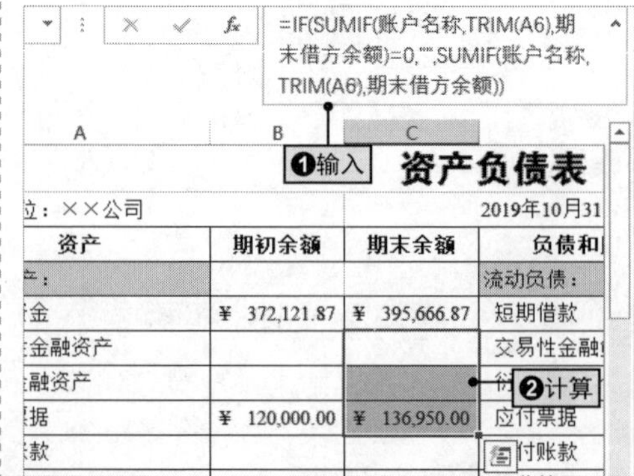

5 填列应收账款和存货项目

根据“应收账款=应收账款-坏账准备”和“存货=在途物资+原材料+库存商品+周转材料”计算公式，从试算平衡表中引用相应科目对资产负债表中的应收账款项目和存款项目的期初余额和期末余额进行填列。

资产	期初余额	期末余额	负债
流动资产：			流动负债
货币资金	¥ 372,121.87	¥ 395,666.87	短期借款
交易性金融资产			交易性金
衍生金融资产			衍生金融
应收票据	¥ 120,000.00	¥ 136,950.00	应付票据
应收账款	¥ 800,002.00	¥ 800,002.00	应付账款
预付账款			预收账款
其他应收款			合同负债
存货	¥1,432,564.40	¥1,527,364.40	应付职工
合同资产			应交税费
持有待售资产			其他应付

试算平衡表　资产负债表

填列

6 复制公式填列剩余资产的期初余额

❶复制B8单元格，❷选择B10:B11和B13:B16单元格区域，按【Ctrl+V】组合键将复制的公式粘贴到选择的单元格区域中，程序自动在试算平衡表中查询相同科目对应的期初借方余额进行填列。用相同方法填列项目的期末借方余额。

	资产	期初余额	期末余额	
4	流动资产：			流动负
5	货币资金	¥ 372,121.87	¥ 395,666.87	短期
6	交易性金融资产			交易
7	衍生金融资产			衍生
8	应收票据	¥ 120,000.00	¥ 136,950.00	应付
9	应收账款	¥ 800,002.00	¥ 800,002.00	应付
10	预付账款			预收
11	其他应收款	¥ 35,000.00		合同
12	存货	¥1,432,564.40	¥1,527,364.40	应付
13	合同资产			应交
14	持有待售资产			其他
15	一年内到期的非流动资产			持有
16	其他流动资产			一年

❶复制　❷粘贴

7 计算流动资产期初与期末的合计

❶选择B17:C17单元格区域，在编辑栏中输入“=SUM(B4:B16)”公式，❷按【Ctrl+Enter】组合键分别计算流动资产的期初余额和期末余额的合计。

=SUM(B4:B16)

A	B	C	
货币资金	¥ 372	395,666.87	短期借款
交易性金融资产			交易性金
衍生金融资产			衍生金融
应收票据	¥ 120,000.00	¥ 136,950.00	应付票据
应收账款	¥ 800,002.00	¥ 800,002.00	应付账款
预付账款		¥ 10,000.00	预收账款
其他应收款	¥ 35,000.00	¥ 35,000.00	合同负债
存货	¥1,432,564.40	¥1,527,364.40	应付职工
合同资产			应交税费
持有待售资产			其他应付
一年内到期的非流动资产			持有待售
其他流动资产			一年内到
流动资产合计	¥2,759,688.27	¥2,904,983.27	其他流动
非流动资产：			流动负
债权投资			非流动负

试算平衡表　资产负债表

❶输入　❷计算

8 完成非流动资产的填列

❶重复步骤5和步骤6，完成非流动资产项目的填列，❷利用SUM()函数分别计算非流动资产项目的期初余额和期末余额的合计。

=SUM(B19:B36)

A	B	C	
长期股权投资	¥ 340,000.00	¥ 340,000.00	其中：优
其他权益工具投资			永续
其他非流动金融资产			租赁负债
投资性房地产			长期应付
固定资产	¥1,610,000.00	¥1,703,500.00	预计负债
在建工程	¥ 853,000.00	¥ 853,000.00	递延收益
生产性生物资产			递延所得
油气资产			其他非流
使用权资产			非流动负
无形资产			负债合
开发支出			所有者权益
商誉			实收资本
长期待摊费用			其他权益
递延所得税资产			其中：优
其他非流动资产			永续
非流动资产合计	¥2,803,000.00	¥2,896,500.00	资本公积

❶填列　❷计算

9 计算资产的期初/末余额总计

❶选择B44:C44单元格区域，在编辑栏中输入“=B17+B37”公式，❷按【Ctrl+Enter】组合键分别计算资产的期初余额总计和期末余额总计。

=B17+B37

A	B	C	
长期待摊费用			其他权益
递延所得税资产			其中：(
其他非流动资产			永续
非流动资产合计	¥2,803,000.00	¥2,896,500.00	资本公积
			减：库存
			其他综合
			专项储备
			盈余公积
			未分配利
			所有者
资产总计	¥5,562,688.27	¥5,801,483.27	负债和

❶输入 ❷计算

10 引用数据填列流动负债期初余额

选择E5:E13单元格区域，使用“=IF(SUMIF(账户名称,TRIM(D5),期初贷方余额)=0,"",SUMIF(账户名称,TRIM(D5),期初贷方余额))”公式填列流动负债的对应期初余额。

负债和所有者权益	期初余额	期末余额
流动负债：		
短期借款	¥ 320,000.00	
交易性金融负债		
衍生金融负债		
应付票据	¥ 50,000.00	
应付账款	¥ 653,200.45	
预收账款		
合同负债		
应付职工薪酬	¥ 480,000.00	
应交税费	¥ 203,045.00	
其他应付款		

填列

11 引用数据填列流动负债期末余额

选择F5:F13单元格区域，使用“=IF(SUMIF(账户名称,TRIM(D5),期末贷方余额)=0,"",SUMIF(账户名称,TRIM(D5),期末贷方余额))”公式填列流动负债的对应期末余额。

负债和所有者权益	期初余额	期末余额
流动负债：		
短期借款	¥ 320,000.00	¥ 470,000.00
交易性金融负债		
衍生金融负债		
应付票据	¥ 50,000.00	¥ 50,000.00
应付账款	¥ 653,200.45	¥ 690,490.45
预收账款		¥ 50,000.00
合同负债		
应付职工薪酬	¥ 480,000.00	¥ 480,500.00
应交税费	¥ 203,045.00	¥ 199,795.00

填列

12 填列其他应付款期初/期末余额数据

根据“其他应付款=应付利息+应付股利+其他应付款”公式，引用试算平衡表中相应科目的期初/期末贷方数据完成其他应付款项目的填列。

5	短期借款	¥ 320,000.00	¥ 470,000.00
6	交易性金融负债		
7	衍生金融负债		
8	应付票据	¥ 50,000.00	¥ 50,000.00
9	应付账款	¥ 653,200.45	¥ 690,490.45
10	预收账款		¥ 50,000.00
11	合同负债		
12	应付职工薪酬	¥ 480,000.00	¥ 480,500.00
13	应交税费	¥ 203,045.00	¥ 199,795.00
14	其他应付款	¥ 445,200.00	¥ 447,700.00
15	持有待售负债		
16	一年内到期的非流动负债		

试算平衡表 资产负债表

填列

13 完成负债和所有者权益的填列

用相同的方法完成流动负债、非流动负债、所有者权益项目的填列，并分别计算流动负债合计、非流动负债合计、所有者权益合计，以及负债和所有者权益总计。至此完成整个资产负债表中所有项目的填列。

其中：优先股		
永续债		
资本公积	¥ 530,012.00	¥ 530,012.00
减：库存股		
其他综合收益		
专项储备		
盈余公积	¥ 203,000.00	¥ 203,175.50
未分配利润	¥ 474,730.82	¥ 476,310.32
所有者权益合计	¥3,007,742.82	¥3,009,497.82
负债和所有者权益总计	¥5,562,688.27	¥5,801,483.27

填列

3 自动判断资产和负债及所有者权益的借贷是否相等

1 执行“重复值”命令

❶选择B44和E44单元格，❷单击“开始”选项卡“样式”组中的“条件格式”下拉按钮，❸选择“突出显示单元格规则/重复值”命令。

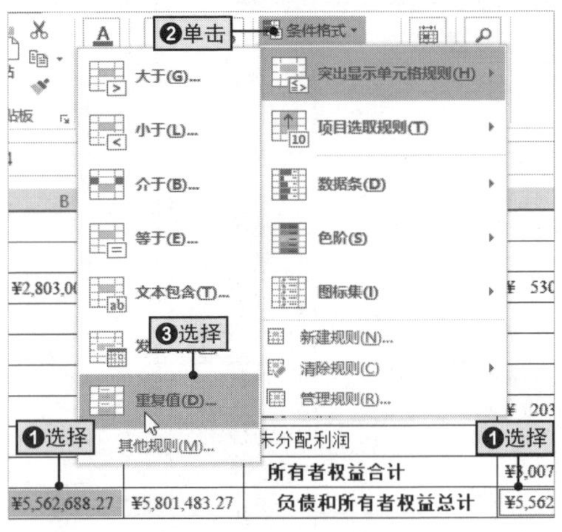

2 确认设置的重复值突出显示规则

在打开的“重复值”对话框中默认选择重复值的突出显示效果为“浅红填充色深红色文本”，直接单击“确定”按钮确认设置。

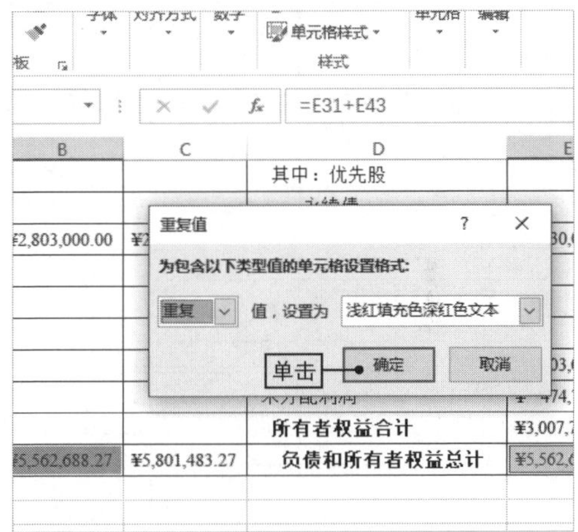

3 设置突出显示格式

❶选择C44和F44单元格，打开“重复值”对话框，❷单击“设置为”下拉列表框右侧的下拉按钮，❸选择“黄填充色深黄色文本”选项。

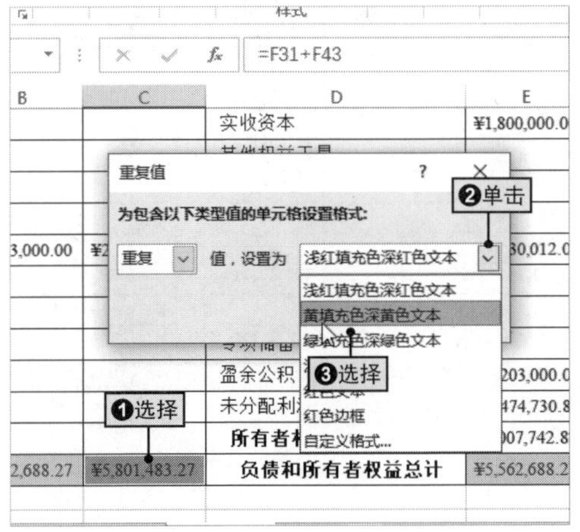

4 确认设置完成整个操作

单击“确定”按钮确认设置的规则，在返回的工作表中可查看设置的效果（只有数据相等时，才会显示填充效果，表示借贷相等，否则表示借贷不等）。

样式

=F31+F43

C	D	E	F
	实收资本	¥1,800,000.00	¥1,800,000
	其他权益工具		
	其中：优先股		
	永续债		
396,500.00	资本公积	¥ 530,012.00	¥ 530,012
	减：库存股		
	其他综合收益		
	专项储备		
	盈余公积	¥ 203,000.00	¥ 203,175
	未分配利润	¥ 474,730.82	¥ 476,310
	所有者权益合计	¥3,007,742.82	¥3,009,497
801,483.27	负债和所有者权益总计	¥5,562,688.27	¥5,801,483

查看

通过如上3个阶段即可完成本案例的资产负债表的编制，其最终效果展示如图6-3所示。

资产负债表

编制单位：××公司　　　　2019年10月31日　　　　单位：元

资产	期初余额	期末余额	负债和所有者权益	期初余额	期末余额
流动资产：			流动负债：		
货币资金	¥ 372,121.87	¥ 395,666.87	短期借款	¥ 320,000.00	¥ 470,000.00
交易性金融资产			交易性金融负债		
衍生金融资产			衍生金融负债		
应收票据	¥ 120,000.00	¥ 136,950.00	应付票据	¥ 50,000.00	¥ 50,000.00
应收账款	¥ 800,002.00	¥ 800,002.00	应付账款	¥ 653,200.45	¥ 690,490.45
预付账款		¥ 10,000.00	预收账款		¥ 50,000.00
其他应收款	¥ 35,000.00	¥ 35,000.00	合同负债		
存货	¥1,432,564.40	¥1,527,364.40	应付职工薪酬	¥ 480,000.00	¥ 480,500.00
合同资产			应交税费	¥ 203,045.00	¥ 199,795.00
持有待售资产			其他应付款	¥ 445,200.00	¥ 447,700.00
一年内到期的非流动资产			持有待售负债		
其他流动资产			一年内到期的非流动负债		
流动资产合计	¥2,759,688.27	¥2,904,983.27	其他流动负债		
非流动资产：			**流动负债合计**	¥2,151,445.45	¥2,388,485.45
债权投资			非流动负债：		
其他债权投资			长期借款		
长期应收款			应付债券		
长期股权投资	¥ 340,000.00	¥ 340,000.00	其中：优先股		
其他权益工具投资			永续债		
其他非流动金融资产			租赁负债		
投资性房地产			长期应付款	¥ 403,500.00	¥ 403,500.00
固定资产	¥1,610,000.00	¥1,703,500.00	预计负债		
在建工程	¥ 853,000.00	¥ 853,000.00	递延收益		
生产性生物资产			递延所得税负债		
油气资产			其他非流动负债		
使用权资产			**非流动负债合计**	¥ 403,500.00	¥ 403,500.00
无形资产			**负债合计**	¥ 2,554,945.45	¥ 2,791,985.45
开发支出			所有者权益：		
商誉			实收资本	¥1,800,000.00	¥1,800,000.00
长期待摊费用			其他权益工具		
递延所得税资产			其中：优先股		
其他非流动资产			永续债		
非流动资产合计	¥2,803,000.00	¥2,896,500.00	资本公积	¥ 530,012.00	¥ 530,012.00
			减：库存股		
			其他综合收益		
			专项储备		
			盈余公积	¥ 203,000.00	¥ 203,175.50
			未分配利润	¥ 474,730.82	¥ 476,310.32
			所有者权益合计	¥3,007,742.82	¥3,009,497.82
资产总计	¥5,562,688.27	¥5,801,483.27	**负债和所有者权益总计**	¥5,562,688.27	¥5,801,483.27

图6-3

资产负债表中的各项目都是固定不变的，在本例中，所有的数据都是依据公式计算的，所以当下次再编制资产负债表时，只需要在试算平衡表中将各科目借贷双方的期初余额、本期发生额和期末余额计算出来，在资产负债表中将自动对数据进行填列。

知识点讲解

Excel中名称的使用

Excel中的名称主要用于直观地标识某个单元格、单元格区域或者表达式。下面针对名称中的一些基础知识进行介绍。

（1）为单元格定义名称的几种方法

在本例中使用的定义名称的方法，是根据首行进行批量定义的，对于批量定义名称，在通过“公式”选项卡“定义的名称”组中单击“根据所选内容创建”按钮打开的“以选定区域创建名称”对话框中还可以设置根据选择单元格区域的最左列、末行、最右列来定义名称，只需要选中对应的复选框即可。除此之外，在Excel中还有其他几种定义名称的方法。

- **通过名称框快速定义名称：**选择需要定义名称的单元格或者单元格区域后，在名称框中输入需要定义的名称，按【Enter】键完成名称定义操作，如图6-4所示。
- **通过对话框逐个定义名称：**选择要定义名称的单元格区域，在“公式”选项卡的“定义的名称”组中单击“定义名称”按钮，在打开的“新建名称”对话框的“名称”文本框中输入要定义的名称，在“范围”下拉列表框中选择名称的作用范围，单击“确定”按钮即可，如图6-5所示。

资产负债表.xlsx - Excel

文件 开始 插入 页面布局 公式 数据 审阅 视图

名称框：账户名称　编辑栏：库存现金

10月试算

序号	科目编号	账户名称	期初借方余额	期
1	1001	库存现金	¥ 3,000.00	
2	1002	银行存款	¥ 256,910.47	
3	1015	其他货币资金	¥ 112,211.40	
4	1121	应收票据	¥ 120,000.00	
5	1122	应收账款	¥ 830,002.00	
6	1123	预付账款		
7	1231	其他应收款	¥ 35,000.00	
8	1241	坏账准备		¥
9	1403	原材料	¥ 850,043.00	

图6-4

10月试算平衡表

账户名称	期初借方余额	期初贷方余额	期末借
库存现金	¥ 3,000.00		¥
银行存款	¥ 256,910.47		¥
其他货币资金	¥		
应收票据	¥		
应收账款	¥		
预付账款			
其他应收款	¥		
坏账准备			
原材料	¥		
在途物资			
周转材料	¥		
库存商品	¥		
长期股权投资	¥ 340,000.00		¥
固定资产	¥ 1,853,000.00		¥ 2,

新建名称
名称(N): 账户名称
范围(S): 工作簿
备注(O):
引用位置(R): =试算平衡表!$C$3:$C$46
确定　取消

图6-5

（2）在公式中使用定义的名称

如果要在公式中使用定义的名称，当定义的名称比较少，而且使用者能够记得住，此时可直接在公式中输入名称来替代对应的单元格引用。如果当前工作簿中定义的名称比较多，此时可以通过单击“公式”选项卡，在“定义的名称”组中单击“用于公式”下拉按钮，在弹出的下拉菜单中显示了所有可使用的名称，直接选择需要的名称选项即可，如图6-6所示。

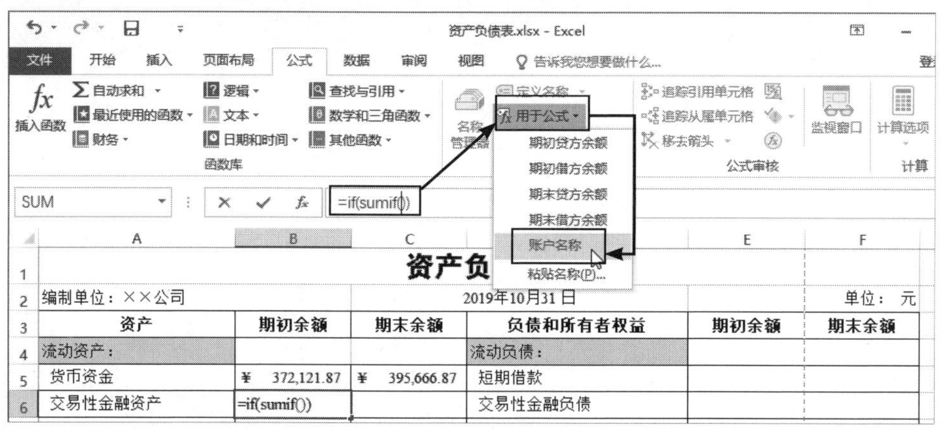

图6-6

SUMIF()函数的使用

SUMIF()函数与SUM()函数在函数名上相比多了一个“IF”关键字，说明SUMIF()函数除了具有SUM()函数的求和功能之外，还可以在计算过程中指定条件，即该函数只对区域中满足指定条件的数据进行求和计算，其语法结构为：SUMIF(range,criteria,sum_range)。从语法结构中可以看出，SUMIF()函数有3个参数，各参数的具体含义如下。

- range：用于指定条件判断的单元格区域。
- criteria：用于指定进行求和运算的单元格区域需要满足的条件。
- sum_range：用于指定符合求和条件后需要进行求和运算的实际单元格区域。该参数可以省略，如果省略，则当区域中的单元格符合条件时，它们既按条件计算，也执行求和操作。

TRIM()函数的使用

使用TRIM()函数可以快速将指定的单元格中的文本的空格删除，其语法结构为：TRIM(text)，其中，text参数用于指定需要删除空格的字符串，或者单元格区域。

6.2 编制利润表

利润表可以反映企业一定会计期间的收入、成本、费用、利润（或亏损）的数额和构成情况，帮助财务报表使用者全面了解企业的经营状况，分析企业的获利能力和盈利增长趋势等。

完整的利润表的一般结构如图6-7所示。（本例编制的利润表只编制到第四点的净利润项目）。

利润表

编制单位：　　　　年　　月　　　　单位：元

项目	行次	本期发生额	本年累计发生额
一、营业收入			
减：营业成本			
税金及附加			
销售费用			
管理费用			
研发费用			
财务费用			
其中：利息费用			
利息收入			
加：其他收益			
投资收益（损失以"-"号填列）			
其中：对联营企业和合营企业的投资收益			
以摊余成本计量的金融资产终止确认收益（损失以"-"填列）			
净敞口套期收益（损失以"-"号填列）			
公允价值变动收益（损失以"-"号填列）			
信用减值损失（损失以"-"号填列）			
资产减值损失（损失以"-"号填列）			
资产处置收益（损失以"-"号填列）			
二、营业利润（亏损以"-"号填列）			
加：营业外收入			
减：营业外支出			
三、利润总额（亏损总额以"-"号填列）			
减：所得税费用			
四、净利润（净亏损以"-"号填列）			
（一）持续经营净利润（净亏损以"-"号填列）			
（二）终止经营净利润（净亏损以"-"号填列）			
五、其他综合收益的税后净额			
（一）不能重分类进损益的其他综合收益			
1. 重新计量设定受益计划变动额			
2. 权益法下不能转损益的其他综合收益			
3. 其他权益工具投资公允价值变动			
4. 企业自身信用风险公允价值变动			
……			
（二）将重分类进损益的其他综合收益			
1. 权益法下可转损益的其他综合收益			
2. 其他债权投资公允价值变动			
3. 金融资产重分类计入其他综合收益的金额			
4. 其他债权投资信用减值准备			
5. 现金流量套期储备			
6. 外币财务报表折算差额			
……			
六、综合收益总额			
七、每股收益：			
（一）基本每股收益			
（二）稀释每股收益			

图6-7

本例依据前面编制资产负债表使用的试算平衡表来编制利润表。为了能够更方便地进行编制，现在需要准备一个相关资料表格，在该资料表中，需要将编制利润表所需的各会计科目的本期发生额和本期之前的累计发生额数据准备好，其中，本期之前的累计发生额数据已经进行了假设，如图6-8所示。

账户名称	10月净发生额	1～9月累计发生额
主营业务收入		¥ 5,500,000.00
主营业务成本		¥ 782,000.00
销售费用		¥ 9,150.00
税金及附加		¥ 120,000.00
其他业务收入		¥ 50,690.00
其他业务成本		¥ 38,650.00
管理费用		¥ 200,800.00
财务费用		¥ 4,620.00
投资收益		¥ 10,860.00
营业外收入		¥ 105,650.00
营业外支出		¥ 49,260.00
所得税费用		¥ 368,000.00

图6-8

对于10月的净发生额，与资产负债表中相似，可以直接使用SUMIF()函数从试算平衡表中引用各科目对应的本期借方发生额，本例已经将对应的科目列和本期借方发生额列创建了“账户名称”和“本期借方发生额”名称。

另外，为了方便在编制利润表时对数据的引用，这里需要分别为相关资料表中的当月净发生额数据和累计发生额数据定义对应的名称。

本例假设当月净发生额数据直接用账户名称列的会计科目名称，而累计发生额则直接用账户名称加“累计”文本进行命名

在本例编制的利润表中，营业收入、营业成本、营业利润、利润总额和净利润项目需要通过公式计算填列，其相关计算公式如下：

①营业收入=主营业务收入+其他业务收入

②营业成本=主营业务成本+其他业务成本

③营业利润=营业收入-（营业成本+税金及附加+销售费用+管理费用+研发费用+财务费用）+其他收益+投资收益

④利润总额=营业利润+营业外收入-营业外支出

⑤净利润=利润总额-所得税费用

对于其他项目，直接从相关资料表中引用当月的净发生额，或者用当月净发生额加相应科目累计发生额进行填列。

下面具体介绍编制利润表的操作。

>> 素材文件：素材\第6章\利润表.xlsx

>> 效果文件：效果\第6章\利润表.xlsx

1 准备好相关数据并为数据定义对应的名称

1 填列净发生额

❶打开素材文件，在相关资料表格中选择B2:B13单元格区域，❷输入根据账户名称在试算平衡表中引用对应的本期发生额数据公式进行填列。

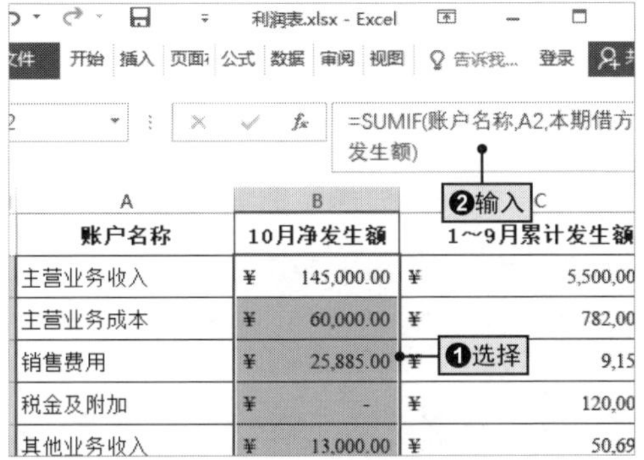

2 单击"根据所选内容创建"按钮

❶选择A2:B13单元格区域，❷单击"公式"选项卡，❸在"定义的名称"组中单击"根据所选内容创建"按钮。

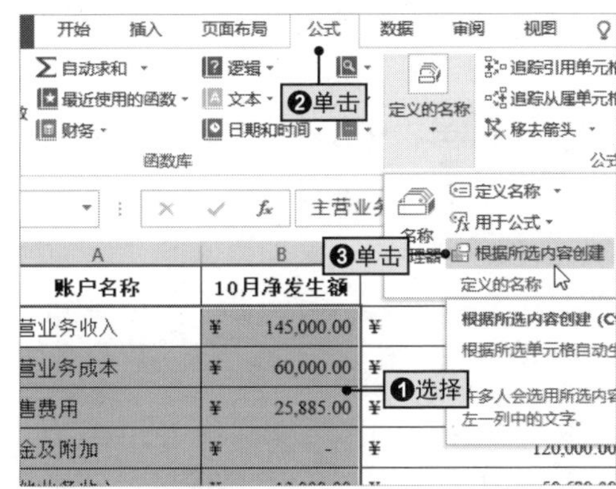

3 为净发生额定义名称

❶在打开的"以选定区域创建名称"对话框中仅选中"最左列"复选框，❷单击"确定"按钮根据A列数据定义B列对应单元格的名称。

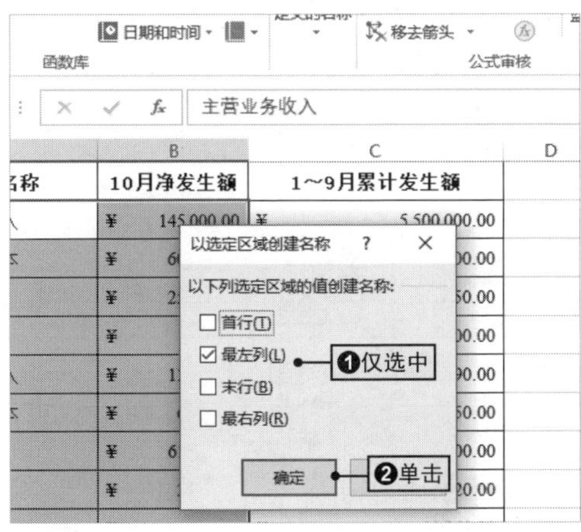

4 添加辅助列

❶选择D2:D13单元格区域，在编辑栏中输入"=A2&"累计""公式，❷按【Ctrl+Enter】组合键确认公式完成辅助列数据的填列。

=A2&"累计"

❶输入

10月净发生额		1~9月累计发生额	D
145,000.00	¥	5,500,000.00	主营业务收入累计
60,000.00	¥	782,000.00	主营业务成本累计
25,885.00	¥	9,150.00	销售费用累计
-	¥	120,000.00	税金及附加累计
13,000.00	¥	[illegible]	其他业务收入累计
6,400.00	¥	38,650.00	其他业务成本累计
61,700.00	¥	200,800.00	管理费用累计
2,260.00	¥	4,620.00	财务费用累计
-	¥	10,860.00	投资收益累计
10,000.00	¥	105,650.00	营业外收入累计

❷计算

5 为累计发生额定义名称

❶选择C2:D13单元格区域，❷打开“以选定区域创建名称”对话框，仅选中“最右列”复选框，❸单击“确定”按钮完成各科目累计发生额的名称定义。

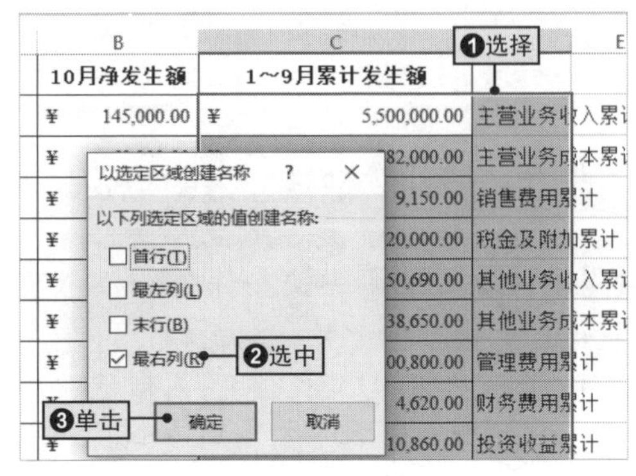

2 在利润表中填列完成利润表的编制

1 填列营业收入的本期发生额

❶在利润表中选择C4单元格，在编辑栏中直接输入“=主营业务收入+其他业务收入”公式，❷按【Ctrl+Enter】组合键引用对应名称的数据完成数据计算，并将结果填列到营业收入的本期发生额。

项　目	行次	本期发生额
	1	¥ 158,000.00
	2	
	3	
	4	
	5	
	6	

2 直接引用名称数据填列

❶用相同的方法填列营业成本的本期发生额。❷选择C6单元格区域，在编辑栏中输入“=税金及附加”公式，❸按【Ctrl+Enter】组合键直接将相关资料表中的税金及附加的当月净发生额数据引用到利润表中进行填列。

3 填列营业利润和其他本期发生额

❶用相同的方法填列其他项目，选择C15单元格，在编辑栏中直接输入“=C4-(C5+C6+C7+C8+C9+C10+C11)+C12+C13”公式，❷按【Ctrl+Enter】组合键确认公式完成营业利润数据的填列。引用营业外收入、营业外支出和所得税费用的本期净发生额填列对应项目，并完成利润总额和净利润数据的计算。

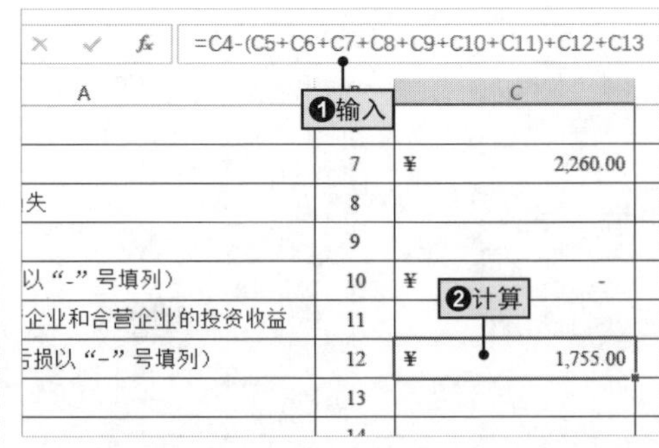

4 填列营业收入的本年累计发生额

❶选择D4单元格，在编辑栏中直接输入“=C4+主营业务收入累计+其他业务收入累计”公式，❷按【Ctrl+Enter】组合键引用对应的营业收入的本期发生额和主营业务收入与其他收入的累计发生额计算营业收入的本年累计发生额。

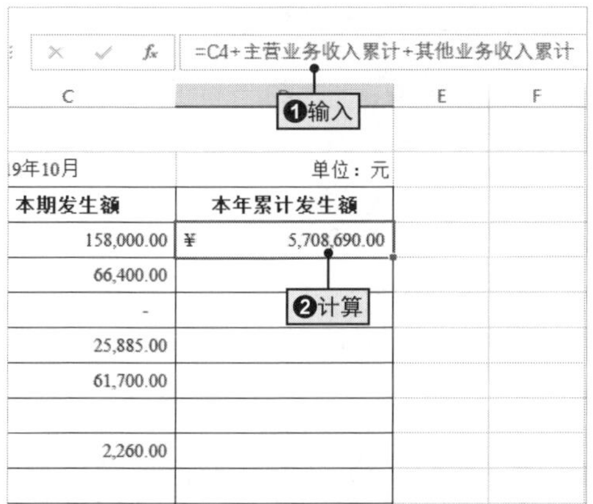

5 填列税金及附加的本年累计发生额

❶用相同的方法填列营业成本的本年累计发生额。❷选择D6单元格，在编辑栏中输入“=C6+税金及附加累计”公式，❸按【Ctrl+Enter】组合键将税金及附加的本期发生额和对应的累计发生额直接引用相加完成填列。

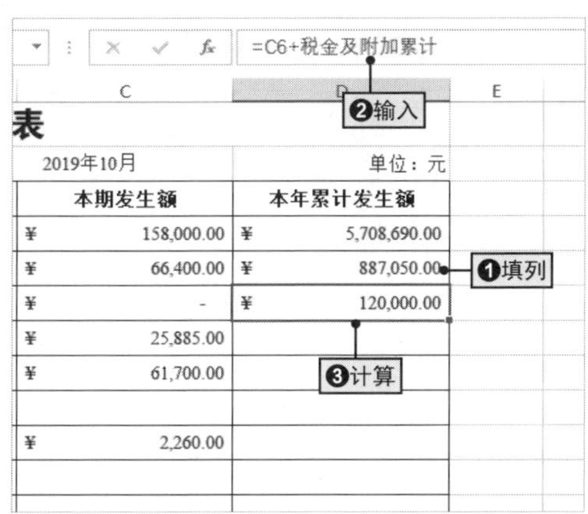

6 填列其他营业收入项目和营业利润

❶按税金及附加科目的本年累计发生额的填列方法填列营业收入的其他项目，❷选择C15单元格，拖动右下角的控制柄到D15单元格复制公式，完成营业利润本年累计发生额的填列。

B	C	D	E
4	¥ 25,885.00	¥ 35,035.00	
5	¥ 61,700.00	¥ 262,500.00	
6			
7	¥ 2,260.00	¥ 6,880.00	
8			
9			
10	¥ -	¥ 10,860.00	
11			
12	¥ 1,755.00	¥ 4,408,085.00	
13	¥ 10,000.00		
14	¥ 10,000.00		
15	¥ 1,755.00		
16	¥ -		
17	¥ 1,755.00		

❶填列
❷拖动
试算平衡表　相关资料　利润表

7 完成利润表的编制

用相同的方法完成利润表中营业外收入、营业外支出、所得税费用的本年累计发生额的填列，并通过复制公式的方式完成利润总额和净利润数据的计算，完成利润表编制的所有操作。

	B	C	D
8	5	¥ 61,700.00	¥ 262,500.00
9	6		
10	7	¥ 2,260.00	¥ 6,880.00
11	8		
12	9		
13	10	¥ -	¥ 10,860.00
14	11		
15	12	¥ 1,755.00	¥ 4,408,085.00
16	13	¥ 10,000.00	¥ 115,650.00
17	14	¥ 10,000.00	¥ 59,260.00
18	15	¥ 1,755.00	¥ 4,464,475.00
19	16	¥ -	¥ 368,000.00
20	17	¥ 1,755.00	¥ 4,096,475.00
21			

填列
试算平衡表　相关资料　利润表

通过如上两个阶段即可完成本案例的利润表的编制，其最终效果展示如图6-9所示。

利润表

编制单位：××公司　　　　2019年10月　　　　单位：元

项　目	行次	本期发生额	本年累计发生额
一、营业收入	1	¥ 158,000.00	¥ 5,708,690.00
减：营业成本	2	¥ 66,400.00	¥ 887,050.00
税金及附加	3	¥ -	¥ 120,000.00
销售费用	4	¥ 25,885.00	¥ 35,035.00
管理费用	5	¥ 61,700.00	¥ 262,500.00
研发费用	6		
财务费用	7	¥ 2,260.00	¥ 6,880.00
资产减值损失	8		
加：其他收益	9		
投资收益（损失以“-”号填列）	10	¥ -	¥ 10,860.00
其中：对联营企业和合营企业的投资收益	11		
二、营业利润（亏损以“-”号填列）	12	¥ 1,755.00	¥ 4,408,085.00
加：营业外收入	13	¥ 10,000.00	¥ 115,650.00
减：营业外支出	14	¥ 10,000.00	¥ 59,260.00
三、利润总额（亏损以“-”号填列）	15	¥ 1,755.00	¥ 4,464,475.00
减：所得税费用	16	¥ -	¥ 368,000.00
四、净利润（亏损以“-”号填列）	17	¥ 1,755.00	¥ 4,096,475.00

图6-9

修改名称基本信息

在Excel中，对于创建的名称，我们还可以根据需要对其基本信息进行修改。修改名称的信息包括对其具体的名称标识、引用位置等信息进行修改，但是其作用范围是不能修改的。

要修改名称的基本信息，可以使用“名称管理器”对话框来完成。直接在工作表中单击“公式”选项卡，在“定义的名称”组中单击“名称管理器”按钮，在打开的对话框中选择要编辑的名称，单击“编辑”按钮，在打开的“编辑名称”对话框中即可对定义的名称的具体名称以及引用范围进行修改，如图6-10所示。

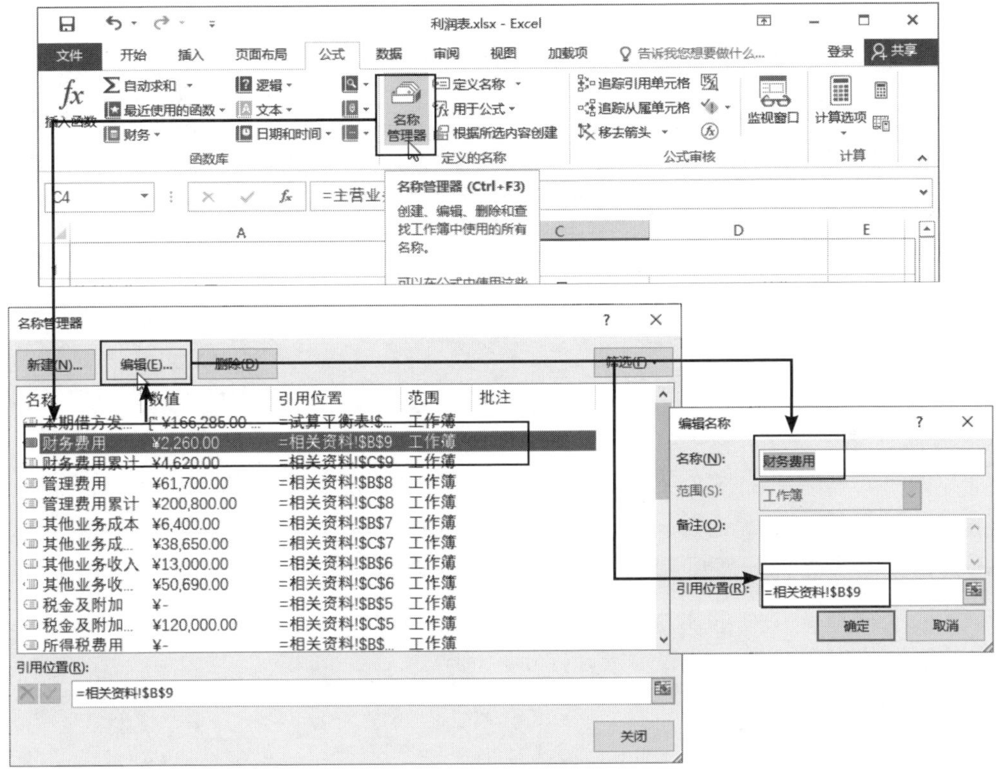

图6-10

修改名称的注意事项

无论在哪个版本的Excel中定义或修改名称，都必须遵循如下规则。

- ◆ 名称可以包含下划线和小数点，但不能包含空格及其他符号。
- ◆ 必须以字母或汉字开头，也可以是字母和数字的组合。
- ◆ 名称尽量简单且容易理解。
- ◆ 在同一工作簿中，尽量避免定义相同名称的全局名称和局部名称。

删除指定名称

在Excel中，如果要删除指定的名称，直接打开“名称管理器”对话框，在其中选择需要删除的名称，单击“删除”按钮，在打开的提示对话框中单击“确定”按钮即可，如图6-11所示。

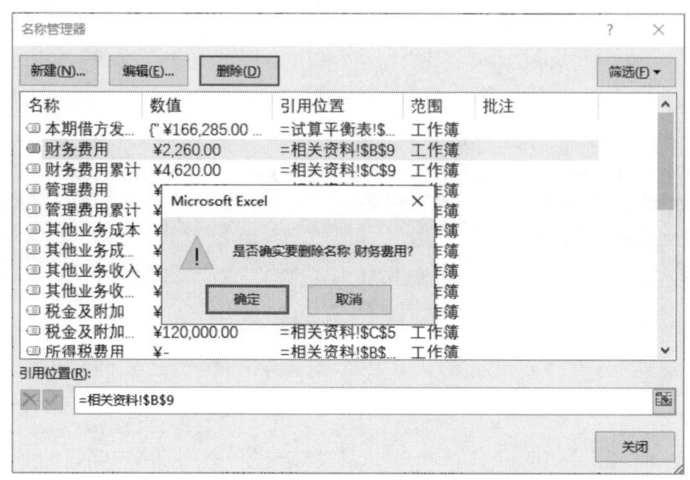

图6-11

如果要同时删除多个名称，可以选择一个名称后，按住【Ctrl】键选择多个不连续的名称，或者选择一个名称后，按住【Shift】键不放选择另一个名称来选择连续多个名称，然后单击“删除”按钮可一次性删除多个名称。

需要注意的是，如果工作表中的某个位置使用了该名称，在删除该单元格名称后，将出现“#NAME?”错误提示。

6.3 编制现金流量表

任何企业的经营管理都是由现金从始至终贯穿的，从现金到存货、应收账款，再到现金的转换，都是企业生存和发展的保障。企业资金运转是否顺畅关系着企业的生产经营管理效率是否良好，保持现金的流入、输出管道的均衡是企业资金管理的一个重要问题。因此，现金流量表对投资者、企业管理者以及其他利益相关者来说，具有实时了解企业的资金变动情况的重要作用。

我国现金流量表采用报告式的结构，是反映企业一定会计期间经营活动、投资活动和筹资活动对其现金和现金等价物所产生影响的财务报表，是企业财务活动中的一种主要报表，其结构如图6-12所示。

现金流量表

单位名称：××公司　　　　　　　　　　　　　　　　　　单位：元

项目	行次	本期金额
一、经营活动产生现金流量：	1	
销售商品、提供劳务收到的现金	2	
收到的税费返还	3	
收到的其他与经营活动有关的现金	4	
经营活动现金流入小计	5	
购买商品、接受劳务支付的现金	6	
支付给职工以及为职工支付的现金	7	
支付的各项税费	8	
支付其他与经营活动有关的现金	9	
经营活动现金流出小计	10	
经营活动产生的现金流量净额	11	
二、投资活动产生的现金流量：	12	
收回投资收到的现金	13	
取得投资收益收到的现金	14	
处置固定资产、无形资产和其他长期资产收回的现金净额	15	
收到的其他与投资活动有关的现金	16	
投资活动现金流入小计	17	
购建固定资产、无形资产和其他长期资产支付的现金	18	
投资支付的现金	19	
取得子公司及其他营业单位支付的现金净额	20	
支付其他与投资活动有关的现金	21	
投资活动现金流出小计	22	
投资活动产生的现金流量净额	23	
三、筹资活动产生的现金流量：	24	
吸收投资收到的现金	25	
取得借款收到的现金	26	
收到其他与筹资活动有关的现金	27	
筹资活动现金流出小计	28	
偿还债务支付的现金	29	
分配股利、利润或偿付利息支付的现金	30	
支付其他与筹资活动有关的现金	31	
筹资活动现金流出小计	32	
筹资活动产生的现金流量净额	33	
四、汇率变动对现金及现金等价物的影响	34	
五、现金及现金等价物净增加额	35	
加：期初现金及现金等价物余额	36	
六、期末现金及现金等价物余额	37	

图6-12

现金流量表的编制方法有工作底稿法和T型账户分析法，在Excel中，常用的方法是通过工作底稿法来编制现金流量表。其编制程序为：

第一步，制作现金流量表工作底稿结构，该工作底稿包括3部分，分别是资产负债表项目、利润表项目和现金流量表项目。

第二步，根据资产负债表和利润表在工作底稿中对资产负债表项目和利润表项目的期初数、本期借方、本期贷方和期末数进行填列。

第三步，在资产负债表项目和利润表项目中筛选与现金流入/流出有关的、借贷不平的科目，制作调整会计分录表。

第四步，将调整平衡的会计分录填入到工作底稿的现金量表项目中。

第五步，在工作底稿中计算现金流量项目的本期金额，并对项目小计和净额进行计算。

第六步，将工作底稿中计算的现金流量项目的结果复制到现金流量表的本期金额列，完成现金流量表的制作。

在本例中，已经制作了现金流量表工作底稿，并且根据资产负债表和利润表对其中的资产负债表项目和利润表项目进行了填列，如图6-13和6-14所示。

现金流量表工作底稿

项目		期初数	会计分录		期末数
			借方	贷方	
资产负债表项目	借方项目：				
	货币资金	¥ 372,121.87	¥ 525,615.00	¥ 502,070.00	¥ 395,666.87
	应收票据	¥ 120,000.00	¥ 16,950.00		¥ 136,950.00
	应收账款	¥ 800,002.00	¥ 113,000.00	¥ 113,000.00	¥ 800,002.00
	预付账款		¥ 10,000.00		¥ 10,000.00
	其他应收款	¥ 35,000.00	¥ 4,000.00	¥ 4,000.00	¥ 35,000.00
	存货	¥ 1,432,564.40	¥ 202,500.00	¥ 107,700.00	¥ 1,527,364.40
	长期股权投资	¥ 340,000.00			¥ 340,000.00
	固定资产	¥ 1,610,000.00	¥ 93,500.00		¥ 1,703,500.00
	在建工程	¥ 853,000.00	¥ 30,500.00	¥ 30,500.00	¥ 853,000.00
	借方项目合计：	**¥ 5,562,688.27**	**¥ 996,065.00**	**¥ 757,270.00**	**¥ 5,801,483.27**
	贷方项目：				
	短期借款	¥ 320,000.00		¥ 150,000.00	¥ 470,000.00
	应付票据	¥ 50,000.00			¥ 50,000.00
	应付账款	¥ 653,200.45		¥ 37,290.00	¥ 690,490.45
	预收账款			¥ 50,000.00	¥ 50,000.00
	应付职工薪酬	¥ 480,000.00	¥ 148,685.00	¥ 149,185.00	¥ 480,500.00
	应交税费	¥ 203,045.00	¥ 23,790.00	¥ 20,540.00	¥ 199,795.00
	其他应付款	¥ 445,200.00		¥ 2,500.00	¥ 447,700.00
	长期应付款	¥ 403,500.00			¥ 403,500.00
	实收资本	¥ 1,800,000.00			¥ 1,800,000.00
	资本公积	¥ 530,012.00			¥ 530,012.00
	盈余公积	¥ 203,000.00		¥ 175.50	¥ 203,175.50
	未分配利润	¥ 474,730.82	¥ 168,175.50	¥ 169,755.00	¥ 476,310.32
	贷方项目合计：	**¥ 5,562,688.27**	**¥ 340,650.50**	**¥ 579,445.50**	**¥ 5,801,483.27**
利润表项目	主营业务收入	¥ 5,500,000.00		¥ 145,000.00	¥ 5,645,000.00
	主营业务成本	¥ 782,000.00	¥ 60,000.00		¥ 842,000.00
	税金及附加	¥ 120,000.00			¥ 120,000.00
	其他业务收入	¥ 50,690.00		¥ 13,000.00	¥ 63,690.00
	其他业务成本	¥ 38,650.00	¥ 6,400.00		¥ 45,050.00
	销售费用	¥ 9,150.00	¥ 25,885.00		¥ 35,035.00
	管理费用	¥ 200,800.00	¥ 61,700.00		¥ 262,500.00
	财务费用	¥ 4,620.00	¥ 2,260.00		¥ 6,880.00
	投资收益	¥ 10,860.00			¥ 10,860.00
	营业外收入	¥ 105,650.00		¥ 10,000.00	¥ 115,650.00
	营业外支出	¥ 49,260.00	¥ 10,000.00		¥ 59,260.00
	所得税费用	¥ 368,000.00			¥ 368,000.00
	净利润		¥ 1,755.00		

图6-13

现金流量表项目	一、经营活动产生现金流量：				
	销售商品、提供劳务收到的现金				
	收到的税费返还				
	收到的其他与经营活动有关的现金				
	经营活动现金流入小计				
	购买商品、接受劳务支付的现金				
	支付给职工以及为职工支付的现金				
	支付的各项税费				
	支付的其他与经营活动有关的现金				
	经营活动现金流出小计				
	经营活动产生的现金流量净额				
	二、投资活动产生的现金流量：				
	收回投资收到的现金				
	取得投资收益收到的现金				
	处置固定资产、无形资产和其他长期资产收回的现金净额				
	收到的其他与投资活动有关的现金				
	投资活动现金流入小计				
	购建固定资产、无形资产和其他长期资产支付的现金				
	投资支付的现金				
	取得子公司及其他营业单位支付的现金净额				
	支付其他与投资活动有关的现金				
	投资活动现金流出小计				
	投资活动产生的现金流量净额				
	三、筹资活动产生的现金流量：				
	吸收投资收到的现金				
	取得借款收到的现金				
	收到的其他与筹资活动有关的现金				
	筹资活动现金流出小计				
	偿还债务支付的现金				
	分配股利、利润或偿付利息支付的现金				
	支付的其他与筹资活动有关的现金				
	筹资活动现金流出小计				
	筹资活动产生的现金流量净额				
	四、汇率变动对现金及现金等价物的影响				
	五、现金及现金等价物净增加额				
	加：期初现金及现金等价物余额				
	六、期末现金及现金等价物余额				

图6-14

现在需要编制调整会计分录表，该表格是整个编制过程的重点，只要将该表制作好，那么现金流量表的编制就完成了一半。

在本例中，涉及调整的会计科目及其对应的现金流量表项目如表6-1所示。

表6-1

会计科目	对应的现金流量表项目
预付账款	购买商品、接受劳务支付的现金
存货	购买商品、接受劳务支付的现金
固定资产	购建固定资产、无形资产和其他长期资产所支付的现金
短期借款	取得借款收到的现金
预收账款	销售商品、提供劳务收到的现金
应付职工薪酬	支付给职工以及为职工支付的现金
应交税费	支付的各项税费
其他应付款	收到的其他与经营活动有关的现金

续上表

会计科目	对应的现金流量表项目
主营业务收入	销售商品、提供劳务收到的现金
其他业务收入	销售商品、提供劳务收到的现金
销售费用	支付的其他与经营活动有关的现金
管理费用	支付的其他与经营活动有关的现金
财务费用	支付的其他与经营活动有关的现金
营业外收入	收到的其他与经营活动有关的现金
营业外支出	支付的其他与经营活动有关的现金

筛选出要调整的会计科目后，在制作调整会计分录表时，其中的摘要列数据的格式为“调整”+科目名称，因此可以通过“&”连接符来连接两个字符，从而快速填列摘要数据。

此外，每个调整科目都有对应的现金流量表项目，因此需要在每个科目下方插入空行来填入对应的现金流量表调整项目。由于本例中需要调整的科目很多，逐个添加空行会显得很麻烦，因此本例将通过排序法来完成空行的插入，即添加辅助列，先对表格填充序列数据，然后复制填充的序列到辅助列末尾，再将辅助列按照序列数据的升序排序即可。

调整会计分录表结构制作好后，就会对科目的借贷不平衡进行调整，完成该表格的制作。

在根据调整会计分录表填列工作底稿的现金流量表项目时，为了避免漏填，可以使用数据筛选的方式，按照筛选器列表中的顺序，逐个筛选现金流量表项目，然后通过公式引用即可完成填列。而对于各现金流入/流出小计，直接使用SUM()函数进行汇总即可。在计算现金流量净额时，需要使用如下公式：

经营活动产生的现金流量净额=经营活动现金流入小计-经营活动现金流出小计

投资活动产生的现金流量净额=投资活动现金流入小计-投资活动现金流出小计

筹资活动产生的现金流量净额=筹资活动现金流入小计-筹资活动现金流出小计

现金及现金等价物净增加额=经营活动产生的现金流量净额+投资活动产生的现金流量净额+筹资活动产生的现金流量净额

此外，本例中由于没有期初现金及现金等价物余额，因此本例假设其数值为120000。

下面具体介绍如何根据现金流量表工作底稿来编制现金流量表。

>> 素材文件：素材\第6章\现金流量表.xlsx

>> 效果文件：效果\第6章\现金流量表.xlsx

1 制作调整会计分录表结构并根据工作底稿调整数据

1 添加标题、表头并填写科目名称

❶打开素材文件，选择“调整会计分录”工作表，❷在A1:D2单元格添加表格标题和表头，并设置对应的格式，❸在B3:B17单元格区域中输入要调整的会计科目的科目名称。

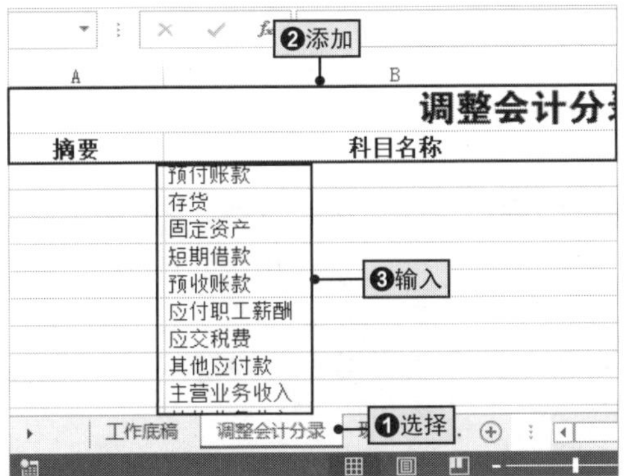

2 填列摘要数据

❶选择A3:A17单元格区域，在编辑栏中输入“="调整"&B3”公式，❷按【Ctrl+Enter】组合键确认输入的公式，并在科目名称前面批量添加“调整”文本完成摘要数据的填列。

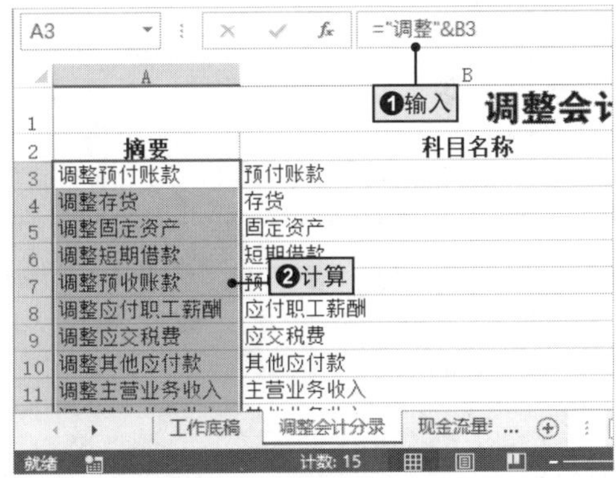

3 引用预付账款的本期借方金额

选择C3单元格，将工作底稿中资产负债表的预付账款项目对应的借方数据引用到该单元格。

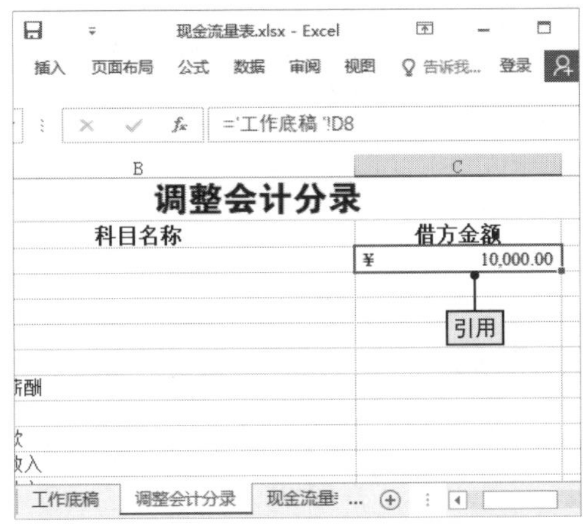

4 引用其他科目的本期金额

用相同的方法从工作底稿的资产负债表项目和利润表项目中将对应的调整科目的本期金额引用到调整会计分录表中。

D16　='工作底稿'!E38

	C	D
2	借方金额	贷方金额
3	¥ 10,000.00	
4	¥ 202,500.00	¥ 107,700.00
5	¥ 93,500.00	
6		¥ 150,000.00
7		¥ 50,000.00
8	¥ 148,685.00	
9	¥ 23,790.00	¥ 20,540.00
10		¥ 2,500.00
11		¥ 145,000.00
12		¥ 13,000.00
13	¥ 25,885.00	
14	¥ 61,700.00	
15	¥ 2,260.00	
16		¥ 10,000.00
17	¥ 10,000.00	

引用

工作底稿　调整会计分录　现金流量表

5 添加辅助列

❶在E2单元格中输入“辅助列”文本，在E3:E4单元格区域中分别输入“1”和“2”，❷选择单元格区域，双击该控制柄。

6 粘贴同等长度的序列数据

❶程序自动填充序列数据到E17单元格，保持填充的序列数据，按【Ctrl+C】组合键复制数据，❷选择E18单元格，按【Ctrl+V】组合键粘贴数据。

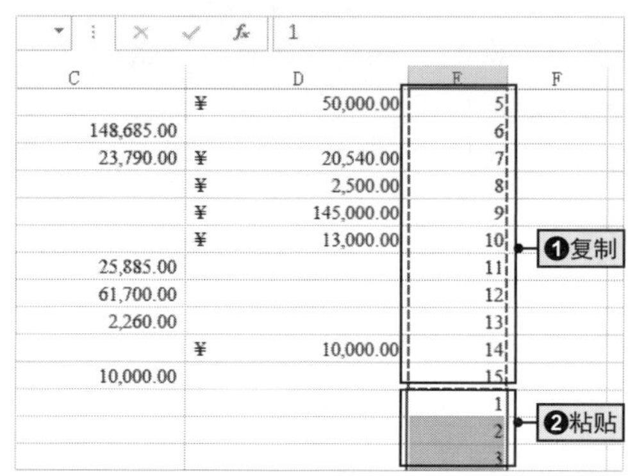

7 在每行下方插入空行

❶选择E3单元格，❷单击“数据”选项卡，❸在“排序和筛选”组单击“升序”按钮后程序按辅助列数据的升序顺序重排表格，即在每行下方插入空行。

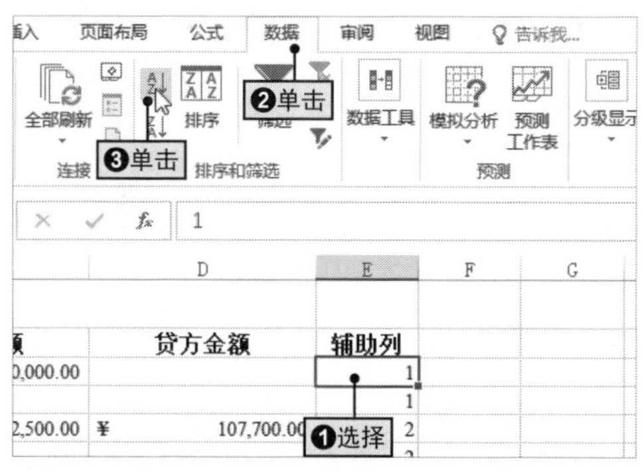

8 填写现金流量表项目并添加边框

在空行的科目名称列中输入每个科目对应的现金流量表项目，选择A2:D32单元格区域，为其添加所有边框效果，完成表格的外观设置。

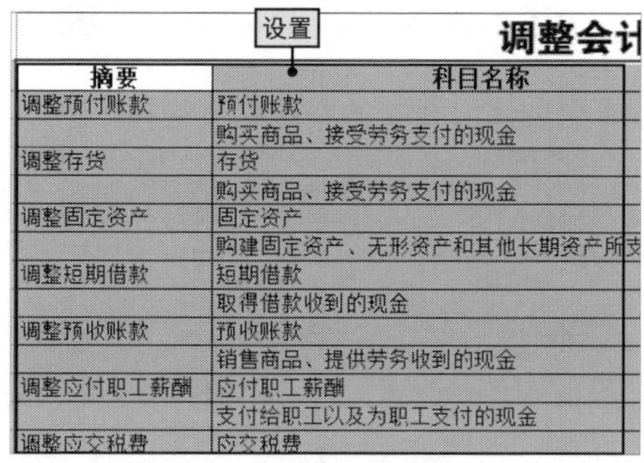

9 删除辅助列

❶选择E列单元格，在列标上右击，❷在弹出的快捷菜单中选择“删除”命令删除辅助列。

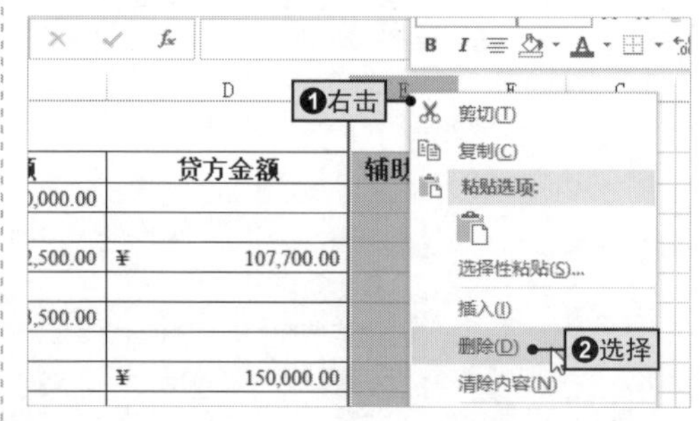

10 直接引用数据调整预付账款

❶选择D4单元格，在编辑栏中输入“=C3”公式，❷按【Ctrl+Enter】组合键确认公式并引用数据，完成预付账款会计科目的调整。

11 利用公式计算调整存货

❶选择D6单元格，在编辑栏中输入“=C5-D5”公式，❷按【Ctrl+Enter】组合键确认公式并计算数据，完成存货会计科目的调整。

D6　=C5-D5　❶输入

	C	D	E
1			
2	借方金额	贷方金额	
3	¥ 10,000.00		
4		¥ 10,000.00	
5	¥ 202,500.00	¥ 107,700.00	
6		¥ 94,800.00	
7	¥ 93,500.00		
8			
9		¥ 150,000.00	
10			
11		¥ 50,000.00	
12			
13	¥ 148,685.00		

❷计算

12 完成表格制作

运用步骤10和步骤11中调整会计科目的原理，对其他会计科目的借贷数据进行调整，完成整个调整会计分录表格的所有制作操作。

21		¥ 13,000.00
22	¥ 13,000.00	
23	¥ 25,885.00	
24		¥ 25,885.00
25	¥ 61,700.00	
26		¥ 61,700.00
27	¥ 2,260.00	
28		¥ 2,260.00
29		¥ 10,000.00
30	¥ 10,000.00	
31	¥ 10,000.00	
32		¥ 10,000.00

调整

2 在工作底稿中对现金流量表项目进行填列

1 筛选数据

❶在调整会计分录表中选择任意数据单元格，按【Ctrl+Shift+L】组合键进入筛选状态，❷单击“科目名称”单元格右侧的下拉按钮，❸在弹出的筛选器面板中取消选中“全选”复选框，❹选中“购建固定资产、无形资产和其他长期资产所支付的现金”复选框，筛选该现金流量表项目的所有记录。

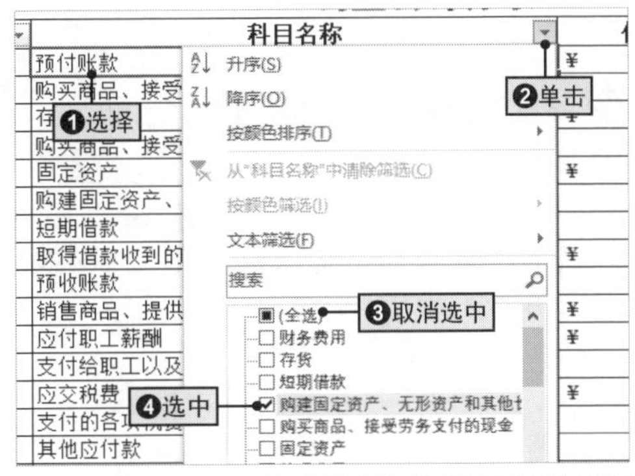

2 找到目标现金流量表项目

❶单击“工作底稿”工作表标签切换工作表，❷在投资活动中找到“购建固定资产、无形资产和其他长期资产所支付的现金”项目。

49	支付的各项税费
50	支付的其他与经营活动有关的现金
51	**经营活动现金流出小计**
52	经营活动产生的现金流量净额
53	**二、投资活动产生的现金流量：**
54	收回投资收到的现金
55	取得投资收益收到的现金
56	处置固定资产、无形资产和其[illegible]收回的现金净额
57	收到的其他与投资活动有关的现金
58	**投资活动现金流入小计**
59	购建固定资产、无形资产和其他长期资产支付的现金
60	投资支付的现金
61	取得子公司及其他营业单位支付的现金净额
62	支付其他与投资活动有关的现金

工作底稿 ❶单击 现金流量表 ❷找到 就绪

3 将调整的分录数据填列到工作底稿

❶选择该项目的贷方列对应的单元格，即选择E59单元格，在编辑栏中输入“=调整会计分录!D8”公式，❷按【Ctrl+Enter】组合键引用数据。

4 填列其他现金流量表项目

用相同的方法将调整会计分录表中调整的分类数据对应填入到工作底稿中现金流量表项目的对应单元格中。

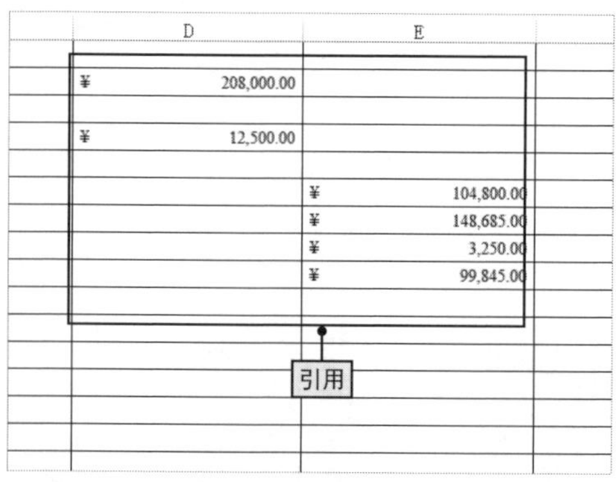

5 计算经营活动现金流入项目的本期金额

❶在工作底稿工作表中选择F43:F45单元格区域，在编辑栏中输入“=D43”公式，❷按【Ctrl+Enter】组合键确认输入的公式完成数据引用。

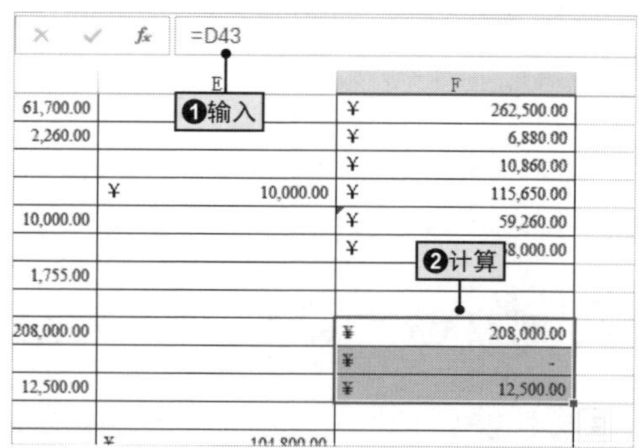

6 计算经营活动现金流入小计

❶选择F46单元格，在编辑栏中输入“=SUM(F43:F45)”公式，❷按【Ctrl+Enter】组合键确认输入的公式，完成经营活动现金流入小计的计算。

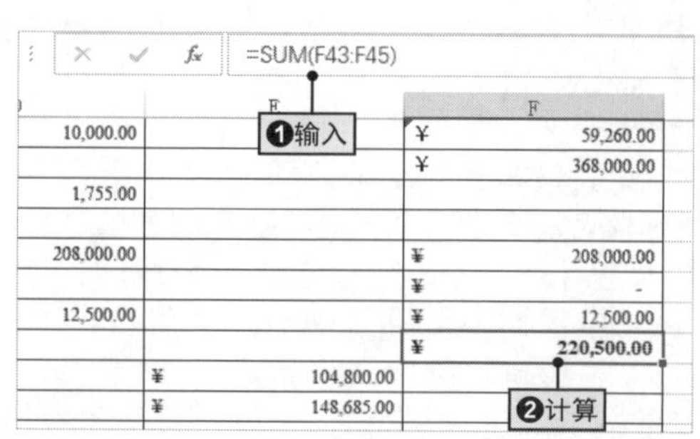

7 计算经营活动产生的现金流量净额

❶用相同的方法计算经营活动现金流出项目的本期金额和小计，❷选择F52单元格，在编辑栏输入“=F46-F51”公式，❸按【Ctrl+Enter】组合键计算数据。

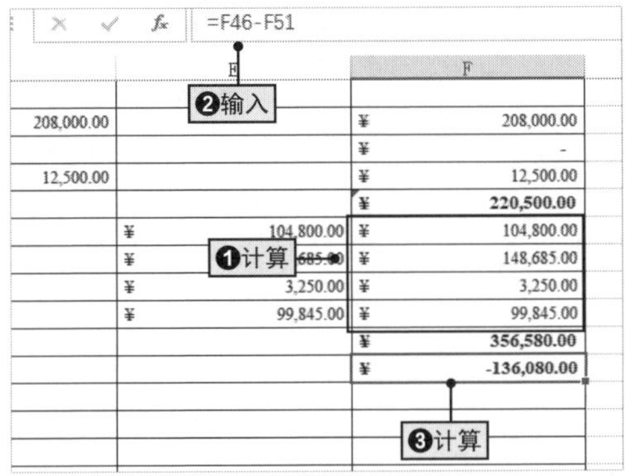

8 计算现金及现金等价物净增加额

❶用相同的方法计算投资/筹资活动产生的现金流量本期金额、小计和净额数据，❷使用“=F52+F64+F74”公式计算现金及现金等价物净增加额。

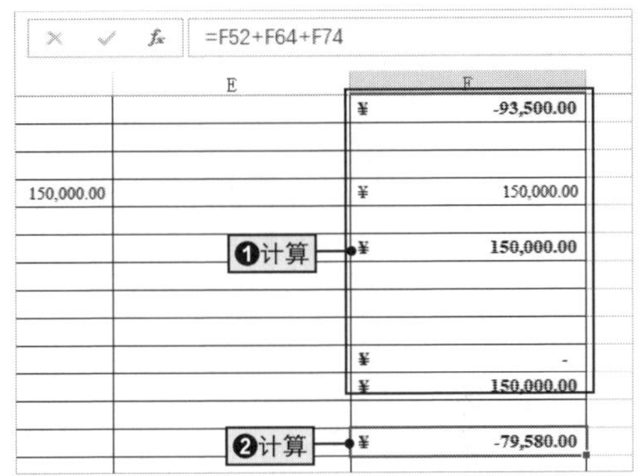

9 计算期末现金及现金等价物余额

❶在F77单元格中输入期初现金及现金等价物余额数据120000，❷选择F78单元格，在编辑栏中输入“=F76+F77”公式，❸按【Ctrl+Enter】组合键确认输入的公式，完成期末现金及现金等价物余额数据的计算。

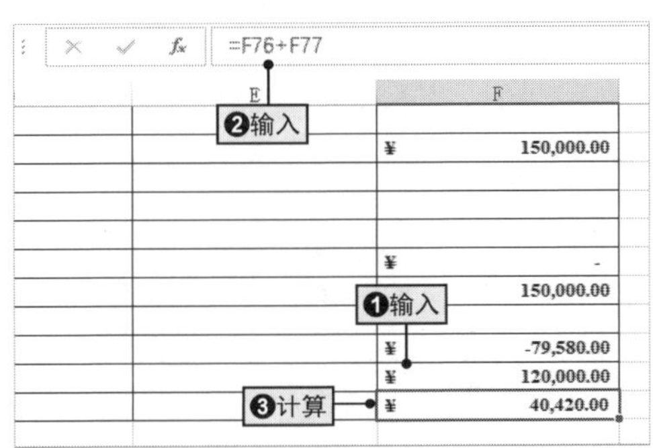

3 填列现金流量表项目完成表格编制操作

1 执行复制操作

❶在工作底稿工作表中选择F42:F78单元格区域，右击，❷在弹出的快捷菜单中选择“复制”命令执行复制操作。

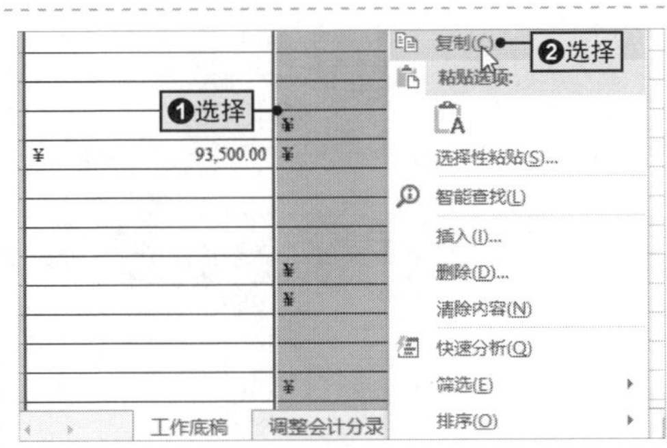

2 执行粘贴操作

❶切换到现金流量表中，选择C4单元格，右击，❷在弹出的快捷菜单中选择粘贴选项中的“值”命令执行粘贴操作，将复制的单元格区域中的值粘贴到现金流量表中，完成整个现金流量表的编制操作。

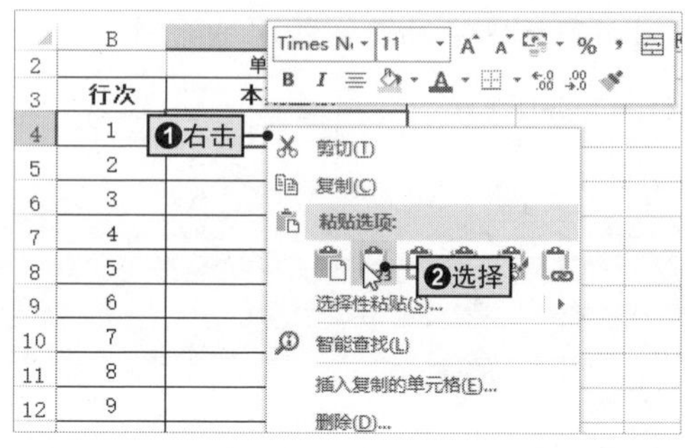

通过如上3个阶段即可完成本案例的现金流量表的编制，其最终效果展示如图6-15所示。

现金流量表

单位名称：××公司　　　　　　单位：元

项目	行次	本期金额
一、经营活动产生现金流量：	1	
销售商品、提供劳务收到的现金	2	¥ 208,000.00
收到的税费返还	3	¥ -
收到的其他与经营活动有关的现金	4	¥ 12,500.00
经营活动现金流入小计	5	¥ 220,500.00
购买商品、接受劳务支付的现金	6	¥ 104,800.00
支付给职工以及为职工支付的现金	7	¥ 148,685.00
支付的各项税费	8	¥ 3,250.00
支付其他与经营活动有关的现金	9	¥ 99,845.00
经营活动现金流出小计	10	¥ 356,580.00
经营活动产生的现金流量净额	11	¥ -136,080.00
二、投资活动产生的现金流量：	12	
收回投资收到的现金	13	
取得投资收益收到的现金	14	
处置固定资产、无形资产和其他长期资产收回的现金净额	15	
收到的其他与投资活动有关的现金	16	
投资活动现金流入小计	17	¥ -
购建固定资产、无形资产和其他长期资产支付的现金	18	¥ 93,500.00
投资支付的现金	19	
取得子公司及其他营业单位支付的现金净额	20	
支付其他与投资活动有关的现金	21	
投资活动现金流出小计	22	¥ 93,500.00
投资活动产生的现金流量净额	23	¥ -93,500.00
三、筹资活动产生的现金流量：	24	
吸收投资收到的现金	25	
取得借款收到的现金	26	¥ 150,000.00
收到其他与筹资活动有关的现金	27	
筹资活动现金流出小计	28	¥ 150,000.00
偿还债务支付的现金	29	
分配股利、利润或偿付利息支付的现金	30	
支付其他与筹资活动有关的现金	31	
筹资活动现金流出小计	32	¥ -
筹资活动产生的现金流量净额	33	¥ 150,000.00
四、汇率变动对现金及现金等价物的影响	34	
五、现金及现金等价物净增加额	35	¥ -79,580.00
加：期初现金及现金等价物余额	36	¥ 120,000.00
六、期末现金及现金等价物余额	37	¥ 40,420.00

图6-15

第7章 07

薪资数据的管理与维护

本章导读

员工薪资数据的管理与维护是每个企业财务管理中不可或缺的一部分，每个企业都需要根据实际情况对员工薪资进行管理。本章将对薪资数据表格的设计、工资数据的计算以及工资条的打印等问题进行分析和解决。

本章要点

员工提成计算表设计
员工社保代扣表设计
员工考勤表设计
根据绩效考核计算奖金
…………

7.1 薪资表格设计与维护

无论是大企业还是小公司，薪资管理都是不可或缺的一部分，每个企业或公司因制度不同，薪资制度的设计与管理也会有所差别。因此，薪资表格的设计与维护是薪酬管理与分析非常重要的前提。

7.1.1 员工提成计算表设计

在许多行业都会涉及到根据员工实际工作情况进行提成的问题，不同的行业，不同的工种其提成规则也是多种多样的。例如，某公司规定每位员工的销售任务额为1 500 000元，对于提成工资，其计算规则如下。

- 销售任务完成比例小于100%（即未完成销售任务）的员工按销售额的2.5%进行提成。
- 销售任务完成比例在100%~120%的员工，超出任务部分按3%进行提成。
- 销售任务完成比例超过120%的员工，超出任务部分按3.5%进行提成。

现在要根据该规则来设计员工提成表。

通过分析可知，该表格中需要包括的项目有员工编号、员工姓名、销售额任务、实际销售额、完成比例和销售提成。

对于完成比例数据，直接使用“实际销售额/销售额任务”公式来计算，由于是除法运算，因此需要对除数为0的情况进行处理。此时可以直接使用IF()函数来处理。

对于销售提成的计算，不同的完成比例，其计算提成的系数不同，此时同样可以使用IF()函数来判断不同的完成比例所对应的系数，只是这里要使用IF()函数的嵌套结构。

最后再使用ROUND()函数对提成结果的小数位数进行处理即可完成该表格的设计及功能完善。

下面具体讲解员工提成计算表的设计过程。

>> 素材文件：素材\第7章\无

>> 效果文件：效果\第7章\员工提成计算表.xlsx

1 制作表格结构

新建“员工提成计算表”工作簿，将“Sheet1”工作表重命名为“员工提成计算”，将各项目填入工作表中，制作员工提成计算表结构。

2 计算完成比例

❶选择E4:E11单元格区域，❷在编辑栏中输入“=IF(D4=0,"",D4/C4)”公式，按【Ctrl+Enter】组合键完成计算员工当月销售完成比例的公式的输入。

3 计算提成

❶选择F4:F11单元格区域，❷在编辑栏中输入“=ROUND(IF(E4<100%,D4*2.5%,IF(AND(E4>=100%,E4<120%),D4*3%,D4*3.5%)),2)”公式，按【Ctrl+Enter】组合键完成计算销售提成公式的输入。

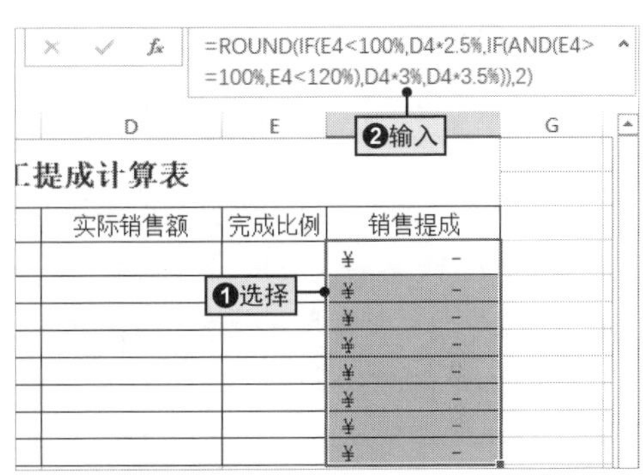

通过如上几个步骤即可完成员工提成计算表的设计，当在工作表中输入销售人员的相关销售数据后，程序可自动计算对应的提成，其效果如图7-1所示。

员工提成计算表					
员工编号	姓名	销售额任务	实际销售额	完成比例	销售提成
QD300001	王城	¥ 150,000.00	¥ 200,000.00	133.33%	¥ 7,000.00
QD300002	刘晓	¥ 150,000.00	¥ 184,000.00	122.67%	¥ 6,440.00
QD300003	余林	¥ 150,000.00	¥ 130,000.00	86.67%	¥ 3,250.00
QD300004	杨超	¥ 150,000.00	¥ 125,000.00	83.33%	¥ 3,125.00
QD300005	黄晨	¥ 150,000.00	¥ 220,000.00	146.67%	¥ 7,700.00
QD300006	赵琳	¥ 150,000.00	¥ 160,000.00	106.67%	¥ 4,800.00
QD300007	曾霞	¥ 150,000.00	¥ 175,000.00	116.67%	¥ 5,250.00
QD300008	朱紫凝	¥ 150,000.00	¥ 165,000.00	110.00%	¥ 4,950.00

图7-1

知识点讲解

利用快捷键复制公式

在批量使用相似公式计算数据时，如果已经计算了一个数据，现在要复制该数据的计算公式来计算其他数据，可以使用【Ctrl+D】组合键来完成。其具体操作是：选择包含公式的单元格和其他要计算数据的单元格，按【Ctrl+D】组合键后，程序自动将第一个单元格的公式填充到其他选择的单元格区域中计算对应的数据。

通过控制柄填充公式

在第一章我们介绍了左键拖动控制柄可以填充有规律的数据，如果该数据是通过公式计算得到的，则在拖动控制柄的过程中，就是复制该公式结算其他数据。

除此之外，双击控制柄也可以批量复制公式，相对而言这是比较快捷的一种复制公式的方法，用户只需要双击包含公式的单元格的控制柄，此时程序自动向下填充公式到整个表格的结束位置。

需要注意的是，要使用鼠标左键双击控制柄完成公式的批量复制，对数据源的表格结构有一定的条件限制，具体如下。

◆ 第一，批量复制公式的单元格的相邻位置必须要有数据，否则双击控制柄不起作用。

◆ 第二，需要批量复制公式的单元格是在某列单元格上向下填充。不能是在某列上向上填充，也不能是在某行上填充。

无论是使用【Ctrl+D】组合键复制公式，还是通过控制柄复制公式，如果第一个包含公式的单元格有不同的格式，此时复制公式后程序自动将该格式复制到其他单元格。如果要不带格式填充，需要在填充完后，单击出现的“自动填充选项”按钮，在弹出的菜单中选中“不带格式填充”单选按钮即可。

ROUND()函数的使用

ROUND()函数用于返回一个数值，且该值按照指定的小数位数进行四舍五入运算，其语法结构为：Round(number,digits)，各个参数的意义如下所示。

◆ number：用于指定要四舍五入的数。

◆ digits：用于指定小数点后保留的位数。

其中，如果 digits 大于 0，则四舍五入到指定的小数位；如果 digits 等于

0，则四舍五入到最接近的整数； 如果 digits 小于 0，则在小数点左侧进行四舍五入；如果Round()函数只有参数number，等同于digits 等于 0。

7.1.2 员工社保代扣表设计

为保障劳动者权益，单位和个人都需要购买的社会保险，主要包括养老保险、医疗保险、失业保险、工伤保险和生育保险。

各个地方的比例可能有所差别，这里以成都市为例，养老保险单位缴费比例为16%，个人缴费比例为8%；医疗保险单位缴费比例为6.5%，个人缴费比例为2%；失业保险单位缴费为0.6%，个人缴费比例为0.4%；工伤保险单位缴费比例不同行业标准有所差别，最高为1.425%，最低为0.1%；生育保险单位缴费比例为0.8%。

现在需要设计一个表格，计算员工应支付的社保代扣额。要计算员工社保代扣额，首先应以上年度月平均应得收入作为社保缴费基数（这里假设为5400元），再根据各类保险的缴费比例进行计算。

下面具体讲解员工社保代扣表的设计及计算过程。

>> 素材文件：素材\第7章\无

>> 效果文件：效果\第7章\社保代扣表.xlsx

1 制作表格结构

新建“社保代扣表”工作簿，将“Sheet1”工作表重命名为“员工社保代扣计算”，将各项目填入工作表中，制作员工社保代扣表结构。

社保个人代扣金额

员工姓名	养老保险	医疗保险	失业保险	工伤保险

员工社保代扣计算

2 计算养老保险扣款金额

❶选择C3:C15单元格区域，在编辑栏中输入“=5400*8%”公式，❷按【Ctrl+Enter】组合键计算出员工的养老保险扣款金额。

=5400*8%　❶输入

社保个人代扣金额

员工姓名	养老保险	医疗保险	失业保险	工伤保险
	¥ 432.00			
	¥ 432.00			
	¥ 432.00			
	¥ 432.00			
	¥ 432.00			
	¥ 432.00			
	¥ 432.00			
	¥ 432.00			
	¥ 432.00			
	¥ 432.00			
	¥ 432.00			

❷计算

3 计算医疗保险扣款金额

❶选择D3:D15单元格区域，在编辑栏输入“=5400*2%”公式，❷按【Ctrl+Enter】组合键计算出员工医疗保险扣款金额。

=5400*2% ❶输入

B	C	D	E	F
社保个人代扣金额				
工姓名	养老保险	医疗保险	失业保险	工伤保险
	¥ 432.00	¥ 108.00		
	¥ 432.00	¥ 108.00		
	¥ 432.00	¥ 108.00		
	¥ 432.00	¥ 108.00	❷计算	
	¥ 432.00	¥ 108.00		

4 计算失业保险扣款金额

❶选择E3:E15单元格区域，在编辑栏中输入“=5400*0.4%”公式，❷按【Ctrl+Enter】组合键计算失业保险扣款金额。

=5400*0.4% ❶输入

B	C	D	E	F
社保个人代扣金额				
工姓名	养老保险	医疗保险	失业保险	工伤保险
	¥ 432.00	¥ 108.00	¥ 21.60	
	¥ 432.00	¥ 108.00	¥ 21.60	
	¥ 432.00	¥ 108.00	¥ 21.60	
	¥ 432.00	¥ 108.00	¥ 21.60	❷计算
	¥ 432.00	¥ 108.00	¥ 21.60	

5 填写工伤与生育保险

❶选择F3:G15单元格区域，在编辑栏中输入“0”，❷按【Ctrl+Enter】组合键完成工伤保险和生育保险金额的填写。

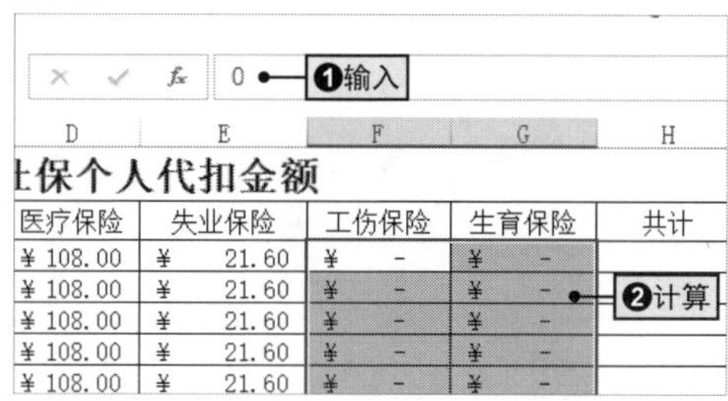

0 ❶输入

D	E	F	G	H
社保个人代扣金额				
医疗保险	失业保险	工伤保险	生育保险	共计
¥ 108.00	¥ 21.60	¥ -	¥ -	
¥ 108.00	¥ 21.60	¥ -	¥ -	❷计算
¥ 108.00	¥ 21.60	¥ -	¥ -	
¥ 108.00	¥ 21.60	¥ -	¥ -	
¥ 108.00	¥ 21.60	¥ -	¥ -	

6 计算扣款合计数据

❶选择H3:H15单元格区域，在编辑栏中输入“=SUM(C3:G3)”公式，❷按【Ctrl+Enter】组合键计算扣款合计数据。

=SUM(C3:G3) ❶输入

D	E	F	G	H
社保个人代扣金额				
医疗保险	失业保险	工伤保险	生育保险	共计
¥ 108.00	¥ 21.60	¥ -	¥ -	¥ 561.60
¥ 108.00	¥ 21.60	¥ -	¥ -	¥ 561.60
¥ 108.00	¥ 21.60	¥ -		¥ 561.60
¥ 108.00	¥ 21.60	¥ -	❷计算	¥ 561.60
¥ 108.00	¥ 21.60	¥ -	¥ -	¥ 561.60
¥ 108.00	¥ 21.60	¥ -	¥ -	¥ 561.60

通过如上几个步骤即可完成社保代扣表结构的设计，在其中输入员工的编号和姓名后完成社保代扣表的制作，其最终效果如图7-2所示。

	A	B	C	D	E	F	G	H
1	社保个人代扣金额							
2	员工编号	员工姓名	养老保险	医疗保险	失业保险	工伤保险	生育保险	共计
3	QD001	孙力伟	¥ 432.00	¥ 108.00	¥ 21.60	¥ -	¥ -	¥ 561.60
4	QD002	王长贵	¥ 432.00	¥ 108.00	¥ 21.60	¥ -	¥ -	¥ 561.60
5	QD003	章静	¥ 432.00	¥ 108.00	¥ 21.60	¥ -	¥ -	¥ 561.60
6	QD004	艾丽娅	¥ 432.00	¥ 108.00	¥ 21.60	¥ -	¥ -	¥ 561.60
7	QD005	李建	¥ 432.00	¥ 108.00	¥ 21.60	¥ -	¥ -	¥ 561.60
8	QD006	谢刚	¥ 432.00	¥ 108.00	¥ 21.60	¥ -	¥ -	¥ 561.60
9	QD007	陈云平	¥ 432.00	¥ 108.00	¥ 21.60	¥ -	¥ -	¥ 561.60
10	QD008	马伊丽	¥ 432.00	¥ 108.00	¥ 21.60	¥ -	¥ -	¥ 561.60
11	QD009	邓谦	¥ 432.00	¥ 108.00	¥ 21.60	¥ -	¥ -	¥ 561.60
12	QD010	张朋	¥ 432.00	¥ 108.00	¥ 21.60	¥ -	¥ -	¥ 561.60
13	QD011	夏雨	¥ 432.00	¥ 108.00	¥ 21.60	¥ -	¥ -	¥ 561.60
14	QD012	杜鹃	¥ 432.00	¥ 108.00	¥ 21.60	¥ -	¥ -	¥ 561.60
15	QD013	王利允	¥ 432.00	¥ 108.00	¥ 21.60	¥ -	¥ -	¥ 561.60

员工社保代扣计算

图7-2

自动求和功能的应用

在Excel中，如果结果单元格的数据是其左侧连续所有列的数值求和，或者其上方连续所有行的数值求和，此时可以使用自动求和功能快速完成求和计算，其具体操作是：

选择保存计算结果的单元格或单元格区域，直接单击“公式”选项卡“函数库”组中的“自动求和”按钮，程序自动添加求和公式，并完成数据的计算，如图7-3所示。

员工编号	员工姓名	养老保险	医疗保险	失业保险	工伤保险	生育保险	共计
QD001	孙力伟	¥ 432.00	¥ 108.00	¥ 21.60	¥ -	¥ -	¥ 561.60
QD002	王长贵	¥ 432.00	¥ 108.00	¥ 21.60	¥ -	¥ -	¥ 561.60
QD003	章静	¥ 432.00	¥ 108.00	¥ 21.60	¥ -	¥ -	¥ 561.60
QD004	艾丽垭	¥ 432.00	¥ 108.00	¥ 21.60	¥ -	¥ -	¥ 561.60
QD005	李建	¥ 432.00	¥ 108.00	¥ 21.60	¥ -	¥ -	¥ 561.60
QD006	谢刚	¥ 432.00	¥ 108.00	¥ 21.60	¥ -	¥ -	¥ 561.60
QD007	陈云平	¥ 432.00	¥ 108.00	¥ 21.60	¥ -	¥ -	¥ 561.60
QD008	马伊丽	¥ 432.00	¥ 108.00	¥ 21.60	¥ -	¥ -	¥ 561.60
QD009	邓谦	¥ 432.00	¥ 108.00	¥ 21.60	¥ -	¥ -	¥ 561.60
QD010	张朋	¥ 432.00	¥ 108.00	¥ 21.60	¥ -	¥ -	¥ 561.60

图7-3

7.1.3 员工考勤表设计

为了规范公司考勤管理，提升员工的敬业精神，一般公司都会对员工进行考勤，对每天按时上下班的员工设有全勤奖，对于迟到、事假和病假的员工给予一定的扣款处罚。

某公司规定：员工当月没有缺勤状态，则奖励200元的全勤奖。迟到每次扣除50元、事假和病假每次扣除100元，现需要根据这些条件来设计自动计算员工当月考勤工资的考勤表。

要计算员工的考勤扣款金额，只需根据各个员工的考勤情况按照不同的扣款金额进行计算即可。下面具体讲解员工考勤表的设计及扣款计算过程。

>> 素材文件：素材\第7章\无

>> 效果文件：效果\第7章\员工考勤表.xlsx

1 制作表格结构

新建“员工考勤表”工作簿，将“Sheet1”工作表重命名为“考勤统计”，将各项目填入工作表中，制作员工考勤表结构。

员工考勤表				
员工姓名	迟到	事假	病假	全勤奖

2 计算全勤奖

❶选择F3:F22单元格区域，❷在编辑栏输入“=IF(AND(C3=0,D3=0,E3=0),200,0)”公式，按【Ctrl+Enter】组合键计算每个员工的全勤奖。

SUM ❷输入 =IF(AND(C3=0,D3=0,E3=0),200,0) ❶选择

迟到	事假	病假	全勤奖	迟到扣款	事
			, 200, 0)		

3 计算迟到扣款

❶选择G3:G22单元格区域，❷在编辑栏输入“=C3*50”公式，按【Ctrl+Enter】组合键计算出每个员工的迟到扣款。

SUM ❷输入 =C3*50 ❶选择

事假	病假	全勤奖	迟到扣款	事假扣款
			=C3*50	

4 计算事假扣款

❶选择H3:H22单元格区域，❷在编辑栏输入“=D3*100”公式，按【Ctrl+Enter】组合键计算出每个员工的事假扣款。

SUM ❷输入 =D3*100 ❶选择

事假	病假	全勤奖	迟到扣款	事假扣款
				=D3*100

5 计算病假扣款

❶选择I3:I22单元格区域，❷在编辑栏输入"=E3*100"公式，按【Ctrl+Enter】组合键计算出每个员工的病假扣款。

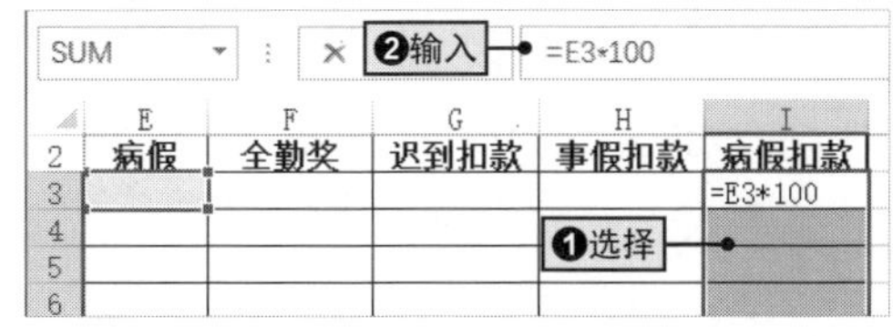

通过如上几个步骤即可完成考勤表的设计，当在其中填写员工的考勤数据后，程序会自动将各项考勤工资计算出来，其最终效果展示如图7-4所示。

员工考勤表								
员工编号	员工姓名	迟到	事假	病假	全勤奖	迟到扣款	事假扣款	病假扣款
DQQ001	孙力伟	0	0	0	¥ 200.00	¥ -	¥ -	¥ -
DQQ002	王长贵	0	1	0	¥ -	¥ -	¥ 100.00	¥ -
DQQ003	章静	2	0	0	¥ -	¥ 100.00	¥ -	¥ -
DQQ004	艾丽垭	0	0	1	¥ -	¥ -	¥ -	¥ 100.00
DQQ005	李建	1	0	0	¥ -	¥ 50.00	¥ -	¥ -
DQQ006	谢刚	0	2	0	¥ -	¥ -	¥ 200.00	¥ -
DQQ007	陈云平	3	0	0	¥ -	¥ 150.00	¥ -	¥ -
DQQ008	马伊丽	0	0	1	¥ -	¥ -	¥ -	¥ 100.00
DQQ009	邓谦	1	0	0	¥ -	¥ 50.00	¥ -	¥ -
DQQ010	张朋	0	1	0	¥ -	¥ -	¥ 100.00	¥ -
DQQ011	夏雨	0	0	0	¥ 200.00	¥ -	¥ -	¥ -
DQQ012	杜鹃	2	0	0	¥ -	¥ 100.00	¥ -	¥ -
DQQ013	王利允	0	0	1	¥ -	¥ -	¥ -	¥ 100.00

图7-4

7.2 薪资数据的计算

薪资数据的计算与管理是大部分财务人员都可能会接触到的工作内容，在Excel中运用公式和函数可以非常方便地完成各种复杂的运算。

7.2.1 根据绩效考核计算奖金

绩效奖金也称一次性奖金，是根据员工的绩效考核结果给予的一次性奖励。企业具体需拿出整个工资水平的多少作为考核，还需根据工资具体金额、考核的力度、与被考核员工的可接受程度等因素进行综合考量。

某公司规定，从员工的基本工资中提取15%作为绩效基数，再根据员工绩效考核成绩计算员工奖金（绩效考核成绩低于98分没有奖金）。在本例中将用到以下公式计算相应的数据：

绩效奖金总额＝所有员工的绩效基数×绩效评价汇总系数（假设该值为1.2）

个人当月奖金基数＝以考评的绩效分数作为系数×个人绩效基数

个人绩效系数＝个人当月奖金基数/当月总的奖金基数

实得奖金＝个人绩效系数×绩效奖金总额

在Excel中，可以根据公式先计算出各个员工的绩效基数，根据各员工的绩效基数利用SUM()函数计算出绩效奖金总额，然后利用IF()函数计算出员工个人当月奖金基数，最后使用ROUND()函数计算出基数占奖金的比重。

下面具体介绍计算员工绩效奖金的方法，其具体操作如下。

>> 素材文件：素材\第7章\员工奖金核算表.xlsx

>> 效果文件：效果\第7章\员工奖金核算表.xlsx

1 计算绩效基数

❶打开素材文件，选择D3:D17单元格区域，在编辑栏中输入“=C3*15%”公式，❷按【Ctrl+Enter】组合键计算绩效基数。

D4 ❶输入 =C4*15%

	A	B	C	D	E
2	编号	姓名	基本工资	绩效基数	假勤考评
3	QD001	张薇	¥ 6,000.00	¥ 900.00	29.1
4	QD002	张伟	¥ 5,000.00	¥ 750.00	28.9
5	QD003	章朗	¥ 5,000.00	¥ 750.00	28.9
6	QD004	艾瑞	¥ 3,500.00	¥ 525.00	29.5
7	QD005	李建	¥	¥ 525.00	29.5
8	QD006	程刚	¥ 3,000.00	¥ 450.00	29.5
9	QD007	陈云平	¥ 3,000.00	¥ 450.00	29.9
10	QD008	赵鹏	¥ 3,000.00	¥ 450.00	29.1
11	QD009	邓谦	¥ 3,000.00	¥ 450.00	29.7
12	QD010	张朋	¥ 3,000.00	¥ 450.00	29
13	QD011	夏雨	¥ 3,000.00	¥ 450.00	29.3
14	QD012	杜鹃	¥ 3,000.00	¥ 450.00	29.1

❷计算

2 计算绩效奖金总额

❶选择D18单元格，在编辑栏中输入“=SUM(D3:D17)*1.2”公式，❷按【Ctrl+Enter】组合键计算绩效奖金总额。

D18 ❶输入 =SUM(D3:D17)*1.2

	A	B	C	D	E
4	QD002	张伟	¥ 5,000.00	¥ 750.00	28.9
5	QD003	章朗	¥ 5,000.00	¥ 750.00	28.9
6	QD004	艾瑞	¥ 3,500.00	¥ 525.00	29.5
7	QD005	李建	¥ 3,500.00	¥ 525.00	29.5
8	QD006	程刚	¥ 3,000.00	¥ 450.00	29.5
9	QD007	陈云平	¥ 3,000.00	¥ 450.00	29.9
10	QD008	赵鹏	¥ 3,000.00	¥ 450.00	29.1
11	QD009	邓谦	¥ 3,000.00	¥ 450.00	29.7
12	QD010	张朋	¥ 3,000.00	¥ 450.00	29
13	QD011	夏雨	¥ 3,000.00	¥ 450.00	29.3
14	QD012	杜鹃	¥ 3,000.00	¥ 450.00	29.1
15	QD013	王利允	¥ 3,000.00	¥ 450.00	30.8
16	QD014	孙曦	¥ 3,000.00	¥ 450.00	29.5
17	QD015	展兆熙	¥ 3,000.00	¥ 450.00	28.9
18			❷计算	¥ 9,540.00	

3 计算个人当月奖金基数

❶选择I3:I17单元格区域，在编辑栏中输入“=IF(H3>=98,D3*H3%,0)”公式，❷按【Ctrl+Enter】组合键计算个人当月奖金基数，并在I18单元格对当月的奖金基数进行求和。

I3 ❶输入 =IF(H3>=98,D3*H3%,0)

	E	F	G	H	I
2	假勤考评	工作能力	工作表现	绩效总分	98分以上人员当月奖金基数
3	29.1	37	35.5	101.6	914.4
4	28.9	34.6	33.5	97	0
5	28.9	35.9	35.9	100.7	755.25
6	29.5	34.3	33.9	97.7	0
7	29.5	35.7	33.8	99	519.75
8	29.5	34.8	33.7	98	441
9	29.9	31.7	35.2	[illegible].8	0
10	29.1	31.3	33	93.4	0

❷计算

4 计算基数占总奖金比重

❶选择J3:J17单元格区域，在编辑栏中输入“=ROUND(I3/$I$18,2)”公式，❷按【Ctrl+Enter】组合键计算基数占总奖金比重。

=ROUND(I3/$I$18,2)

❶输入

工作表现	绩效总分	98分以上人员当月奖金基数	基数占总奖金比重	实得奖金
35.5	101.6	914.4	19.00%	
33.5	97	0	0%	
35.9	100.7	755.25	16%	
33.9	97.7	0	0%	
33.8	99	519.75	11%	
33.7	98	441	9%	
35.2	96.8	0	0%	
33	93.4	0	0%	
34.7	98.8	444.6	9%	
35	99	445.5	9%	
35	97.2	0	0%	
35.5	96.6	0	0%	

❷计算

5 计算实得奖金

❶选择K3:K17单元格区域，在编辑栏中输入“=J3*$D$18”公式，❷按【Ctrl+Enter】组合键计算每位员工的实得奖金。

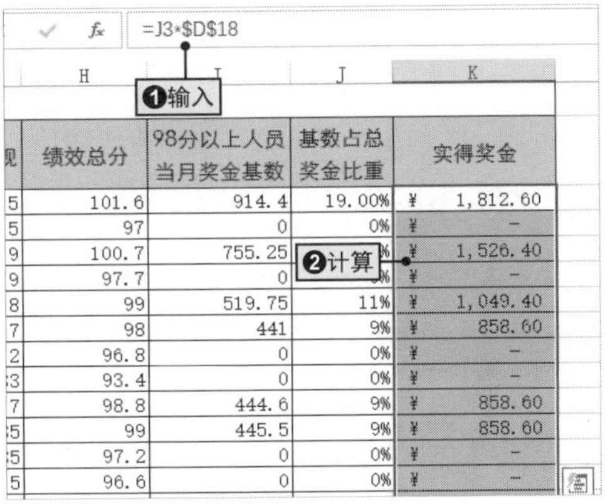

=J3*$D$18

❶输入

绩效总分	98分以上人员当月奖金基数	基数占总奖金比重	实得奖金
101.6	914.4	19.00%	¥ 1,812.60
97	0	0%	¥ -
100.7	755.25		¥ 1,526.40
97.7	0		¥ -
99	519.75	11%	¥ 1,049.40
98	441	9%	¥ 858.60
96.8	0	0%	¥ -
93.4	0	0%	¥ -
98.8	444.6	9%	¥ 858.60
99	445.5	9%	¥ 858.60
97.2	0	0%	¥ -
96.6	0	0%	¥ -

❷计算

通过如上几个步骤即可根据各个员工的绩效考核成绩计算出其奖金金额，其最终效果展示如图7-5所示。

绩效奖金计算表

编号	姓名	基本工资	绩效基数	假勤考评	工作能力	工作表现	绩效总分	98分以上人员当月奖金基数	基数占总奖金比重	实得奖金
QD001	张薇	¥ 6,000.00	¥ 900.00	29.1	37	35.5	101.6	914.4	19.00%	¥ 1,812.60
QD002	张伟	¥ 5,000.00	¥ 750.00	28.9	34.6	33.5	97	0	0%	¥ -
QD003	章朗	¥ 5,000.00	¥ 750.00	28.9	35.9	35.9	100.7	755.25	16%	¥ 1,526.40
QD004	艾瑞	¥ 3,500.00	¥ 525.00	29.5	34.3	33.9	97.7	0	0%	¥ -
QD005	李建	¥ 3,500.00	¥ 525.00	29.5	35.7	33.8	99	519.75	11%	¥ 1,049.40
QD006	程刚	¥ 3,000.00	¥ 450.00	29.5	34.8	33.7	98	441	9%	¥ 858.60
QD007	陈云平	¥ 3,000.00	¥ 450.00	29.9	31.7	35.2	96.8	0	0%	¥ -
QD008	赵鹏	¥ 3,000.00	¥ 450.00	29.1	31.3	33	93.4	0	0%	¥ -
QD009	邓谦	¥ 3,000.00	¥ 450.00	29.7	34.4	34.7	98.8	444.6	9%	¥ 858.60
QD010	张朋	¥ 3,000.00	¥ 450.00	29	35	35	99	445.5	9%	¥ 858.60
QD011	夏雨	¥ 3,000.00	¥ 450.00	29.3	32.9	35	97.2	0	0%	¥ -
QD012	杜鹃	¥ 3,000.00	¥ 450.00	29.1	32	35.5	96.6	0	0%	¥ -
QD013	王利允	¥ 3,000.00	¥ 450.00	30.8	33.1	34.5	98.4	442.8	9%	¥ 858.60
QD014	孙曦	¥ 3,000.00	¥ 450.00	29.5	35	33.8	98.3	442.35	9%	¥ 858.60
QD015	展兆熙	¥ 3,000.00	¥ 450.00	28.9	34.9	35.4	99.2	446.4	9%	¥ 858.60
			¥ 9,540.00					4852.05		

Sheet1　Sheet2　Sheet3

图7-5

7.2.2　提取出生日期计算生日补助

某公司为了关心和激励员工，对当月过生日的员工会发放生日补助300元，而员工的生日日期，则可以在员工信息表中根据员工的身份证号码来提取。

我们知道，二代身份证号码共有18位，其中前面6位为籍贯，第7、8、9、10位为出生年份（4位数），第11位和第12位为出生月份，第13位和14位代表出生日期，第17位代表性别，奇数为男，偶数为女。

在Excel中，可以利用MID()函数返回身份证号码中的出生月份数据，然后利用LEFT()函数获取工资核算月份中左侧的第一个数据，让其与身份证号码中提取的月份进行匹配，如果相等，则当月为该员工发放生日补助300元。

现已经将本例提供的相关数据记录到“员工生日补助”工作表中，下面具体介绍提取员工生日并计算对应的生日补助的方法，其具体操作如下。

>> 素材文件：素材\第7章\员工生日补助.xlsx

>> 效果文件：效果\第7章\员工生日补助.xlsx

1 输入计算公式

❶打开素材文件，在员工生日补助工作表选择D3:D22单元格区域，❷在编辑栏输入“=IF(IF(LEFT(MID(员工信息表!D3,11,2),1)="0",RIGHT(MID(员工信息表!D3,11,2),1),MID(员工信息表!D3,11,2))=LEFT($B$1,1),300,0)”公式。

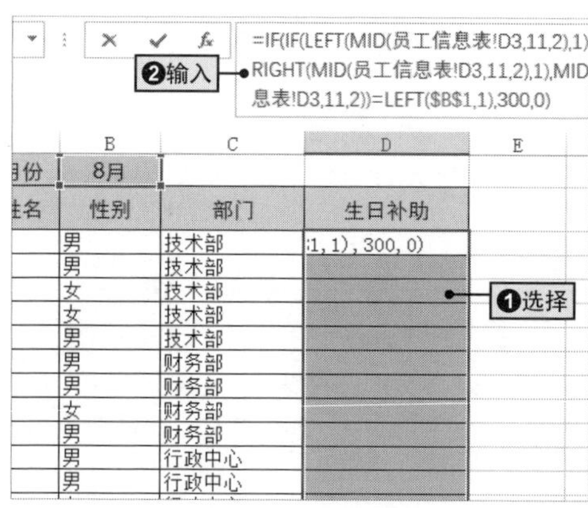

2 计算所有员工生日补助

按【Ctrl+Enter】组合键确认输入的公式，程序自动核算每位员工当月是否有生日补助，以及对应的生日补助金额。

	A	B	C	D
1	核算月份	8月		
2	员工姓名	性别	部门	生日补助
3	孙力伟	男	技术部	¥ -
4	王长贵	男	技术部	¥ 300.00
5	章静	女	技术部	¥ -
6	艾丽娅	女	技术部	¥ -
7	李建	男	技术部	¥ -
8	谢刚	男	财务部	¥ 300.00
9	陈云平	男	财务部	¥ -
10	马伊丽	女	财务部	¥ -
11	邓谦	男	财务部	¥ -
12	张朋	男	行政中心	¥ -
13	夏雨	男	行政中心	¥ -
14	杜鹃	女	行政中心	¥ 300.00
15	王利允	男	行政中心	¥ -
16	孙曦	女	行政中心	¥ -
17	展兆熙	男	行政中心	¥ -
18	谢许先	男	销售部	¥ -
19	杨阳	女	销售部	¥ -
20	李菊	女	销售部	¥ 300.00
21	张义德	男	销售部	¥ -
22	汪海军	男	销售部	¥ -

计算

7.2.3 根据工龄计算年限工资

现如今，许多企业为了防止人才流失，保证企业的稳定性，都会设立年限工资，即根据员工入职时间得到额外的工资。某公司规定，员工工作满一年后即可根据工龄领取100元/年的年限工资，现要计算该公司各员工的年限工资分别为多少。

在本例中，要计算年限工资，首先需要计算工作年限，即用当前的工资结算时间的年数减去入职时间的年数，如果入职时间的月份和日期大于当前时间的月份和日期，则再减去1，然后用计算出的工作年限乘以每满一年的年限奖金100即可。

在Excel中，日期和时间是以数值方式存储的，且具有连续性，因此日期实际上就是一个“系列编号”，在本例中可以使用YEAR()函数、MONTH()函数、DAY()函数和DATE()函数来获取指定日期。

现已经将本例提供的相关数据记录到“员工年限工资计算”工作簿中，下面具体介绍计算年限工资的方法，其具体操作如下。

>> 素材文件：素材\第7章\员工年限工资计算.xlsx

>> 效果文件：效果\第7章\员工年限工资计算.xlsx

1 计算第一个员工年限工资

❶打开素材文件，在员工工资表中选择E4单元格，在编辑栏输入“=(YEAR($C$2)-YEAR(员工信息表!G3)-IF(员工信息表!G3>=DATE(YEAR(员工信息表!G3),MONTH($C$2),DAY($C$2)),1,0))*100”公式，❷按【Ctrl+Enter】组合键计算该员工的年限工资。

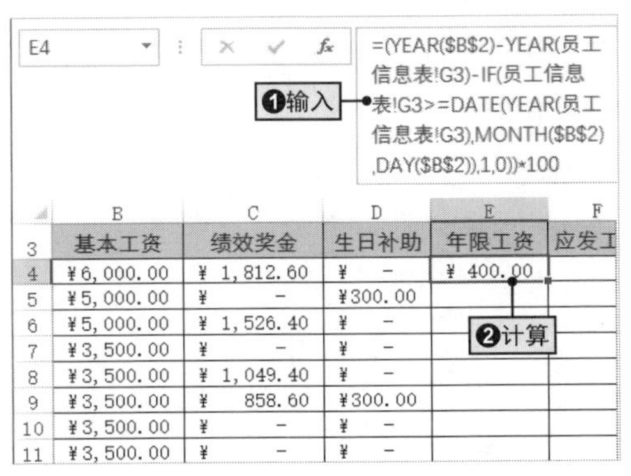

2 计算所有员工年限工资

选择E4单元格，使用控制柄将该单元格中的公式复制到E5:E23单元格区域，计算所有员工的年限工资。

E4　=(YEAR($B$2)-YEAR(员工

	B	C	D	E
2	2019/8/2			
3	基本工资	绩效奖金	生日补助	年限工资
4	¥6,000.00	¥ 1,812.60	¥ -	¥ 400.00
5	¥5,000.00	¥ -	¥300.00	¥ 500.00
6	¥5,000.00	¥ 1,526.40	¥ -	¥ 700.00
7	¥3,500.00	¥ -	[illegible]	¥ 300.00
8	¥3,500.00	¥ 1,049.40	¥ -	¥ 500.00
9	¥3,500.00	¥ 858.60	¥300.00	¥ 400.00
10	¥3,500.00	¥ -	¥ -	¥ 300.00
11	¥3,500.00	¥ -	¥ -	¥ 500.00
12	¥3,500.00	¥ 858.60	¥ -	¥ 100.00
13	¥3,500.00	¥ 858.60	¥ -	¥ 300.00
14	¥3,500.00	¥ -	¥ -	¥ 100.00
15	¥3,500.00	¥ -	¥300.00	¥ 200.00
16	¥3,500.00	¥ 858.60	¥ -	¥ 200.00
17	¥3,500.00	¥ 858.60	¥ -	¥ 300.00
18	¥3,500.00	¥ 858.60	¥ -	¥ 500.00
19	¥3,500.00	¥ 858.60	¥ -	¥ 800.00
20	¥3,500.00	¥ 858.60	¥ -	¥ 200.00

填充

员工信息表　员工工资表

知识点讲解

了解Excel中的日期系统

Excel支持1900年日期系统和1904年日期系统。

- 1900年日期系统支持1900年1月1日到9999年12月31日范围的日期，其中1900年1月1日的日期系列编号为1，9999年12月31日的日期系列编号为2958465。
- 1904年日期系统支持1904年1月1日到9999年12月31日范围的日期，其中1904年1月1日的日期系列编号为0，9999年12月31日的日期系列编号为2957003。因此在涉及与日期有关的计算时，必须先确定使用的是哪种日期系统。默认状态下，采用的是1900年日期系统。

YEAR()函数的使用

YEAR()函数用来返回一个序列数所代表的日期的年份数，其语法结构为：YEAR(serial_number)，其中，serial_number参数用于指定将要计算其年份数的日期。

MONTH()函数的使用

MONTH()函数用来返回一个月份数，其值为1～12的整数。其语法结构为：MONTH(serial_number)，其中，serial_number参数用于指定将要计算其月份数的日期。

DAY()函数的使用

DAY()函数用来返回一个序列数所代表的日期在当月的天数。其语法结构为：DAY(serial_number)，其中，serial_number参数用于指定要计算当月天数的日期。

DATE()函数的使用

DATE()函数用来返回特定日期的系列数，其语法结构为：DATE（year,month,day），各参数意义如下所示。

- year：表示年份，在1900年日期系统中，如果year参数值位于0和1899年之间，则Excel将自动在年份上加上1900再进行计算。如果year参数值小于0或大于等于10000，则函数将返回错误值#NUM！。
- month：表示月份，如果month大于12，系统将从指定年份的一月份开始往上加，推算出确切的月份。如果month等于或小于0，则系统会从指定年份的上一年的12月开始往下减，推算出确切的月份。

◆ day：表示天，如果day大于该月份的最大天数，将从指定月份的第一天开始往上累加，推算出确切的月份和日。如果day小于或等于0，则系统将从指定月份的前一月的最后一天开始往下减，推算出确切的月份和日。

7.2.4 根据应发工资计算员工个人所得税和实发工资

根据国家规定，个人月收入超出规定的金额后，应依法缴纳一定数量的个人所得税。但不同的城市根据人均收入水平的不同，个人缴纳的所得税也不尽相同。

下面以5000元作为个人所得税的起征点，超过5000元的则根据超出额的多少按如图7-6所示的税率速查表进行计算，现需要根据该表计算员工应缴纳的个人所得税。

税率速查表

应税所得额	适用税率	速算扣除数
0~3000	3%	0
3001~12000	10%	210
12001~25000	20%	1410
25001~35000	25%	2660
35001~55000	30%	4410
55001~80000	35%	7160
> 80000	45%	15160

图7-6

在Excel中，个人所得税可以通过IF()函数从税率速查表中根据员工的应纳税所得额引用相对应的适用税率和速算扣除数来进行计算。

由于个人所得税的计算并不是按照一个固定的金额进行扣除，而是根据不同的应纳税所得额、不同的税率和速算扣除数进行超额累进税率。在本例中将用到以下公式计算相应的数据：

个人所得税=（应发工资-免征额）×适用税率-速算扣除数

实发工资＝应发工资-个人所得税

现已经将本例提供的相关数据记录到“员工工资个人所得税计算”工作簿中，下面具体介绍计算个人所得税与实发工资的方法，其具体操作如下。

>> 素材文件：素材\第7章\员工工资个人所得税计算.xlsx

>> 效果文件：效果\第7章\员工工资个人所得税计算.xlsx

1 计算员工个人所得税

❶打开素材文件，选择K4:K18单元格区域，在编辑栏中输入“=IF(J4-5000<0,0,IF(J4-5000<3000,0.03*(J4-5000)-0,IF(J4-5000<12000,0.1*(J4-5000)-210, IF(J4-5000<25000,0.2*(J4-5000)-1410,IF(J4-5000<35000,0.25*(J4-5000)-2660,IF(J4-5000<55000,0.3*(J4-5000)-4410,IF(J4-5000<80000,0.35*(J4-5000)-7160,IF(J4-5000>80000,0.45*(J4-5000)-15160))))))))”公式，❷按【Ctrl+Enter】组合键计算出所有员工的个人所得税。

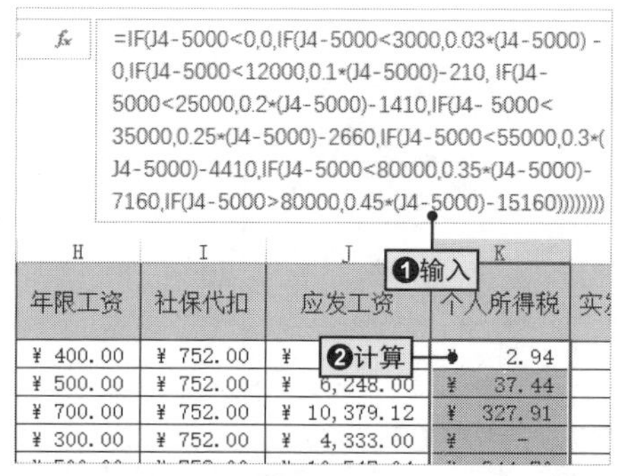

年限工资	社保代扣	应发工资	个人所得税	实发
¥ 400.00	¥ 752.00	¥	¥ 2.94	
¥ 500.00	¥ 752.00	¥ 6,248.00	¥ 37.44	
¥ 700.00	¥ 752.00	¥ 10,379.12	¥ 327.91	
¥ 300.00	¥ 752.00	¥ 4,333.00	¥ -	

2 计算员工实发工资

❶选择L4:L18单元格区域，在编辑栏中输入“=J4-K4”公式，❷按【Ctrl+Enter】组合键即可计算出每个员工的实发工资。

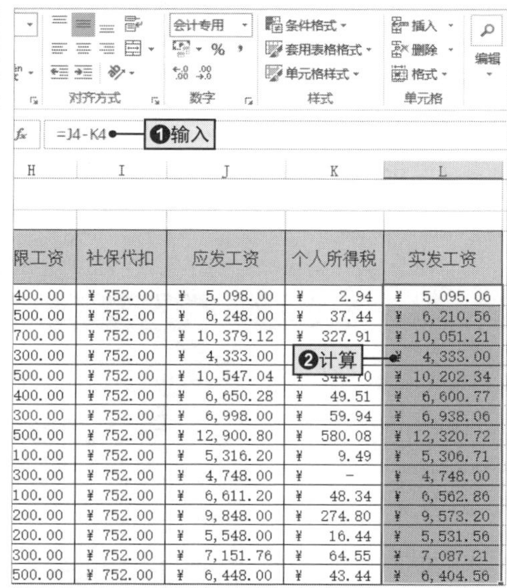

限工资	社保代扣	应发工资	个人所得税	实发工资
400.00	¥ 752.00	¥ 5,098.00	¥ 2.94	¥ 5,095.06
500.00	¥ 752.00	¥ 6,248.00	¥ 37.44	¥ 6,210.56
700.00	¥ 752.00	¥ 10,379.12	¥ 327.91	¥ 10,051.21
300.00	¥ 752.00	¥ 4,333.00		¥ 4,333.00
500.00	¥ 752.00	¥ 10,547.04	344.70	¥ 10,202.34
400.00	¥ 752.00	¥ 6,650.28	¥ 49.51	¥ 6,600.77
300.00	¥ 752.00	¥ 6,998.00	¥ 59.94	¥ 6,938.06
500.00	¥ 752.00	¥ 12,900.80	¥ 580.08	¥ 12,320.72
100.00	¥ 752.00	¥ 5,316.20	¥ 9.49	¥ 5,306.71
300.00	¥ 752.00	¥ 4,748.00	¥ -	¥ 4,748.00
100.00	¥ 752.00	¥ 6,611.20	¥ 48.34	¥ 6,562.86
200.00	¥ 752.00	¥ 9,848.00	¥ 274.80	¥ 9,573.20
200.00	¥ 752.00	¥ 5,548.00	¥ 16.44	¥ 5,531.56
300.00	¥ 752.00	¥ 7,151.76	¥ 64.55	¥ 7,087.21
500.00	¥ 752.00	¥ 6,448.00	¥ 43.44	¥ 6,404.56

TIP 本例中公式说明

在本例中，公式“=IF(J5-5000<0,0,IF(J5-5000<3000,0.03*(J5-5000) -0,IF(J5-5000<12000,0.1*(J5-5000)-210, IF(J5-5000<25000,0.2*(J5-5000)-1410,IF(J5-5000<35000,0.25*(J5-5000)-2660,IF(J5-5000<55000,0.3*(J5-5000)-4410,IF(J5-5000<80000,0.35*(J5-5000)-7160,IF(J5-5000>80000,0.45*(J5-5000)-15160))))))))”表示当应发工资减去起征点5 000后，如果小于3 000，则个税计算方式为其差值乘以对应的税率3%再减去对应的速算扣除数0即可得到该员工的个税额；如果大于3 000小于12 000，则个税计算方式为其差值乘以对应的税率10%再减去对应的速算扣除数210即可得到该员工的个税额，依次类推。

通过如上几个步骤即可完成对员工个人所得税以及实发工资的计算，其最终效果展示如图7-7所示。

员工工资计算

员工姓名	基本工资	提成	绩效奖金	补助	缺勤	年限工资	社保代扣	应发工资	个人所得税	实发工资
艾丽娅	¥ 3,500.00	¥ 2,000.00	¥ -	¥ -	¥ 50.00	¥ 400.00	¥ 752.00	¥ 5,098.00	¥ 2.94	¥ 5,095.06
陈云平	¥ 2,800.00	¥ 3,500.00	¥ -	¥ 200.00	¥ -	¥ 500.00	¥ 752.00	¥ 6,248.00	¥ 37.44	¥ 6,210.56
邓谦	¥ 2,500.00	¥ 7,000.00	¥ 981.12	¥ -	¥ 50.00	¥ 700.00	¥ 752.00	¥ 10,379.12	¥ 327.91	¥ 10,051.21
杜鹃	¥ 1,500.00	¥ 3,385.00	¥ -	¥ -	¥ 100.00	¥ 300.00	¥ 752.00	¥ 4,333.00	¥ -	¥ 4,333.00
李建	¥ 3,500.00	¥ 6,000.00	¥ 1,349.04	¥ -	¥ 50.00	¥ 500.00	¥ 752.00	¥ 10,547.04	¥ 344.70	¥ 10,202.34
李菊	¥ 1,500.00	¥ 5,089.08	¥ 613.20	¥ -	¥ 200.00	¥ 400.00	¥ 752.00	¥ 6,650.28	¥ 49.51	¥ 6,600.77
马伊丽	¥ 2,500.00	¥ 5,000.00	¥ -	¥ -	¥ 50.00	¥ 300.00	¥ 752.00	¥ 6,998.00	¥ 59.94	¥ 6,938.06
孙力伟	¥ 6,000.00	¥ 4,500.00	¥ 2,452.80	¥ 200.00	¥ -	¥ 500.00	¥ 752.00	¥ 12,900.80	¥ 580.08	¥ 12,320.72
孙曦	¥ 1,500.00	¥ 3,905.00	¥ 613.20	¥ -	¥ 50.00	¥ 100.00	¥ 752.00	¥ 5,316.20	¥ 9.49	¥ 5,306.71
汪海军	¥ 1,500.00	¥ 3,500.00	¥ -	¥ 200.00	¥ -	¥ 300.00	¥ 752.00	¥ 4,748.00	¥ -	¥ 4,748.00
王利允	¥ 1,500.00	¥ 5,200.00	¥ 613.20	¥ -	¥ 50.00	¥ 100.00	¥ 752.00	¥ 6,611.20	¥ 48.34	¥ 6,562.86
王长贵	¥ 5,000.00	¥ 5,200.00	¥ -	¥ 200.00	¥ -	¥ 200.00	¥ 752.00	¥ 9,848.00	¥ 274.80	¥ 9,573.20
夏雨	¥ 1,500.00	¥ 4,400.00	¥ -	¥ 200.00	¥ -	¥ 200.00	¥ 752.00	¥ 5,548.00	¥ 16.44	¥ 5,531.56
谢刚	¥ 2,800.00	¥ 3,800.00	¥ 1,103.76	¥ -	¥ 100.00	¥ 300.00	¥ 752.00	¥ 7,151.76	¥ 64.55	¥ 7,087.21
谢许先	¥ 1,500.00	¥ 5,000.00	¥ -	¥ 200.00	¥ -	¥ 500.00	¥ 752.00	¥ 6,448.00	¥ 43.44	¥ 6,404.56

图7-7

7.3 打印工资明细与工资条

在计算完工资明细数据后，为了让员工确认工资数额，还需对其进行打印，而打印之前则需要对数据格式、页面、页眉页脚等进行设置，确认无误后才能打印成工资条发放给员工。

7.3.1 打印整张工资明细表

某公司在完成工资明细表的制作后，需要将整张工资表打印出来，如图7-8所示。

结算日期：　2019/8/2

员工姓名	基本工资	提成	奖金	
刘伟	¥ 6,000.00	¥ 3,500.00	¥ 650.00	¥
刘贵	¥ 5,000.00	¥ 3,500.00	¥ 450.00	¥
章静	¥ 5,000.00	¥ 2,350.00	¥ 700.00	¥
艾丽娅	¥ 3,500.00	¥ 3,500.00	¥ 300.00	¥
李建	¥ 3,500.00	¥ 3,500.00	¥ 200.00	¥
谢刚	¥ 3,500.00	¥ 3,500.00	¥ -	¥
陈云平	¥ 3,500.00	¥ 3,562.00	¥ 150.00	¥
马伊丽	¥ 3,500.00	¥ 3,500.00	¥ 400.00	¥
邓谦	¥ 3,500.00	¥ 2,200.00	¥ 350.00	¥
张朋	¥ 3,500.00	¥ 3,500.00	¥ -	¥
夏雨	¥ 3,500.00	¥ 4,500.00	¥ 200.00	¥
杜鹃	¥ 3,500.00	¥ 2,500.00	¥ 200.00	¥
王利允	¥ 3,500.00	¥ 4,500.00	¥ 200.00	¥
孙曦	¥ 3,500.00	¥ 4,500.00	¥ 200.00	¥
展兆熙	¥ 3,500.00	¥ 4,500.00	¥ 200.00	¥

年限工资	社保代扣	应发工资	个税扣除	实发工资
¥ 400.00	¥752.00	¥ 9,998.00	¥ 289.80	¥ 9,708.20
¥ 500.00	¥752.00	¥ 8,548.00	¥ 144.80	¥ 8,403.20
¥ 700.00	¥752.00	¥ 7,898.00	¥ 86.94	¥ 7,811.06
¥ 300.00	¥752.00	¥ 6,748.00	¥ 52.44	¥ 6,695.56
¥ 500.00	¥752.00	¥ 7,148.00	¥ 64.44	¥ 7,083.56
¥ 400.00	¥752.00	¥ 6,548.00	¥ 46.44	¥ 6,501.56
¥ 300.00	¥752.00	¥ 6,610.00	¥ 48.30	¥ 6,561.70
¥ 500.00	¥752.00	¥ 6,998.00	¥ 59.94	¥ 6,938.06
¥ 100.00	¥752.00	¥ 5,348.00	¥ 10.44	¥ 5,337.56
¥ 300.00	¥752.00	¥ 6,748.00	¥ 52.44	¥ 6,695.56
¥ 100.00	¥752.00	¥ 7,348.00	¥ 70.44	¥ 7,277.56
¥ 200.00	¥752.00	¥ 5,598.00	¥ 17.94	¥ 5,580.06
¥ 200.00	¥752.00	¥ 7,598.00	¥ 77.94	¥ 7,520.06
¥ 300.00	¥752.00	¥ 7,948.00	¥ 88.44	¥ 7,859.56
¥ 500.00	¥752.00	¥ 7,848.00	¥ 85.44	¥ 7,762.56

图7-8

从上图可以看到，打印结果将会将工资数据显示在两页上，阅读极为不方便。对于上述问题，为了方便查阅工资表中的相应数据，可将整张工资明细表中的每条记录打印在一张纸上，但是工资明细表中包含的数据较多，必须先设置页面的纸张方向为“横向”，缩放比例调整为“1页纸宽和1页纸高”，然后调整页边距，完成后即可打印工作表。

下面以打印“打印工资表”工作簿中的“员工工资表”工作表为例，介绍打印整张工资表的方法，具体如下。

>> 素材文件：素材\第7章\打印工资表.xlsx

>> 效果文件：效果\第7章\打印工资表.xlsx

1 单击超链接

❶打开素材文件，切换到“员工工资表”工作表，在“文件”选项卡中单击“打印”选项卡，❷在窗口中间的“设置”栏下方单击“页面设置”超链接。

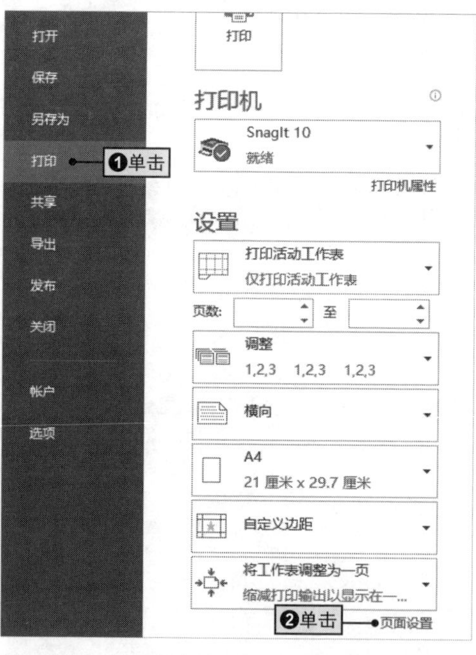

2 设置页面方向与缩放比例

❶在打开的“页面设置”对话框“页面”选项卡的“方向”栏中选中“横向”单选按钮，❷在“缩放”栏中选中“调整为”单选按钮，❸单击“确定”按钮。

3 设置页边距

❶单击“页边距”选项卡，❷在“左”和“右”的数值框中输入数据“0.7”，❸在“居中方式”栏中选中“水平”和“垂直”复选框。

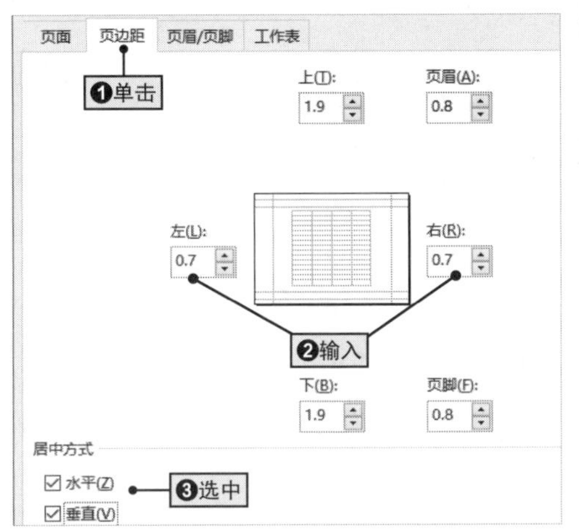

4 打印工作表

单击“确定”按钮，返回打印预览窗口，单击“打印”按钮开始打印当前工作表。

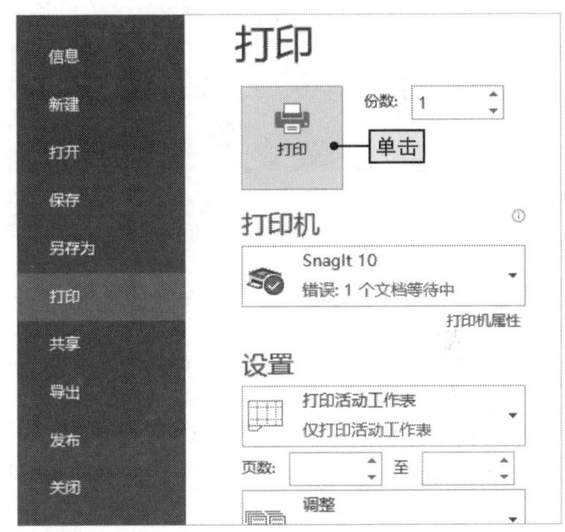

知识点讲解

重复打印表头

如果工资明细表的记录很多，同一个表格需要打印多页，这时可使用重复打印表格标题的功能使打印表格的每一页都有同样的表头，其操作是：在打开的“页面设置”对话框中单击“工作表”选项卡，在“打印标题”栏中的“顶端标题行”参数框中输入标题行的单元格地址，如图7-9所示，最后单击“确定”按钮完成操作。

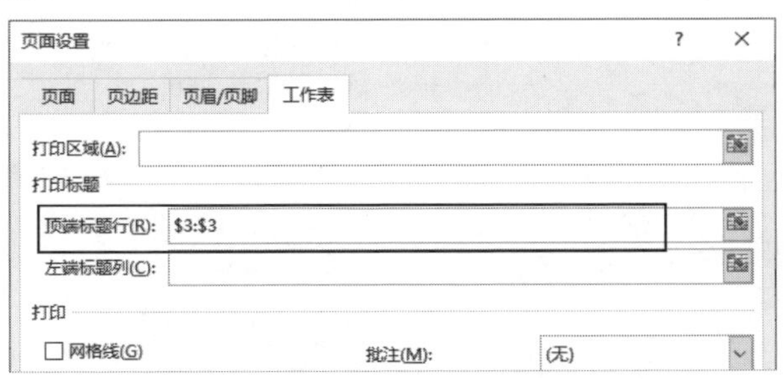

图7-9

7.3.2 制作员工工资条

在工资核算完成后，通常都会打印成工资条，以方便每位员工核对自己的工资。通常可以采用排序和筛选功能制作工资条和通过定位空行功能制作工资条两种方法实现。现已将本例提供的相关数据记录到“制作工资条”工作簿中，下面分别介绍制作工资条的方法，其具体操作如下。

>> 素材文件：素材\第7章\制作工资条.xlsx

>> 效果文件：效果\第7章\制作工资条.xlsx

1 使用排序和筛选功能制作工资条

1 复制并粘贴数据

打开素材文件，选择第3行工资数据项目，右击选择“复制”命令，选择24~42行，将复制的数据粘贴到24~42行。

	A	B	C	D
22	张义德	¥ 3,500.00	¥ 3,400.00	¥ 300.00
23	汪海军	¥ 3,500.00	¥ 4,500.00	¥ 300.00
24	员工姓名	基本工资	提成	奖金
25	员工姓名	基本工资	提成	奖金
26	员工姓名	基本工资	提成	奖金
27	员工姓名	基本工资	提成	奖金
28	员工姓名	基本工资	提成	奖金
29	员工姓名	基本工资	提成	奖金
30	员工姓名	基本工资	提成	奖金
31	员工姓名	基本工资	提成	奖金

粘贴

2 插入列并输入序号

❶在A列的前面插入1列，❷从A4单元格开始依次输入1、3、5、7，❸选择A4:A7单元格区域，使用拖动控制柄的方法快速填充数据至A23位置。

	A	B	C	D
1				
2		结算日期:	2019/8/2	
3		员工姓名	基本工资	提成
4	1	刘伟	¥ 6,000.00	¥ 3,500.00
5	3	刘[illegible]	¥ 5,000.00	¥ 3,500.00
6	5	章静	¥ 5,000.00	¥ 2,350.00
7	7	艾丽娅	¥ 3,500.00	¥ 3,500.00
8		[illegible]	¥ 3,500.00	¥ 3,500.00
9		[illegible]刚	¥ 3,500.00	¥ 3,500.00
10		[illegible]	¥ 3,500.00	¥ 3,562.00
11		马[illegible]	¥ 3,500.00	¥ 3,500.00
12		邓谦	¥ 3,500.00	¥ 2,200.00

❶插入 ❷输入 ❸拖动

3 输入并填充数据

❶从A24单元格开始依次输入2、4、6、8。❷选择A24:A27单元格区域，双击控制柄即可填充数据至A42单元格。

	A	B	C	D
14	21	夏雨	¥ 3,500.00	¥ 4,500.00
15	23	杜鹃	¥ 3,500.00	¥ 2,500.00
16	25	王利允	¥ 3,500.00	¥ 4,500.00
17	27	孙曦	¥ 3,500.00	¥ 4,500.00
18	29	展兆熙	¥ 3,500.00	¥ 4,500.00
19	31	谢许先	¥ 3,500.00	¥ 2,800.00
20	33	杨阳	¥ 3,500.00	¥ 4,500.00
21	35	李菊	¥ 3,500.00	¥ 4,500.00
22	37	张义德	¥ 3,500.00	¥ 3,400.00
23	39	汪海军	¥ 3,500.00	¥ 4,500.00
24	2	员工姓名	基本工资	提成
25	4	[illegible]	基本工资	提成
26	6	员工姓名	基本工资	提成
27	8	员工姓名	基本工资	提成
28		[illegible]	基本工资	提成

❶输入 ❷双击

4 添加筛选按钮

❶选择A3:M42单元格区域，❷单击“数据”选项卡，❸在“排序和筛选”组单击“筛选”按钮为数据列添加筛选按钮。

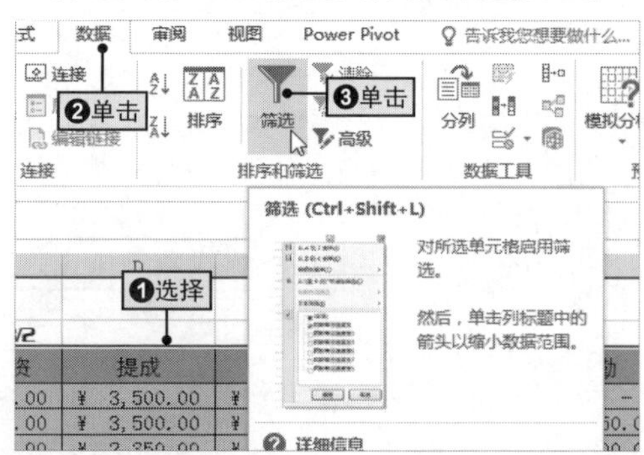

5 进行升序排列

❶选择A3单元格，在该单元格右下角单击倒三角按钮，❷在弹出的筛选面板中选择“升序”选项。

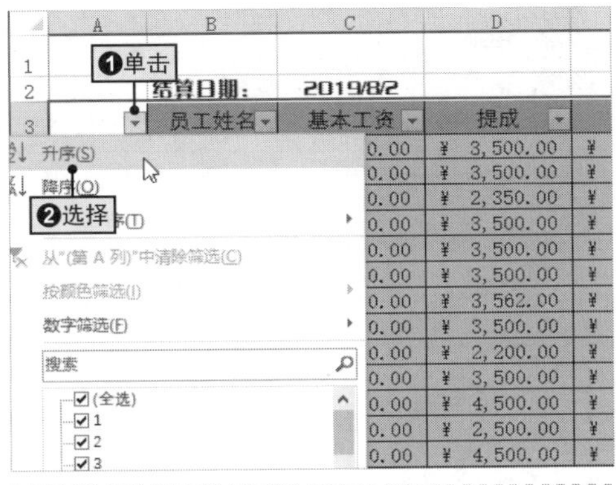

6 删除多余列

❶选择A列，在“开始”选项卡“单元格”组中单击“删除”下拉按钮，❷选择“删除工作表列”命令删除该列，最后退出筛选状态即可。

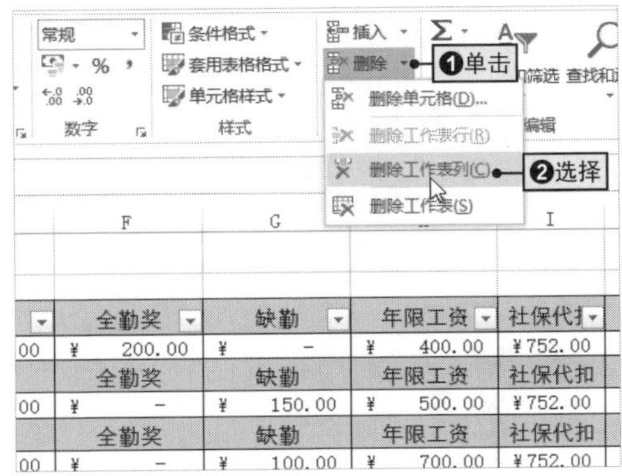

2 通过定位空行制作工资条

1 输入与填充数据

❶打开素材文件，在工资明细项目的右侧两列中交叉输入任意数字（为使用定位条件功能方便选择“空位”空值，所以数字可任意输入），❷选择交叉的4个单元格，双击控制柄填充至最后一行。

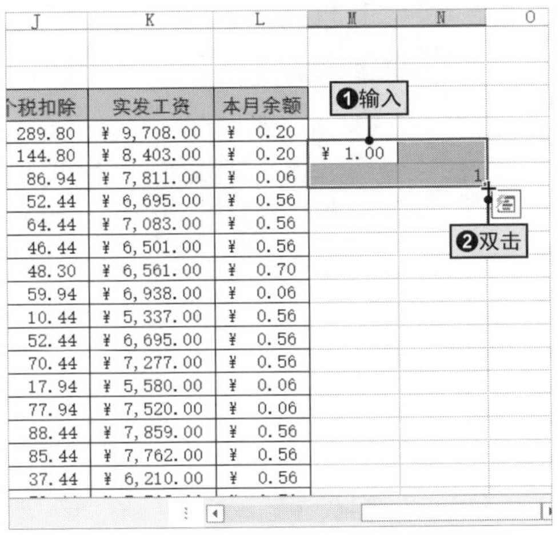

2 选中“空值”单选按钮

❶在“开始”选项卡“编辑”组单击“查找与选择”下拉按钮，选择“定位条件”命令打开“定位条件”对话框，选中“空值”单选按钮，❷单击“确定”按钮。

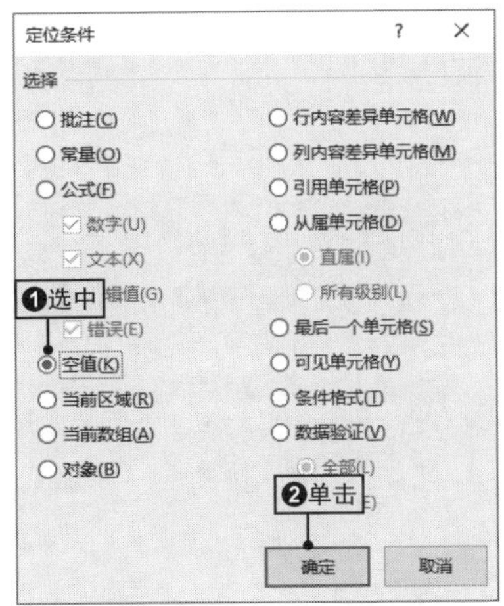

3 插入空白行

❶在“开始”选项卡“单元格”组中单击“插入”下拉按钮，❷选择“插入工作表行”选项间隔插入空白行。

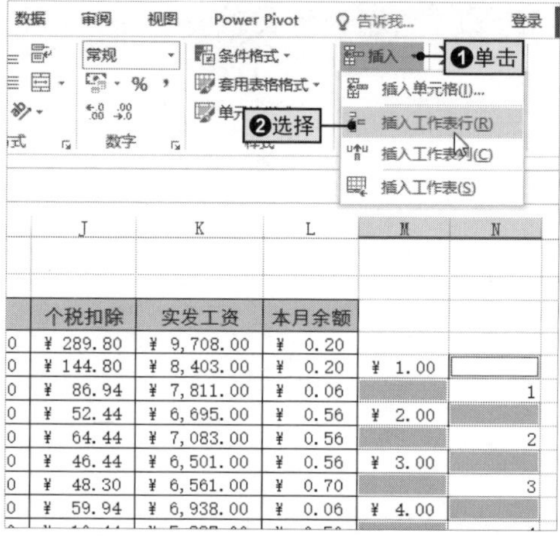

4 复制工资明细项目

❶复制A3:L3单元格区域，选择A3:A42单元格区域并打开“定位条件”对话框，❷选中“空值”单选按钮，单击“确定”按钮后关闭对话框并选择空值。

	A	B	C	D
1				
2	结算日期：	2019/8/2		
3	员工姓名	基本工资	提成	奖金
4	刘伟	¥ 6,000.00	¥ 3,500.00	¥ 650.00
5				
6	刘贵	¥ 5,000.00	¥ 3,500.00	¥ 450.00
7				
8	章静	¥ 5,000.00	¥ 2,350.00	¥ 700.00
9				
10	艾丽娅	¥ 3,500.00	¥ 3,500.00	¥ 300.00
11				
12	李建	¥ 3,500.00	¥ 3,500.00	¥ 200.00
13				
14	谢刚	¥ 3,500.00	¥ 3,500.00	¥ -
15				
16	陈云平	¥ 3,500.00	¥ 3,562.00	¥ 150.00
17				
18	马伊丽	¥ 3,500.00	¥ 3,500.00	¥ 400.00
19				
20	邓谦	¥ 3,500.00	¥ 2,200.00	¥ 350.00

❶复制 ❷选择空值

5 插入工资明细项目行

在“开始”选项卡的“剪贴板”组中单击“粘贴”按钮即可将复制的项目行粘贴到空行位置，最后删除辅助列即可。

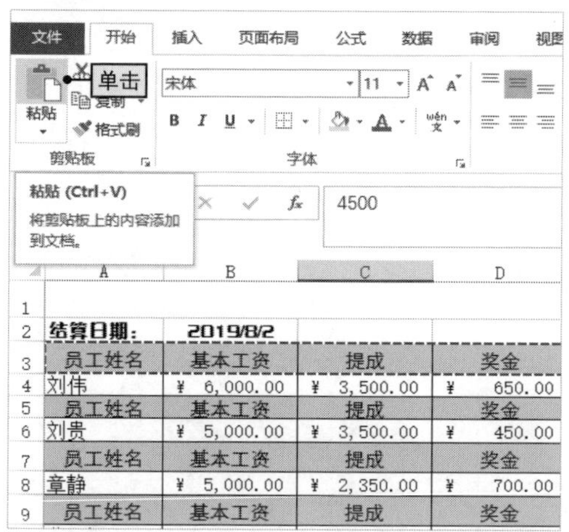

第8章 08

应收应付款项的核算与管理

本章导读

为了规范和加强企业的财务收支管理，有效地控制各项收入和支出，分析并核算财务收支情况是加强财务收支管理，提高企业经济效益的有效途径。因此，各企业对应收应付账款的核算与管理应引起重视。

本章要点

应收账款日报表设计
应收账款月报表设计
提取坏账准备表设计
登记并计算应收账款和应收票据
…………

8.1 应收应付相关表单设计与维护

为了企业的良好发展，一般都会采用赊销和债务的方式来处理，这就形成了应收账款和应付账款。企业就要对应收账款的运行状况进行分析与控制，对应付账款也要及时清偿，对此，就需要根据不同的情况制定相应的表单。

8.1.1 应收账款日报表设计

应收账款日报表的设计非常简单，只需依次在相应的工作表中输入发生的应收款项，然后利用求和函数计算相应的合计金额即可。

表格内容主要包含销货日期、客户、订单号、金额、收单日期、客户名称以及银行名称等，如图8-1所示为某企业的应收账款日报表的样式。

应收账款日报表

年 月 日 单位：元

应收账款				应收票据			
销货日期	客户	订单号	金额	收单日期	客户名称	银行名称	金额
合计				合计			

图8-1

8.1.2 应收账款月报表设计

应收账款月报表一般是以应收账款日报表为依据，并汇总每月应收账款的本月销货额和本月收款金额，然后将相应的数据引用到应收账款月报表中。

表格内容主要包含期初应收款、本期产生的应收款、款项收回金额等，下面具体讲解应收账款月报表的设计方法。

>> 素材文件：素材\第8章\无

>> 效果文件：效果\第8章\应收账款月报表.xlsx

1 计算期末未收金额

新建“应收账款月报表”工作簿，制作应收账款月报表结构。❶选择F4:F17单元格区域，❷在编辑栏输入“=C4+D4-E4”公式，按【Ctrl+Enter】组合键计算期末未收金额。

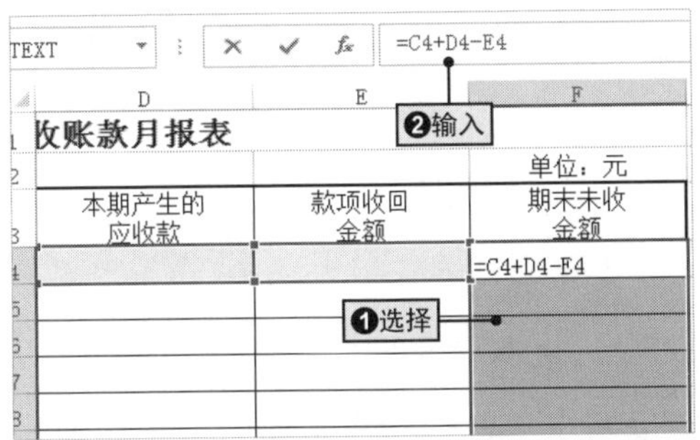

2 计算合计金额

❶选择C18:F18单元格区域，❷在编辑栏输入“=SUM(C4:C17)”公式，按【Ctrl+Enter】组合键计算各项目的合计金额。

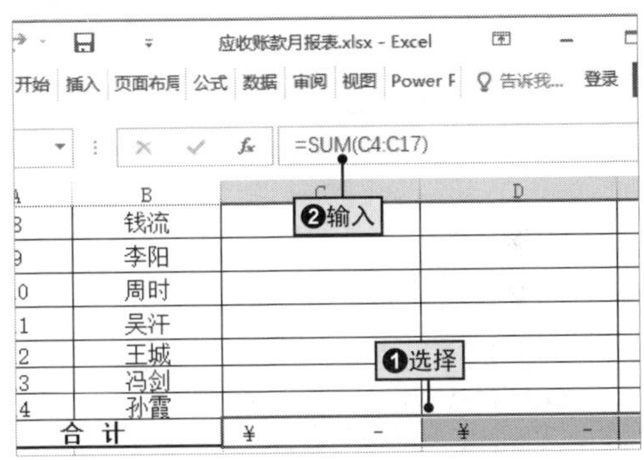

通过如上几个步骤即可完成应收账款月报表的设计，在其中填写数据后即可自动计算期末未收金额与合计，其最终效果如图8-2所示。

应收账款月报表

制表日期：　　　　单位：元

序 号	客户名称	期初应收款	本期产生的应收款	款项收回金额	期末未收金额
1	张首	70000	156000	51000	175000
2	杨轩	90000	37500	80000	47500
3	刘云	60000	119500	63000	116500
4	肖明	58000	36000	68000	26000
5	温消	62000	95500	81000	76500
6	赵膳	340000	444500	343000	441500
7	陈旭	70000	156000	51000	175000
8	钱流	90000	37500	80000	47500
9	李阳	60000	119500	63000	116500
10	周时	58000	36000	68000	26000
11	吴汗	62000	95500	81000	76500
12	王城	340000	444500	343000	441500
13	冯剑	340000	156000	34000	462000
14	孙霞	25000	37500	15500	47000
合 计		1725000	1971500	1421500	2275000

图8-2

8.1.3 提取坏账准备表设计

坏账是指企业无法收回或收回的可能性极小的应收款项。对于没有把握收回的应收款项，企业应当计提坏账准备。而坏账计提的方法，每个公司都不一样，公司可以根据自身情况内部确定。

某公司根据以往的经验、债务单位的实际财务状况和现金流量的情况，估计坏账准备的提取比例为应收账款余额的0.5%。现在要求通过该比例来设计提取坏账准备表。

在该表格中，其涉及的表格信息包括客户名称、应收账款、坏账提取比例以及提取坏账金额，表格中的大部分数据都是直接填列的，只有提取坏账金额需要计算，其计算公式如下：

当期应计提的坏账准备=期末应收账款余额×坏账准备计提百分比

下面具体讲解提取坏账准备表设计的相关操作。

>> 素材文件：素材\第8章\无

>> 效果文件：效果\第8章\提取坏账准备表.xlsx

1 制作表格结构

新建“提取坏账准备表”工作簿，将各项目填入工作表中，制作提取坏账准备表结构。

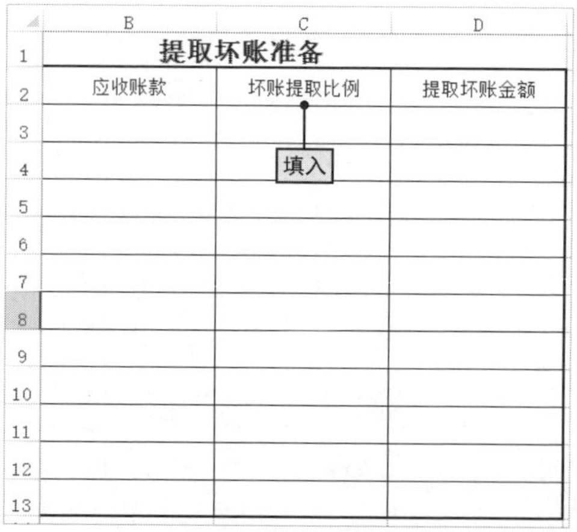

	B	C	D
1	提取坏账准备		
2	应收账款	坏账提取比例	提取坏账金额
3			
4		填入	
5			
6			
7			
8			
9			
10			
11			
12			
13			

2 计算提取坏账金额

❶选择D3:D13单元格区域，❷在编辑栏输入“=B3*C3”公式，按【Ctrl+Enter】组合键计算提取坏账金额。

SUM ❷输入 =B3*C3

	B	C	D
1	提取坏账准备		
2	应收账款	坏账提取比例	提取坏账金额
3			=B3*C3
4			
5		❶选择	
6			
7			
8			
9			
10			
11			
12			

通过如上两个步骤即可完成提取坏账准备表的制作，当在表格中填列应收账款和提取比例数据后可自动计算对应的提取坏账金额，其最终效果如图8-3所示。

	A	B	C	D
1	提取坏账准备			
2	客户名称	应收账款	坏账提取比例	提取坏账金额
3	王晓	¥ 85,500.00	0.5%	¥ 427.50
4	程功	¥ 69,000.00	0.5%	¥ 345.00
5	杨顺	¥ 70,000.00	0.5%	¥ 350.00
6	刘洋	¥ 72,500.00	0.5%	¥ 362.50
7	孙龙	¥ 74,000.00	0.5%	¥ 370.00
8	张虎	¥ 59,000.00	0.5%	¥ 295.00
9	周州	¥ 65,000.00	0.5%	¥ 325.00
10	李明	¥ 77,000.00	0.5%	¥ 385.00
11	张阳	¥ 75,000.00	0.5%	¥ 375.00
12	刘天	¥ 69,500.00	0.5%	¥ 347.50
13	陈黄	¥ 115,500.00	0.5%	¥ 577.50

图8-3

8.2 应收账款的核算与管理

在企业竞争激烈的今天，对应收账款的核算与管理已成为企业加速资金周转、降低经营风险、提高经营利润的重要手段。因此，企业要对应收账款的核算与管理格外重视。

8.2.1 登记并计算应收账款和应收票据

某企业记录了2019年8月每日发生的应收账款和应收票据，现需要对这些账款和票据进行登记并计算合计金额。

应收账款的登记比较简单，只需根据记录在工作表中输入对应的应收款项即可，计算合计金额只需利用SUM()函数进行求和即可。

现已经将本例提供的相关数据记录到“登记并计算应收账款和应收票据”工作簿中，下面介绍其具体操作。

>> 素材文件：素材\第8章\登记并计算应收账款和应收票据.xlsx

>> 效果文件：效果\第8章\登记并计算应收账款和应收票据.xlsx

1 输入应收账款数据

❶打开素材文件，在B3单元格中输入日期，❷在B6:E11单元格区域输入8月发生的应收款项。

	B	C	D	E	F
1				应收账款日报	
2					
3	日期：2019/8/30				
4	应收账款				
5	销货日期	客户	订单号	金额	收单
6	2019/8/5	程成	QD0121051	100000	
7	2019/8/15	张晓	QD0121052	150000	
8	2019/8/17	刘勇	QD0121053	65000	
9	2019/8/20	王郎	QD0121054	40000	
10	2019/8/24	赵星	QD0121055	15000	
11	2019/8/29	杨梅	QD0121056	80000	
12	合计				

❶输入
❷输入

2 输入应收票据数据

在F6:I11单元格区域中输入8月发生的应收票据。

E	F	G	H	I
应收账款日报表				
				单位：元
	应收票据			
金额	收单日期	客户名称	银行名称	金额
00000	2019/8/7	程成	中国银行	70000
50000	2019/8/17	张晓	建设银行	100000
5000	2019/8/18	刘勇	建设银行	40000
40000	2019/8/21	王郎	工商银行	25000
5000	2019/8/25	赵星	工商银行	10000
0000	2019/8/30	杨梅	工商银行	45000
	合计			

输入

3 计算合计金额

利用【Ctrl】键同时选中E12和I12单元格，在“开始”选项卡“编辑”组中单击“自动求和”按钮即可计算出对应的合计金额。

100000	2019/8/7	程成	中国银行	70000
150000	2019/8/17	张晓	建设银行	100000
65000	2019/8/18	刘勇	建设银行	40000
40000	2019/8/21	王郎	工商银行	25000
15000	2019/8/25	赵星	工商银行	10000
80000	2019/8/30	杨梅	工商银行	45000
450000	合计			290000

计算

通过上述几个步骤即可完成对8月应收账款和应收票据的登记并计算其合计金额，其最终效果如图8-4所示。

	B	C	D	E	F	G	H	I
1	应收账款日报表							
2								
3	日期：2019/8/30							单位：元
4	应收账款				应收票据			
5	销货日期	客户	订单号	金额	收单日期	客户名称	银行名称	金额
6	2019/8/5	程成	QD0121051	100000	2019/8/7	程成	中国银行	70000
7	2019/8/15	张晓	QD0121052	150000	2019/8/17	张晓	建设银行	100000
8	2019/8/17	刘勇	QD0121053	65000	2019/8/18	刘勇	建设银行	40000
9	2019/8/20	王郎	QD0121054	40000	2019/8/21	王郎	工商银行	25000
10	2019/8/24	赵星	QD0121055	15000	2019/8/25	赵星	工商银行	10000
11	2019/8/29	杨梅	QD0121056	80000	2019/8/30	杨梅	工商银行	45000
12	合计			450000	合计			290000

8月

图8-4

8.2.2　根据应收账款日报表汇总每月应收账款

为了方便管理，现需要根据应收账款日报表汇总8月期初应收账款、本期产生的应收款、款项收回金额和期末未收金额。

对于上述问题，可以先在应收账款日报表中以客户为依据进行排序，并汇总每月应收账款的本期产生额和款项收回金额，然后将相应的数据引用到应收账款月报表中，再计算期末未收金额，利用函数计算合计金额。

其中，期末未收金额=期初应收款+本期产生的应收款−款项收回金额。

现已经将本例提供的相关数据记录到“根据应收账款日报表汇总每月应收账款”工作簿中，下面介绍其具体操作。

>> 素材文件：素材\第8章\根据应收账款日报表汇总每月应收账款.xlsx

>> 效果文件：效果\第8章\根据应收账款日报表汇总每月应收账款.xlsx

1 单击“排序”按钮

打开素材文件，❶在“8月”工作表中选择A5:H16单元格区域，❷在“数据”选项卡中单击“排序”按钮。

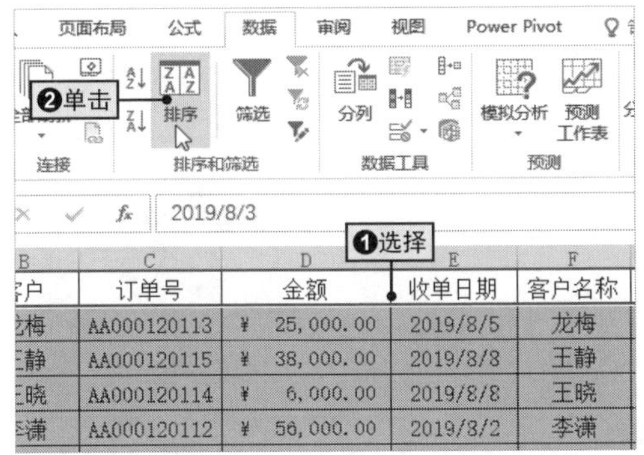

2 选择主要关键字

❶在打开的“排序”对话框的“主要关键字”栏的“列”下拉列表框中选择“列B”选项，❷单击“确定”按钮。

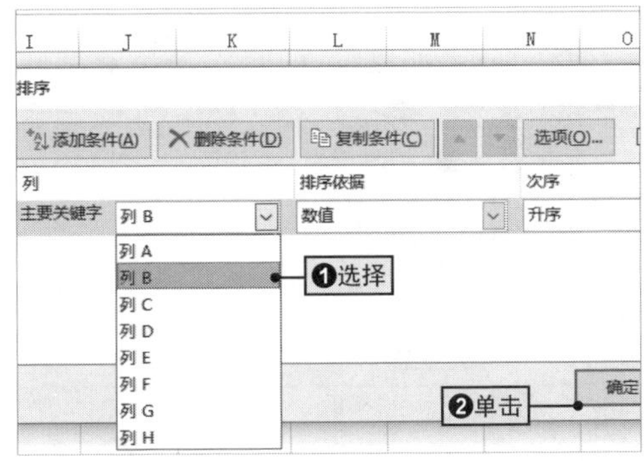

3 进行分类汇总

保持A5:H16单元格区域的选择状态，在“数据”选项卡的“分级显示”组中单击“分类汇总”按钮。稍后会打开提示对话框，单击“是”按钮。程序自动打开“分类汇总”对话框。

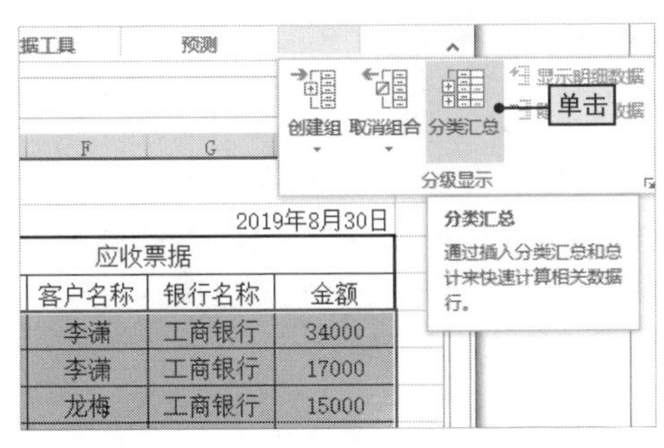

4 选择分类字段和汇总项

❶在该对话框的“分类字段”下拉列表框中选择“客户”选项，❷在“选定汇总项”列表框中选中“（1）金额”复选项。❸单击“确定”按钮

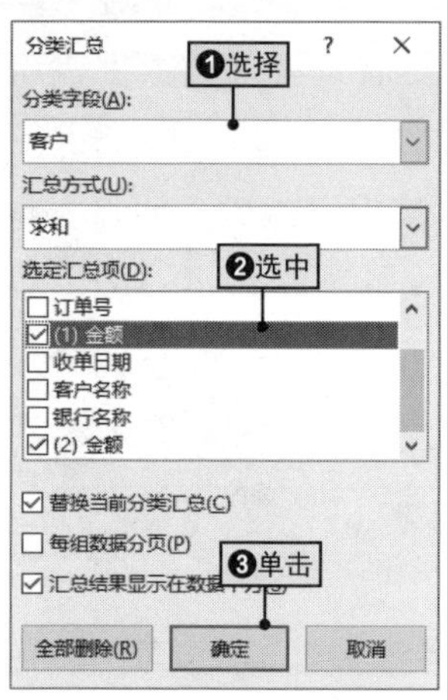

5 显示分类汇总项

在返回的工作表中，单击左上角的“2”按钮，将分类汇总的汇总项显示出来。

6 引用数据获取本期产生的应收款

❶切换到应收账款月报表工作表，输入序号和客户名称，❷在E5单元格中输入“=”，然后切换到“8月”工作表中选择D7单元格，完成后按【Ctrl+Enter】组合键引用数据。

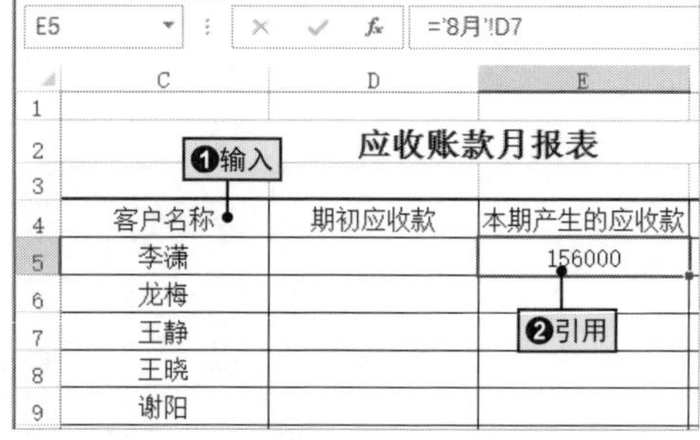

7 引用其他数据

❶使用相同的方法将其他相应的数据引用到应收账款月报表工作表的本期产生的应收款和款项收回金额列的相应单元格中，❷最后引用期初应收款，这里直接输入相应的数据。

8 计算期末未收金额

❶选择G5:G9单元格区域，在编辑栏中输入“=D5+E5-F5”公式，❷按【Ctrl+Enter】组合键计算出期末未收金额。

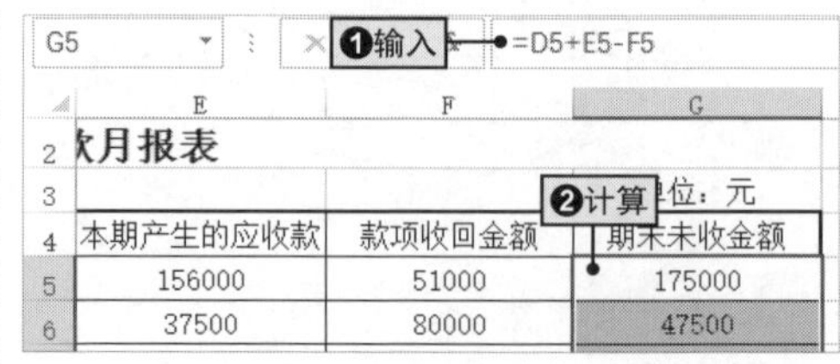

9 获取合计值

删除多余单元格，填写填表日期，并使用自动求和获取期初应收款、本期产生的应收款、款项收回金额和期末未收金额的合计值。

=SUM(D5:D9)

D	E	F
70000	156000	51000
90000	37500	80000
60000	119500	63000
58000	36000	68000
62000	95500	81000
340000	444500	343000

求和

通过上述几个步骤即可完成汇总8月期初应收款、本期产生的应收款、款项收回金额和期末未收金额，其最终效果如图8-5所示。

应收账款月报表

制表日期：2019/8/31　　单位：元

序号	客户名称	期初应收款	本期产生的应收款	款项收回金额	期末未收金额
1	李潇	70000	156000	51000	175000
2	龙梅	90000	37500	80000	47500
3	王静	60000	119500	63000	116500
4	王晓	58000	36000	68000	26000
5	谢阳	62000	95500	81000	76500
合计		340000	444500	343000	441500

图8-5

知识点讲解

设置指定的排序依据

在本例中，我们是根据客户姓名首字母的升序进行排序的，如果公司有要求，需要制定客户的先后顺序来汇总，此时在创建分类汇总之前，可以自定义排序依据来对数据进行排序，例如本例，如果要按照“龙梅、李潇、谢阳、王晓、王静”的顺序进行排序，那么如何来设置这个顺序呢？其具体操作如下。

在“排序”对话框的“次序”下拉列表框中选择“自定义序列”命令，如图8-6所示。

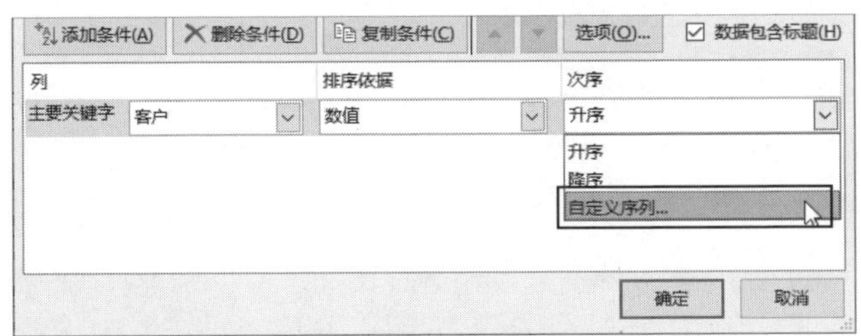

图8-6

在打开的“自定义序列”对话框的“输入序列”列表框中按顺序输入新的序列，项与项之间用半角逗号隔开（也可以直接按【Enter】键进行分隔），输入完成后单击“添加”按钮，在左侧“自定义序列”列表框中自动选择新添加的序列，单击“确定”按钮，在返回的“排序”对话框的“次序”下拉列表框中即可查看到新增两个选项，如图8-7所示，一个是按输入顺序显示的客户名称顺序，另一个是与输入顺序相反的客户名称顺序，选择需要的顺序后，可以将表格按该顺序进行排序。

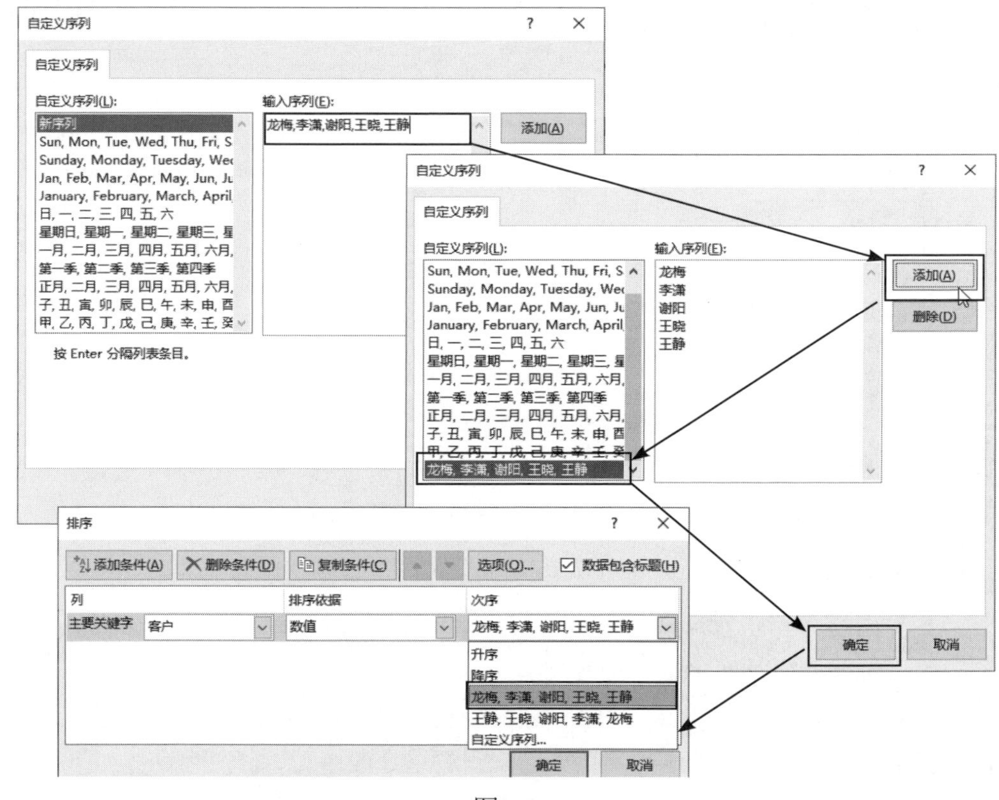

图8-7

按颜色排序

通常情况下，我们都是以文本、数值和日期数据为关键字设置排序依据，但是，如果表格中将某些记录突出显示，现在需要重点查看这些被标记的数据，此时可以通过设置按颜色排序将这些记录调整到表格顶端，其操作如下。

选择要排序的单元格区域，打开“排序”对话框，在“排序依据”下拉列表框中选择“单元格颜色”选项，在“次序”下拉列表框中选择颜色，保持末尾下拉列表框中“在顶端”选项的设置，单击“确定”按钮即可将所有黄色填充的记录靠前显示，如图8-8所示。

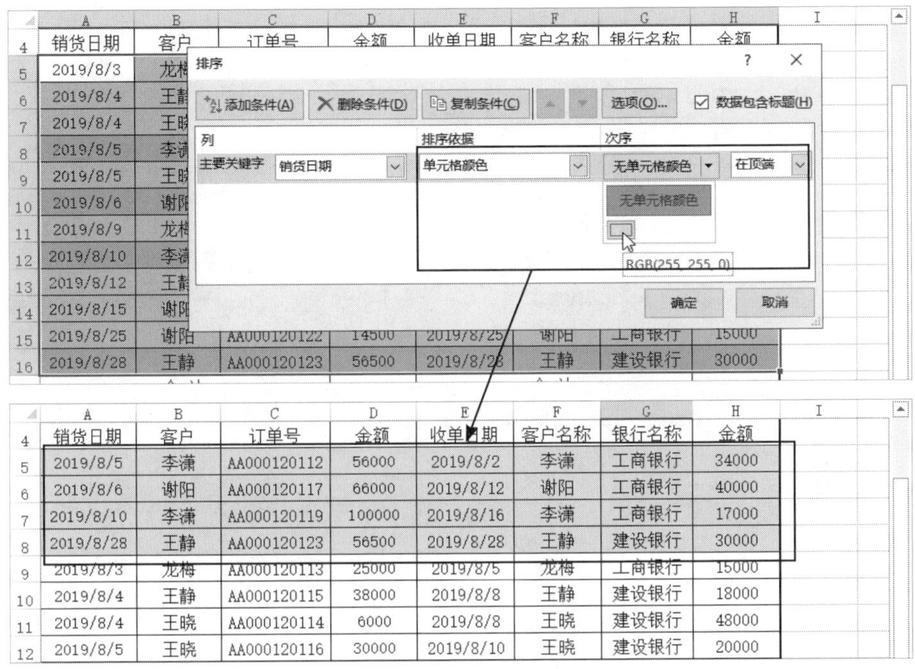

图8-8

8.2.3 应收账款的账龄分析

为了公司的健康发展，现需要对公司二季度的应收账款进行账龄分析。

应收账款的账龄分析主要是根据时间来判断未收账款是否到期，如果客户出现延迟交款的现象，则会严重影响企业资金的流动，增加企业的坏账，加重企业的负担。

以下为本例中会用到的公式：

未收款金额=应收金额-已收款金额

到期日期＝开票日期+收款期

逾期账款所占的百分比＝每笔逾期账款/总逾期账款

现已经将本例提供的相关数据记录到“应收账款账龄分析”工作簿中，下面具体介绍进行账龄分析的步骤。

> 素材文件：素材\第8章\应收账款账龄分析.xlsx

> 效果文件：效果\第8章\应收账款账龄分析.xlsx

1 计算未收款金额

❶打开素材文件，在B2单元格中输入当前日期数据，选择E4:E18单元格区域，在编辑栏中输入“=C4-D4”公式，❷按【Ctrl+Enter】组合键计算未收款金额。

E4 | =C4-D4 ❶输入

	C	D	E
1			
2			❷计算
3	应收金额	已收款金额	未收款金额
4	72500	34500	38000
5	66200	50200	16000
6	100500	68500	32000
7	113000	84000	29000
8	70000	54000	16000
9	40000	38000	2000
10	37500	25000	12500

2 计算到期日期

❶选择G4:G18单元格区域，在编辑栏中输入“=A4+F4”公式，❷按【Ctrl+Enter】组合键计算出到期日期。

G4 | ❶输入 =A4+F4

	D	E	F	G
2				❷计算
3	已收款金额	未收款金额	收款期	到期日期
4	34500	38000	90	2019/7/1
5	50200	16000	30	2019/5/7
6	68500	32000	30	2019/6/9
7	84000	29000	120	2019/9/9
8	54000	16000	60	2019/7/12
9	38000	2000	90	2019/8/14
10	25000	12500	30	2019/6/19
11	34000	10000	30	2019/6/24
12	81000	14500	60	2019/8/4

3 计算是否到期

❶选择H4:H18单元格区域，在编辑栏中输入“=IF(G4<$B$2,"是","否")”公式，❷按【Ctrl+Enter】组合键计算是否到期。

H4 | ❶输入 =IF(G4<$B$2,"是","否")

	E	F	G	H	
2					
3	未收款金额	收款期	到期日期	是否到期	未到
4	38000	90	2019/7/1	是	
5	16000	30	2019/5/7	是	
6	32000	30	❷计算	是	
7	29000	120	2019/9/9	否	
8	16000	60	2019/7/12	是	
9	2000	90	2019/8/14	是	
10	12500	30	2019/6/19	是	
11	10000	30	2019/6/24	是	

4 计算未到期金额

❶选择I4:I18单元格区域，在编辑栏中输入“=IF($B$2-G4>0,0,E4)”公式，❷按【Ctrl+Enter】组合键即可计算出未到期的金额。

I4 | ❶输入 =IF($B$2-G4>0,0,E4)

	F	G	H	I	J
2					
3	收款期	到期日期	是否到期	未到期金额	0～30
4	90	2019/7/1	是	0.00	
5	30	2019/5/7	是	0.00	
6	30	2019/6/9	是	0.00	
7	120	2019/9/9	否	29000.00	❷计算
8	60	2019/7/12	是	0.00	
9	90	2019/8/14	是	0.00	
10	30	2019/6/19	是	0.00	
11	30	2019/6/24	是	0.00	

5 计算30天之内未收款金额

❶选择J4:J18单元格区域，在编辑栏中输入“=IF(AND($B$2-G4>0,$B$2-G4<=30),E4,0)”公式，❷按【Ctrl+Enter】组合键计算出0~30天未收款金额。

J4 | ❶输入 =IF(AND($B$2-G4>0,$B$2-G4<=30),E4,0)

	H	I	J	K	L
2					单位：元
3	是否到期	未到期金额	0～30	31～60	61～90
4	是	0.00	0.00		
5	是	0.00	0.00		
6	是	0.00	0.00		
7	否	29000.00	0.00	❷计算	
8	是	0.00	0.00		
9	是	0.00	2000.00		

6 计算31～60天未收款金额

❶选择K4:K18单元格区域，在编辑栏中输入“=IF(AND($B$2-G4>30,$B$2-G4<=60),E4,0)”公式，❷按【Ctrl+Enter】组合键计算出31～60天未收款金额。

K4 | ❶输入 =IF(AND($B$2-G4>30,$B$2-G4<=60),E4,0)

	H	I	J	K	L
2					单位：元
3	是否到期	未到期金额	0～30	31～60	61～90
4	是	0.00	0.00	38000.00	
5	是	0.00	0.00	0.00	
6	是	0.00	0.00	0.00	❷计算
7	否	29000.00	0.00	0.00	
8	是	0.00	0.00	16000.00	
9	是	0.00	2000.00	0.00	

7 计算其他账龄未收款金额

使用同样的方法，在对应的单元格中输入公式计算出61～90和90天以上的未收款金额。

计算

	J	K	L	M	N
2			单位：元		
3	0～30	31～60	61～90	90天以上	合计
4	0.00	38000.00	0.00	0.00	
5	0.00	0.00	0.00	16000.00	
6	0.00	0.00	32000.00	0.00	
7	0.00	0.00	0.00	0.00	
8	0.00	16000.00	0.00	0.00	
9	2000.00	0.00	0.00	0.00	
10	0.00	0.00	12500.00	0.00	
11	0.00	0.00	10000.00	0.00	
12	14500.00	0.00	0.00	0.00	
13	0.00	0.00	0.00	0.00	
14	0.00	25000.00	0.00	0.00	
15	0.00	0.00	0.00	0.00	
16	23000.00	0.00	0.00	0.00	
17	0.00	40000.00	0.00	0.00	
18	0.00	0.00	0.00	0.00	

8 计算合计金额

❶选择N4:N18单元格区域，在编辑栏中输入公式"=SUM(J4:M4)"公式，❷按【Ctrl+Enter】组合键计算出合计金额。

N4　=SUM(J4:M4)　❶输入

❷计算

	J	K	L	M	N
2			单位：元		
3	0～30	31～60	61～90	90天以上	合计
4	0.00	38000.00	0.00	0.00	38000.00
5	0.00	0.00	0.00	16000.00	16000.00
6	0.00	0.00	32000.00	0.00	32000.00
7	0.00	0.00	0.00	0.00	0.00
8	0.00	16000.00	0.00	0.00	16000.00
9	2000.00	0.00	0.00	0.00	2000.00
10	0.00	0.00	12500.00	0.00	12500.00
11	0.00	0.00	10000.00	0.00	10000.00
12	14500.00	0.00	0.00	0.00	14500.00
13	0.00	0.00	0.00	0.00	0.00
14	0.00	25000.00	0.00	0.00	25000.00
15	0.00	0.00	0.00	0.00	0.00
16	23000.00	0.00	0.00	0.00	23000.00
17	0.00	40000.00	0.00	0.00	40000.00

9 计算每笔逾期账款所占比重

❶利用自动求和功能计算出各列金的额合计值，选择O4:O18单元格区域，在编辑栏中输入"=N4/$N$19"公式，❷按【Ctrl+Enter】组合键计算逾期账款所占比重。

O4　❶输入　=N4/$N$19

❷计算

	K	L	M	N	O
2		单位：元			
3	31～60	61～90	90天以上	合计	百分比
4	38000.00	0.00	0.00	38000.00	17%
5	0.00	0.00	16000.00	16000.00	7%
6	0.00	32000.00	0.00	32000.00	14%
7	0.00	0.00	0.00	0.00	0%
8	16000.00	0.00	0.00	16000.00	7%

通过上述几个步骤即可完成对公司二季度应收账款的账龄分析，其最终效果如图8-9所示。

1	应收账款账龄分析表								
2									单位：元
3	已收款金额	未收款金额	收款期	到期日期	是否到期	未到期金额	0～30	31～60	61～90
4	34500	38000	90	2019/7/1	是	0.00	0.00	38000.00	0.00
5	50200	16000	30	2019/5/7	是	0.00	0.00	0.00	0.00
6	68500	32000	30	2019/6/9	是	0.00	0.00	0.00	32000.00
7	84000	29000	120	2019/9/9	否	29000.00	0.00	0.00	0.00
8	54000	16000	60	2019/7/12	是	0.00	0.00	16000.00	0.00
9	38000	2000	90	2019/8/14	是	0.00	2000.00	0.00	0.00
10	25000	12500	30	2019/6/19	是	0.00	0.00	0.00	12500.00
11	34000	10000	30	2019/6/24	是	0.00	0.00	0.00	10000.00
12	81000	14500	60	2019/8/4	是	0.00	14500.00	0.00	0.00
13	63000	56500	120	2019/10/14	否	56500.00	0.00	0.00	0.00
14	55000	25000	30	2019/7/20	是	0.00	0.00	25000.00	0.00
15	50000	6000	90	2019/9/19	否	6000.00	0.00	0.00	0.00
16	84500	23000	60	2019/8/23	是	0.00	23000.00	0.00	0.00
17	76200	40000	30	2019/7/26	是	0.00	0.00	40000.00	0.00
18	58500	30000	120	2019/10/28	否	30000.00	0.00	0.00	0.00
19	856400	350500				121500.00	39500.00	119000.00	54500.00

图8-9

8.2.4 筛选逾期应收账款并填制催款单

当公司出现坏账时就会增加公司的损失，所以为了公司的持续发展，一般公司都会填制催款通知单。某公司需要派业务员刘成对已逾期账款的客户进行催款，现要根据应收账款填制催款通知单。

在催款通知单的填制过程中，需要先根据账龄分析结果筛选出已到期的应收账款，将其引用到催款通知单中，最后进行合计。

现已经将本例提供的相关数据记录到“筛选逾期应收账款并填制催款单”工作簿中，下面具体介绍填制催款单的方法。

>> 素材文件：素材\第8章\筛选逾期应收账款并填制催款单.xlsx

>> 效果文件：效果\第8章\筛选逾期应收账款并填制催款单.xlsx

1 设置筛选条件

打开素材文件，在“应收账款账龄分析”工作表的A21和A22单元格中输入筛选条件。

9	2019/5/16	李石	40000	38000
10	2019/5/20	杨柳	37500	25000
11	2019/5/25	杨笑	44000	34000
12	2019/6/5	程成	95500	81000
13	2019/6/16	王静	119500	63000
14	2019/6/20	杨柳	80000	55000
15	2019/6/21	李石	56000	50000
16	2019/6/24	程成	107500	84500
17	2019/6/26	杨笑	116200	76200
18	2019/6/30	王静	88500	58500
19	合计		1206900	856400
20				
21	是否到期	输入		
22	是			
23				

2 打开“高级筛选”对话框

❶选择A3:O18单元格区域，❷在“数据”选项卡的“排序和筛选”组中单击“高级”按钮。

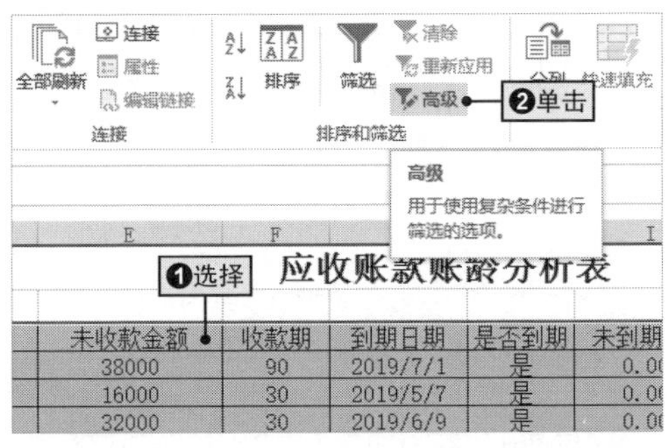

3 设置高级筛选条件

❶在打开的对话框中选中“将筛选结果复制到其他位置”单选按钮，❷在“条件区域”参数框引用A21:A22单元格区域，❸在“复制到”参数框引用A24单元格，❹单击“确定”按钮即可筛选出所有到期的应收款记录。

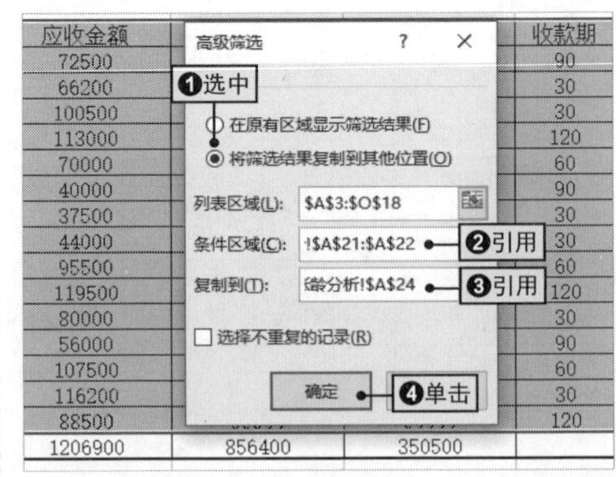

4 选择单元格区域

❶切换到催款通知单工作表，选择A6:A16单元格区域，❷在编辑栏中输入等号“=”。

SUM | × ✓ fx | = ❷输入

	A	B	C	D	E
4	户名	结欠			结欠
5		日期	余额	1个月内	1~2个月
6	=				
7					
8					
9					
10	❶选择				
11					
12					
13					
14					
15					

5 引用相应数据

切回到应收账款账龄分析工作表，在其中选择B25:B35单元格区域，按【Ctrl+Shift+Enter】组合键引用数据。

21	是否到期			
22	是			
23				
24	开票日期	客户名称	应收金额	已收款金额
25	2019/4/2	李石	72500	34500
26	2019/4/7	杨笑	66200	50200
27	2019/5/10	柳杨	100500	68500
28	2019/5/13	程成 选择	70000	54000
29	2019/5/16	李石	40000	38000
30	2019/5/20	杨柳	37500	25000
31	2019/5/25	杨笑	44000	34000
32	2019/6/5	程成	95500	81000
33	2019/6/20	杨柳	80000	55000
34	2019/6/24	程成	107500	84500
35	2019/6/26	杨笑	116200	76200

6 引用其他相应数据

使用同样的方法依次引用“日期”“余额”“结欠期间”数据，并使用自动求和功能分别进行求和。

	结欠		结欠期间			
4						
5	日期	余额	1个月内	1~2个月	2~3个月	3个月
6	2019/4/2	38000	0	38000	0	
7	2019/4/7	16000	0	0	0	1
8	2019/5/10	32000	0	0	32000	
9	2019/5/13	16000	0	16000	0	
10	2019/5/16	2000	2000	0	0	
11	2019/5/20	12500	0	0	12500	
12	2019/5/25	10000	0	0	10000	
13	2019/6/5	14500	14500	0	0	
14	2019/6/20	25000	0	25000	0	
15	2019/6/24	23000	23000	0	0	

7 填写负责人和日期

在相应的单元格中输入日期及其他相应的数据，即可完成应收账款催款通知单的填制。

结欠期间				负责人	备注
1个月内	1~2个月	2~3个月	3个月以上		
0	38000	0	0	刘成	
0	0	0	16000	刘成	
0	0	32000	0	刘成	
0	16000	0	0	刘成	
2000	0	0	0	刘成	
0	0	12500	0	刘成	
0	0	10000	0	刘成	
14500	0	0	0	刘成	
0	25000	0	0	刘成	
23000	0	0	0	刘成	

通过上述几个步骤即可完成筛选逾期应收账款并填制催款单的操作，其最终效果如图8-10所示。

	应收账款催款通知单								
3									单位：元
4	户名	结欠		结欠期间				负责人	备注
5		日期	余额	1个月内	1~2个月	2~3个月	3个月以上		
6	李石	2019/4/2	38000	0	38000	0	0	刘成	
7	杨笑	2019/4/7	16000	0	0	0	16000	刘成	
8	柳杨	2019/5/10	32000	0	0	32000	0	刘成	
9	程成	2019/5/13	16000	0	16000	0	0	刘成	
10	李石	2019/5/16	2000	2000	0	0	0	刘成	
11	杨柳	2019/5/20	12500	0	0	12500	0	刘成	
12	杨笑	2019/5/25	10000	0	0	10000	0	刘成	
13	程成	2019/6/5	14500	14500	0	0	0	刘成	
14	杨柳	2019/6/20	25000	0	25000	0	0	刘成	
15	程成	2019/6/24	23000	23000	0	0	0	刘成	
16	杨笑	2019/6/26	40000	0	40000	0	0	刘成	
17	合计		229000	39500	119000	54500	16000		
18	以上应收账款均已结欠超过两个月以上，请加速催收为荷。								
19									

图8-10

TIP 按默认方式的筛选结果说明

在进行高级筛选的设置过程中，如果在"高级筛选"对话框中按照默认的"在原有区域显示筛选结果"方式显示筛选结果，则其他不符合筛选条件的数据同样会被隐藏，退出筛选状态后，筛选的结果也没有了。

高级筛选的筛选条件应遵循的规则

高级筛选可以根据一个区域内的多个条件，对目标区域中的数据进行筛选，并可根据需要设定筛选结果显示的位置。使用高级筛选功能时，必须先在数据表外的某个区域手动输入筛选条件，并且在输入筛选条件时还应遵循如下所示的规则。

- ◆ 条件区域的第一行为条件的列标签行，其中为数据表的各列标签名，条件标签行下至少有一行用来定义搜索条件。
- ◆ 如果某个字段具有两个以上筛选条件，可在条件区域中对应的列标签下的单元格中依次键入各个条件，各个条件之间的逻辑关系为"或"。
- ◆ 要筛选同时满足两个以上列标签条件的记录，可在条件区域的同一行中的对应的列标签下输入各个条件，各条件之间的逻辑关系为"与"。
- ◆ 要筛选满足两个或多个列标签条件之一的记录，可在条件区域中的不同行输入各个条件，各条件之间的逻辑关系为"或"。
- ◆ 要筛选满足多组条件（每一组条件都包含针对多个字段的条件）之一的记录，可将各组条件输入在条件区域中的不同行上。

将筛选结果保存到其他工作表

在数据源表格中使用高级筛选功能将数据设置为保存到其他工作表，此时程序将出现警告提示，从而不能完成筛选操作。

如图8-11所示，在应收账款账龄分析表中执行高级筛选功能，将筛选结果保存到未到期应收账款表中，程序打开一个警告提示对话框，显示不能执行筛选操作。

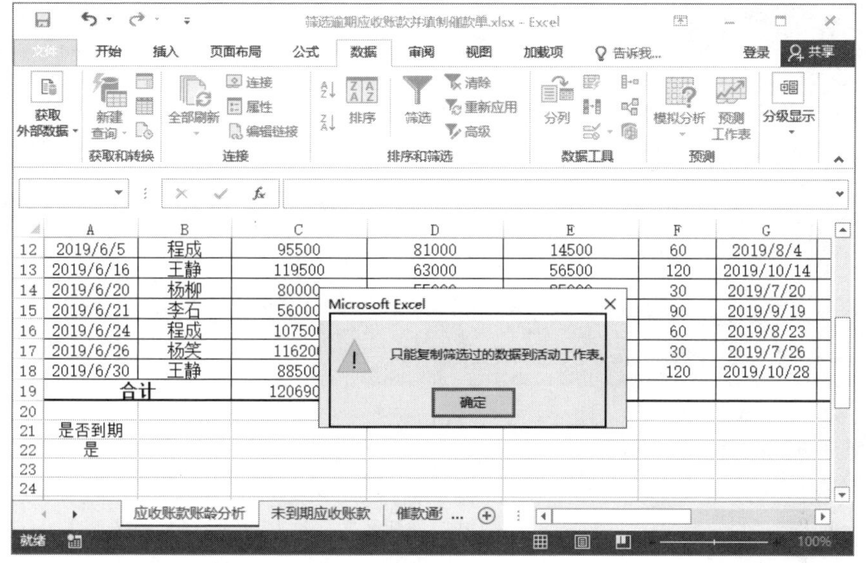

图8-11

如果要将数据筛选到其他工作表，则需要在其他工作表中执行高级筛选功能，再将数据源选择为数据源表。

即切换到未到期应收账款表，打开“高级筛选”对话框，设置列表区域为应收账款账龄分析表中的数据源，条件区域为未到期应收账款中设置的条件，复制到位置设置为未到期应收账款表中的A5单元格，如图8-12所示，此时执行高级筛选，即可以完成筛选操作。

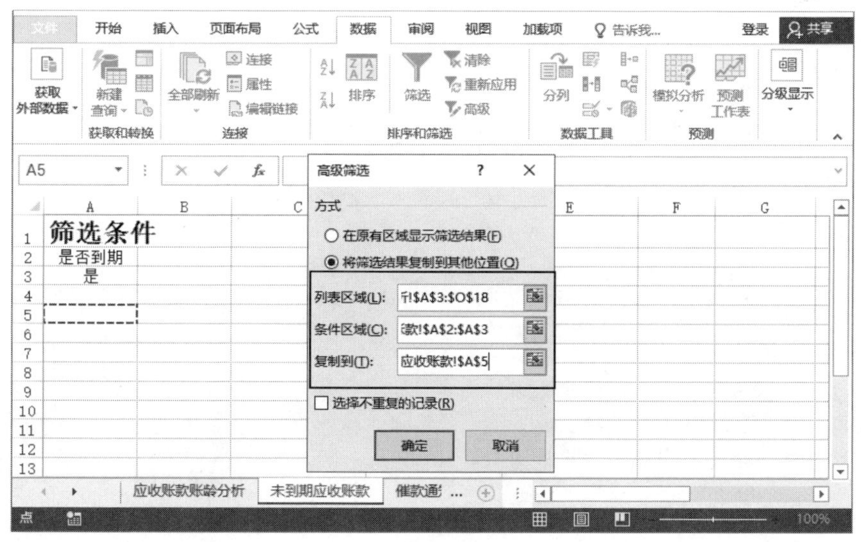

图8-12

8.2.5 分析坏账分布状况

某工作人员已经将近期可能发生的坏账进行了计提，得到坏账金额，下面需要将这些坏账数据的构成分布状况直观地显示出来。

在Excel中，如果要直观展示数据的构成部分，可以使用系统提供的饼图图表来完成。下面具体讲解相关的制作操作。

>> 素材文件：素材\第8章\坏账分布状况分析.xlsx

>> 效果文件：效果\第8章\坏账分布状况分析.xlsx

1 切换选项卡

❶打开素材文件，选择A2:A7和D2:D7单元格区域，❷单击“插入”选项卡。

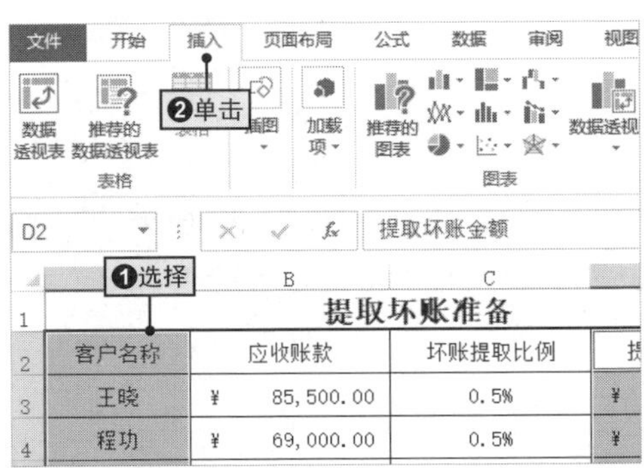

2 创建图表

❶在“图表”组中单击“插入饼图或圆环图”下拉按钮，❷选择“三维饼图”选项创建一个图表。

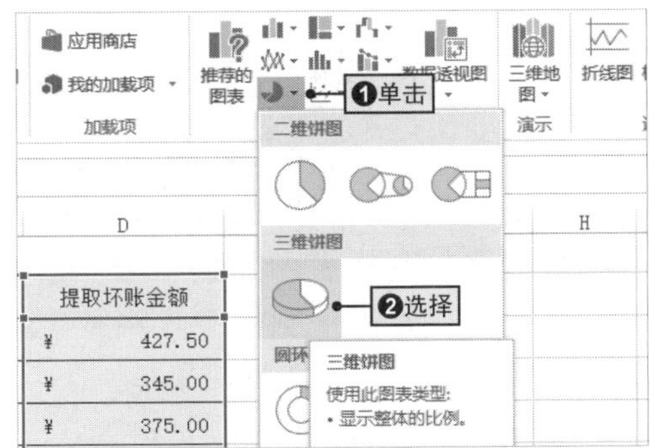

3 设置图表布局

❶选择创建的图表，❷在“图表工具 设计”选项卡的“图表布局”组中单击“快速布局”下拉按钮，❸选择“布局1”选项。

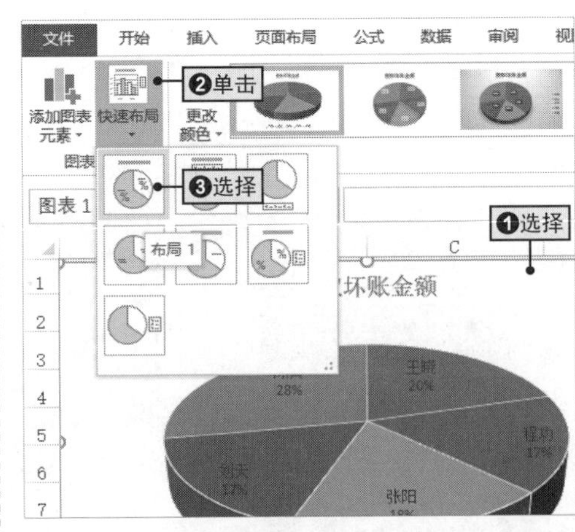

TIP 手动更改图表布局

在Excel中，内置的图表布局样式比较少，用户可以手动添加需要的组成元素来设计图表布局。对于自动添加的图表元素，其位置也可以随意更改，只需要选择图表元素，按住鼠标左键拖动即可。

4 执行“设置数据系列格式”命令

❶选择任意数据系列，单击鼠标右键，❷在弹出的快捷菜单中选择“设置数据系列格式”命令。

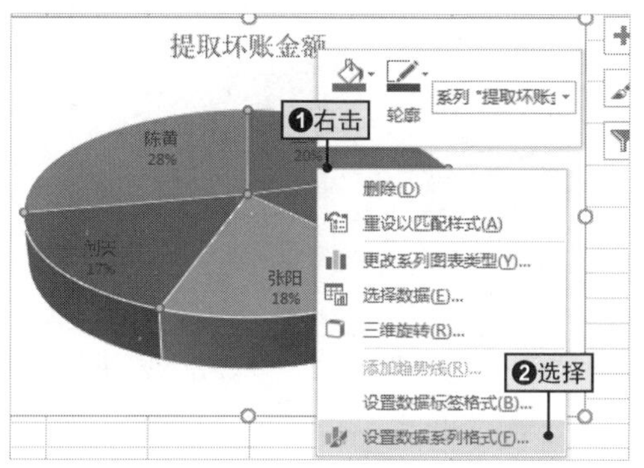

5 设置数据系列格式

在打开的“设置数据系列格式”任务窗格的“系列选项”选项卡中设置“饼图分离程度”值为15%。

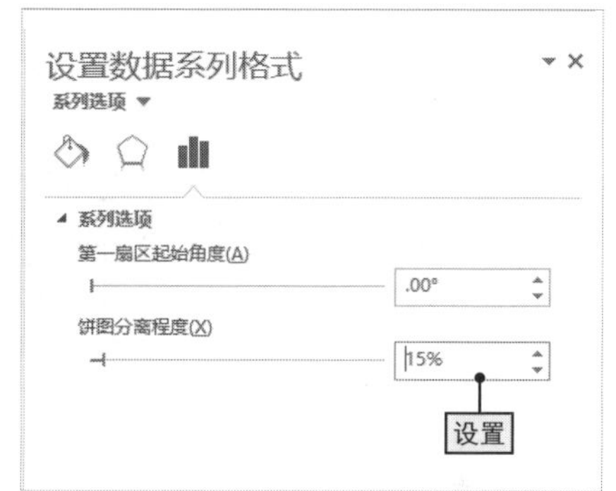

6 设置图表边框格式

选择图表区，在“设置图表区格式”任务窗格“填充与线条”选项卡的“边框”栏中选中“圆角”复选框后关闭任务窗格。

7 设置边框轮廓

❶选择图表，在“图表工具 格式”选项卡“形状样式”组中单击“形状轮廓”按钮右侧的下拉按钮，❷选择“紫色”选项，❸再设置粗细为2.25磅。

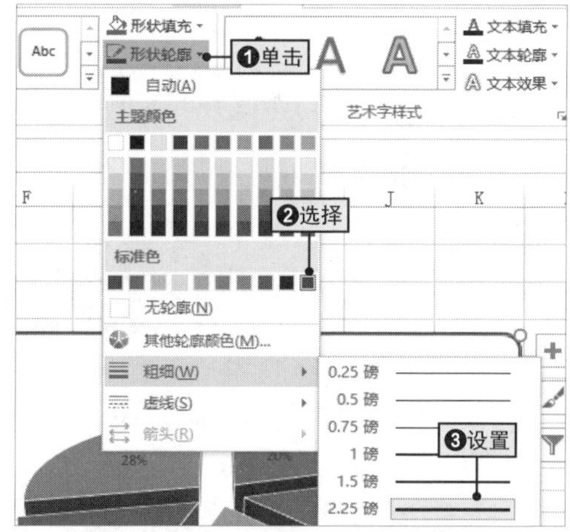

8 设置图表字体格式

设置图表标题格式为方正大黑简体、18号、黑色，设置数据标签的文本格式为微软雅黑、加粗、黑色、9号，完成所有操作。

通过上述几个步骤即可完成对本例的坏账分布图表的制作，其最终效果如图8-13所示。

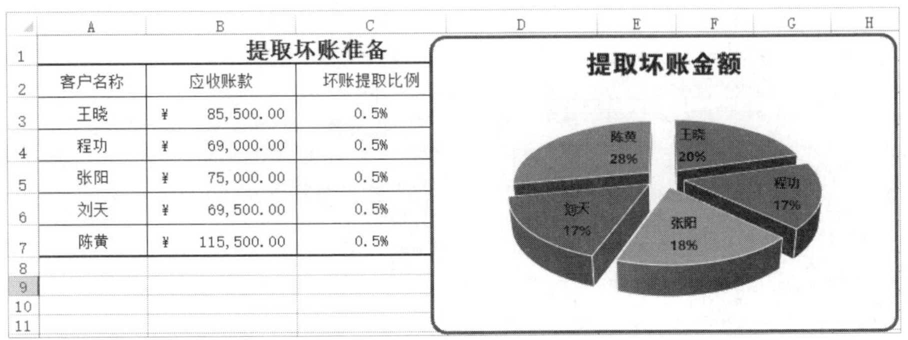

提取坏账准备		
客户名称	应收账款	坏账提取比例
王晓	¥ 85,500.00	0.5%
程功	¥ 69,000.00	0.5%
张阳	¥ 75,000.00	0.5%
刘天	¥ 69,500.00	0.5%
陈黄	¥ 115,500.00	0.5%

图8-13

8.3 应付账款的核算与管理

相比应收账款而言，大部分企业对应付账款的核算与管理重视程度则没有那么高。其实，做好应付账款的核算和管理，在提高企业商业信誉、降低企业财务费用和提高资金周转效率等方面都有很大的作用。

8.3.1 计算应付账款数据

为了提高公司资金周转效率，降低公司财务费用，现要对2019年6～8月的应付账款数据进行统计。

在上述问题中，可以先根据应付状况的明细数据和公式计算并判断应付账款是否到期、是否欠款等，再分析应付账款的偿还情况。

现已经将本例提供的相关数据记录到“计算应付账款数据”工作簿中，下面介绍其具体操作。

>> 素材文件：素材\第8章\计算应付账款数据.xlsx

>> 效果文件：效果\第8章\计算应付账款数据.xlsx

1 计算到期日期

❶打开素材文件，选择I4:I18单元格区域，在编辑栏中输入“=E4+H4”公式，❷按【Ctrl+Enter】组合键计算出应付账款到期日期。

SUM ❶输入 =E4+H4

	F	G	H	I
1	付账款统计表			
2				
3	发票号码	发票金额	结账期	到期日期
4	QD40120104	¥ 48,000.00	90	=E4+H4
5	QD40120105	¥ 18,200.00	30	2019/7/7
6	QD40120108	¥ 32,000.00	30	2019/7/12
7	QD40120109	¥ 29,000.00	❷计算	2019/10/10
8	QD40120110	¥ 16,000.00	60	2019/8/12
9	QD40120116	¥ 30,000.00	90	2019/10/3

2 计算是否到期

❶选择J4:J18单元格区域，在编辑栏中输入“=IF(I4<$B$2,"是","否")”公式，❷按【Ctrl+Enter】组合键计算出是否到期。

J4 ❶输入 =IF(I4<$B$2,"是","否")

	H	I	J	K	L
2					
3	结账期	到期日期	状态	逾期天数	已付金额
4	90	2019/9/4	否		¥ 32,000.00
5	30	2019/7/7	是		¥ 18,200.00
6	30	2019/7/12	是		¥ 30,000.00
7	120	2019/10/10	否		¥ 20,000.00
8	60	2019/8/12	是	❷计算	¥ -
9	90	2019/10/3	否		¥ 15,000.00
10	30	2019/8/8	是		¥ -
11	30	2019/8/9	是		¥ 12,000.00

3 计算逾期天数

❶选择K4:K18单元格区域，在编辑栏输入“=IF(I4<$B$2,$B$2-I4, "0")”公式，❷按【Ctrl+Enter】组合键计算逾期天数。

K4 ❶输入 =IF(I4<$B$2,$B$2-I4,"0")

	J	K	L	M	N
3	状态	逾期天数	已付金额	是否欠款	余额
4	否	0	¥ 32,000.00		
5	是	54	¥ 18,200.00		
6	是	49	¥ 30,000.00		
7	否	0	¥ 20,000.00		
8	是	18	❷计算 -		
9	否	0	¥ 15,000.00		
10	是	22	¥ -		
11	是	21	¥ 12,000.00		
12	否	0	¥ 10,000.00		

4 计算是否欠款

❶选择M4:M18单元格区域，在编辑栏中输入“=IF(L4-G4<0,"欠","否")”公式，❷按【Ctrl+Enter】组合键计算是否欠款。

M4 ❶输入 =IF(L4-G4<0,"欠","否")

	K	L	M	N	O
3	逾期天数	已付金额	是否欠款	余额	已逾期余额
4	0	¥ 32,000.00	欠		
5	54	¥ 18,200.00	否		
6	49	¥ 30,000.00	欠		
7	0	¥ 20,000.00	欠		
8	18	¥ -	欠		
9	0	¥ 15,000.00	欠	❷计算	
10	22	¥ -	欠		
11	21	¥ 12,000.00	否		
12	0	¥ 10,000.00	欠		

5 计算余额

❶选择N4:N15单元格区域，在编辑栏中输入“=G4-L4”公式，❷按【Ctrl+Enter】组合键计算余额。

N4 ❶输入 =G4-L4

	K	L	M	N	
3	逾期天数	已付金额	是否欠款	余额	已逾
4	0	¥ 32,000.00	欠	¥ 16,000.00	
5	54	¥ 18,200.00	否	¥ -	
6	49	¥ 30,000.00	欠	¥ 2,000.00	
7	0	¥ 20,000.00	欠	¥ 9,000.00	
8	18	¥ -	❷计算	¥ 16,000.00	
9	0	¥ 15,000.00	欠	¥ 15,000.00	
10	22	¥ -	欠	¥ 12,500.00	
11	21	¥ 12,000.00	否	¥ -	

6 计算已逾期余额

❶选择O4:O15单元格区域，在编辑栏输入“=IF(I4<$B$2,G4-L4,"0")”公式，❷按【Ctrl+ Enter】组合键计算已逾期余额。

O4 ❶输入 =IF(I4<$B$2,G4-L4,"0")

	L	M	N	O
3	已付金额	是否欠款	余额	已逾期余额
4	¥ 32,000.00	欠	¥ 16,000.00	0
5	¥ 18,200.00	否	¥ ❷计算	¥ -
6	¥ 30,000.00	欠	¥ 2,000.00	¥ 2,000.00
7	¥ 20,000.00	欠	¥ 9,000.00	0
8	¥ -	欠	¥ 16,000.00	¥ 16,000.00
9	¥ 15,000.00	欠	¥ 15,000.00	0
10	¥ -	欠	¥ 12,500.00	¥ 12,500.00
11	¥ 12,000.00	否	¥ -	¥ -

通过如上几个步骤即可完成本案例的应付账款数据的计算，其最终效果展示如图8-14所示。

E	F	G	H	I	J	K	L	M	N	O
	应付账款统计表									
发票日期	发票号码	发票金额	结账期	到期日期	状态	逾期天数	已付金额	是否欠款	余额	已逾期余额
2019/6/6	QD40120104	¥ 48,000.00	90	2019/9/4	否	0	¥ 32,000.00	欠	¥ 16,000.00	0
2019/6/7	QD40120105	¥ 18,200.00	30	2019/7/7	是	54	¥ 18,200.00	否	¥ -	¥ -
2019/6/12	QD40120108	¥ 32,000.00	30	2019/7/12	是	49	¥ 30,000.00	欠	¥ 2,000.00	¥ 2,000.00
2019/6/12	QD40120109	¥ 29,000.00	120	2019/10/10	否	0	¥ 20,000.00	欠	¥ 9,000.00	0
2019/6/13	QD40120110	¥ 16,000.00	60	2019/8/12	是	18	¥ -	欠	¥ 16,000.00	¥ 16,000.00
2019/7/5	QD40120116	¥ 30,000.00	90	2019/10/3	否	0	¥ 15,000.00	欠	¥ 15,000.00	0
2019/7/9	QD40120118	¥ 12,500.00	30	2019/8/8	是	22	¥ -	欠	¥ 12,500.00	¥ 12,500.00
2019/7/10	QD40120119	¥ 12,000.00	30	2019/8/9	是	21	¥ 12,000.00	否	¥ -	¥ -
2019/7/25	QD40120122	¥ 14,500.00	60	2019/9/23	否	0	¥ 10,000.00	欠	¥ 4,500.00	0
2019/7/28	QD40120123	¥ 56,500.00	120	2019/11/25	否	0	¥ 30,000.00	欠	¥ 26,500.00	0
2019/8/3	QD40120125	¥ 25,000.00	30	2019/9/2	否	0	¥ 25,000.00	否	¥ -	0
2019/8/12	QD40120130	¥ 66,000.00	90	2019/11/10	否	0	¥ 10,000.00	欠	¥ 56,000.00	0
2019/8/25	QD40120135	¥ 45,000.00	60	2019/10/24	否	0	¥ -	欠	¥ 45,000.00	0
2019/8/27	QD40120136	¥ 40,200.00	30	2019/9/26	否	0	¥ 20,200.00	欠	¥ 20,000.00	0
2019/8/30	QD40120137	¥ 42,500.00	120	2019/12/28	否	0	¥ 22,500.00	欠	¥ 20,000.00	0

Sheet1

图8-14

8.3.2 设置应付账款到期提醒

某公司统计了应付账款的详细数据，现需要计算即将到期的偿还金额和距离规定还款日期还剩多少天，并设置到期提醒。

对于上述问题，可以先根据当前日期计算出到期剩余时间，再计算出即将到期的应付账款的总金额。

在Excel中，可以利用到期提示公式“=IF(AND(到期日期-当前日期<=30,到期日期-当前日期>0),到期日期-当前日期,0)”计算以给定日期为标准，未来30天内到期的应付账款记录显示剩余天数，然后利用SUMIF()函数从到期提示单元格区域查找大于零的记录，最后使用条件格式功能设置到期提醒。

现已经将本例提供的相关数据记录到“设置应付账款到期提醒”工作簿中，下面介绍其具体操作。

>> 素材文件：素材\第8章\设置应付账款到期提醒.xlsx

>> 效果文件：效果\第8章\设置应付账款到期提醒.xlsx

1 输入辅助数据

❶打开素材文件，在S4和S5单元格中输入当前日期为2019/8/30，❷在S10单元格中输入到期余额。

	N	P	Q	R	S
2					
3	余额	到期提示			
4	¥ 16,000.00			❶输入	当前日期
5	¥ -				2019/8/30
6	¥ 2,000.00				
7	¥ 9,000.00				
8	¥ 16,000.00				
9	¥ 15,000.00				
10	¥ 12,500.00			❷输入	到期余额
11	¥ -				
12	¥ 4,500.00				

2 计算到期提示

❶选择P4:P18单元格区域，在编辑栏中输入“=IF(AND(I4-$S$5 <=30, I4-$S$5>0),I4-$S$5,0)”公式，❷按【Ctrl+Enter】组合键计算到期提示。

P4　❶输入　=IF(AND(I4-$S$5 <=30, I4-$S$5>0),I4-$S$5,0)

	E	I	N	P
2				
3	发票日期	到期日期	余额	到期提示
4	2019/6/6	2019/9/4	¥ 16,000.00	5
5	2019/6/7	2019/7/7	¥ ❷计算	0
6	2019/6/12	2019/7/12	¥ 2,000.00	0
7	2019/6/12	2019/10/10	¥ 9,000.00	0
8	2019/6/13	2019/8/12	¥ 16,000.00	0
9	2019/7/5	2019/10/3	¥ 15,000.00	0

3 计算即将到期的应付账款总额

❶选择S11单元格，在编辑栏中输入“=SUMIF(P4:P18,">0",N4:N18)”公式，❷按【Ctrl+Enter】组合键计算出即将到期的应付账款的总金额。

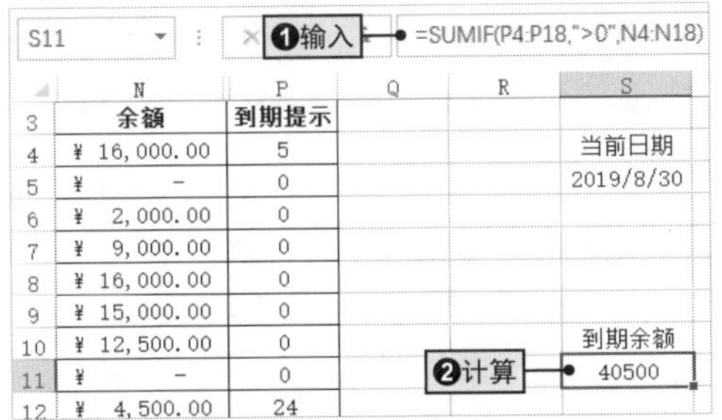

4 选择突出显示单元格规则命令

❶选择P4:P18单元格区域，❷在“开始”选项卡“样式”组中单击“条件格式”下拉按钮，❸选择“突出显示单元格规则/大于”命令。

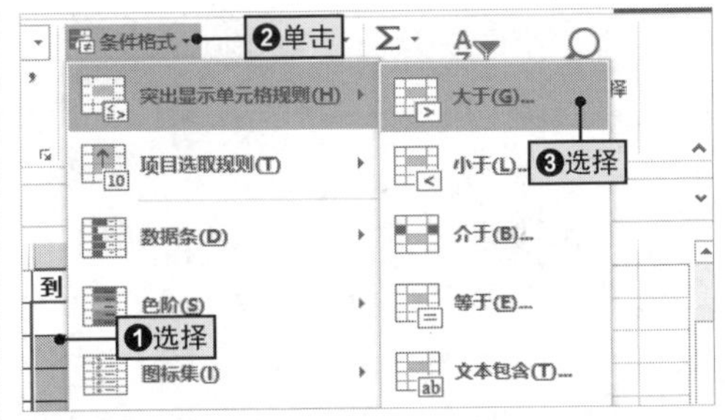

5 设置突出显示单元格规则

❶在打开的“大于”对话框的“为大于以下值的单元格设置格式”参数框中输入0，❷在“设置为”下拉列表框中保持默认选择的“浅红填充色深红色文本”选项，单击“确定”按钮确认设置并关闭对话框，完成整个操作。

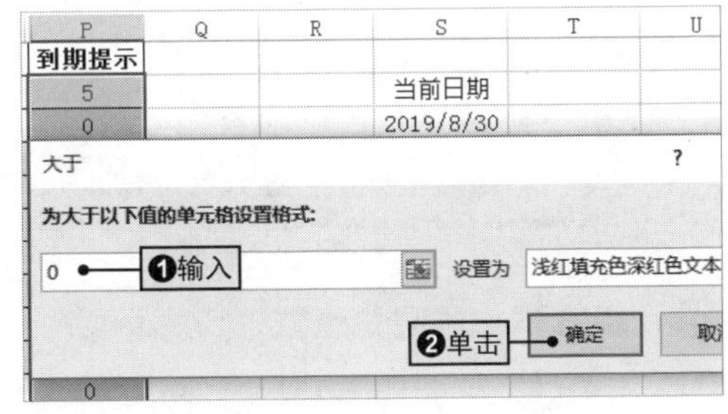

通过上述几个步骤即可完成设置应付账款到期进行提醒，其最终效果如图8-15所示。

应付账款到期提醒表					
编号	供应商名称	发票日期	到期日期	余额	到期提示
1	兴隆××商贸中心	2019/6/6	2019/9/4	¥ 16,000.00	5
2	××宏发商贸有限公司	2019/6/7	2019/7/7	¥ -	0
3	顺德××商贸有限公司	2019/6/12	2019/7/12	¥ 2,000.00	0
4	方兴××商贸中心	2019/6/12	2019/10/10	¥ 9,000.00	0
5	××商贸有限责任公司	2019/6/13	2019/8/12	¥ 16,000.00	0
6	腾达××贸易有限公司	2019/7/5	2019/10/3	¥ 15,000.00	0
7	博远××纸业有限公司	2019/7/9	2019/8/8	¥ 12,500.00	0
8	恒昌××商贸有限公司	2019/7/10	2019/8/9	¥ -	0
9	诚诚××商贸有限公司	2019/7/25	2019/9/23	¥ 4,500.00	24
10	宏基××办公供销部	2019/7/28	2019/11/25	¥ 26,500.00	0
11	拓基××商贸有限公司	2019/8/3	2019/9/2	¥ -	3
12	××办公用品有限公司	2019/8/12	2019/11/10	¥ 56,000.00	0
13	××商贸中心	2019/8/25	2019/10/24	¥ 45,000.00	0
14	××家用电器销售公司	2019/8/27	2019/9/26	¥ 20,000.00	27
15	××商贸有限公司	2019/8/30	2019/12/28	¥ 20,000.00	0

图8-15

8.3.3 确定最佳的付款方案

某公司近期需要进行付款，财务部门制定了两种方案。方案一：小于或等于50 000元的账户，一次性付清；大于50 000元的账户，偿还应付金额的50%。方案二：小于或等于100 000元的账户，一次性付清；大于100 000元的账户，偿还应付金额的40%。现在需要计算两种方案的支付明细和总还款额，选择最佳的付款方案。

要解决上述问题，可以先利用IF()函数判断余额小于或等于50 000元的账户，一次性付清；再判断大于50 000元的账户，首次支付金额的50%，然后利用ROUND()函数将返回值四舍五入到小数点后两位。用相同的方法计算方案二的偿付金额，最后计算出合计金额并用图表对比，选择最佳的方案。下面介绍其相关操作。

>> 素材文件：素材\第8章\选择最佳方案.xlsx

>> 效果文件：效果\第8章\选择最佳方案.xlsx

1 计算方案一各应付账款

❶打开素材文件，选择D4:D18单元格区域，在编辑栏中输入“=IF(C4<=50000, C4, ROUND(C4*50%,2))”公式，❷按【Ctrl+Enter】组合键计算出方案一的应付账款。

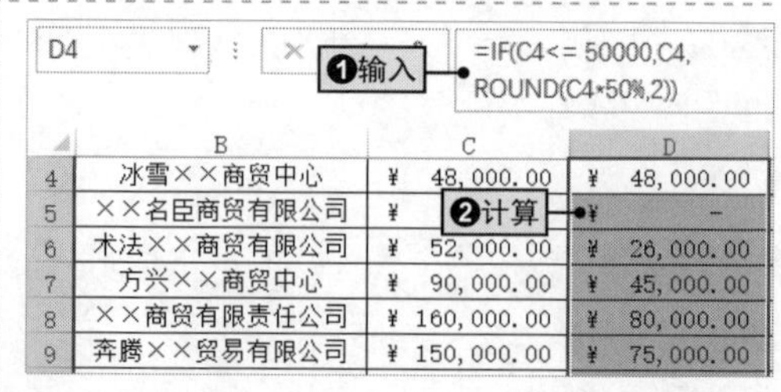

2 计算方案二各应付账款

❶选择E4:E18单元格区域，在编辑栏中输入“=IF(C4<=100000,C4,ROUND(C4*40%,2))”公式，❷按【Ctrl+Enter】组合键计算出方案二的应付账款。

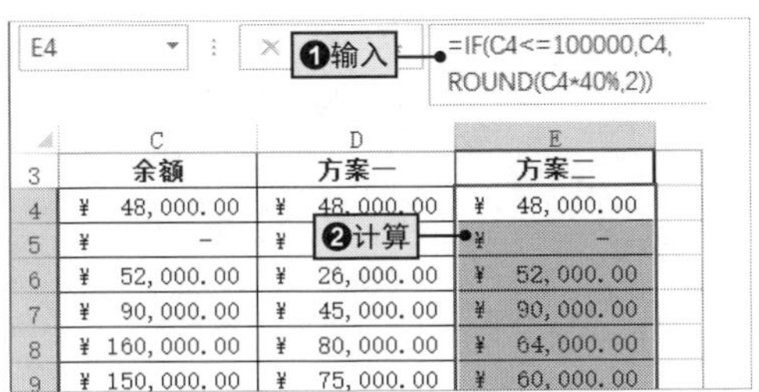

	C	D	E
3	余额	方案一	方案二
4	¥ 48,000.00	¥ 48,000.00	¥ 48,000.00
5	¥ -	¥	¥ -
6	¥ 52,000.00	¥ 26,000.00	¥ 52,000.00
7	¥ 90,000.00	¥ 45,000.00	¥ 90,000.00
8	¥ 160,000.00	¥ 80,000.00	¥ 64,000.00
9	¥ 150,000.00	¥ 75,000.00	¥ 60,000.00

3 计算合计金额

在C19、D19和E19单元格中利用自动求和功能，分别计算出应付账款和两种方案的合计金额。

	C	D	E
10	¥ 125,000.00	¥ 62,500.00	¥ 50,000.00
11	¥ -	¥ -	¥ -
12	¥ 44,500.00	¥ 44,500.00	¥ 44,500.00
13	¥ 75,500.00	¥ 37,750.00	¥ 75,500.00
14	¥ -	¥ -	¥ -
15	¥ 90,000.00	¥ 45,000.00	¥ 90,000.00
16	¥ 45,000.00	¥ 计算 000.00	¥ 45,000.00
17	¥ -	¥ -	¥ -
18	¥ 80,000.00	¥ 40,000.00	¥ 80,000.00
19	¥ 960,000.00	¥ 548,750.00	¥ 699,000.00

4 创建条形图

❶选择B3:B18和D3:E18单元格区域，❷在“插入”选项卡“图表”组的“插入柱形图或条形图”下拉菜单中选择“簇状条形图”选项创建一个条形图。

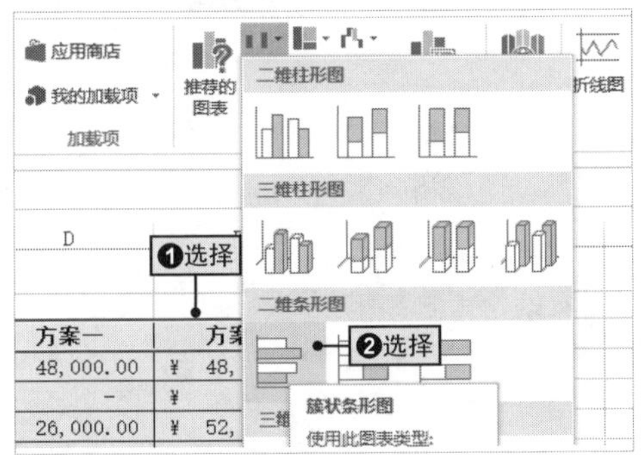

5 选择布局方式

❶选择创建的图表，拖动外边缘控制柄调整图表大小，在“图表工具 设计”选项卡“图表布局”组中单击“快速布局”下拉按钮，❷选择“布局9”选项。

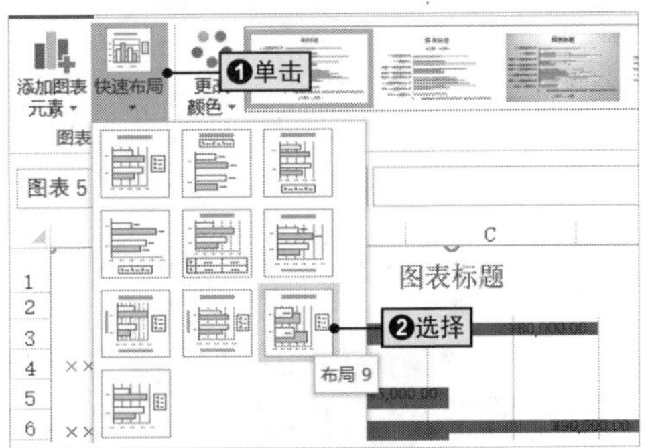

6 设置图表字体格式

在图表的“图表标题”文本框中输入“两种方案数据对比”文本，设置标题字体格式为方正大黑简体、黑色、18号，设置图表标签和图例文本的字体格式为微软雅黑、加粗、黑色。

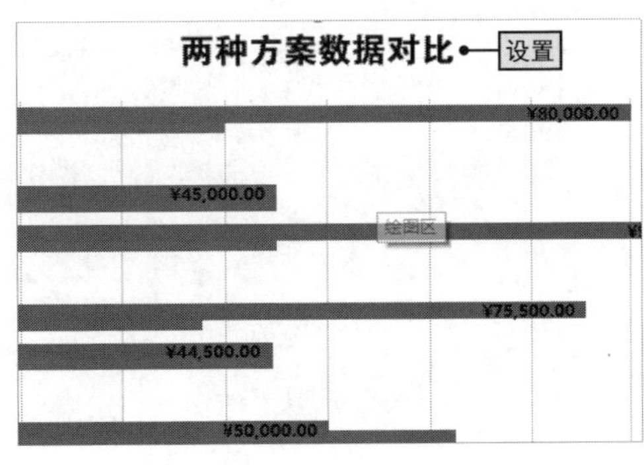

7 打开任务窗格

❶选择图表区，然后单击鼠标右键，❷在弹出的快捷菜单中选择“设置图表区域格式”命令，打开“设置图表区格式”任务窗格。

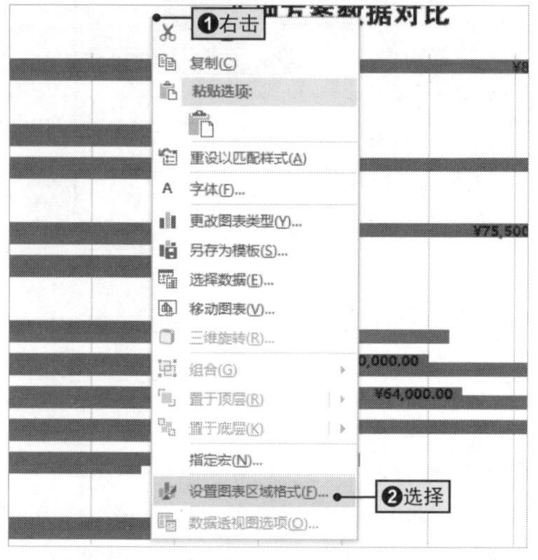

8 设置图表背景色

❶在“填充与线条”选项卡的“填充”栏单击“颜色”下拉按钮，❷选择需要的背景颜色，❸单击任务窗格右上角的“关闭”按钮关闭任务窗格。

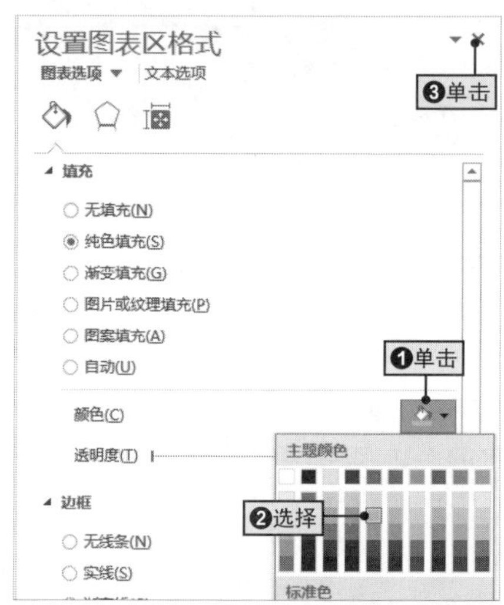

通过上述几个步骤即可完成对两种付款方案的数据分析，其最终效果如图8-16所示。

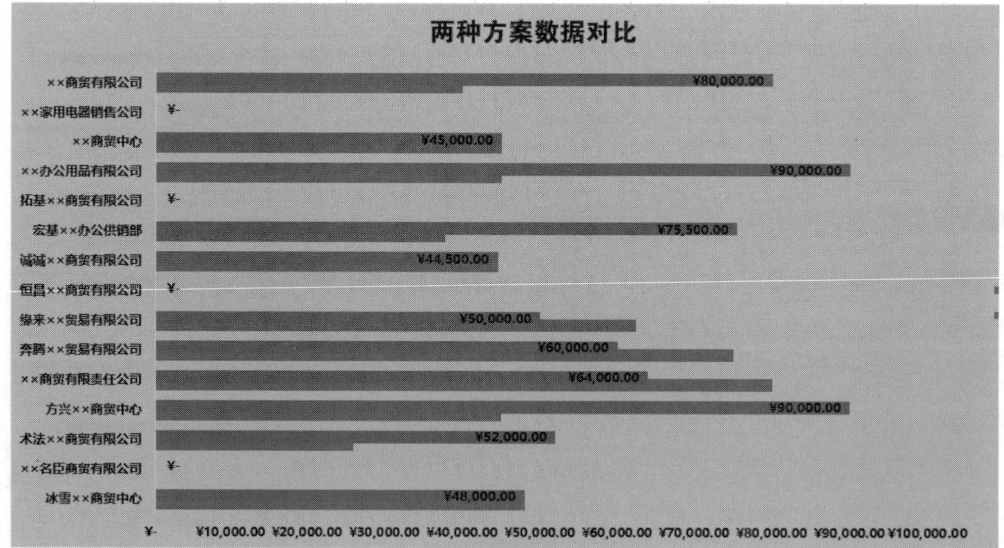

图8-16

第9章 09

本利数据的管理与控制

本章导读

任何企业都想以最小的投入换取最大的收益，但是如果不控制好成本，不仅会影响企业总利润的大小，严重的还会导致亏损。因此，成本控制与利润分析是财务管理的重要部分。本章将具体讲解在Excel中如何通过计算与数据分析功能以及图表功能来对本利数据进行管理与控制。

本章要点

成本费用控制表设计
成本明细表设计
成本费用分析表设计
根据历史成本分析法预测成本
…………

9.1 成本费用管控表设计与维护

成本费用不仅影响采购与生产运作费用，还影响企业的利润和总费用。因此，成本费用的管控有利于实现企业资源的优化配置，提高企业的经济效益，而成本费用管控表则是控制成本的重要手段之一。

9.1.1 成本费用控制表设计

成本费用控制是指企业在经营过程中，按照既定的成本费用目标，对构成成本诸要素进行的规划、调节和限制，从而及时纠正偏差，控制成本费用，将成本控制在计划范围内。

在成本费用控制表中，根据不同的分析目的，其表格结构也不同，有的时候只对本月各科目的成本进行控制，有的时候需要对比本月与上月、本年累计与去年累计各科目的成本。此外，对于成本项目而言，相同类别的项目在统计时，就要做一次汇总合计，如图9-1所示。

成本费用控制表

年　月

期间 / 科目	本月	上月	本年累计	去年累计
	金额%	金额%	金额%	金额%
销货收入净额				
代销收入				
销货收入合计				
直接原料				
直接人工				
制造费用				
销货成本合计				
员工薪资				
文具用品				
交通费				
保险费				
交际费				
邮电费				
佣金支出				
运费				
差旅费				
广告费				
修缮费				
……				
营业费用合计				
核准：		复核：		制表：

图9-1

不管分析目的是什么，在设计成本费用控制表时，对于费用科目一定要完整、统一，这样有利于后期对表格数据进行汇总分析或比较。最好设计一张成本费用科目比较全面的表格，每次只需要在对应涉及的科目中填写对应的费用，不涉及的不填写即可。

9.1.2　成本明细表设计

成本明细表是对成本费用的详细记录，通过成本明细表可以对成本费用的各个环节进行管控，降低生产经营消耗，有利于促进企业改善经营管理结构，提高经济效益，为企业积累资金奠定坚实的基础。

因此，在成本明细表的设计中，不仅要将成本项目有哪些列举全面，更重要的是对于成本项目中涉及的转入转出金额要统计清楚，这样才方便对成本合计的汇总，这种表格的设计思路有点类似于利润表。如图9-2所示为某企业的成本明细表样式。

成本明细表

单位：元

项目	金额	
	小计	合计
自制产品销货成本		
直接材料		
期初盘存		
+本期进料		
+转入		
-转出		
-期末盘存		
直接人工		
制造费用		
制造成本		
+期初在制品盘存		
+转入		
-转出		
-期末在制品盘存		
制成品成本		
+期初制成品盘存		
+转入		
-转出		
-期末制成品盘存		
外购商品销货成本		
期初盘存		
+本期进货		
+转入		
-转出		
-期末盘存		
销货成本合计		
生产成本总计		

负责人：　　　　主办会计：　　　　经办会计：

图9-2

9.1.3 成本费用分析表设计

成本费用分析是根据相关资料对成本费用变动情况进行全面了解和分析，系统地研究成本费用变化的各种原因及形成因素，找出降低成本费用的措施和方案。

在成本费用分析表中，最核心的是对预算数据和实际数据进行统计，找出它们之间的差异，从而对产生差异的各种原因和成因分析提供数据基础。如图9-3所示为常见的成本费用分析表样式效果。

成本费用分析表

成本项目	预算	实际	差异	费用项目	预计	实际	差异

图9-3

9.2 生产成本与利润分析

生产成本是衡量一个企业经营和管理的重要指标。企业利润是产品销售收入与成本之间的差值。因此，企业在经营管理过程中，对生产成本和利润的分析是非常重要的。

9.2.1　根据历史成本分析法预测成本

某公司记录了上一年各月的成本数据，如图9-4所示，现需要预测一定时期内固定成本与单位变动成本的平均值，并以此估算未来成本。

上一年各月数据

月份	产量	成本
1月	86021	730620
2月	32885	361990
3月	45743	489910
4月	90365	958530
5月	6286	69160
6月	51532	552470
7月	84075	868080
8月	68103	720790
9月	73995	756770
10月	50913	526350
11月	14273	151590
12月	92358	981890
最高值		
最低值		

	高低点法	回归直线法
固定成本		
单位变动成本		
预测产量	100000	100000
预测总成本		

图9-4

要解决上述的问题，可以使用成本分析法来完成，主要是根据历史数据分析产品的产量、成本和总成本的一种分析方法。它又分为高低点法和回归直线法。

在本例中，可以分为3步来解决问题。

- ◆ 第一步，利用MAX()函数和MIN()函数计算产品的最高点和最低点产量值和成本值。
- ◆ 第二步，利用INTERCEPT函数()和SLOPE()函数计算固定成本与单位变动成本。
- ◆ 第三步，利用“总成本＝固定成本+单位变动成本×产量”公式来预测总成本值。

下面具体介绍根据历史成本分析法预测成本的相关操作。

>> 素材文件：素材\第9章\根据历史成本分析法预测成本.xlsx

>> 效果文件：效果\第9章\根据历史成本分析法预测成本.xlsx

1 计算最高点产量值和成本值

❶打开素材文件，选择B15:C15单元格区域，在编辑栏中输入“=MAX(B3:B14)”公式，❷按【Ctrl+Enter】组合键计算最高点产量值和成本值。

B15 ❶输入 =MAX(B3:B14)

	A	B	C	D
8	6月	51532	552470	
9	7月	84075	868080	
10	8月	68103	720790	
11	9月	73995	756770	
12	10月	50913	526350	
13	11月	14273	151590	
14	12月	92358	981890	
15	最高值	92358	981890	
16	最低值			

❷计算

2 计算最低点产量值和成本值

❶选择B16:C16单元格区域，在编辑栏中输入“=MIN(B3:B14)”公式，❷按【Ctrl+Enter】组合键计算最低点产量值和成本值。

B16 =MIN(B3:B14) ❶输入

	A	B	C	D
8	6月	51532	[illegible]0	
9	7月	84075	868080	
10	8月	68103	720790	
11	9月	73995	756770	
12	10月	50913	526350	
13	11月	14273	151590	
14	12月	92358	981890	
15	最高值	92358	981890	
16	最低值	6286	69160	

❷计算

3 计算固定成本

❶选择F3单元格，在编辑栏中输入“=C15-B15*F4”公式，❷按【Ctrl+Enter】组合键根据高低点法计算固定成本。

❶输入 =C15-B15*F4

C	D	E	F	G
本			高低点法	回归直
0620		固定成本	981890	
990		单位变动成本		
9910		预测产量	100000	1000
3530		预测总成本		

❷计算

4 计算单位变动成本

❶选择F4单元格，在编辑栏中输入“=(C15-C16)/(B15-B16)”公式，❷按【Ctrl+ Enter】组合键根据高低点法计算单位变动成本。

❶输入 =(C15-C16)/(B15-B16)

C	D	E	F	G
本			高低点法	回归直
0620		固定成本	2501.611906	
990		单位变动成本	10.60426155	

❷计算

5 根据回归直线法计算固定成本

❶选择G3单元格，在编辑栏中输入“=INTERCEPT(C3:C14,B3:B14)”公式，❷按【Ctrl+Enter】组合键根据回归直线法计算固定成本。

=INTERCEPT(C3:C14,B3:B14) ❶输入

D	E	F	G
		高低点法	回归直线法
	固定成本	2501.611906	21670.40564
	单位变动成本	10.60426155	
	预测产量	100000	

❷计算

6 回归直线法计算单位变动成本

❶选择G4单元格，在编辑栏中输入“=SLOPE(C3:C14,B3:B14)”公式，❷按【Ctrl+Enter】组合键根据回归直线法计算单位变动成本。

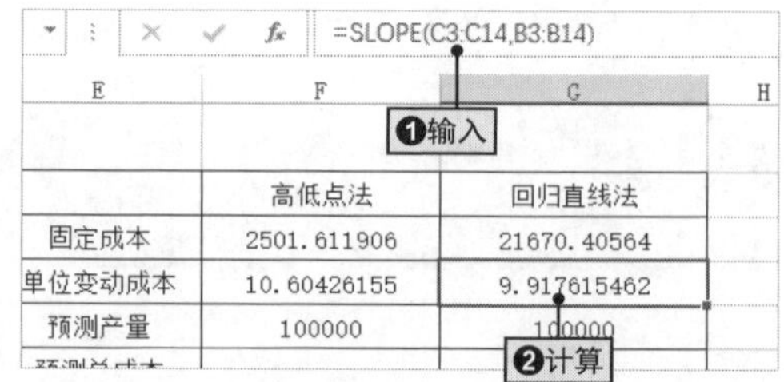

=SLOPE(C3:C14,B3:B14) ❶输入

E	F	G	H
	高低点法	回归直线法	
固定成本	2501.611906	21670.40564	
单位变动成本	10.60426155	9.917615462	
预测产量	100000	100000	

❷计算

7 预测总成本值

❶选择F6:G6单元格区域，在编辑栏中输入“=F3+F4*F5”公式，❷按【Ctrl+Enter】组合键预测总成本值。

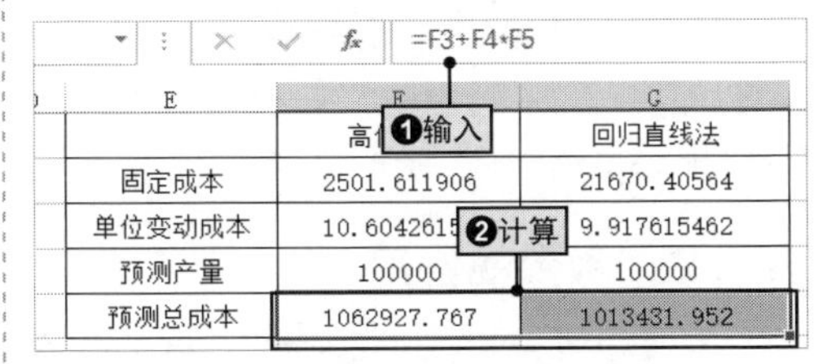

E	F	G
	高低点法	回归直线法
固定成本	2501.611906	21670.40564
单位变动成本	10.60426155	9.917615462
预测产量	100000	100000
预测总成本	1062927.767	1013431.952

通过如上几个步骤即可完成本案例的根据历史成本分析法预测成本的操作，其最终效果展示如图9-5所示。

上一年各月数据		
月份	产量	成本
1月	86021	730620
2月	32885	361990
3月	45743	489910
4月	90365	958530
5月	6286	69160
6月	51532	552470
7月	84075	868080
8月	68103	720790
9月	73995	756770
10月	50913	526350
11月	14273	151590
12月	92358	981890
最高值	92358	981890
最低值	6286	69160

	高低点法	回归直线法
固定成本	2501.611906	21670.40564
单位变动成本	10.60426155	9.917615462
预测产量	100000	100000
预测总成本	1062927.767	1013431.952

图9-5

知识点讲解

MAX()函数和MIN()函数的使用

MAX()函数和MIN()函数用于获取给定参数表中的最大值和最小值。其语法结构分别为：MAX(number1,number2,…)，MIN(number1,number2,…)。两个函数中的number参数的作用一样，主要用于指定一组数据或者单元格区域的引用，其参数个数的取值范围为1~255。如果函数的参数是数组或单元格引用，则只对其中的数字进行运算，逻辑值、空白单元格和文本值将不被计算在内。

对于直接键入到参数列表中的逻辑值和代表数字的文本，MAX()函数和MIN()函数在计算时将会被计算在内。

INTERCEPT()函数的使用

INTERCEPT()函数表示利用现有的X值与Y值计算直线与Y轴的截距，其语法结构为：INTERCEPT(known_y's,known_x's)，各参数意义如下。

- ◆ known_y's：表示数字型因变量数据点数组或单元格区域。
- ◆ known_x's：表示自变量数据点集合。

SLOPE()函数的使用

SLOPE()函数表示利用现有的X值与Y值计算由这些数据点拟合的线性回归直线的斜率，其语法结构为：SLOPE(known_y's,known_x's)，其各参数意义同INTERCEPT()函数的参数相同。

9.2.2 计算并汇总月末生产成本数据

在生产型企业中，月末都会对当月的生产成本数据进行汇总分析，通过生产产品的成本发生额来计算该产品的单位成本以及各种成本要素的比重情况，依据此来调整生产计划，从而确保产出的效益最大化。

某工作人员在2019年8月1日将7月的生产成本数据在成本汇总表中进行了填列，如图9-6所示。

7月生产成本汇总

汇总日期： 2019/8/1　　　　单位：元

产品型号	期初数	直接材料	直接人工	制造费用	成本总额	转出金额	转出数量	期末数	单位成本	直接材料比重	直接人工比重	制造费用比重	成本结构	结构排序
OPS713-1	¥58,697.00	¥ 936,886.00	¥ 765,973.00	¥ 929,483.00		¥52,835.00	¥7,925.00							
OPS713-2	¥67,739.00	¥ 789,640.00	¥ 437,957.00	¥ 87,359.00		¥54,818.00	¥5,638.00							
OPS713-3	¥78,380.00	¥ 257,473.00	¥ 437,163.00	¥ 490,872.00		¥71,237.00	¥8,438.00							
OPS713-4	¥95,203.00	¥ 85,829.00	¥ 121,955.00	¥ 994,841.00		¥54,717.00	¥5,963.00							
OPS713-5	¥66,097.00	¥ 164,607.00	¥ 148,312.00	¥ 140,196.00		¥69,139.00	¥7,179.00							
合计														

图9-6

现在需要根据提供的各产品型号的期初数、直接材料、直接人工、制造费用、转出金额和转出数量来对成本总额、单位成本以及各种成本要素比重进行核算。本例是一个数据计算问题，要完成这些核算，首先要弄清楚各数据的计算公式，具体如下。

成本总额=直接材料+直接人工+制造费用

期末数=期初数+成本总额-转出金额

单位成本=转出金额/转出数量

直接材料比重=直接材料/成本总额

直接人工比重=直接人工/成本总额

制造费用比重=制造费用/成本总额

成本结构=某产品成本总额/所有产品成本总额

在如上公式中，成本总额可以直接用SUM()函数计算，对于各种成本要素比重数据，首先要对除数为0的情况进行判断，可以使用IF()函数来完成。

此外，在本例中，还要求对每种产品的成本结构排序，但是不改变表格中数据记录的顺序，此时不能用排序功能排序，只能使用RANK()函数来完成。

下面具体介绍7月生产成本汇总的相关数据的计算。

>> 素材文件：素材\第9章\月末生产成本汇总表.xlsx

>> 效果文件：效果\第9章\月末生产成本汇总表.xlsx

1 计算成本总额

❶打开素材文件，选择F4:F8单元格区域，在编辑栏中输入“=SUM(C4:E4)”公式，❷按【Ctrl+Enter】组合键即可计算各产品的成本总额。

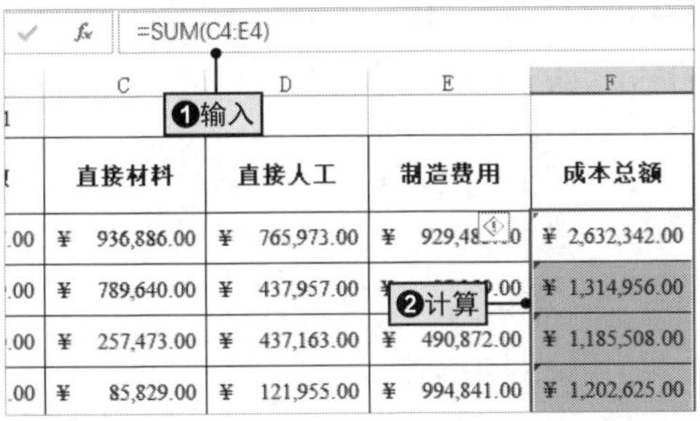

=SUM(C4:E4)　❶输入　❷计算

直接材料	直接人工	制造费用	成本总额
¥ 936,886.00	¥ 765,973.00	¥ 929,48[illegible]0	¥ 2,632,342.00
¥ 789,640.00	¥ 437,957.00	[illegible]	¥ 1,314,956.00
¥ 257,473.00	¥ 437,163.00	¥ 490,872.00	¥ 1,185,508.00
¥ 85,829.00	¥ 121,955.00	¥ 994,841.00	¥ 1,202,625.00

2 计算期末数

❶选择I4:I8单元格区域，在编辑栏中输入“=B4+F4-G4”公式，❷按【Ctrl+Enter】组合键即可计算各产品的期末数。

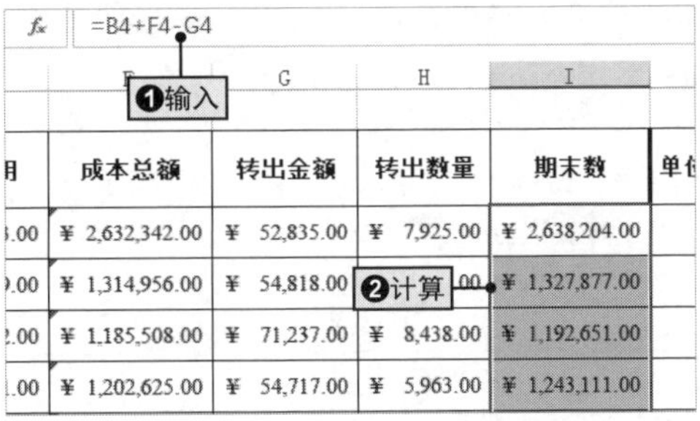

=B4+F4-G4　❶输入　❷计算

成本总额	转出金额	转出数量	期末数
¥ 2,632,342.00	¥ 52,835.00	¥ 7,925.00	¥ 2,638,204.00
¥ 1,314,956.00	¥ 54,818.00	[illegible]	¥ 1,327,877.00
¥ 1,185,508.00	¥ 71,237.00	¥ 8,438.00	¥ 1,192,651.00
¥ 1,202,625.00	¥ 54,717.00	¥ 5,963.00	¥ 1,243,111.00

3 计算单位成本

❶选择J4:J8单元格区域，在编辑栏中输入“=IF(H4=0,"",G4/H4)”公式，❷按【Ctrl+Enter】组合键即可计算各产品的单位成本。

=IF(H4=0,"",G4/H4)　❶输入　❷计算

转出金额	转出数量	期末数	单位成本
¥ 52,835.00	¥ 7,925.00	¥ 2,638,204.00	¥ 6.67
¥ 54,818.00	¥ 5,638.00	[illegible]	¥ 9.72
¥ 71,237.00	¥ 8,438.00	¥ 1,192,651.00	¥ 8.44
¥ 54,717.00	¥ 5,963.00	¥ 1,243,111.00	¥ 9.18
¥ 69,139.00	¥ 7,179.00	¥ 450,073.00	¥ 9.63

4 计算直接材料比重

❶选择K4:K8单元格区域，在编辑栏中输入“=IF(F4=0,0,C4/F4)”公式，❷按【Ctrl+Enter】组合键即可计算各产品的直接材料比重。

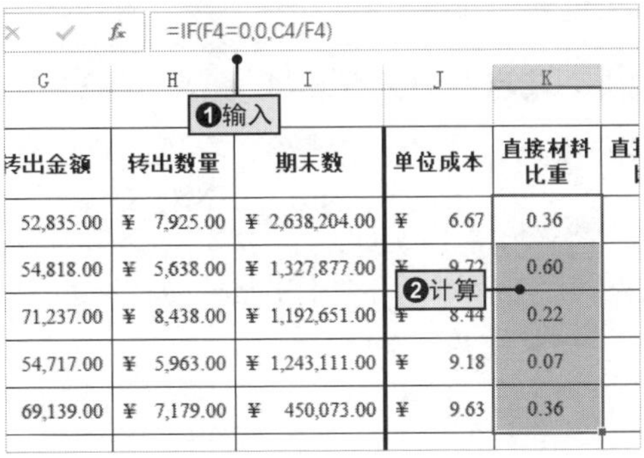

=IF(F4=0,0,C4/F4)　❶输入　❷计算

转出金额	转出数量	期末数	单位成本	直接材料比重
52,835.00	¥ 7,925.00	¥ 2,638,204.00	¥ 6.67	0.36
54,818.00	¥ 5,638.00	¥ 1,327,877.00	[illegible]	0.60
71,237.00	¥ 8,438.00	¥ 1,192,651.00	[illegible]	0.22
54,717.00	¥ 5,963.00	¥ 1,243,111.00	¥ 9.18	0.07
69,139.00	¥ 7,179.00	¥ 450,073.00	¥ 9.63	0.36

5 计算直接人工比重

❶选择L4:L8单元格区域，在编辑栏中输入“=IF(F4=0,0,D4/F4)”公式，❷按【Ctrl+Enter】组合键计算各产品的直接人工比重。

=IF(F4=0,0,D4/F4)　❶输入　❷计算

转出数量	期末数	单位成本	直接材料比重	直接人工比重
¥ 7,925.00	¥ 2,638,204.00	¥ 6.67	0.36	0.29
¥ 5,638.00	¥ 1,327,877.00	¥ 9.72	0.60	0.33
¥ 8,438.00	¥ 1,192,651.00	¥ 8.44	0.22	0.37
¥ 5,963.00	¥ 1,243,111.00	¥ 9.18	[illegible]	0.10
¥ 7,179.00	¥ 450,073.00	¥ 9.63	0.36	0.33

6 计算制造费用比重

❶选择M4:M8单元格区域，在编辑栏中输入“=IF(F4=0,0,E4/F4)”公式，❷按【Ctrl+Enter】组合键计算各产品的制造费用比重。

=IF(F4=0,0,E4/F4)　❶输入　❷计算

期末数	单位成本	直接材料比重	直接人工比重	制造费用比重
¥ 2,638,204.00	¥ 6.67	0.36	0.29	0.35
¥ 1,327,877.00	¥ 9.72	0.60	0.33	0.07
¥ 1,192,651.00	¥ 8.44	0.22	[illegible]	0.41
¥ 1,243,111.00	¥ 9.18	0.07	0.10	0.83
¥ 450,073.00	¥ 9.63	0.36	0.33	0.31

7 计算各成本合计

❶选择B9:I9单元格区域，在编辑栏中输入“=SUM(B4:B8)”公式，❷按【Ctrl+Enter】组合键计算各成本发生额的合计数据。

=SUM(B4:B8)　❶输入　❷计算

2019/8/1

期初数	直接材料	直接人工	制造费用	成本
¥ 58,697.00	¥ 936,886.00	¥ 765,973.00	¥ 929,483.00	¥ 2,6
¥ 67,739.00	¥ 789,640.00	¥ 437,957.00	¥ 87,359.00	¥ 1,3
¥ 78,380.00	¥ 257,473.00	¥ 437,163.00	¥ 490,872.00	¥ 1,1
¥ 95,203.00	¥ 85,829.00	¥ 121,955.00	¥ 994,841.00	¥ 1,2
¥ 66,097.00	¥ 164,607.00	¥ [illegible]312.00	¥ 140,196.00	¥ 4
¥ 366,116.00	¥ 2,234,435.00	¥ 1,911,360.00	¥ 2,642,751.00	¥ 6,7

8 计算成本结构

❶选择N4:N8单元格区域，在编辑栏中输入“=IF($F$9=0,0,F4/$F$9)”公式，❷按【Ctrl+Enter】组合键计算各产品的成本结构。

=IF($F$9=0,0,F4/$F$9)　❶输入　❷计算

单位：元

数	单位成本	直接材料比重	直接人工比重	制造费用比重	成本结构	结构排序
204.00	¥ 6.67	0.36	0.29	0.35	0.39	
377.00	¥ 9.72	0.60	0.33	0.07	0.19	
551.00	¥ 8.44	0.22	0.37	[illegible]	0.17	
111.00	¥ 9.18	0.07	0.10	0.83	0.18	
073.00	¥ 9.63	0.36	0.33	0.31	0.07	
116.00						

9 对成本结构进行排名

❶选择O4:O8单元格区域，在编辑栏中输入“=IF(N4=0,0,RANK(N4,$N$4:$N$8))”公式，❷按【Ctrl+Enter】组合键即可计算各产品成本结构相对于其他产品成本结构的排名。

=IF(N4=0,0,RANK(N4,$N$4:$N$8))　❶输入　❷计算

单位：元

单位成本	直接材料比重	直接人工比重	制造费用比重	成本结构	结构排序
¥ 6.67	0.36	0.29	0.35	0.39	1
¥ 9.72	0.60	0.33	0.07	0.19	2
¥ 8.44	0.22	0.37	[illegible]	[illegible]	4
¥ 9.18	0.07	0.10	0.83	0.18	3

通过如上几个步骤即可完成本案例的月末生产成本的汇总及各成本要素的比重的计算，其最终效果展示如图9-7所示。

7月生产成本汇总

汇总日期：　2019/8/1　　　　单位：元

产品型号	期初数	直接材料	直接人工	制造费用	成本总额	转出金额	转出数量	期末数	单位成本	直接材料比重	直接人工比重	制造费用比重	成本结构	结构排序
OPS713-1	¥ 58,697.00	¥ 936,886.00	¥ 765,973.00	¥ 929,483.00	¥2,632,342.00	¥ 52,835.00	¥ 7,925.00	¥2,638,204.00	¥ 6.67	0.36	0.29	0.35	0.39	1
OPS713-2	¥ 67,739.00	¥ 789,640.00	¥ 437,957.00	¥ 87,359.00	¥1,314,956.00	¥ 54,818.00	¥ 5,638.00	¥1,327,877.00	¥ 9.72	0.60	0.33	0.07	0.19	2
OPS713-3	¥ 78,380.00	¥ 257,473.00	¥ 437,163.00	¥ 490,872.00	¥1,185,508.00	¥ 71,237.00	¥ 8,438.00	¥1,192,651.00	¥ 8.44	0.22	0.37	0.41	0.17	4
OPS713-4	¥ 95,203.00	¥ 85,829.00	¥ 121,955.00	¥ 994,841.00	¥1,202,625.00	¥ 54,717.00	¥ 5,963.00	¥1,243,111.00	¥ 9.18	0.07	0.10	0.83	0.18	3
OPS713-5	¥ 66,097.00	¥ 164,607.00	¥ 148,312.00	¥ 140,196.00	¥ 453,115.00	¥ 69,139.00	¥ 7,179.00	¥ 450,073.00	¥ 9.63	0.36	0.33	0.31	0.07	5
合计	¥ 366,116.00	¥2,234,435.00	¥1,911,360.00	¥2,642,751.00	¥6,788,546.00	¥ 302,746.00	¥ 35,143.00	¥6,851,916.00						

图9-7

知识点讲解

RANK()函数的使用

RANK()函数主要用于返回某数据在一组数据列表中的排位，其语法结构为：RANK(number,ref, [order])。各参数的具体用法如下。

- number：该参数用于指定要排名的数据或单元格引用。
- ref：该参数表示需要查找排名数据的数组或对数据列表的引用。
- order：该参数用于指明数据排名的方式，如果省略或者为0，Excel对数据的排名是按照降序排列。

在Excel 2010以后的版本中，此函数已被RANK.AVG()函数和RANK.EQ()函数取代。但是RANK()函数仍然可以使用，主要是为了保持与Excel早期版本的兼容性。

RANK.AVG()函数主要用于在排名相同时，返回重复数据的平均排名，其语法结构为：RANK.AVG(number,ref,[order])。

RANK.EQ()函数也是主要用于在排名相同时，返回重复数据的最佳排名，使用该函数与使用RANK()函数具有相同的效果，其语法结构为：RANK.EQ(number,ref,[order])。

从语法结构可以看出，这两个函数的语法结构和RANK()函数相同，因此参数的作用和意义也相同。

9.2.3 用折线图分析生产成本变化

某工作人员对当年上半年的生产成本数据进行了汇总计算，如图9-8所示。

上半年生产成本汇总表

单位：元

项目	1月	2月	3月	4月	5月	6月	合计	成本结构
期初数	¥ 68,674	¥ 1,760,066	¥ 3,726,729	¥ 5,514,775	¥ 6,604,904	¥ 7,061,513	¥ 24,736,661	
直接材料	¥ 642,381	¥ 961,084	¥ 682,670	¥ 324,505	¥ 107,108	¥ 299,707	¥ 3,017,455	0.372879
直接人工	¥ 943,261	¥ 598,553	¥ 734,928	¥ 351,419	¥ 166,420	¥ 238,292	¥ 3,032,873	0.374785
制造费用	¥ 195,326	¥ 475,452	¥ 455,438	¥ 472,105	¥ 240,087	¥ 203,572	¥ 2,041,980	0.252336
合计	¥ 1,780,968	¥ 2,035,089	¥ 1,873,036	¥ 1,148,029	¥ 513,615	¥ 741,571	¥ 8,092,308	
转出金额	¥ 89,576	¥ 68,426	¥ 84,990	¥ 57,900	¥ 57,006	¥ 53,914	¥ 411,812	
转出数量	¥ 9,474	¥ 6,322	¥ 8,648	¥ 9,171	¥ 6,332	¥ 6,448	¥ 46,395	
期末数	¥ 1,760,066	¥ 3,726,729	¥ 5,514,775	¥ 6,604,904	¥ 7,061,513	¥ 7,749,170	¥ 32,417,157	
单位成本	¥ 9.45	¥ 10.82	¥ 9.83	¥ 6.31	¥ 9.00	¥ 8.36		
直接材料比重	0.360692051	0.472256496	0.364472439	0.28266272	0.208537523	0.404151457		
直接人工比重	0.529633884	0.294116375	0.392372597	0.306106379	0.324017017	0.321334033		
制造费用比重	0.109674065	0.233627129	0.243154963	0.411230901	0.46744546	0.27451451		

图9-8

现在需要直观地查看上半年的成本变化趋势，并比较各月成本数据相较于上半年的平均成本的高低。

要查看各成本数据相对于平均成本的高低，直接绘制一条表示平均值的水平线即可。为了精准添加水平线，本例同样通过添加平均值数据系列来完成，由于这里的平均值线只是一条参考线，因此添加的数据系列的标记要取消，并单独添加一个表示系列名称的数据标签。

为了让每个数据点能够一目了然地查看到对应的月份，此时可以通过间隔的竖条来分隔折线图中的数据点。需要注意的是，这里的分隔条不是手动绘制的，因为逐个绘制不准确，而且麻烦。

在Excel中，可以利用添加辅助列的方式来自动添加间隔竖条，其具体的原理是：添加一列辅助列，其值为图表数值坐标轴的最大值和最小值的重复序列，然后将该辅助列添加到折线图中，并将辅助列的折线图表类型更改为柱形图图表类型。

需要注意的是，在将辅助列的图表类型更改为柱形图图表类型后，数值坐标轴的最大刻度会变，此时还需要手动调整最大刻度值，使其恢复到之前的最大值。

下面具体介绍利用折线图分析生产成本变化的相关操作。

>> 素材文件：素材\第9章\上半年生产成本汇总表.xlsx

>> 效果文件：效果\第9章\上半年生产成本汇总表.xlsx

1 制作上半年生产成本变化曲线图表

1 根据数据源创建折线图

❶打开素材文件，选择A3:G3和A8:G8单元格区域，❷单击“插入”选项卡，❸在“图表”组中单击“插入折线图或面积图”下拉按钮，❹选择“带数据标记的折线图”选项创建折线图。

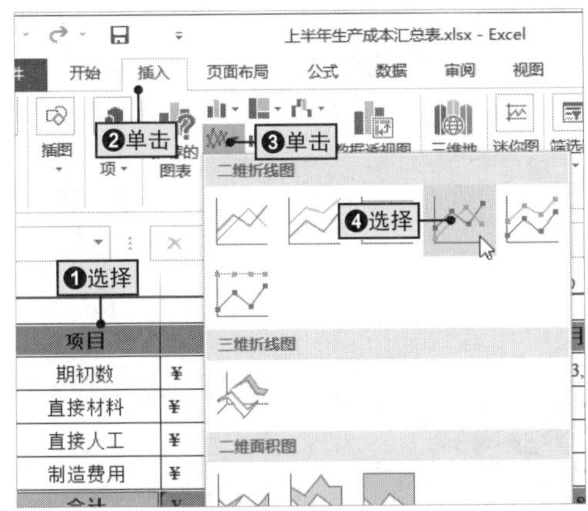

2 设置图表格式并执行命令

❶更改图表标题为“上半年生产成本变化曲线”，设置图表中的字体格式并调整图表的大小，❷选择数据系列，在其上单击鼠标右键，❸在弹出的快捷菜单中选择“设置数据系列格式”命令。

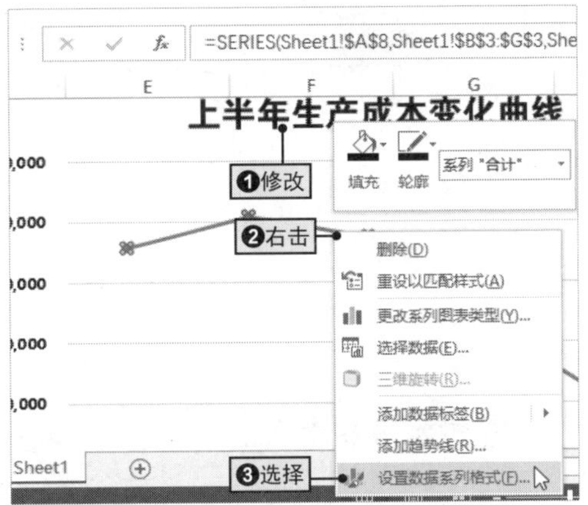

3 修改数据系列的线条粗细

❶在打开的“设置数据系列格式”任务窗格的“填充与线条”选项卡中展开“线条”栏，❷在“宽度”数值框中输入“2.75磅”修改数据系列的线条粗细。

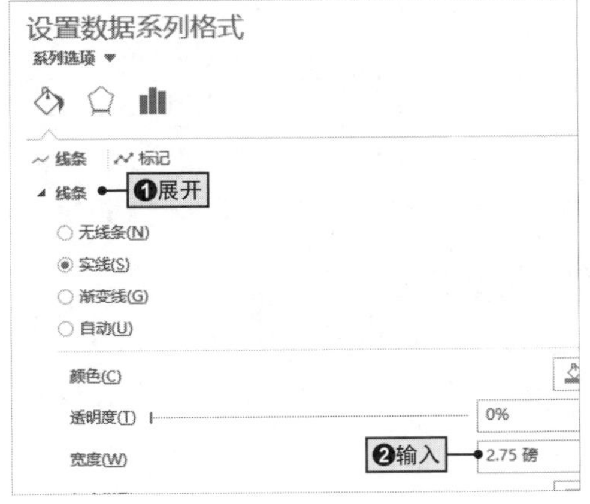

4 将数据系列设置为平滑线

在当前任务窗格界面下方选中“平滑线”复选框，将折线图数据系列中数据点的转折位置改变为平滑效果。

5 修改数据点大小

❶单击“标记”选项卡，❷展开“数据标记选项”栏，❸保持默认的内置数据标记类型，将其大小调整为9，完成数据系列中数据点大小的设置。

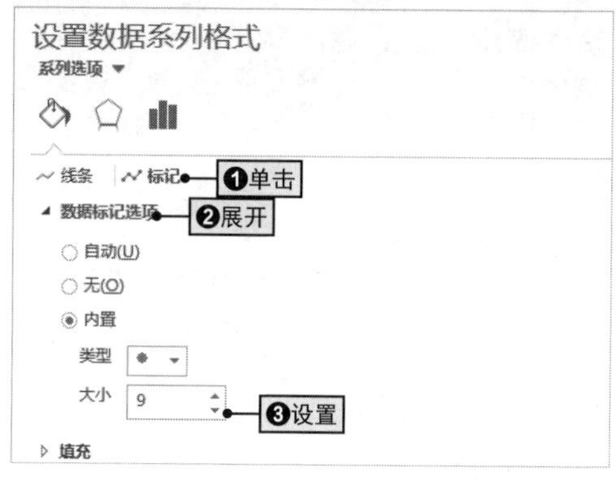

6 更改数据点的填充色

❶展开“填充”栏，❷选中“纯色填充”单选按钮，❸将其颜色调整为“红色”，完成折线图的数据系列的数据点的填充格式设置。

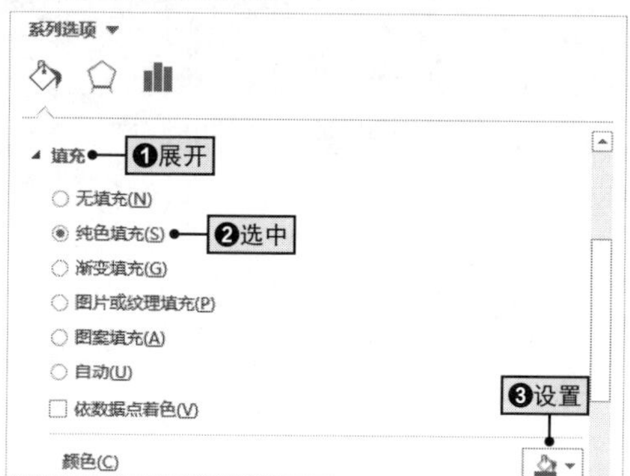

2 在成本变化曲线图中添加平均成本价参考线

1 计算上半年的平均成本价

❶在A17单元格中输入“平均成本”文本，❷选择B17单元格，在编辑栏中输入“=AVERAGE(B8:G8)”公式，❸按【Ctrl+Enter】组合键计算上半年的平均成本价。

2 复制平均成本价

❶保持B17单元格的选择状态，按【Ctrl+C】组合键执行复制操作，❷选择C17:G17单元格区域，右击，❸在弹出的快捷菜单的选择粘贴选项栏中选择“值”命令。

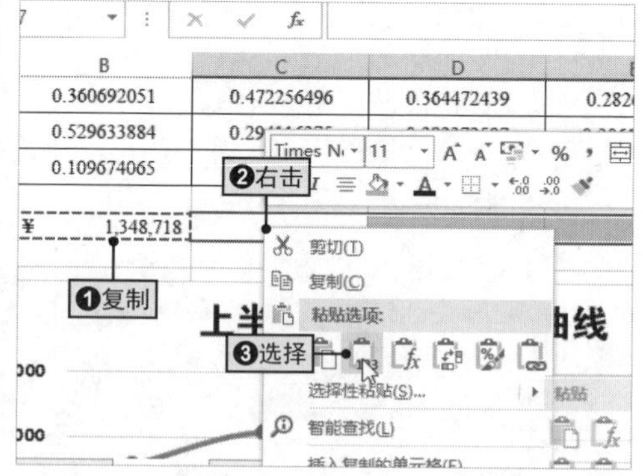

3 执行“选择数据”命令

❶选择绘图区，在其上单击鼠标右键，❷在弹出的快捷菜单中选择“选择数据”命令。

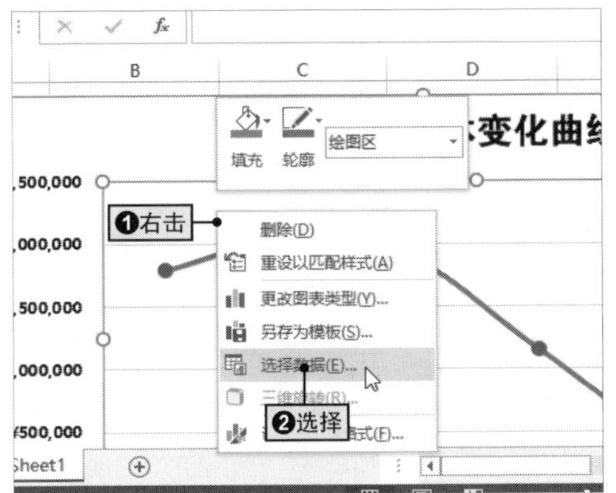

4 单击“添加”按钮

在打开的“选择数据源”对话框的“图例项（系列）”栏中直接单击“添加”按钮。

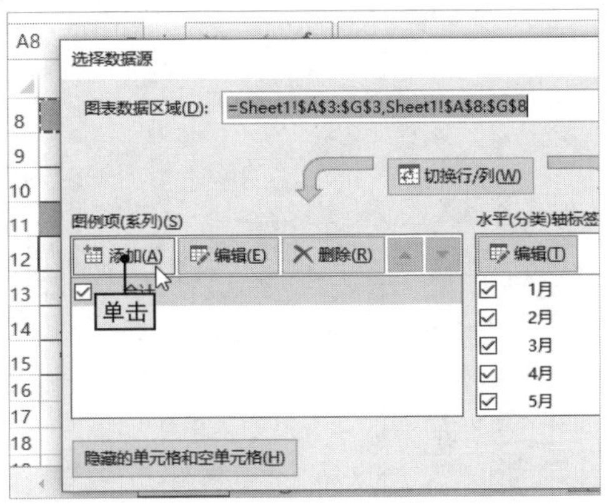

5 设置系列名称参数

❶在打开的“编辑数据系列”对话框的“系列名称”参数框中定位文本插入点，选择A17单元格，❷删除“系列值”参数框中的默认值。

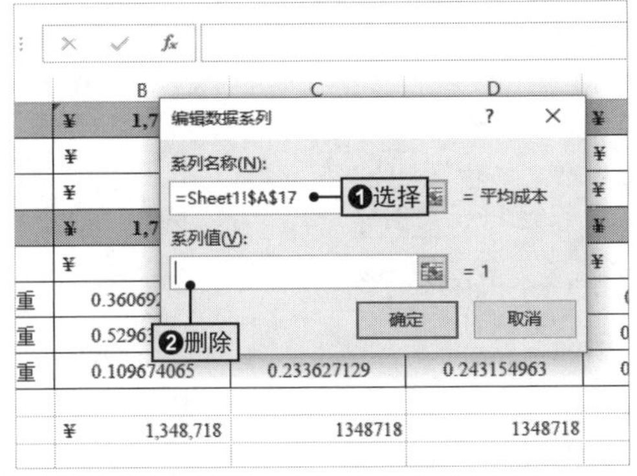

6 设置系列值参数

❶选择B17:G17单元格区域完成将平均成本行的所有平均成本价格数据设置为系列值参数的值，❷单击“确定”按钮关闭对话框。

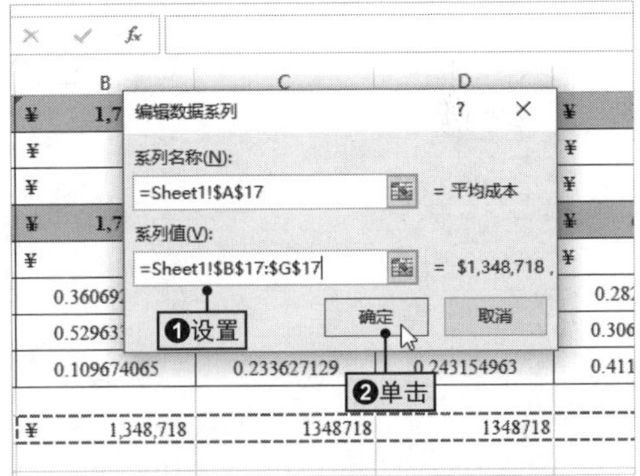

7 确认添加的图例项

❶在返回的“选择数据源”对话框的“图例项（系列）”栏中即可查看到添加的平均成本系列，❷单击“确定”按钮关闭对话框，完成在折线图中添加平均成本参考价数据系列。

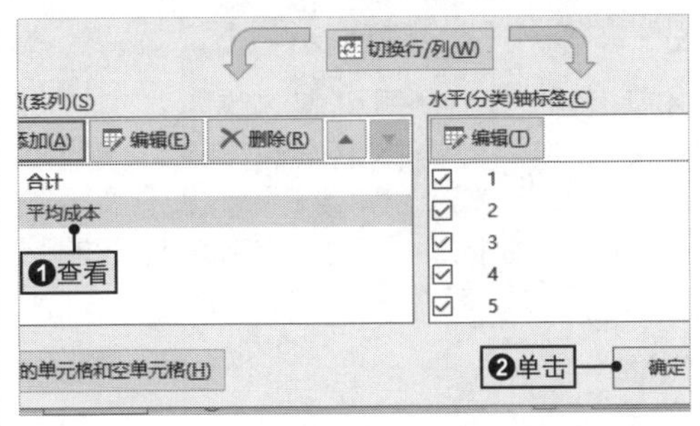

8 执行“更多选项”命令

❶选择平均成本数据系列，❷单击图表右上角的“图表元素”按钮，在展开的面板中指向数据标签，❸单击出现的展开按钮，❹选择“更多选项”命令。

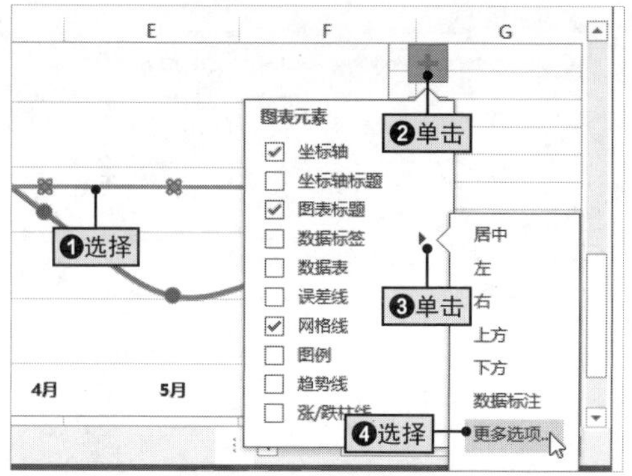

9 设置标签选项

在打开的“设置数据标签格式”任务窗格的“标签选项”栏中仅选中“系列名称”复选框。

10 更改数据系列的颜色

❶在图表中重新选择平均成本数据系列，在切换的任务窗格中单击“填充与线条”选项卡，❷展开“线条”选项卡的“线条”栏，❸设置颜色为黑色。

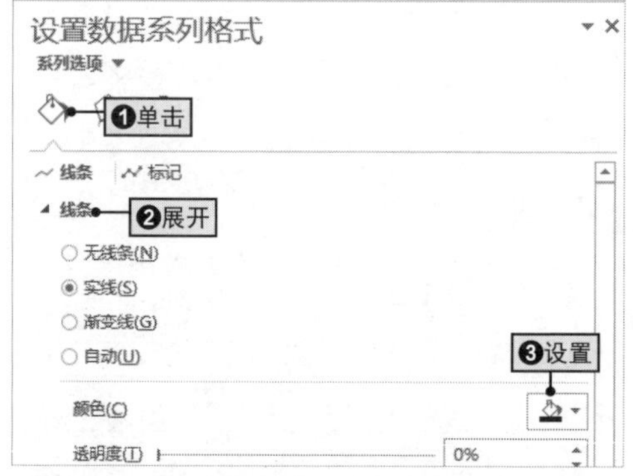

11 取消数据系列的标记点

❶单击“标记”选项卡，❷展开“数据标记选项”栏，❸选中“无”单选按钮，❹单击任务窗格右上角的“关闭”按钮关闭任务窗格。

12 优化平均成本数据系列的显示

在返回的图表中即可查看到平均成本数据系列中的数据标记点被取消，该数据系列变为一条直线，删除数据系列中除最右侧的数据标签，并将数据标签的字体格式设置为“微软雅黑，加粗，黑色”。

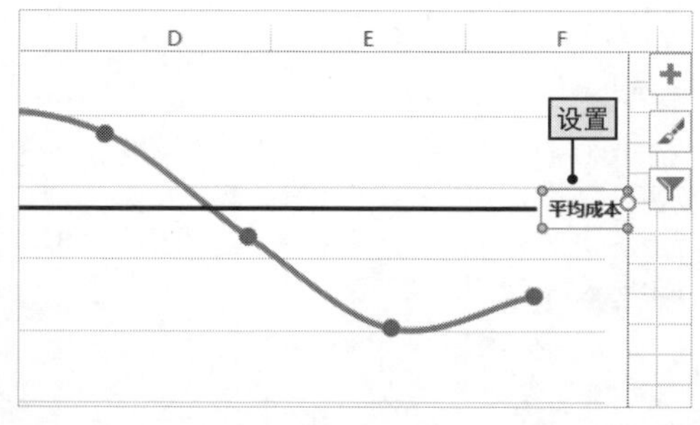

3 自动添加间隔竖条

1 添加辅助数据行

❶在A18单元格输入“辅助数据”，❷在B18:G18单元格区域中交替填充2500000和0数据，完成辅助数据行的添加。

A	B	C	D
期末数	¥ 1,760,066	¥ 3,726,729	¥ 5,5
单位成本	¥ 9.45	¥ 10.82	¥
直接材料比重	0.360692051	0.472256496	0.36447
直接人工比重	0.529633884	0.294116375	0.39237
制造费用比重	0.109674065	0.233627129	0.24315
平均成本	¥ 1,348,718	1348718	
辅助数据	2500000	0	

❶输入　❷填充　上半年生产成本变　¥2,500,000　Sheet1

2 添加数据系列

❶复制添加的辅助数据行的所有数据，❷选择图表，直接按【Ctrl+V】组合键粘贴复制的数据，完成数据系列的添加。

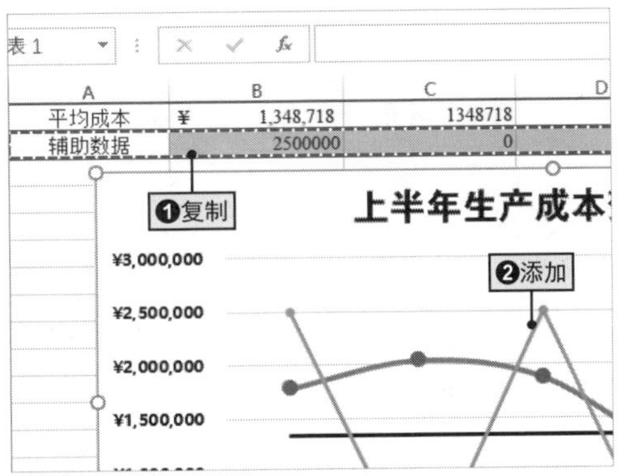

3 执行“更改系列图表类型”命令

❶选择添加的辅助数据的数据系列，在其上右击，❷在弹出的快捷菜单中选择“更改系列图表类型”命令打开“更改图表类型”对话框。

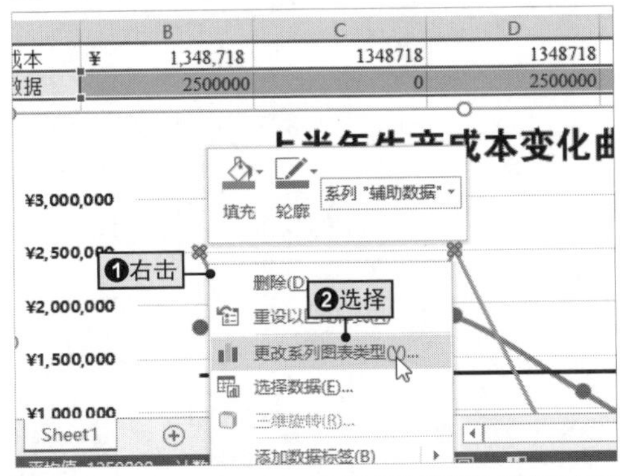

4 更改数据系列的图表类型

❶程序自动切换到“组合”选项卡，单击“辅助数据”数据系列对应的下拉列表框右侧的下拉按钮，❷选择“簇状柱形图”选项，单击“确定”按钮确认。

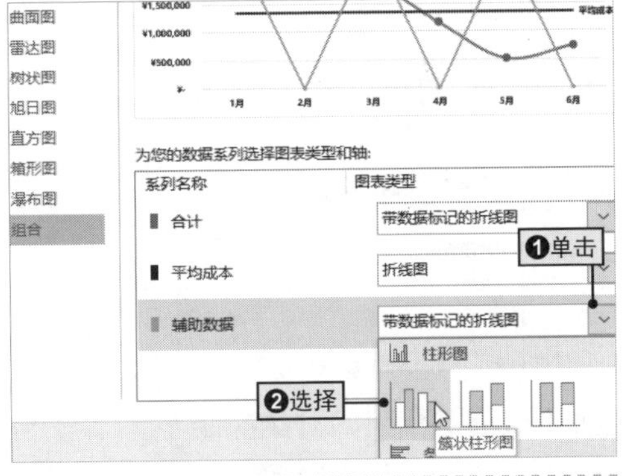

5 执行“设置坐标轴格式”命令

❶选择图表中的纵坐标轴，在其上右击，❷在弹出的快捷菜单中选择“设置坐标轴格式”命令打开“设置坐标轴格式”任务窗格。

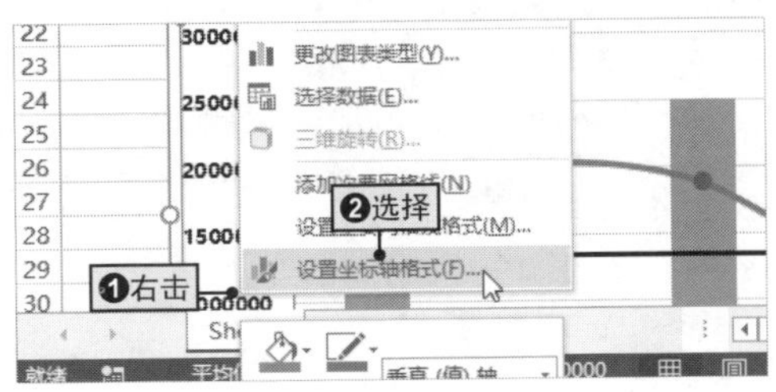

6 更改坐标轴的最大刻度值

❶展开“坐标轴选项”栏，❷在“最大值”文本框中输入“2500000”数据，按【Enter】键确认设置边界的最大坐标轴刻度。

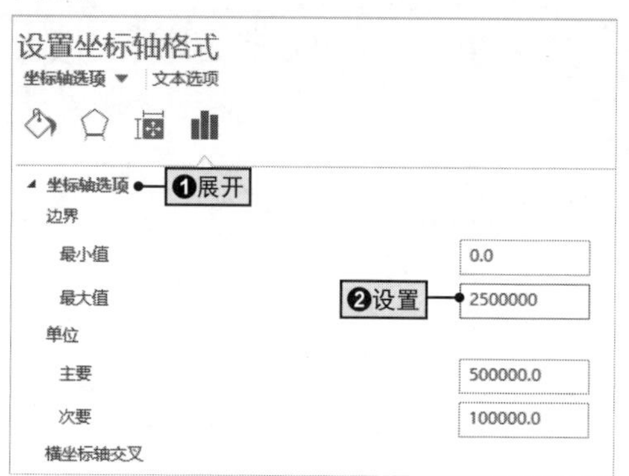

7 单击“填充与线条”选项卡

❶选择辅助数据的数据系列将任务窗格切换到“设置数据系列格式”任务窗格，❷单击“填充与线条”选项卡切换到“填充与线条”选项卡。

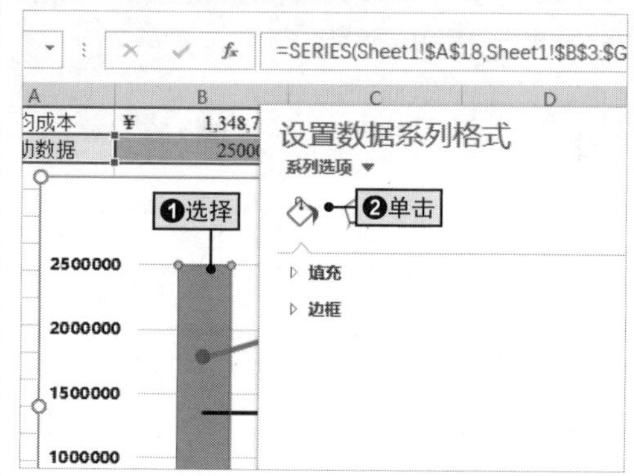

8 更改数据系列的填充色

❶展开“填充”栏，❷选中“纯色填充”单选按钮，程序自动将填充色设置为红色填充色。

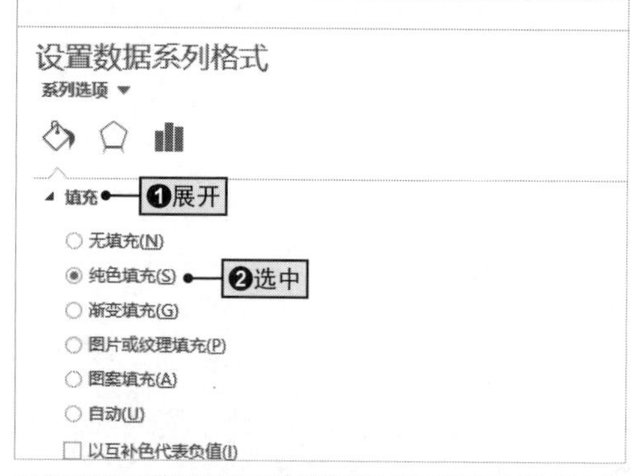

9 更改填充色的透明度

在“透明度”数值框中输入“80%”，更改数据系列填充色的透明效果。

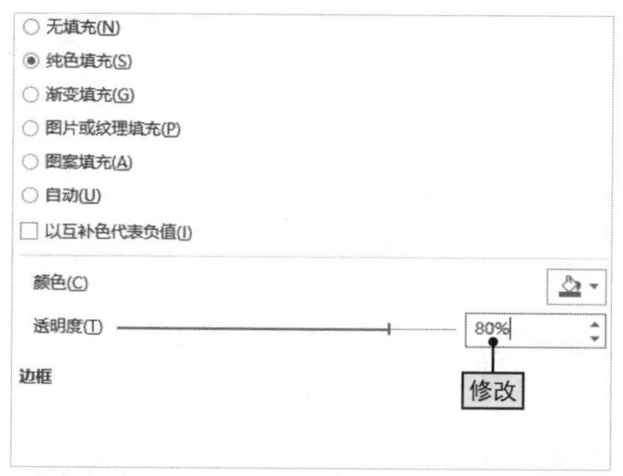

10 更改数据系列的分类间距

❶单击“系列选项”选项卡切换到该选项卡，❷展开“系列选项”栏，❸拖动分类间距对应的滑块到最左侧将分类间距设置为0，❹单击“关闭”按钮关闭任务窗格，完成整个操作。

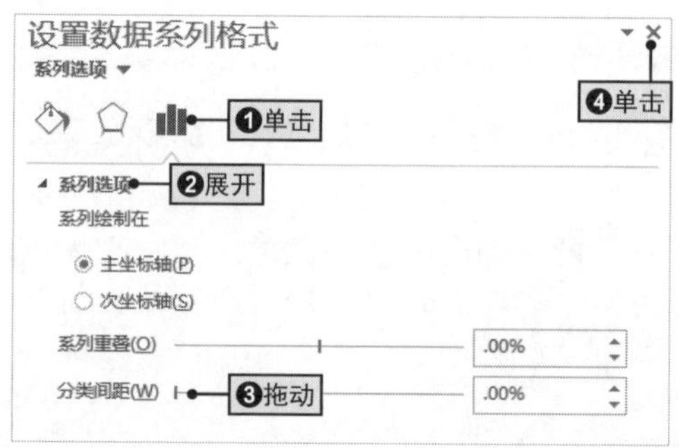

通过如上3个阶段即可完成本案例的上半年生产成本变化曲线图的制作，其最终效果展示如图9-9所示。

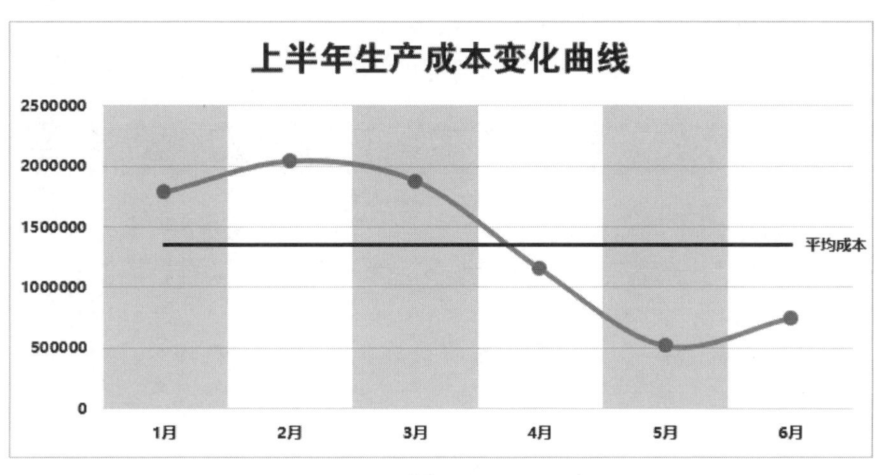

图9-9

知识点讲解

向图表中添加数据

对于创建好的图表，用户还可以根据需要继续向图表中添加分析数据，也可以将图表中的某个数据系列删除。从而让用户更加灵活地进行数据分析。在Excel中，如果要向图表中添加数据，可以通过以下3种方法来实现。

第一种方法是通过“选择数据源”对话框添加，其操作是：在“图表工具设计”选项卡“数据”组中单击“选择数据”按钮（或在右键快捷菜单中选择“选择数据”命令）打开“选择数据源”对话框，单击“添加”按钮，在打开的“编辑数据系列”对话框中分别设置“系列名称”和“系列值”引用的单元格区域，完成后依次单击“确定”按钮关闭所有对话框，如本例中添加平均成本价参考线的操作。

第二种方法是通过复制粘贴操作添加，其操作是：选择要添加到图表中的数据区域，按【Ctrl+C】组合键复制单元格区域，然后选择图表的绘图区，按【Ctrl+V】组合键即可将所复制的单元格区域数据添加到图表中，如本例中添加辅助数据行数据系列的操作。

第三种方法是通过扩选数据源操作添加，其操作是：选择图表后，在数据源区域中被图表引用的单元格区域将显示一个蓝色边界，拖动此边界四周的控制点包含更多的单元格，即可达到添加数据的目的。这种方法只适合添加到图表中的数据对应的数据源是连续的情况。

9.2.4 根据生产数据求解最大利润

某食品公司的管理者制订了一个生产计划，要求使用800千克的原料，在240个小时内生产出袋装抹茶夹心饼干和盒装抹茶夹心饼干。根据生产部门返回的信息：每生产一箱袋装饼干，需要1小时，耗费原料3千克，可获得毛利40元；每生产一箱盒装饼干，需要1.2小时，耗费原料4.5千克，可获得毛利50元。相关生产数据已经整理到生产利润分析表中，如图9-10所示。

	A	B	C	D	E	F
1	×食品公司生产利润分析表					
2	原料配额（千克）	800	时间配额（小时）	240		
3	产品名称	所需原料（千克）	所需时间（小时）	单位毛利（元）	应生产量（箱）	毛利合计（元）
4	袋装抹茶夹心饼干	3	1	¥ 40.00		
5	盒装抹茶夹心饼干	4.5	1.2	¥ 50.00		
6	实际原料用量（千克）		实际生产时间（小时）		总收益（元）	

Sheet1

图9-10

现需要分析如何分配袋装饼干和盒装饼干的生产数量，才能赚取最大的生产利润。

该问题看似非常复杂，可以将其转化为规划求解问题，从而利用Excel中提供的规划求解工具来轻松求得如何分配产量才能获得生产利润的最大值。但是在进行规划求解问题之前，必须根据实际情况建立规划求解方程式，以方便数据的计算。

在本例中，根据实例分析中的假设条件可将袋装饼干每月生产量设为X袋，盒装饼干每月生产量设为Y盒，总收益为Z，由此可列出下面的方程组。

原料公式：$3X+4.5Y\leqslant 800$

时间公式：$X+1.2Y\leqslant 240$

生产数量：$X\geqslant 0$、$Y\geqslant 0$

求解目标：MAX $Z=40X+50Y$

从以上方程组可知，该生产问题实际上就是一个多元一次方程组，只要建立了这样的方程模型，就可以使用规划求解功能求解这个方程组，从而得出最优组合数据。但是需要注意的是，默认情况下，Excel中的规划求解功能不能直接找到，需要用户手动将其调出来，再使用。

下面具体讲解如何使用规划求解功能规划生产数据求解最大生产利润的相关操作。

>> 素材文件：素材\第9章\生产利润分析.xlsx

>> 效果文件：效果\第9章\生产利润分析.xlsx

1 加载规划求解工具

1 单击“转到”按钮

❶打开素材文件，打开“Excel选项”对话框，单击“加载项”选项卡，❷单击“转到”按钮。

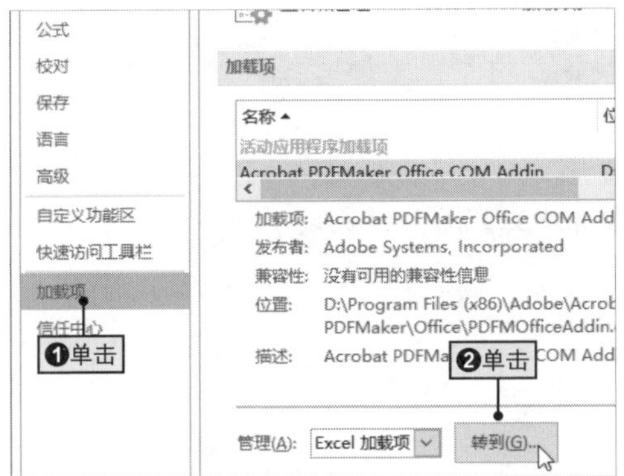

2 添加加载项

❶在打开的“加载宏”对话框中选中“规划求解加载项”复选框，❷单击“确定”按钮添加加载项。

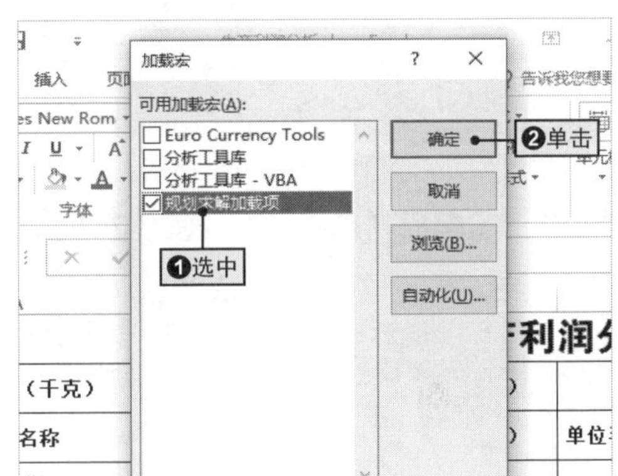

3 查看添加的加载项

❶在返回的工作表中单击“数据”选项卡，❷在程序自动添加的“分析”组中即可查看到“规划求解”按钮。

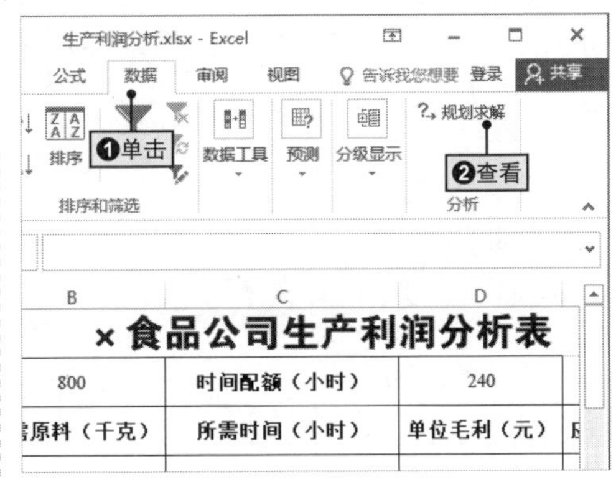

2 完善生产利润分析表中的数据计算

1 计算产品的毛利合计

❶选择F4:F5单元格区域，❷在编辑栏中输入“=D4*E4”公式，按【Ctrl+Enter】组合键确认计算两种产品的毛利合计公式的输入。

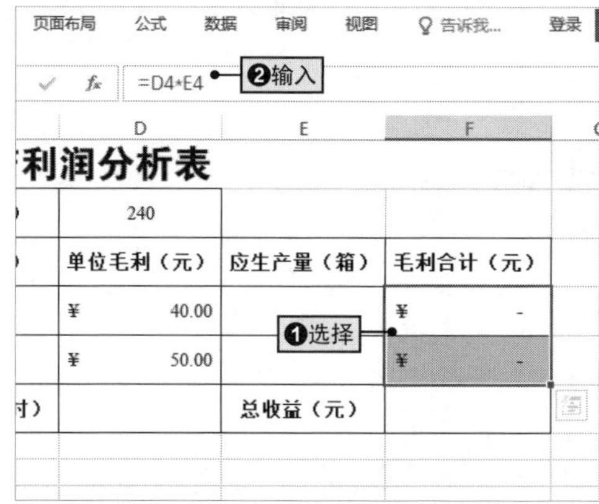

2 计算总收益

❶选择F6单元格，❷在编辑栏中输入“=F4+F5”公式，按【Ctrl+Enter】组合键确认计算总收益公式的输入。

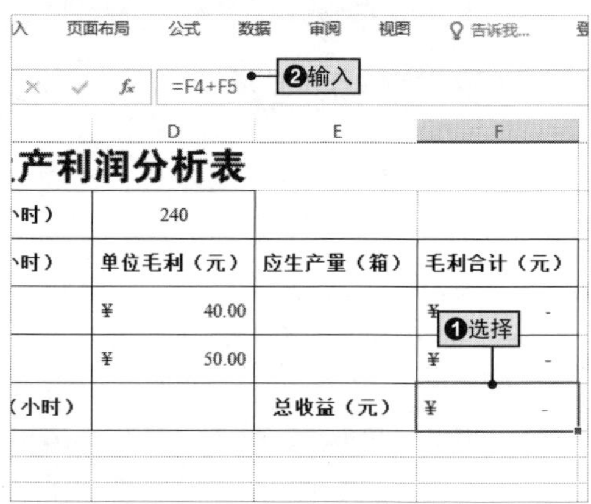

3 计算实际原料用量

❶选择B6单元格，❷在编辑栏中输入“=B4*E4+B5*E5”公式，按【Ctrl+Enter】组合键确认计算实际原料用量公式的输入。

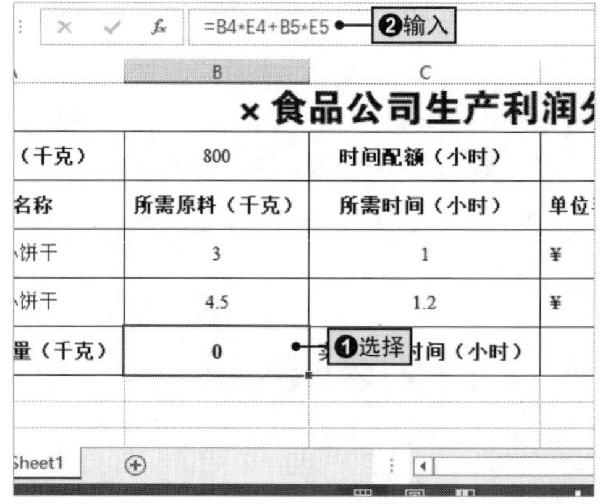

4 计算实际生产时间

❶选择D6单元格，❷在编辑栏中输入“=C4*E4+C5*E5”公式，按【Ctrl+Enter】组合键确认计算实际生产时间公式的输入。

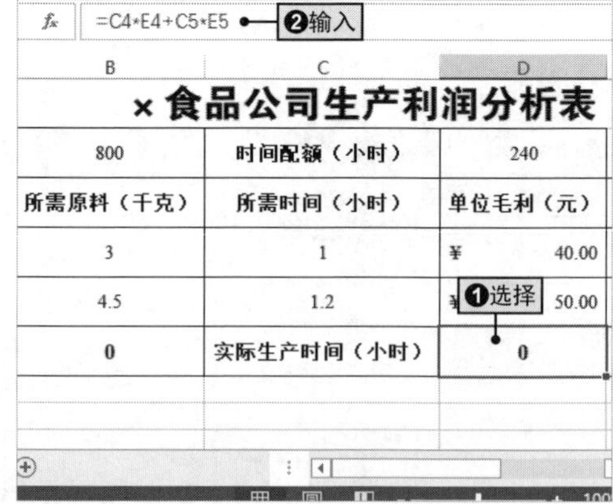

3 通过规划求解计算生产利润的最大值

1 单击"规划求解"按钮

❶选择F6单元格，❷在"数据"选项卡"分析"组中单击"规划求解"按钮打开"规划求解参数"对话框。

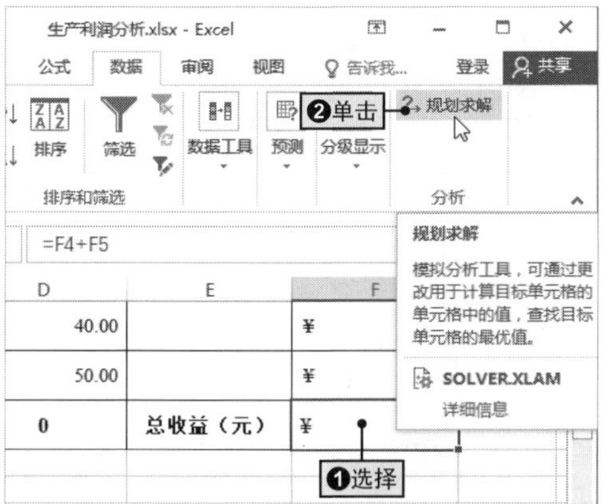

2 折叠对话框

❶将文本插入点定位到"通过更改可变单元格"参数框中，❷单击其右侧的"折叠"按钮将该对话框进行折叠。

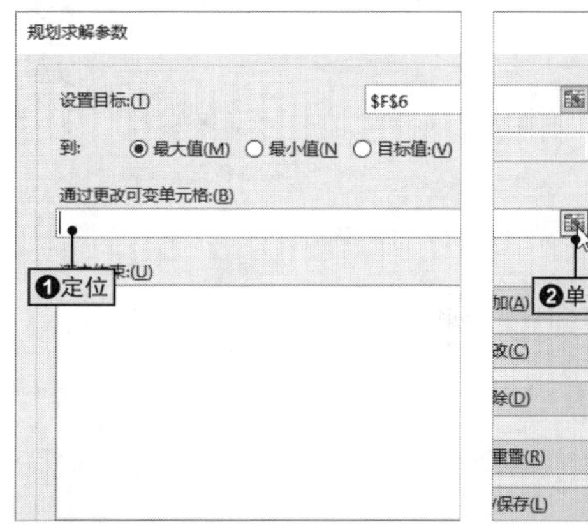

3 选择可变单元格

❶在工作表中选择E4:E5单元格区域，❷单击折叠的"规划求解参数"对话框右侧的"展开"按钮还原"规划求解参数"对话框。

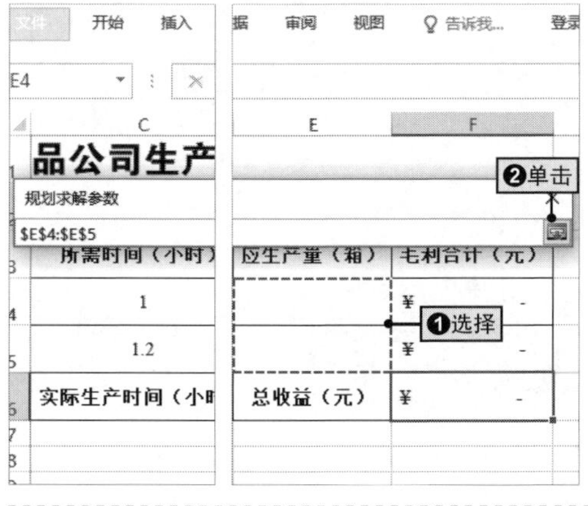

4 单击"添加"按钮

❶在返回的对话框的"通过更改可变单元格"参数框中即可查看到设置的可变单元格，❷单击"添加"按钮打开"添加约束"对话框。

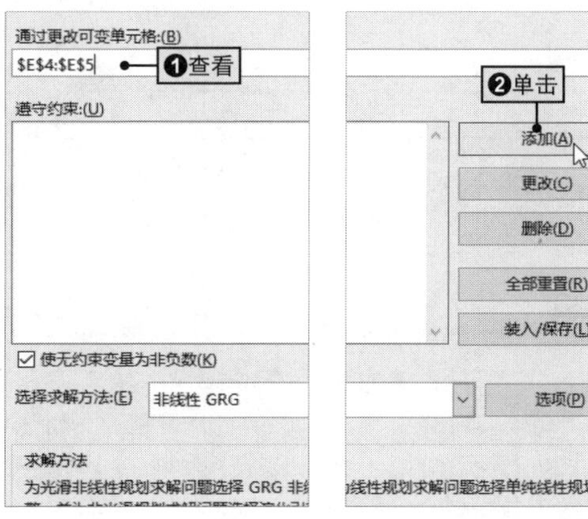

5 创建第一个约束

❶在“单元格引用”参数框中设置E4单元格，❷在中间的下拉列表框中选择“>=”运算符，❸在“约束”参数框中输入“0”，❹单击“添加”按钮。

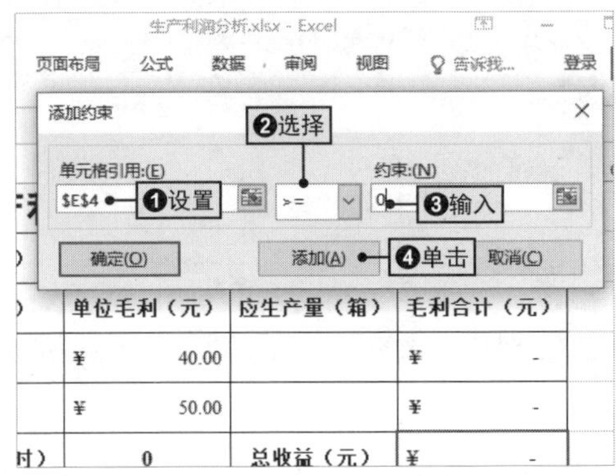

6 创建第二个约束

❶程序自动将创建的约束添加到“规划求解参数”对话框中的“遵守约束”列表框中，并再次打开“添加约束”对话框，在其中设置“E5>=0”的约束条件，❷单击“添加”按钮。

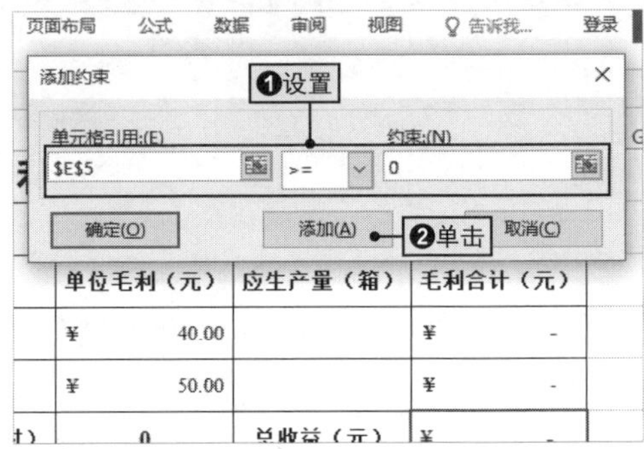

7 创建第三个约束

❶继续在“添加约束”对话框中设置“B6<=B2”的约束条件，❷单击“添加”按钮创建第三个约束并再次打开“添加约束”对话框。

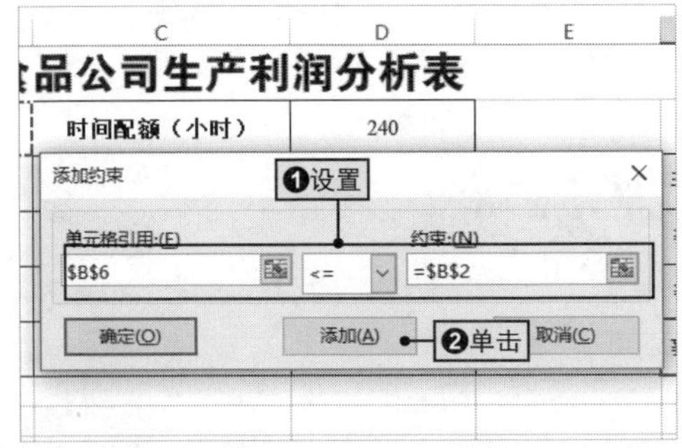

8 创建第四个约束

❶继续在“添加约束”对话框中设置“D6<=D2”的约束条件，❷单击“确定”按钮确认创建的第四个约束，并关闭“添加约束”对话框。

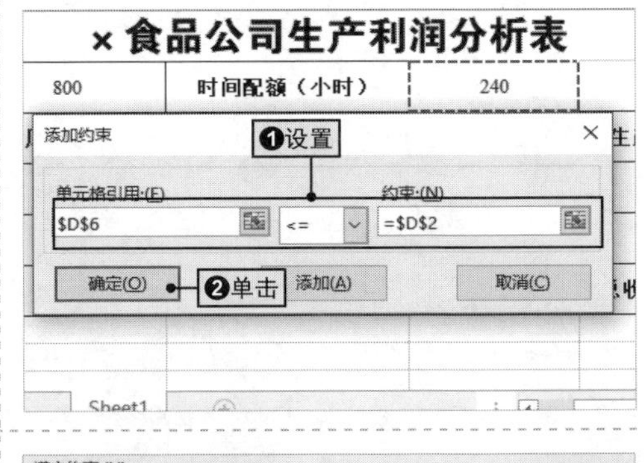

9 单击“求解”按钮

❶在返回的“规划求解参数”对话框的“遵循约束”列表框中即可查看到添加的所有约束，❷单击对话框右下角的“求解”按钮打开的“规划求解结果”对话框。

10 根据约束规划求解

❶按住【Shift】键不放，在右侧的“报告”列表框中选择“运算结果报告”“敏感性报告”和“极限值报告”选项，❷单击“确定”按钮。

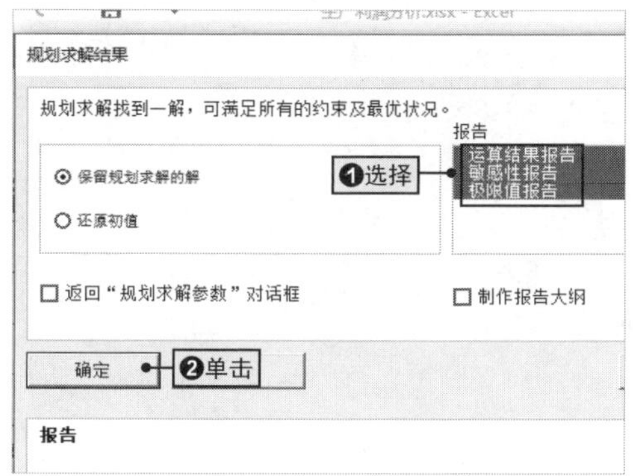

11 完成规划求解

在返回的工作表中即可查看计算出的各产品的对应生产量数据，以及这两种产品的最大生产利润数据，并同步创建3张报告工作表。

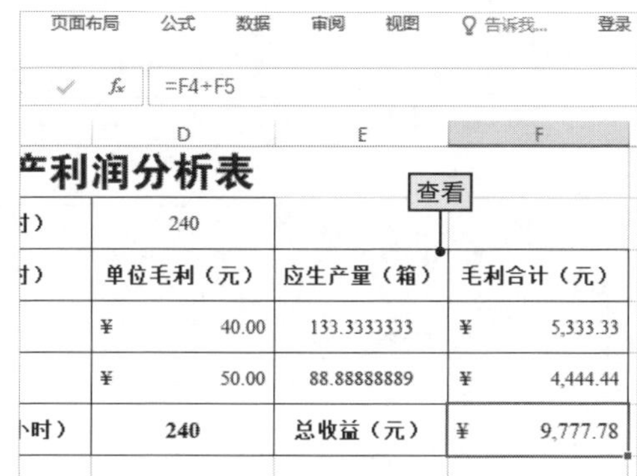

通过如上3个阶段即可完成本案例的生产利润最大值的计算，其最终效果展示如图9-11所示。

× 食品公司生产利润分析表					
原料配额（千克）	800	时间配额（小时）	240		
产品名称	所需原料（千克）	所需时间（小时）	单位毛利（元）	应生产量（箱）	毛利合计（元）
袋装抹茶夹心饼干	3	1	¥ 40.00	133.3333333	¥ 5,333.33
盒装抹茶夹心饼干	4.5	1.2	¥ 50.00	88.88888889	¥ 4,444.44
实际原料用量（千克）	800	实际生产时间（小时）	240	总收益（元）	¥ 9,777.78

运算结果报告 1　敏感性报告 1　极限值报告 1　Sheet1

图9-11

知识点讲解

了解规划求解结果报告的作用

在Excel中使用规划求解加载项功能进行数据分析后会同步生成3个报告工作表，各种报告工作表的具体功能如下。

◆ “运算结果报告1”列出了目标单元格和变量单元格的初值、终值，以及参数限制的公式内容，如图9-12所示。

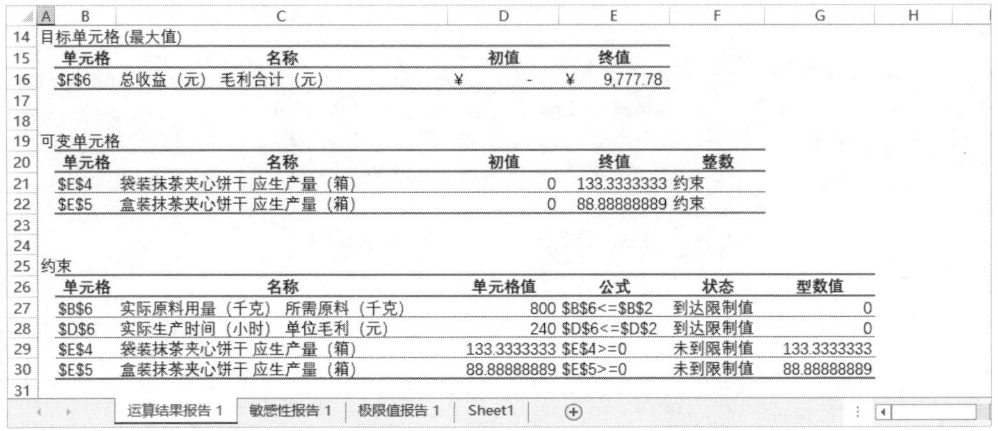

目标单元格 (最大值)

单元格	名称	初值	终值
$F$6	总收益（元）毛利合计（元）	¥ -	¥ 9,777.78

可变单元格

单元格	名称	初值	终值	整数
$E$4	袋装抹茶夹心饼干 应生产量（箱）	0	133.3333333	约束
$E$5	盒装抹茶夹心饼干 应生产量（箱）	0	88.88888889	约束

约束

单元格	名称	单元格值	公式	状态	型数值
$B$6	实际原料用量（千克） 所需原料（千克）	800	$B$6<=$B$2	到达限制值	0
$D$6	实际生产时间（小时） 单位毛利（元）	240	$D$6<=$D$2	到达限制值	0
$E$4	袋装抹茶夹心饼干 应生产量（箱）	133.3333333	$E$4>=0	未到限制值	133.3333333
$E$5	盒装抹茶夹心饼干 应生产量（箱）	88.88888889	$E$5>=0	未到限制值	88.88888889

图9-12

◆ “敏感性报告1”提供了有关目标单元格的公式和约束中微小变化的敏感度信息，如图9-13所示。

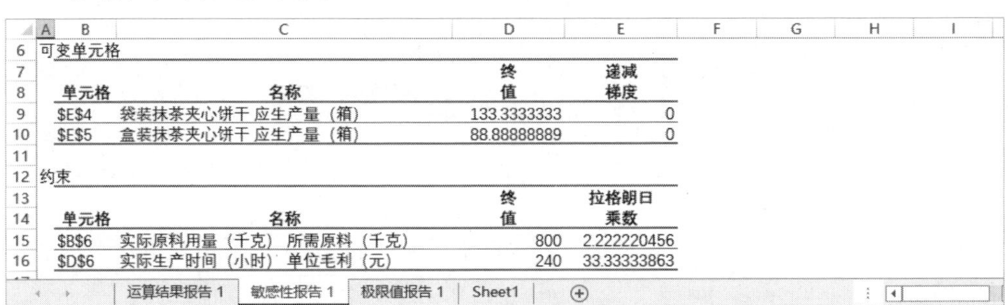

可变单元格

单元格	名称	终值	递减梯度
$E$4	袋装抹茶夹心饼干 应生产量（箱）	133.3333333	0
$E$5	盒装抹茶夹心饼干 应生产量（箱）	88.88888889	0

约束

单元格	名称	终值	拉格朗日乘数
$B$6	实际原料用量（千克） 所需原料（千克）	800	2.222220456
$D$6	实际生产时间（小时） 单位毛利（元）	240	33.33333863

图9-13

◆ “极限值报告1”列出了目标单元格和变量单元格的数值、上下限和目标值，如图9-14所示。

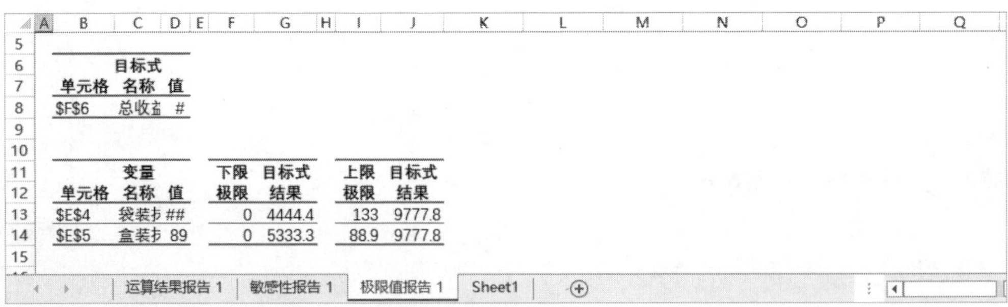

目标式

单元格	名称	值
$F$6	总收益	#

变量

单元格	名称	值	下限极限	目标式结果	上限极限	目标式结果
$E$4	袋装抹	##	0	4444.4	133	9777.8
$E$5	盒装抹	89	0	5333.3	88.9	9777.8

图9-14

第10章 10

固定资产管理与折旧计提

本章导读

企业不管在什么阶段，都会购置一些必备的设备，而这些就称为企业的固定资产。固定资产的管理与计提应该规范化、制度化和科学化，这样可以有效减少浪费，提高资产的利用率，对企业的资金规划和稳定发展都有非常重要的作用。

本章要点

固定资产台账设计
固定资产登记表设计
固定资产盘点表设计
固定资产移交表设计
…………

10.1 固定资产管理表设计与维护

企业的固定资产在生产过程中发挥着重要作用，因此固定资产的管理十分重要。而利用Excel来对固定资产进行管理，可以很大程度减轻财务人员的工作负担，提高数据管理的准确性。

10.1.1 固定资产台账设计

固定资产台账登记的主要内容包括进厂时间、净值、使用部门等，有的还记录了每种物资流转的每一个细节，是财务人员或统计人员记录、核算与管理固定资产的主要手段。台账可以根据实际需要设计，并没有固定的格式。

一般情况下，固定资产台账由财务部与实物保管部门各建一份。从财务核算的角度管理固定资产，因为两个部门管理设备的角度不同，这样使得实物管理部门与财务管理部门管理固定资产相互监督。台账按财务管理资产的要求，为财务部门推行电算化管理固定资产奠定基础。

在实际的应用中，用户可以使用Excel根据实际情况，制作本企业需要的固定资产台账。如图10-1所示为固定资产台账效果。

	A	B	C	D	E	F	G	H	I
1	固定资产台账								
2	资产编号						分类编码		
3	资产名称			资产分类名称			资产别名		
4	型号								
5	规格								
6	安装图号			出厂编号					
7	制造厂商			进厂日期			投产日期		
8	供应商			设备原值			累计折扣		
9	月折旧额			设备净值			折旧方法		
10	重量			安装地点			易损标志		
11	使用部门			使用部门编号			维护级别		
12	巡检标准						设备状态		
13	技术性描述						设备运行状态		
14	备注								
15									

图10-1

10.1.2　固定资产登记表设计

固定资产登记表按每类固定资产开设，用以登记各类固定资产的增、减、结余数的辅助账。登记表内的增加、减少数和结余数应分别与“固定资产”账户相核对。

登记表是适应于某些业务需要而设置的账簿，是分户账的补充，主要用来登记账户中未能记载的各种业务事项以及对重要空白凭证、有价单证的控制等，是具有统驭卡片账功能的辅助账簿，如图10-2所示为某上市公司的固定资产登记表样式。

固定资产登记表

单位名称（公章）：　　　　填表日期：　年　　月

资产编号	资产名称	品牌	规格型号	计量单位	数量	资产价值		资产来源		购置时间	生产厂家	使用人	存放地点
						购买时价值	现时价值	租用	自购				

单位负责人：　　　　填表人：

图10-2

10.1.3　固定资产标签卡模板设计

固定资产标签卡是用来区分、识别固定资产的一种特定标识。其种类多样，如纸质标签、PVC标签、金属标签等。

一般情况下，在固定资产标签卡上包含资产名称、使用部门、规格型号、购入时间、使用状态、使用人以及资产编号等信息。

在固定资产标签卡的填写时需要注意，严格按照样单格式填写；所有内容都需正确填写，不能漏填、乱填。

由此来看，固定资产标签的填写是比较严格的，下面来看看如何制作固定资产标签卡并将其保存为模板，其具体如下：

>> 素材文件：素材\第10章\无

>> 效果文件：效果\第10章\固定资产标签卡.xltx

1 新建工作簿输入内容

❶新建“固定资产标签卡”工作簿，❷在C1:F9单元格区域中合并相应的单元格，在其中输入固定标签卡的标签项目，设置对齐方式为居中。

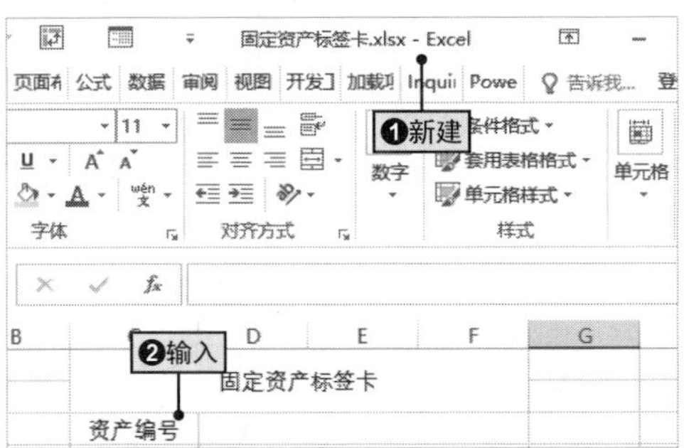

2 创建标签卡结构

调整表格字体格式以及行高和列宽，并添加边框效果，完成后给表格添加边框线和取消表格的网格线。

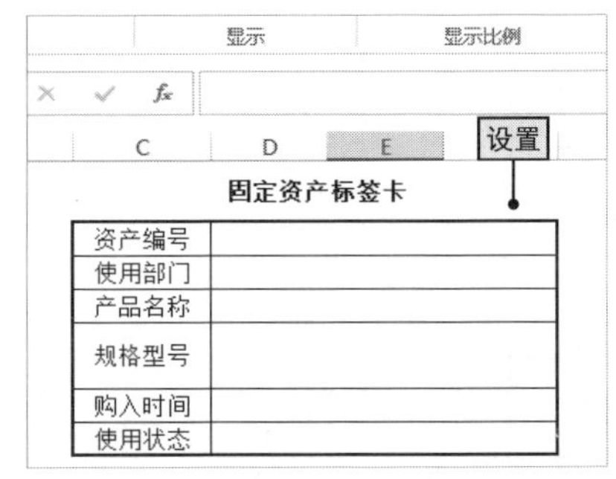

3 保存为模板

打开“另存为”对话框，❶选择保存类型为“Excel模板”选项，❷单击“保存”按钮。

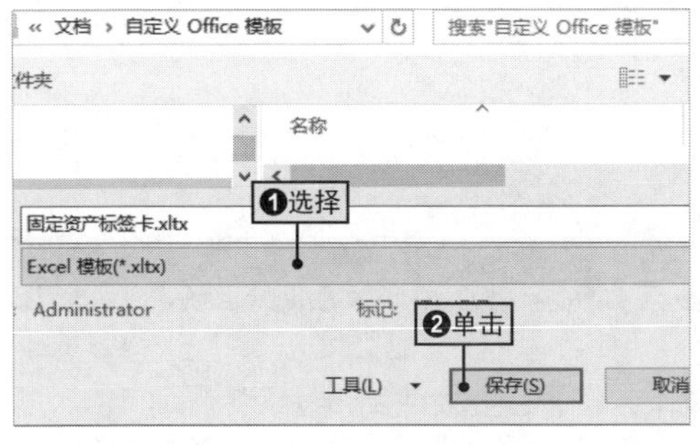

4 查看模板

单击“文件”选项卡，在“新建”选项卡中单击“个人”按钮即可查看保存的模板。

10.1.4 固定资产盘点表设计

固定资产盘点表是对固定资产进行实物清点，以准确掌握财产在一段时间的实际情况。

在进行公司固定资产盘查清点时，如果公司财务有建立固定资产标签卡片账，可以先整理财务固定资产的类别，掌握公司所有固定资产的类别。然后逐个部门开始盘点，通过填写固定资产盘点表整理信息，最后与财务固定资产账进行核对。

固定资产盘点表的制作方法也比较简单，其主要包含资产编号、资产名称、资产现状、清查结果等项目，按照一定的结构搭建好表格结构即可，如图10-3所示。

固定资产盘点表

单位：（盖章 ）　　清查基准日：　　填报日期：

序号	资产编号	资产名称	规格型号	价值（元）	购置时间	使用人	存放地点	资产现状			清查结果			备注
								在用	闲置	待报废	账实相符	有账无物	有物无账	

单位负责人：　　资产管理员：

图10-3

10.1.5　固定资产移交表设计

固定资产移交表是固定资产办理交接手续时的凭证。企业增加的固定资产，都必须办理交接验收手续，取得和填制有关凭证，以保证固定资产核算的真实性。当固定资产建造或购置完成后，应组织验收小组，及时办理验收手续，由基本建设部门或其他有关部门编制固定资产交接单，作为双方交接验收的凭证。

固定资产移交表详细列明交接固定资产的名称、规格、数量、资产状况等有关资料，并由有关单位和人员签章。财会部门对固定资产交接凭证应认真审核，及时登账，如图10-4所示为固定资产移交表效果。

固定资产移交表

序号	设备名称	品牌	规格/型号	固定资产卡片编号	数量	资产状况
1						
2						
3						
4						
5						
6						
7						
8						
9						
10						
11						
12						
申请移交原因						
所在部门意见				负责人签字：		
实物管理部门意见				负责人签字：		
财务部意见				负责人签字：		
公司领导意见				负责人签字：		
交接双方意见	移交人：		接收人：		年 月 日	
备注						

（注：本表一式两联，第一联由管理部门留存，第二联由使用人留存）

图10-4

10.1.6 固定资产借用申请表设计

固定资产借用申请表是办理固定资产借用时的凭证，不仅包含了资产编号、资产名称、数量等相关的固定财物信息，还需说明借用原因。

在填写时需要相关单位进行审核，包括借出部门、借入部门、设备主管单位等。如图10-5所示为固定资产借用申请表效果。

<table>
<tr><th colspan="8">固定资产借用申请表</th></tr>
<tr><td>资产编号</td><td>资产名称</td><td>规格/型号</td><td>数量</td><td>单位</td><td>单价</td><td>金额</td><td>备注</td></tr>
<tr><td></td><td></td><td></td><td></td><td></td><td></td><td></td><td></td></tr>
<tr><td></td><td></td><td></td><td></td><td></td><td></td><td></td><td></td></tr>
<tr><td></td><td></td><td></td><td></td><td></td><td></td><td></td><td></td></tr>
<tr><td></td><td></td><td></td><td></td><td></td><td></td><td></td><td></td></tr>
<tr><td></td><td></td><td></td><td></td><td></td><td></td><td></td><td></td></tr>
<tr><td colspan="3">合计</td><td></td><td></td><td></td><td></td><td></td></tr>
<tr><td>借用原因</td><td colspan="7"></td></tr>
<tr><td>原存放位置</td><td colspan="2"></td><td>现存放位置</td><td colspan="4"></td></tr>
<tr><td rowspan="2">借出部门</td><td rowspan="2">签字或盖章</td><td>原使用人：</td><td rowspan="4">设备主管单位</td><td rowspan="4" colspan="2">审批意见：
签字或盖章</td><td rowspan="2" colspan="2">经办人：</td></tr>
<tr><td>经办人：</td></tr>
<tr><td rowspan="2">借入部门</td><td rowspan="2">签字或盖章</td><td>现使用人：</td><td rowspan="2" colspan="2">入账人：</td></tr>
<tr><td>经办人：</td></tr>
</table>

图10-5

10.1.7　固定资产入库/出库单设计

固定资产入库单是对固定资产采购实物入库数量的确认，同时也是对采购人员和供应商的一种监控，内容主要包含资产名称、单价、数量、金额等。

本单一般为一式三联，第一联用于存根，第二联用于记账，第三联用于仓库留存。如图10-6所示为固定资产入库单样式。

固定资产入库单

年　月　日　　　　　　入库单号：

资产编号	资产名称	规格型号	资产类别	供应商	单位	数量	单价	金额	备注
合计									
验收意见：						验收人员（签字）：			
资产管理员（签字）：						采购员（签字）：			

图10-6

固定资产出库单是固定资产实物领用时填制的出库单据。固定资产出库单与入库单一样，一般也为一式三联，第一联由固定资产会计留存，第二联由使用部门留存，第三联由财务部门留存。如图10-7所示为固定资产出库单样式。

固定资产出库单

年　月　日　　　　　　出库单号：

资产编号	资产名称	规格型号	资产类别	供应商	单位	数量	单价	金额	备注
合计									
固定资产会计签字：									
专用设备管理部门签字：						使用科室负责人签字：			

图10-7

10.1.8　固定资产报废单设计

固定资产由于长时间使用的正常损耗或遭受非常事故等原因，丧失了生产能力，不能被继续使用时，就需要办理报废手续，进行清理。在进行手续办理时需要进行申报，这就会使用到固定资产报废单。它是证明固定资产报废和办理报废的原始凭证。

在填写固定资产报废单时，需要说明报废原因以及报废鉴定说明，并需要相关人员签字确认。一般来说，对于50 000元（含）以下的报废金额由行政部门和财务部进行审批即可，超50 000元的报废金额则需总经理审核。如图10-8所示为某企业的固定资产报废单样式。

固定资产报废单

编号：　　　　　　　　　　　　　　　　填制时间：___年__月__日

申请报废物品名单		规格　型号		数量	
申请部门		申请人		报废品金额	
报废原因：					
报废鉴定说明：					
鉴定及处理意见	报废金额	行政审批意见	财务部审批意见	总经理审批意见	
	50000元（含）以下			---	
	50000以上	---	---		

图10-8

10.1.9 固定资产变更表设计

固定资产变更表是企业固定资产的使用权发生变化的原始凭证，主要内容包括变更资产的信息和变更情况。本表一式三份，归口管理部门一份，财务部一份，申报部门一份。

如图10-9所示为某企业的固定资产变更表样式。

固定资产变更表

编码：　　　　　　　　　　年　月　日

资产名称		单价	
型号规格		数量	
资产来源		购置日期	
变更日期		总价	
调出部门		调入部门	
原使用人		现使用人	
资产情况描述：			
资产附属设备：			

送库人：　　　　　　　　收库人：

图10-9

10.2 固定资产折旧计提处理

处理固定资产折旧数据是财务数据计算的一个重要内容。在财务管理中，固定资产的折旧计提处理方式多种多样，财务人员需要根据不同类型的固定资产采用不同的计提方式来计算其折旧值。

10.2.1 用直线折旧法计提固定资产折旧额

某公司将现有的固定资产分为租借厂房、生产机械和运输工具三大类，并得出租借厂房的使用年限为10年，原值为400万元，到期归还无残值；生产机械使用年限为8年，原值为350万元，到期预计残值为25万元；运输工具使用年限为12年，原值为300万元，到期预计残值为30万元，并且给出了生产机械每年工作的小时数据和运输工具每年行驶的里程数据。现需用直线折旧法计算三大类固定资产每年的折旧额。

在本例中，要使用直线折旧法计算三大类固定资产每年的折旧额，而直线折旧法有平均年限法和工作量法两种计提方法。对于厂房类固定资产宜采用平均年限法计提折旧额；对于生产机械类固定资产宜采用按工作时间计算的工作量法计提折旧额；对于运输工具类固定资产宜采用按里程计算工作量法计提折旧额。

在Excel中，可以先利用SLN()函数计算出每类固定资产的单位折旧，再通过每年的工作总时间则可计算出每类固定资产每年的折旧额。

在解决本例的问题时，需要注意以下几点：

①在平均年限法的计提方法下，折旧额的计算公式为：折旧额=（资产原值-预期净残值）/资产寿命（折旧年限）

②在工作量法的计提方法下，折旧额的计算公式为：折旧额=（资产原值-资产净残值）/总工作小时×每年工作小时

现已经将本例提供的相关数据记录到“直线折旧法计提固定资产折旧额”工作簿中，下面具体介绍计算三大类别固定资产每年的折旧额的方法，其具体操作如下。

≫ 素材文件：素材\第10章\直线折旧法计提固定资产折旧额.xlsx

≫ 效果文件：效果\第10章\直线折旧法计提固定资产折旧额.xlsx

1 计算租借厂房的单位折旧额

❶打开素材文件，选择G6单元格，在编辑栏中输入“=SLN(B3,B5,B4)”公式，❷按【Ctrl+Enter】组合键计算租借厂房的单位折旧额。

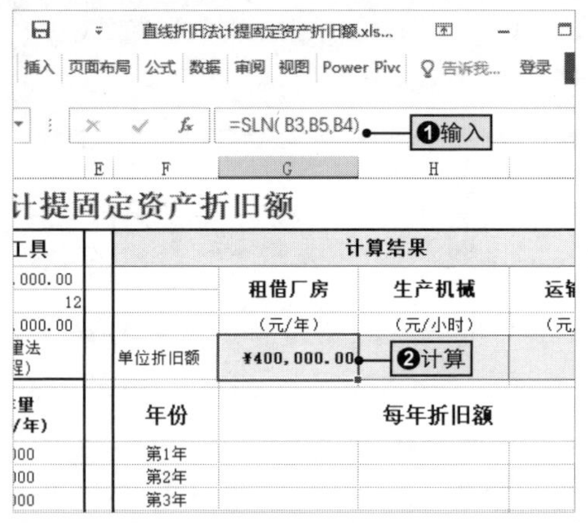

2 计算其他固定资产的单位折旧额

分别在H6和I6两个单元格中输入“=SLN(C3,C5,SUM(C9:C16))”和“=SLN(D3,D5, SUM(D9:D20))”公式计算生产机械和运输工具的单位折旧额。

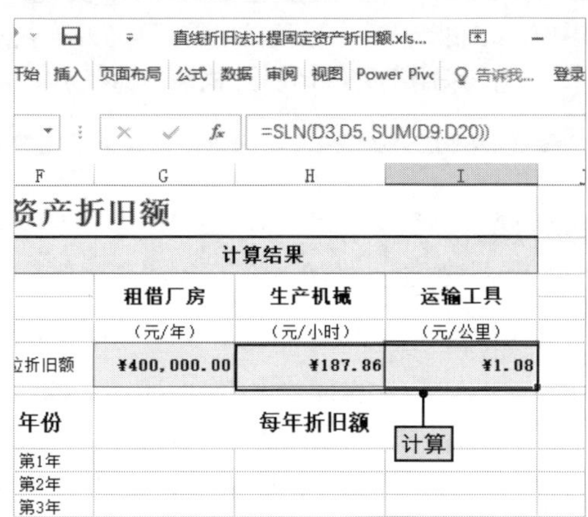

3 计算租借厂房每年的折旧额

❶选择G9:G18单元格区域，在编辑栏输入“=G6”公式，❷按【Ctrl+Shift+Enter】组合键即可计算租借厂房每年的折旧额。

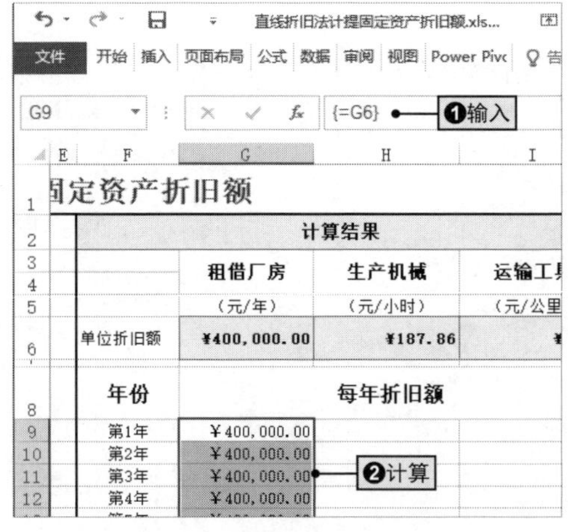

4 计算其余两类固定资产每年的折旧额

分别在H9:G16和I9:I20单元格区域中输入“=H6*C9:C16”和“=I6*D9:D20”公式，按【Ctrl+Shift+Enter】组合键计算生产机械和运输工具每年的折旧额。

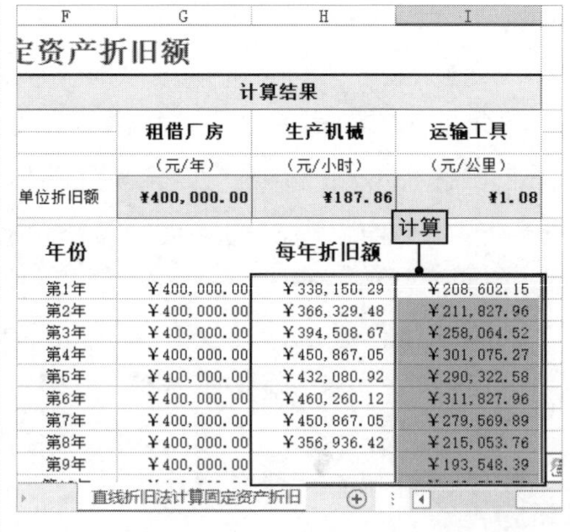

通过如上几个步骤即可完成本案例用直线折旧法计提固定资产折旧额的操作，其最终效果展示如图10-10所示。

1	直线折旧法计提固定资产折旧额							
2	资产名称	租借厂房	生产机械	运输工具	计算结果			
3	资产原值(元)	¥ 4,000,000.00	¥ 3,500,000.00	¥ 3,000,000.00		租借厂房	生产机械	运输工具
4	折旧年限(年)	10	8	12				
5	预期净残值(元)	¥ -	¥ 250,000.00	¥ 300,000.00		(元/年)	(元/小时)	(元/公里)
6	折旧方法	平均年限法	工作量法(工时)	工作量法(里程)	单位折旧额	¥400,000.00	¥187.86	¥1.08
8	年份	使用时间(年)	工作量(小时/年)	工作量(公里/年)	年份	每年折旧额		
9	第1年	1	1800	194000	第1年	¥400,000.00	¥338,150.29	¥208,602.15
10	第2年	2	1950	197000	第2年	¥400,000.00	¥366,329.48	¥211,827.96
11	第3年	3	2100	240000	第3年	¥400,000.00	¥394,508.67	¥258,064.52
12	第4年	4	2400	280000	第4年	¥400,000.00	¥450,867.05	¥301,075.27
13	第5年	5	2300	270000	第5年	¥400,000.00	¥432,080.92	¥290,322.58
14	第6年	6	2450	290000	第6年	¥400,000.00	¥460,260.12	¥311,827.96
15	第7年	7	2400	260000	第7年	¥400,000.00	¥450,867.05	¥279,569.89
16	第8年	8	1900	200000	第8年	¥400,000.00	¥356,936.42	¥215,053.76
17	第9年	9		180000	第9年	¥400,000.00		¥193,548.39
18	第10年	10		170000	第10年	¥400,000.00		¥182,795.70

图10-10

SLN()函数的使用

SLN()函数用于返回某项资产在一个期间中的线性折旧值，其语法结构为：SLN(cost,salvage,life)，各个参数的意义如下所示。

- cost：表示资产的原值。
- salvage：表示资产在折旧期末的价值，即资产残值。
- life：表示折旧期限，有时也称为使用寿命。

其中，所有参数必须为正值，否则函数返回值为#NUM。

10.2.2　用年数总和法计提固定资产折旧

某企业列出了企业的固定资产清单，如图10-11所示。

3	序号	编号	资产名称	规格型号	所在位置	使用状态	计量单位	拥有数量	购置日期	资产原值(RMB:元)	寿命年限	折旧方法
4	1	QD0802001	计算机	联想(Lenovo)扬天M4000s	信息部	在用	台	3	2019年02月26日	150000	7	固定余额递减法
5	2	QD0911002	空调	格力（GREE）	信息部	在用	台	2	2019年11月28日	18000	10	年数总和法
6	3	QD1001002	办公桌	奈高屏风办公桌	信息部	在用	套	3	2019年01月30日	14700	20	直线折旧法
7	4	QD0103001	扫描仪	科密 GP1500AF	技术部	闲置	台	1	2019年03月14日	1000	8	双倍余额递减法
8	5	QD0307102	计算机	联想(Lenovo)天逸510S	技术部	在用	台	3	2019年07月11日	9600	7	固定余额递减法
9	6	QD0211002	打印机	惠普（HP）M1136	技术部	在用	台	1	2018年11月18日	1120	15	双倍余额递减法
10	7	QD0402013	一体机	惠普 （HP） 136w	综合资源部	维护	台	1	2019年05月13日	1200	6	双倍余额递减法
11	8	QD0810003	空调	美的KFR-35GW	综合资源部	在用	台	2	2018年10月03日	12000	10	年数总和法
12	9	QD1001030	办公桌	创圣办公桌	综合资源部	在用	套	1	2019年01月30日	1500	20	直线折旧法
13	10	QD1102018	打印机	爱普生L4158	综合资源部	在用	台	1	2019年02月18日	989	10	双倍余额递减法
14	11	QD1011027	投影仪	极米H2	技术部	在用	台	1	2019年11月27日	3899	5	双倍余额递减法
15	12	QD0305026	网络仪表仪器	美网FL-MT6800	技术部	在用	台	1	2019年05月26日	260	5	双倍余额递减法

图10-11

现需要在一个工作表中直接输入清单中包含的固定资产编号，如果此编号的固定资产使用的折旧方法为“年数总和法”，则自动显示出该固定资产的相关信息，并计算出各年度的折旧额以及累计折旧额数据。

在本例中，想要在工作表中直接输入清单中的包含的某个固定资产编号后，显示相关信息。需要先对输入数据进行判断，然后根据信息计算其各年度的折旧额以及累计折旧额。

在Excel中，可以使用VLOOKUP()函数进行查找判断，然后利用SYD()函数求得各年的折旧额，进而计算累计折旧额。下面具体讲解相关操作。

>> 素材文件：素材\第10章\年数总和法计提折旧额.xlsx

>> 效果文件：效果\第10章\年数总和法计提折旧额.xlsx

1 单击"定义名称"按钮

❶打开素材文件，❷在"固定资产清单"工作表中选择任意单元格，在"公式"选项卡单击"定义名称"按钮。

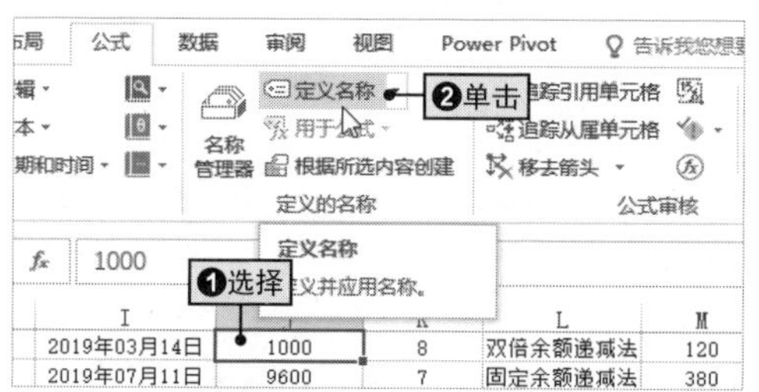

2 设置定义名称引用参数

❶在打开的对话框中设置名称为"源数据"，❷设置引用位置参数，❸单击"确定"按钮。

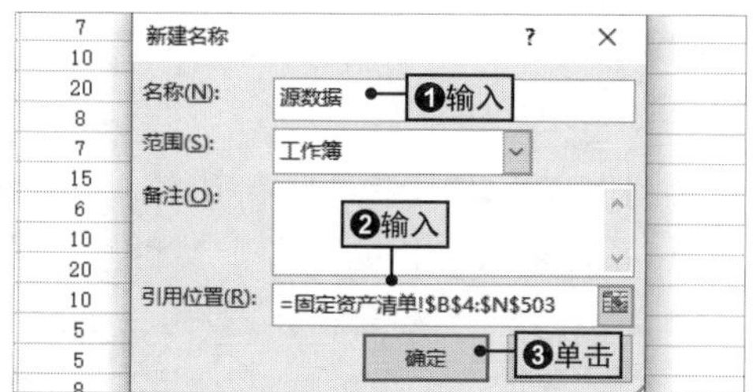

3 设置验证条件

选择"年数总和法折旧计提"工作表的D2单元格，打开"数据验证"对话框，❶在"允许"下拉列表框中选择"自定义"选项，❷输入自定义公式。

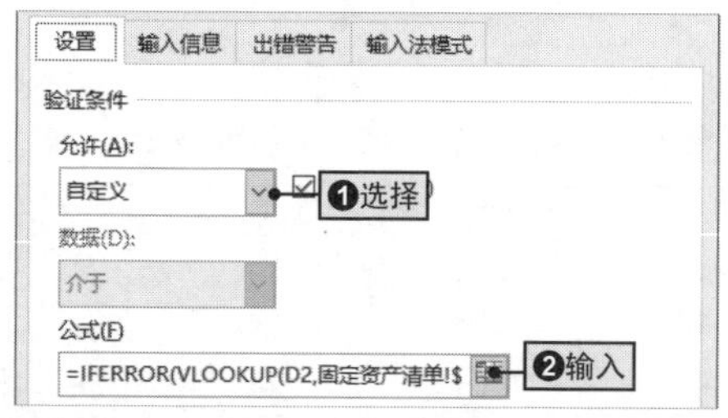

4 设置出错警告

❶切换到"出错警告"选项卡中，❷在其中设置合适的出错警告后单击"确定"按钮完成数据验证设置。

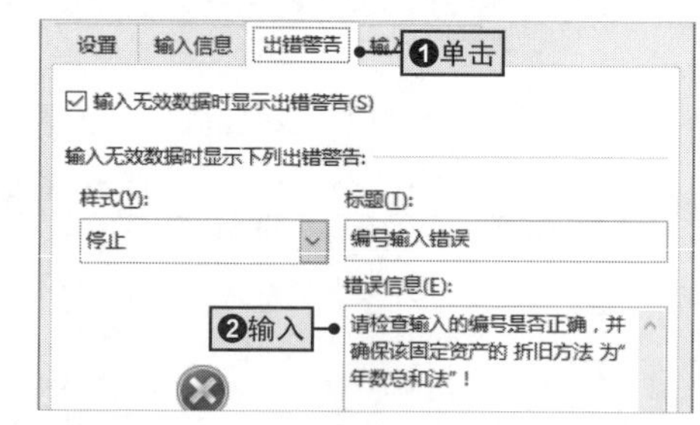

5 获取固定资产名称

❶选择D4单元格，❷在编辑栏中输入"=IF(D2="","",VLOOKUP(D2,源数据,2,FALSE))"公式，按【Ctrl+Enter】组合键根据D2单元格中输入的固定资产编号返回该编号对应的固定资产名称。

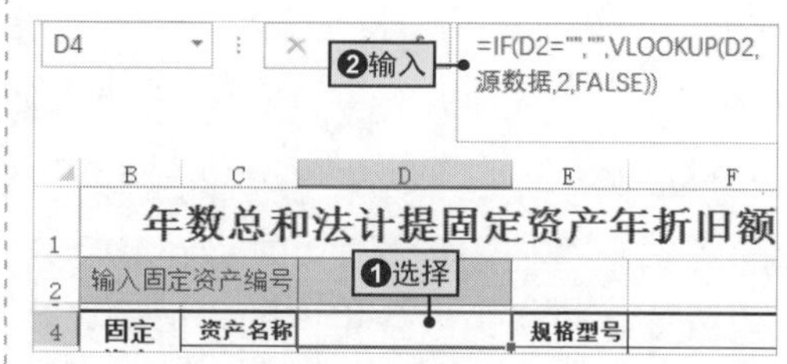

6 获取固定资产其他信息

❶分别选择F4、D5、F5、D6和F6单元格，❷分别输入对应的公式，获取固定资产的其他信息。

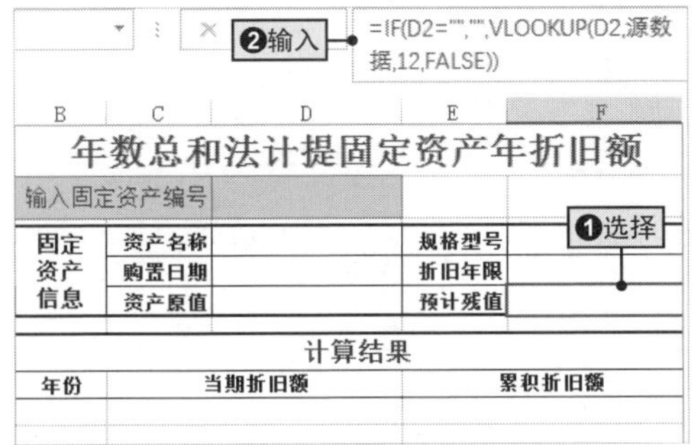

7 获取自动生成年份编号

❶选择B10:B79单元格区域，❷在编辑栏中输入“=IF($F$5="","",IF(ROW()-9>$F$5,"",ROW()-9))”公式，按【Ctrl+Shift+Enter】组合键获取固定资产的折旧年限自动生成的对应编号。

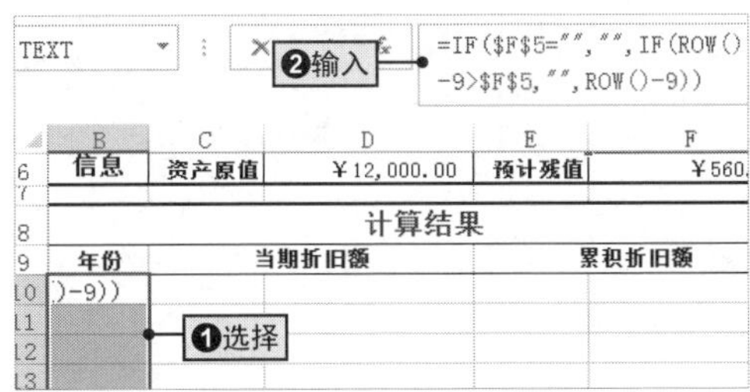

8 计算各年度折旧额

❶选择C10:C79单元格区域，在编辑栏中输入“=IF(B10="","",SYD($D$6,$F$6,$F$5,B10))”公式，❷按【Ctrl+Enter】组合键计算各年度当期折旧额。

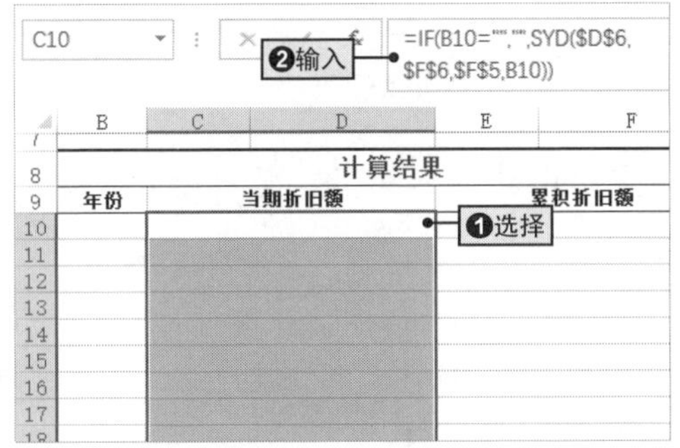

9 引用第1年的固定资产折旧额

❶选择E10单元格，在编辑栏中输入“=IF(B10="","",C10)”公式，❷按【Ctrl+Enter】组合键引用第1年的固定资产折旧额。

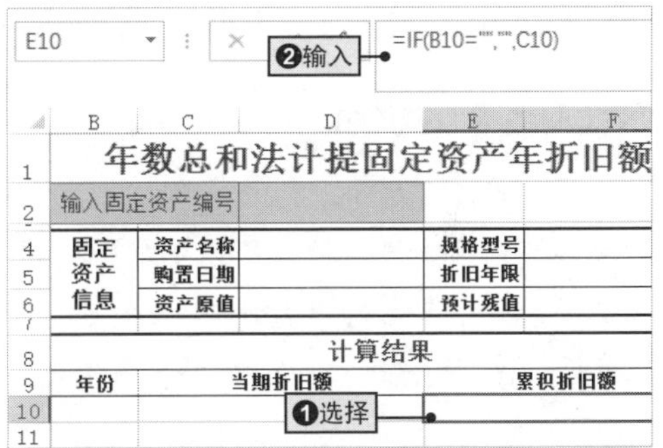

10 计算各年度的累积折旧额

❶选择E11:E79单元格区域，在编辑栏中输入“=IF(B11="","",E10+C11)”公式，❷按【Ctrl+Enter】组合键计算其他各年的固定资产累积折旧额。

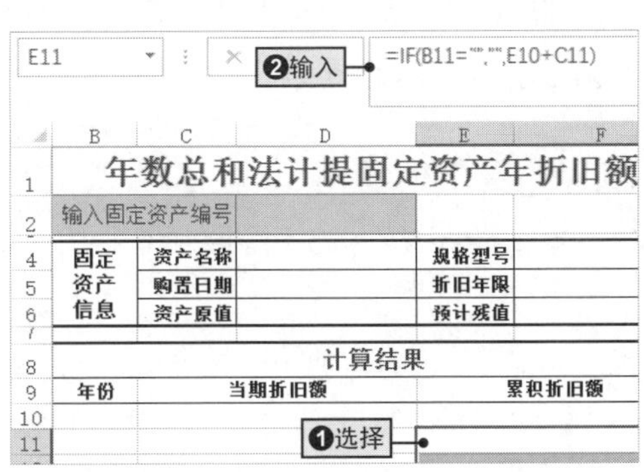

通过如上几个步骤即可完成本案例用年数总和法计提固定资产折旧的表格功能的完善，在其中输入固定资产编号，程序自动查询该编号对应的固定资产的信息，其最终效果展示如图10-12所示。

	年数总和法计提固定资产年折旧额			
输入固定资产编号	QD0810003			
固定资产信息	资产名称	空调	规格型号	美的KFR-35GW
	购置日期	2018年10月03日	折旧年限	10
	资产原值	¥12,000.00	预计残值	¥560.00

计算结果		
年份	当期折旧额	累积折旧额
1	¥2,080.00	¥2,080.00
2	¥1,872.00	¥3,952.00
3	¥1,664.00	¥5,616.00
4	¥1,456.00	¥7,072.00
5	¥1,248.00	¥8,320.00
6	¥1,040.00	¥9,360.00
7	¥832.00	¥10,192.00
8	¥624.00	¥10,816.00
9	¥416.00	¥11,232.00
10	¥208.00	¥11,440.00

固定资产清单　年数总和法折旧计提

图10-12

知识点讲解

SYD()函数的使用

SYD()函数用于返回某项资产按年限总和折旧法计算的指定期间的折旧值，该函数具体的语法结构为：SYD(cost,salvage,life,per)。

从语法结构可以看出，该函数有4个参数，各参数的具体作用如下。

- cost：该参数用于指定资产原值，即资产的购买成本。
- salvage：该参数用于指定资产残值，参数值可以为0。
- life：该参数用于指定资产的折旧期数。
- per：该参数表示期间。

ROW()函数的使用

在Excel中，ROW()函数主要用于获取指定单元格地址的行号，其语法结构为：ROW(reference)。

从语法结构可以看出，该函数只有一个reference参数，该参数主要用于指定需要获取行号的单元格，该参数值也可以是指定的单元格区域，当该参数值为某一个单元格区域时，函数返回该单元格区域中第一个单元格的行号。

10.2.3　用固定余额递减法计提固定资产折旧额

某公司财务部根据实际情况需要制作了固定资产折旧表，如图10-13所示。

	A	B	C	D	E	F	G
1		固定余额递减法折旧计提					
2		输入固定资产数据：			计算结果汇总：		
4		资产原值(元)			资产已使用年限(年)		
5		资产残值(元)			资产累积折旧额(元)		
6		折旧年限(年)			资产当前现值(元)		
7		购置日期					
8					年折旧额明细：		
9					年份	年折旧额(元)	
10							

图10-13

现想要使用固定余额递减法计提固定资产折旧额，且可以在手动输入固定资产原值、残值、折旧年限（1～60年）以及购置日期数据后，自动计算出资产已使用年限、已累积折旧额以及资产当前现值数据，并根据折旧年限列举出该固定资产在折旧年限内每年的折旧额。

在本例中，可利用数据验证来限制折旧年限和购置日期数据的输入，然后根据资产折旧年限自动生成对应的年份序列，利用Excel的DB()函数以固定余额法计算出资产各年的折旧额明细数据。

再使用隐藏的DATEDIF()函数计算出截止计算日期，该资产已使用的年限，并根据已使用年限，通过OFFSET()函数来确定参与计算累积折旧额的单元格区域，从而计算出该固定资产已累积的折旧额，再利用资产原值减去已累积折旧额，计算出资产的现值数据。下面具体介绍其具体操作。

>> 素材文件：素材\第10章\固定余额递减法计提折旧额.xlsx

>> 效果文件：效果\第10章\固定余额递减法计提折旧额.xlsx

1 设置C6单元格的数据验证

打开素材文件，选择C6单元格并打开“数据验证”对话框，设置验证条件为介于1~60的整数，单击“确定”按钮关闭该对话框。

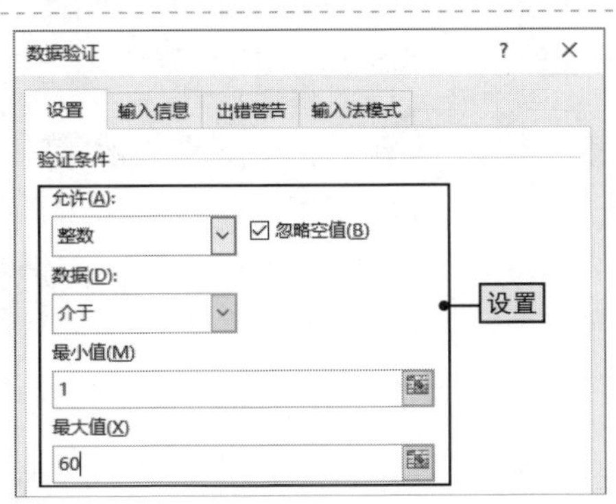

2 设置C7单元格的数据验证

选择C7单元格，为其设置验证条件为介于“=EDATE(TODAY(),-60*12)”和“=TODAY()”之间的日期类型的数据。

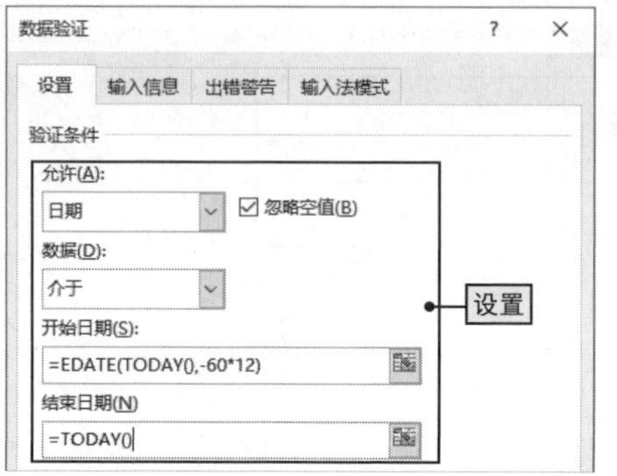

3 计算出固定资产已使用的年限

❶选择F4单元格，❷在编辑栏中输入“=IF(C7="",0,DATEDIF(C7,TODAY(),"Y"))”公式，按【Ctrl+Enter】组合键计算出固定资产已使用的年限。

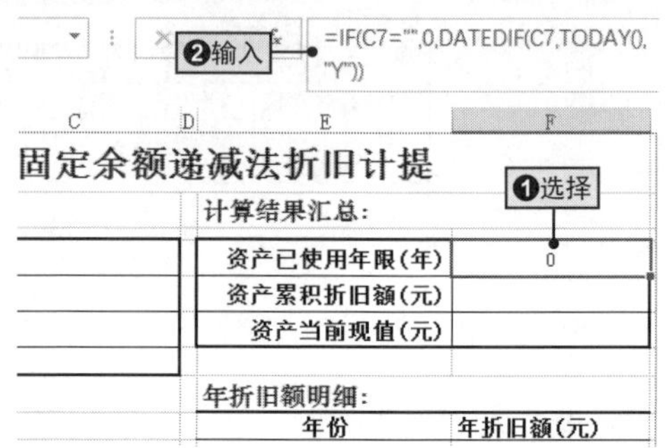

4 生成资产折旧年份序列

❶选择E10:E69单元格区域，❷在编辑栏中输入“=IF($C$6="","",IF(ROW()-9>$C$6, "",ROW()-9))”公式，按【Ctrl+Enter】组合键自动生成资产折旧年份序列。

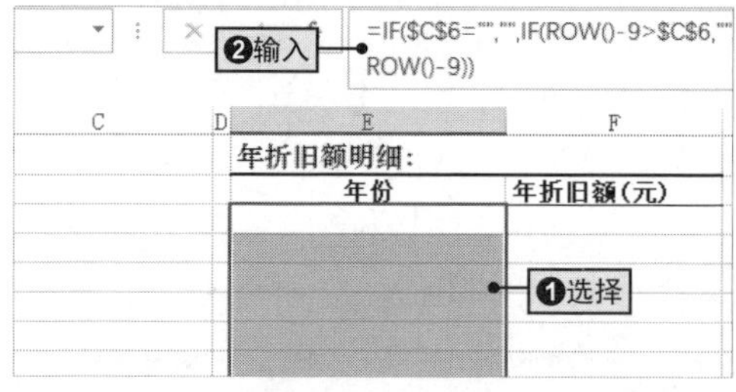

5 计算各年度资产的折旧额

❶选择F10:F69单元格区域，❷在编辑栏中输入“=IF(E10:E69="","",DB(C4,C5,C6,E10:E69))”公式，按【Ctrl+Shift+Enter】组合键计算各年度资产的折旧额。

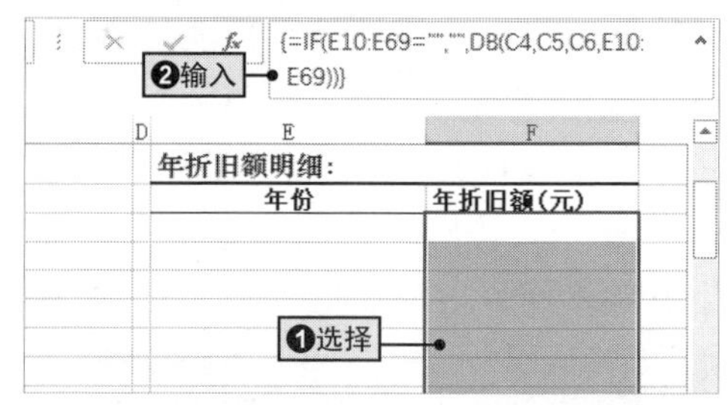

6 计算资产的累积折旧额

❶选择F5单元格，❷在编辑栏中输入“=IF(F4=0,0,SUM(OFFSET(F10,0,0,F4,1)))”公式，按【Ctrl+Enter】组合键根据资产的已使用年限计算资产的累积折旧额。

7 计算资产的当前现值

❶选择F6单元格，❷在编辑栏中输入"=C4-F5"公式，按【Ctrl+Enter】组合计算出资产的当前现值。

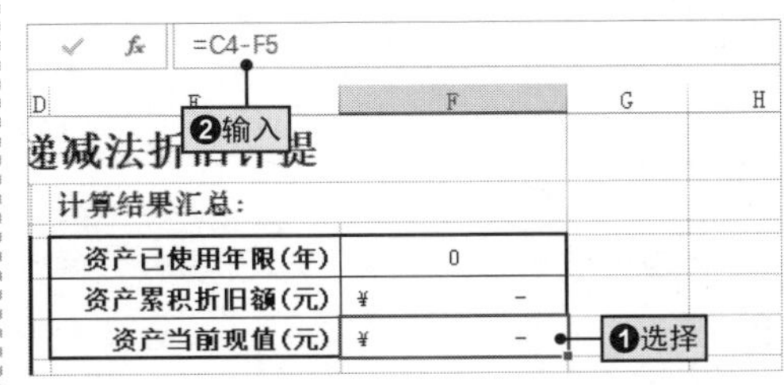

通过上述步骤完成用固定余额递减法计提固定资产折旧额的表格功能完善，当在C4:C7单元格区域中输入相应的数值时（如资产原值为200万元，资产残值为50万元，年限为5年，购置日期为2017年7月20日），程序将自动计算汇总结果并计算折旧额明细，如图10-14所示。

固定余额递减法折旧计提

输入固定资产数据:		计算结果汇总:	
资产原值(元)	¥　2,000,000.00	资产已使用年限(年)	2
资产残值(元)	¥500,000.00	资产累积折旧额(元)	¥　850,872.00
折旧年限(年)	5	资产当前现值(元)	¥　1,149,128.00
购置日期	2017年07月20日		
		年折旧额明细:	
		年份	年折旧额(元)
		1	¥　484,000.00
		2	¥　366,872.00
		3	¥　278,088.98
		4	¥　210,791.44
		5	¥　159,779.91

图10-14

知识点讲解

DB()函数的使用

工作量法计算折旧值也称为固定余额递减法计算折旧值，在Excel中，可以使用DB()函数按工作量法计算一笔资产在给定期间内的折旧值，其语法结构为：DB(cost,salvage,life,period,month)。

从语法结构可以看出，该函数有5个参数，各参数的具体作用如下。

- cost：该参数用于指定资产原值，即资产的购买成本。
- salvage：该参数用于指定资产残值，即资产报废后的价值。
- life：该参数用于指定资产的折旧期数。
- period：该参数用于表示需要计算的折旧值的期间，该参数的单位必须与life参数的单位相同。

◆ month：该参数为函数的可选参数，表示第一年的月份数，若省略，则默认为12。

OFFSET()函数的使用

如果要以某个单元格为参照，引用与之距离指定行列数的单元格或单元格区域，则需要使用OFFSET()函数来完成，其语法结构为：OFFSET(reference,rows,cols,height,width)。

从语法结构可以看出，该函数有5个参数，各参数的具体作用如下。

◆ reference：用于指定作为偏移量参照系的单元格引用或者单元格区域，若该参数不是单元格或者单元格区域的引用，OFFSET()将返回“#VALUE!”错误值。

◆ rows：用于指定左上角单元格（如果reference参数为某个单元格引用，则指单元格本身）相对于偏移量参照系上、下偏移的行数，行数为正数代表在起始引用的下方，行数为负数代表在起始引用的上方。

◆ cols：用于指定左上角单元格（如果reference参数为某个单元格引用，则指单元格本身）相对于偏移量参照系左、右偏移的列数，列数为正数代表在起始引用的右边，列数为负数代表在起始引用的左边。

◆ height：该参数为可选参数，表示所要返回的引用区域的行数，该参数必须为正数。

◆ width：该参数为可选参数，表示所要返回的引用区域的列数，该参数必须为正数。

EDATE()函数的使用

EDATE()函数用于返回指定日期之前或者之后若干个月的日期，其语法结构为：EDATE(start_date, months)。

从语法结构可以看出，该函数有两个参数，各参数的具体作用如下。

◆ start_date：该参数用于指定一个起始日期。

◆ months：该参数用于指定start_date之前或之后的月份数，参数值为正数表示将返回未来的日期，参数值为负数表示将返回过去的日期。

TODAY()函数的使用

如果要返回当前系统的日期，可以使用系统提供的TODAY()函数来完成，其语法结构为：TODAY()。从语法结构可以看出，该函数没有任何参数，如果要在某个位置获取当前系统的日期，直接输入“=TODAY()”，按【Ctrl+Enter】组合键即可。

10.2.4 用可变余额递减法计提固定资产折旧额

某企业为加强对固定资产的管理，财务部制作了一张用可变余额递减法计提固定资产折旧额的表格，如图10-15所示。

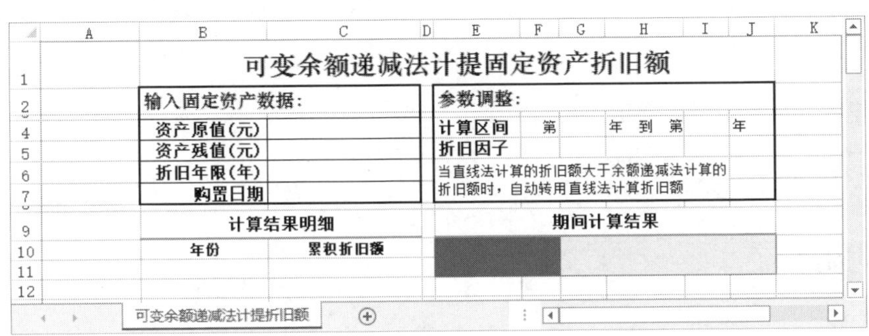

图10-15

现要求在输入固定资产原值、残值和折旧年限数据后，便可自动计算出各期间的累积折旧额。并且可随意调整折旧年限内的计算期间，更改折旧因子参数，也可以控制当直线法计算的折旧额大于余额递减法计算的折旧额时，是否自动转用直线法计算折旧额。

在本例中，要使表格达到自动化计算，可根据输入的折旧年限自动生成计算明细的日期序列，由于折旧年限并不固定，要选择计算区间，就需要使用到单元格的动态名称。在计算固定资产折旧额时，可使用Excel的VDB()函数来计算，该函数可以调整固定资产的折旧因子，实现可变余额的折旧计提。

下面具体介绍用可变余额递减法计提固定资产折旧额的操作。

» 素材文件：素材\第10章\可变余额递减法计提折旧额.xlsx

» 效果文件：效果\第10章\可变余额递减法计提折旧额.xlsx

1 添加组合框控件

❶打开素材文件，在“开发工具”选项卡“控件”组中单击“插入”下拉按钮，❷在弹出的下拉列表中选择“组合框(窗体控件)”选项，❸按住【Alt】键在G4和I4单元格中分别绘制一个组合框控件。

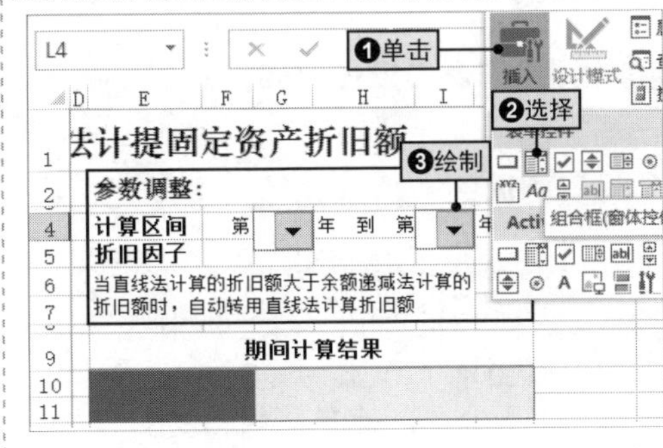

2 修改控件显示字样

❶使用上一步的方法，在J6和J7单元格绘制选项按钮控件，❷分别在其上右击，选择“编辑文字”命令，分别将文字修改为“是”和“否”。

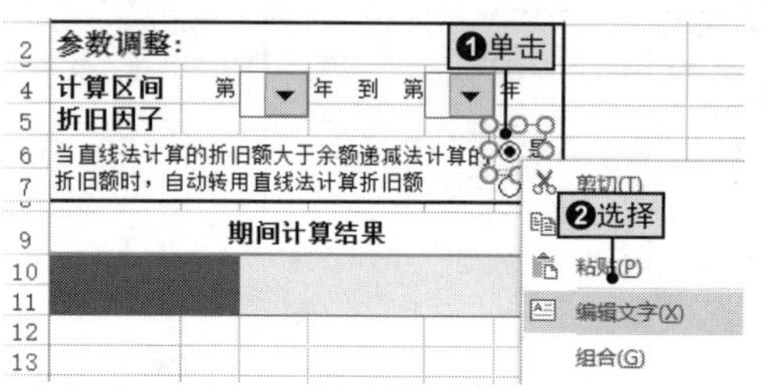

3 自动生成年份列表

❶选择B11:B80单元格区域，❷在编辑栏中输入“=IF($C$6="","",IF(ROW()-10>$C$6, " ",ROW()-10))”公式，按【Ctrl+Shift+Enter】组合键自动生成年份列表。

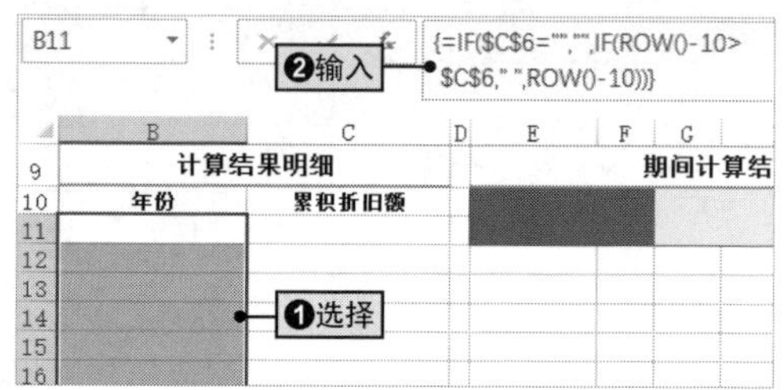

4 定义单元格名称

在C4:C7单元格区域中输入固定资产数据，打开“新建名称”对话框，❶以“=OFFSET(可变余额递减法计提折旧额!$B$11,0,0,COUNT(可变余额递减法计提折旧额!$B$11:$B$80),1)”公式定义一个名为“年份列表”的动态单元格名称，❷单击“确定”按钮。

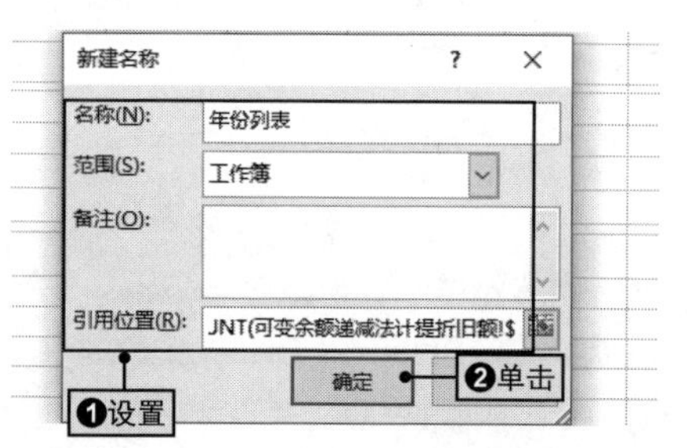

5 设置控件格式

在G4单元格中的组合框控件上右击，选择“设置控件格式”命令打开“设置控件格式”对话框，❶单击“控制”选项卡，❷在“数据源区域”参数框中输入“年份列表”名称，❸在“单元格链接”参数框中输入“G4”，❹在“下拉显示项数”文本框中输入“8”。

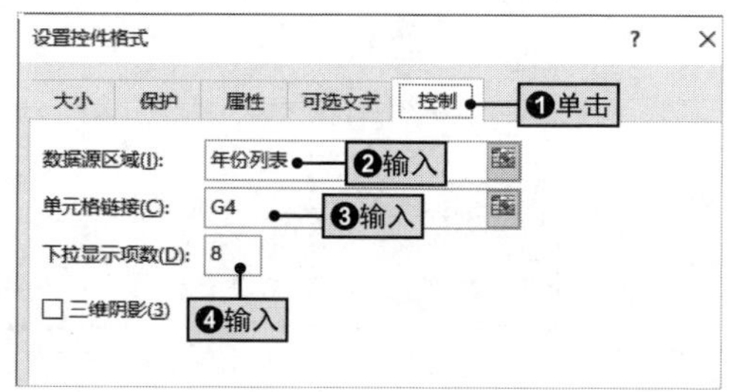

6 设置数值调节按钮控件格式

用同样的方法为I4单元格中的组合框控件设置相同的数据源区域，将单元格链接设置为“I4”。在G5单元格中绘制一个数值调节按钮窗体控件，打开“设置控件格式”对话框，在“控制”选项卡中将其当前值设置为“10”，最大值设置为“100”，并将其链接到G5单元格，然后单击“确定”按钮。

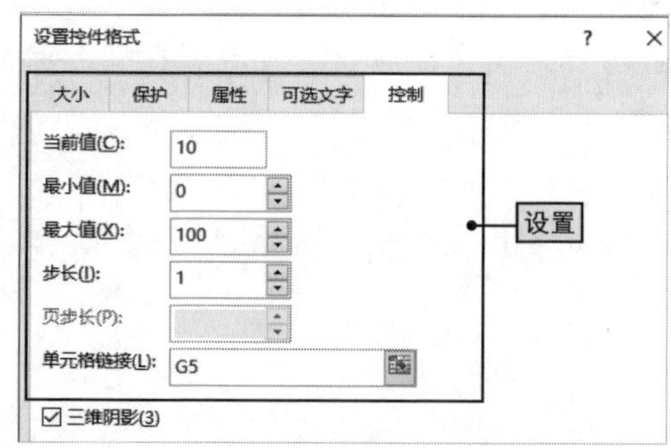

7 设置单选按钮控件格式

在F5单元格中输入公式“=G5/10”获取调整后的折旧因子数值，然后打开J6单元格的选项按钮控件的“设置控件格式”对话框，在“控制”选项卡下将控件链接到I5单元格。

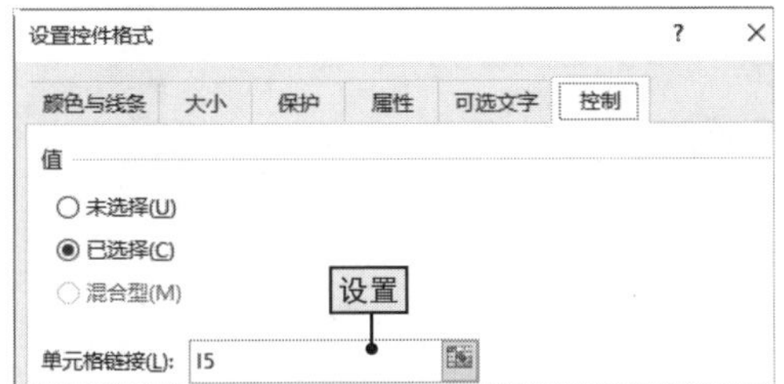

8 获取选项按钮组的选择情况

❶选择J5单元格，在编辑栏中输入“=IF(I5=2,TRUE,FALSE)”公式，❷按【Ctrl+Enter】组合键获取选项按钮组的选择情况。

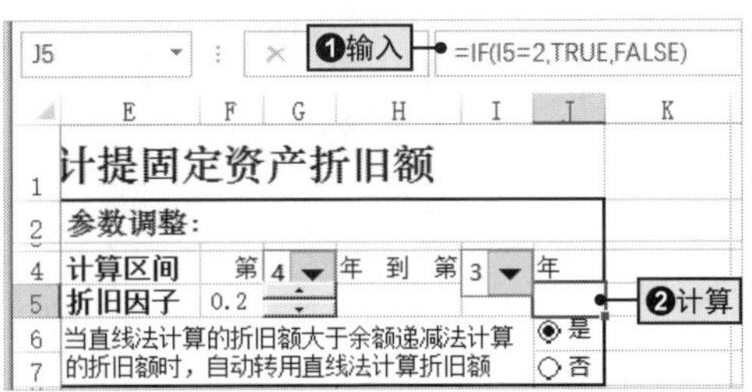

9 计算第1年的累积折旧额

❶选择C11单元格，在编辑栏中输入“=IF(B11="","",VDB($C$4,$C$5,$C$6,0,B11,$F$5,$J$5))”公式，❷按【Ctrl+Enter】组合键计算第1年的累积折旧额。

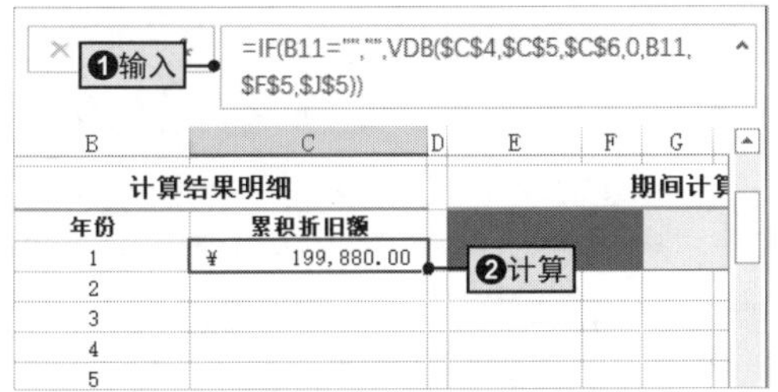

10 计算各年累积折旧额

❶选择C12:C80单元格区域，在编辑栏中输入“=IF(B12="","",VDB($C$4,$C$5,$C$6,B11,B12,$F$5,$J$5))”公式，❷按【Ctrl+Enter】组合键计算各年的累积折旧额。

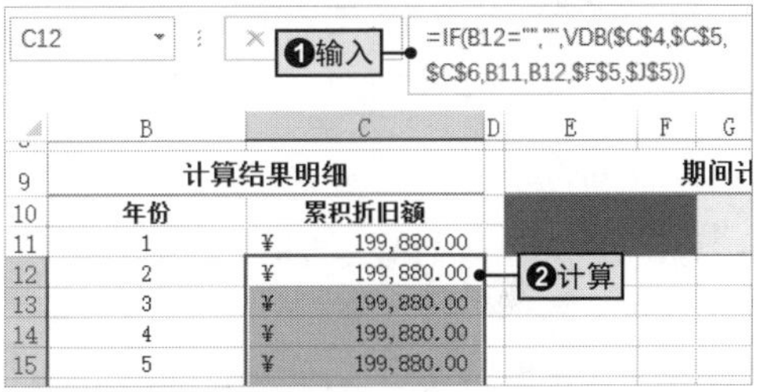

11 显示计算区间的说明文本

❶在G4和I4单元格中的组合框中选择任意年份，❷选择E10单元格，在编辑栏中输入“="第"&G4&"年到第"&I4&"年的折旧额为："”公式，❸按【Ctrl+Enter】组合键显示计算区间的说明文本。

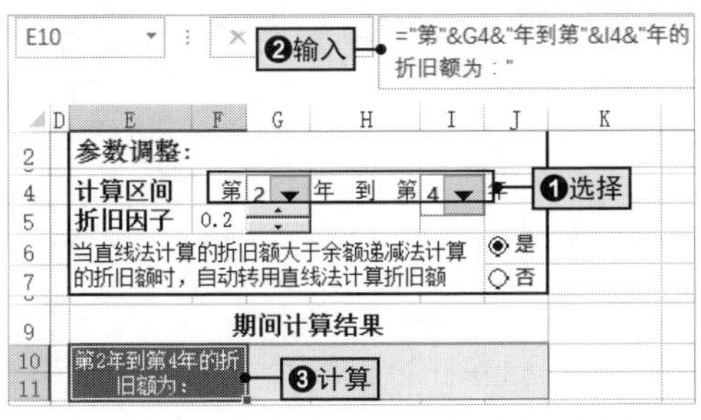

12 计算指定区间内的折旧额

❶选择G10单元格，在编辑栏中输入“=IF(I4<G4,"请选择正确的计算区间",VDB(C4,C5,C6,G4-1,I4,F5,J5))”公式，❷按【Ctrl+Enter】组合键计算指定区间内的折旧额。

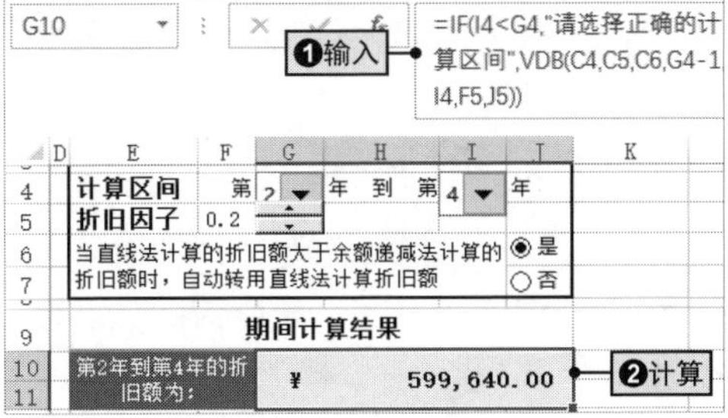

通过如上几个步骤即可完成本案例的用可变余额递减法计提固定资产折旧额的操作，其最终效果展示如图10-16所示。

可变余额递减法计提固定资产折旧额

输入固定资产数据:	
资产原值(元)	¥ 2,000,000.00
资产残值(元)	¥ 1,200.00
折旧年限(年)	10
购置日期	2018年07月20日

参数调整:

计算区间 第 2 年 到 第 4 年

折旧因子 0.2

当直线法计算的折旧额大于余额递减法计算的折旧额时，自动转用直线法计算折旧额 ◉是 ○否

计算结果明细	
年份	累积折旧额
1	¥ 199,880.00
2	¥ 199,880.00
3	¥ 199,880.00
4	¥ 199,880.00
5	¥ 199,880.00
6	¥ 199,880.00
7	¥ 199,880.00
8	¥ 199,880.00
9	¥ 199,880.00
10	¥ 199,880.00

期间计算结果	
第2年到第4年的折旧额为:	¥ 599,640.00

图10-16

知识点讲解

VDB()函数的使用

VDB()函数是使用双倍余额递减法或其他指定的方法，返回指定的任何期间内（包括部分期间）的资产折旧值，该函数的语法结构为：VDB(cost,salvage,life,start_period,end_period,factor,no_switch)。从语法结构可以看出，该函数有7个参数，前3个参数的作用与DB()函数的参数作用相同，其余4个参数的具体作用如下。

- start_period：该参数用于指定进行折旧计算的起始期间。
- end_period：该参数用于指定进行折旧计算的终止期间。
- factor：该参数是余额递减速率（折旧因子），如果省略该参数，则函数假设factor为2，表示采用双倍余额递减法计算折旧值。
- no_switch：该参数为逻辑值，用于指定当折旧值大于余额递减计算值时，是否转用直线折旧法。参数值为TRUE，表示不转用直线折旧法；参数值为FALSE或忽略，表示转用线性折旧法。

COUNT()函数的使用

COUNT()函数主要用于对给定数据集合或者单元格区域中数据的个数进行计数，其语法结构为：COUNT(value1,value 2,…)。从语法结构中可以看出，该函数至少要包含一个参数。该函数只能对数字数据进行统计，对空白单元格、逻辑值或者文本数据将忽略。

第11章 11

企业全面预算与投资问题处理

本章导读

企业在发展初期，可能都会出现资金短缺等情况，财务人员要做好企业全面预算，选择合适的筹资方式和贷款偿还方式。投资可以让企业在一定时期内获得更多的资产收益。一项好的投资决策，可以让企业在激烈的市场竞争中占据有利的地位，在求得生存的同时，还能加快企业的发展。本章将具体讲解在Excel中如何进行预算与投资问题处理。

本章要点

等额本息法的贷款利息计算
等额本金法的贷款利息计算
最佳还贷方案选择
固定期限的银行贷款分析
…………

11.1 贷款偿还问题处理

企业在生产经营活动过程中，经常都会进行贷款融资，而贷款偿还是贷款融资后必须要进行的事务，通常银行都会提供等额本息法和等额本金法两种还贷方案供企业选择。

11.1.1 等额本息法的贷款利息计算

某公司为扩展规模，需要购置办公设备，但是公司资金短缺，于是打算向银行贷款，具体的贷款方案是：以4.75%的固定年利率向银行贷款200万元，打算以等额本息法分5年偿还，每月还款一次。现需要计算在每一次还款中包含的本金、利息以及最终支付的总利息是多少。

要解决这个问题，首先要了解什么是等额本息还款方式。在该还款方式中，每次还款的金额始终固定不变，每次还款额中包含的本金不断增加，利息不断减少。此种还款方式特别适合企业在盈余稳定的情况下使用。

在Excel中，要处理等额本息还款方式中的贷款本金和利息问题，可以分别使用PPTM()函数和IPTM()函数来完成。

在解决本例的问题时需要注意以下几点：

①PPTM()函数和IPTM()函数是基于月利率来计算数据，而本例给定的是年利率，因此需要将该利率除以12获得月利率。

②本例给定偿还时间为5年，按月还款，则会涉及到60个月，为了避免手动输入偿还期次数据造成的错误，可以采用等差序列填充的方式快速输入。

③由于各期次本金和利息的计算公式相似，为便于操作，可先计算第一个月的本金与利息数据，再通过复制公式的方式快速完成其他期次的数据计算，最后计算总还利息额。

现已经将本例提供的相关数据记录到“等额本息法还款”工作簿中，下面具体介绍计算各期次还款中的本金和利息数据，其具体操作如下。

>> 素材文件：素材\第11章\等额本息法还款.xlsx

>> 效果文件：效果\第11章\等额本息法还款.xlsx

1 添加还款期次

打开素材文件，❶在B8单元格输入“1”后按【Ctrl+Enter】组合键，❷在“开始”选项卡“编辑”组中单击“填充”下拉按钮，❸在弹出的下拉菜单中选择“序列”命令打开“序列”对话框。

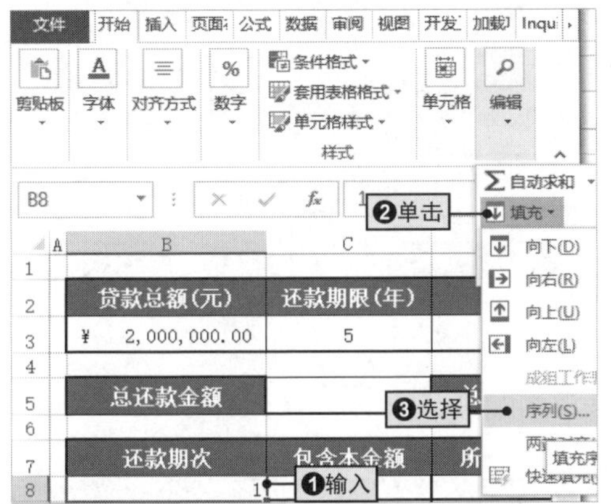

2 设置序列参数

❶在该对话框的“序列产生在”栏中选中“列”单选按钮，❷在“类型”栏中选中“等差序列”单选按钮，❸设置步长值为“1”，❹在“终止值”文本框中输入“60”，❺单击“确定”按钮。

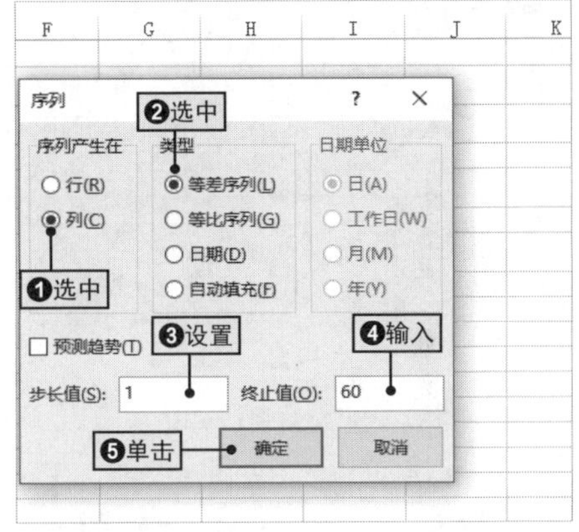

3 计算还款额中的本金

❶选择C8单元格，在编辑栏中输入“=PPMT($D$3/12,B8,$E$3,-$B$3)”公式，❷按【Ctrl+Enter】组合键即可计算出第一次还款中包含的本金数。

4 计算还款中的利息

❶选择D8单元格，在编辑栏中输入“=IPMT($D$3/12,B8,$E$3,-$B$3)”公式，❷按【Ctrl+Enter】组合键即可计算出第一次还款中包含的利息数。

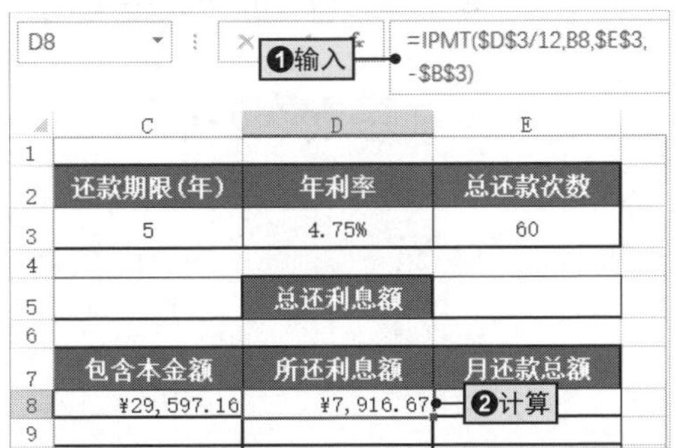

5 计算月还款总额

❶选择E8单元格，在编辑栏中输入“=C8+D8”公式，❷按【Ctrl+Enter】组合键计算第一次月还款的总额。

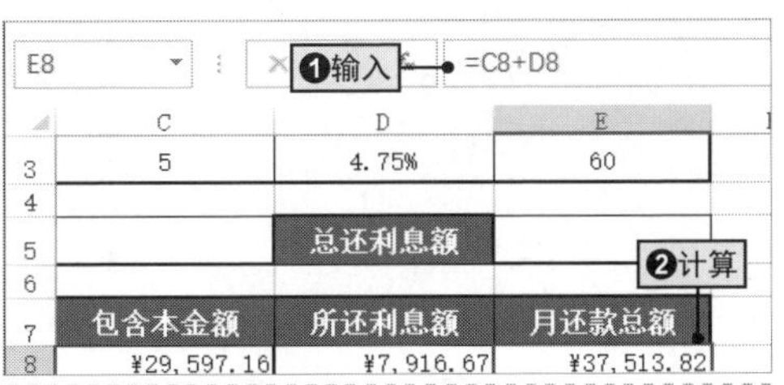

6 计算所有期次还款金额

选中C8:E8单元格区域，将鼠标光标移动到该区域右下角的自动填充柄上，当鼠标光标变为十字形时，双击鼠标左键向下填充各列公式至第67行。

	C	D	E
7	包含本金额	所还利息额	月还款总额
8	¥29,597.16	¥7,916.67	¥37,513.82
9	¥29,714.31	¥7,799.51	¥37,513.82
10	¥29,831.93	¥7,681.89	¥37,513.82
11	¥29,950.02	¥7,563.81	¥37,513.82
12	¥30,068.57	¥7,445.26	¥37,513.82
13	¥30,187.59	¥7,326.23	¥37,513.82
14	¥30,307.08	¥7,206.74	¥37,513.82
15	¥30,427.05	¥7,086.78	¥37,513.82
16	¥30,547.49	¥6,966.34	¥37,513.82
17	¥30,668.41	¥6,845.42	¥37,513.82
18	¥30,789.80	¥6,724.02	¥37,513.82

填充

7 计算贷款总还利息额

❶选择E5单元格，在编辑栏中输入"=SUM(E8:E67)"公式，❷按【Ctrl+Enter】组合键计算等额本息法到期总共需要支付的利息。

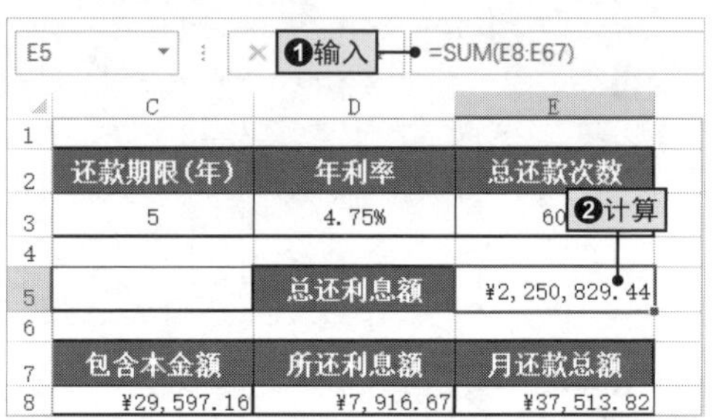

8 计算贷款总还款金额

❶选择C5单元格，在编辑栏中输入"= SUM(D8:D67)"公式，❷按【Ctrl+Enter】组合键计算等额本息法到期的总还款金额。

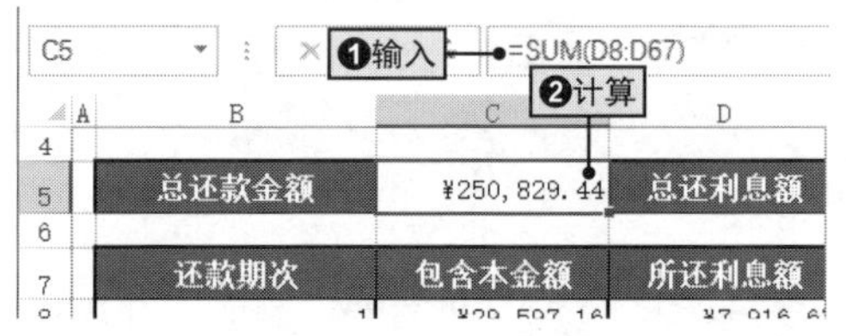

通过如上几个步骤即可计算本案例的各期还款金额以及总还款金额和总还利息，调整表格格式后最终效果展示如图11-1所示。

2	贷款总额(元)	还款期限(年)	年利率	总还款次数
3	¥ 2,000,000.00	5	4.75%	60
4				
5	总还款金额	¥250,829.44	总还利息额	¥2,250,829.44
6				
7	还款期次	包含本金额	所还利息额	月还款总额
8	1	¥29,597.16	¥7,916.67	¥37,513.82
9	2	¥29,714.31	¥7,799.51	¥37,513.82
10	3	¥29,831.93	¥7,681.89	¥37,513.82
11	4	¥29,950.02	¥7,563.81	¥37,513.82
12	5	¥30,068.57	¥7,445.26	¥37,513.82
13	6	¥30,187.59	¥7,326.23	¥37,513.82
14	7	¥30,307.08	¥7,206.74	¥37,513.82
15	8	¥30,427.05	¥7,086.78	¥37,513.82
16	9	¥30,547.49	¥6,966.34	¥37,513.82
17	10	¥30,668.41	¥6,845.42	¥37,513.82
18	11	¥30,789.80	¥6,724.02	¥37,513.82
19	12	¥30,911.68	¥6,602.15	¥37,513.82
20	13	¥31,034.04	¥6,479.79	¥37,513.82
21	14	¥31,156.88	¥6,356.94	¥37,513.82
22	15	¥31,280.21	¥6,233.62	¥37,513.82
23	16	¥31,404.03	¥6,109.80	¥37,513.82
24	17	¥31,528.33	¥5,985.49	¥37,513.82
25	18	¥31,653.13	¥5,860.69	¥37,513.82
26	19	¥31,778.43	¥5,735.40	¥37,513.82

图11-1

知识点讲解

IPMT()函数的使用

在相同的条件下，若要计算某次还款金额中包含的利息，则可以使用IPMT()函数来计算，其语法结构为：IPMT(rate,per,nper,pv,[fv],[type])，各参数意义如下所示。

- rate：表示各期利率的数字，通常以百分比形式出现，在整个年金支付期间保持不变。
- per：表示要计算利息的期次。如per值为1，则表示计算第一次还款时包含的利息。需要注意的是，per最大值不能超过nper。
- nper：表示贷款所需偿还的总次数，通常以月为单位。
- pv：一系列为付款的当前值的累计和，此函数中表示的是贷款总额。
- fv：在此函数中表示最后一次还款的剩余金额，若省略该参数，则取值为0，表示已全部还清。
- type：用于指定各期的付款时间是在期初还是期末，若为期初则用数字1表示，若为期末则用数字0表示。

PPMT()函数的使用

在相同条件下，如果要计算某次还款金额中包含的本金，则可以使用PPMT()函数来计算，其语法结构为：PPMT(rate,per,nper,pv,[fv],[type])。其各个参数的意义IPMT()函数中对应参数一样。

11.1.2　等额本金法的贷款利息计算

某企业在经营过程中为投资某个项目需要大笔资金，因此选择了向银行贷款，其具体的贷款方案是：以4.75%的固定年利率向银行贷款150万元，打算以等额本金法分4年偿还，每月还款一次。现需要计算在每一次还款中包含的本金、利息以及最终支付的总利息是多少。

要解决这个问题，首先要了解什么是等额本金还款方式，在等额本金还款方式中，每次还款金额随着还款剩余基数的减少而减少，每次还款额中包含本金始终不变，利息不断减少。此种还款方式适合企业贷款初期有较多可支配资金，日后盈余不能预测的情况下使用。

在Excel中，要处理等额本金还款方式中的贷款本金和利息问题，可以使用ISPMT()函数计算得出。

在解决本例的问题时需要注意以下几点：

①ISPMT()函数是基于月利率来计算数据，而本例给定的是年利率，因此需要将该利率除以12以获得月利率。

②因为银行给定的还款年限为4年，按月还款，则会涉及到48个月，可通过填充方式快速输入。

③为了方便计算，这里从第0期开始计算，该期所还款利息额和月还款总额均用“-”表示。

④由于各期次本金和利息的计算公式相似，为了提高工作效率，可以先计算第一个月的本金与利息数据，然后通过填充快速完成其他期次的数据计算最后计算总还利息额。

现已经将本例提供的相关数据记录到“等额本金法还款”工作簿中，下面具体介绍计算各期次还款中的本金和利息以及总还利息额，其具体操作如下。

>> 素材文件：素材\第11章\等额本金法还款.xlsx

>> 效果文件：效果\第11章\等额本金法还款.xlsx

1 添加还款期次

打开素材文件，❶在B8和B9单元格中分别输入“0”和“1”，❷选择这两个单元格，将鼠标光标移动到该单元格区域右下角的控制柄上，按下鼠标左键并向下拖动到B56单元格填充还款期次序列。

	B	C	D
1			
2	贷款总额(元)	还款期限(年)	年利率
3	¥ 1,500,000.00	4	4.75%
4			
5	总还款金额		总还利息额
6			
7	还款期次	包含本金额	所还利息额
8	0		
9	1		
10	2		
11	3		
12	4		
13	5		
14	6		
15	7		
16	8		
17	9		
18	10		

❶输入 ❷填充

2 计算本金数额

❶在C8单元格中输入公式“=B3”来引用未还款时的本金数额，❷选择C9:C56单元格区域，在编辑栏输入“=C8-$B$3/$E$3”公式，❸按【Ctrl+Enter】组合键计算第一次还款后剩余的本金数额。

C9 ❷输入 =C8-$B$3/$E$3

	C	D	E
1			
2	还款期限(年)	年利率	总还款次数
3	4	4.75%	48
4			
5		总还利息额	
6			
7	包含本金额	所还利息额	月还款总额
8	¥1,500,000.00		
9	¥1,468,750.00		
10	¥1,437,500.00		
11	¥1,406,250.00		
12	¥1,375,000.00		
13	¥1,343,750.00		
14	¥1,312,500.00		
15	¥1,281,250.00		
16	¥1,250,000.00		

❶引用 ❸计算

3 计算第一次所还利息额

❶在D8和E8单元格中分别输入“-”，❷选择D9单元格，在编辑栏中输入“=ISPMT($D$3/12,B8,$E$3,-$B$3)”公式，❸按【Ctrl+Enter】组合键计算出第一次还款额包含的利息数额。

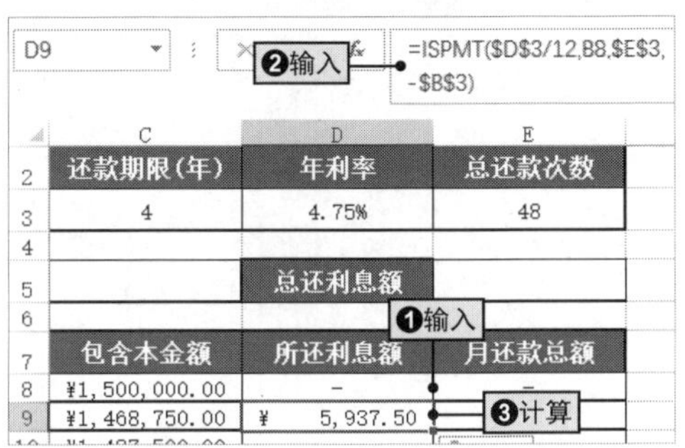

4 计算第一次还款总额

❶选择E9单元格，在编辑栏中输入“= $B$3/$E$3+D9”公式，❷按【Ctrl+Enter】组合键计算出第一次还款总额。

5 计算所有期次的本金和利息

❶选择D9:E9单元格区域，将鼠标光标移动到该区域右下角的控制柄上，❷拖动控制柄向下填充该公式到第56行。

	C	D	E
4			
5		总还利息额	
6			
7	包含本金额	所还利息额	月还款总额
8	¥1,500,000.00	–	–
9	¥1,468,750.00	¥ 5,937.50	¥ 37,187.50
10	¥1,437,500.00	¥ 5,813.80	¥ 37,063.80
11	¥1,406,250.00	¥ 5,690.10	¥ 36,940.10
12	¥1,375,000.00	¥ 5,566.41	¥ 36,816.41
13	¥1,343	¥ 5,442.71	¥ 36,692.71
14	¥1,312,500.00	¥ 5,319.01	¥ 36,569.01
15	¥1,281,250.00	¥ 5,195.31	¥ 36,445.31
16	¥1,250,000.00	¥ 5,071.61	¥ 36,321.61
17	¥1,218,750.00	¥ 4,947.92	¥ 36,197.92
18	¥1,187,500.00	¥ 4,824.22	¥ 36,074.22
19	¥1,156,250.00	¥ 4,700.52	¥ 35,950.52
20	¥1,125,000.00	¥ 4,576.82	¥ 35,826.82
21	¥1,093,750.00	¥ 4,453.13	¥ 35,703.13
22	¥1,062,500.00	¥ 4,329.43	¥ 35,579.43

❶选择 ❷填充

6 计算总还款额

❶选择C5单元格，在编辑栏中输入“=SUM(E9:E56)”公式，❷按【Ctrl+Enter】组合键计算总还款金额。

7 计算总还利息额

❶选择E5单元格，在编辑栏中输入“=SUM(D9:D56)”公式，❷按【Ctrl+Enter】组合键即可计算所需支付的总利息额。

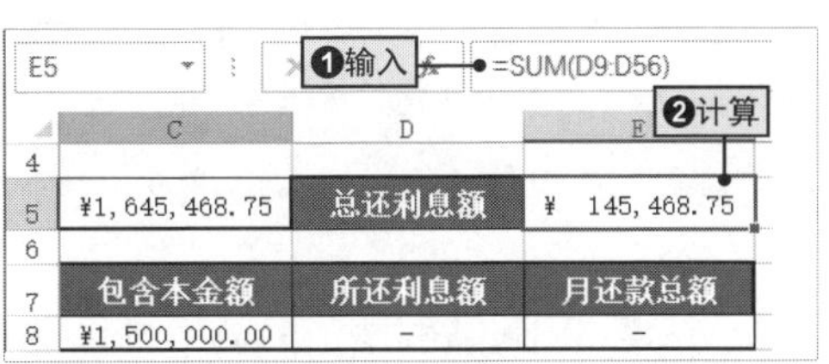

通过如上几个步骤即可计算本案例的各期还款金额、利息以及总还款金额和总还利息，调整表格格式后其最终效果展示如图11-2所示。

贷款总额(元)	还款期限(年)	年利率	总还款次数
¥ 1,500,000.00	4	4.75%	48

总还款金额	¥1,645,468.75	总还利息额	¥ 145,468.75

还款期次	包含本金额	所还利息额	月还款总额
0	¥1,500,000.00	-	-
1	¥1,468,750.00	¥ 5,937.50	¥ 37,187.50
2	¥1,437,500.00	¥ 5,813.80	¥ 37,063.80
3	¥1,406,250.00	¥ 5,690.10	¥ 36,940.10
4	¥1,375,000.00	¥ 5,566.41	¥ 36,816.41
5	¥1,343,750.00	¥ 5,442.71	¥ 36,692.71
6	¥1,312,500.00	¥ 5,319.01	¥ 36,569.01
7	¥1,281,250.00	¥ 5,195.31	¥ 36,445.31
8	¥1,250,000.00	¥ 5,071.61	¥ 36,321.61
9	¥1,218,750.00	¥ 4,947.92	¥ 36,197.92
10	¥1,187,500.00	¥ 4,824.22	¥ 36,074.22
11	¥1,156,250.00	¥ 4,700.52	¥ 35,950.52
12	¥1,125,000.00	¥ 4,576.82	¥ 35,826.82
13	¥1,093,750.00	¥ 4,453.13	¥ 35,703.13

图11-2

知识点讲解

ISPMT()函数的使用

ISPMT()函数主要用于计算特定投资期内要支付的利息，其语法结构为：ISPMT(rate,per,nper,pv)，其中各参数意义与前面讲解的PPTM()函数和IPTM()函数中对应的参数相同，这里不再赘述。

11.1.3 最佳还贷方案选择

某公司以4.75%的年利率向银行贷款400万元用于购买办公楼。银行规定此笔贷款需要在5年之内偿还，每月偿还一次。公司根据账务预算得出每月最多可提供80000元用于偿还银行贷款，现需计算等额本息法还款和等额本金法还款这两种方案的可行性，从中选择最佳方案。

要选择最佳方案，最主要是考虑每月最高还款额是否在公司所能承受的范围之内，如果多种方案的最高还款额都在公司能承受的范围内，那么再选择总利息最低的还贷方案。

在Excel中，可用IPMT()函数计算出在等额本息法还款方式下各期所需要支付的利息，用PMT()函数计算各期所需还款总额；可用ISPMT()函数计算出在等额本金法还款方式下各期所需要支付的利息，再用此利息加上各期所需偿还的本金得出各期所需还款总额，比较选择最佳方案。

在解决本例的问题时需要注意以下几点：

①要考虑每月最高还款额是否在公司所能承受的范围内，因此需要利用MAX()函数计算出两种方案的最高还款月的还款额。

②得出结果后，需要用嵌套IF()函数将可行方案显示出来，方便直观地进行比较选择。

现已经将本例提供的两种方案的数据记录到“最佳还贷方案”工作表中，下面具体介绍计算各期次还款中的本金和利息以及总还利息额。

>> 素材文件：素材\第11章\最佳还贷方案.xlsx

>> 效果文件：效果\第11章\最佳还贷方案.xlsx

1 输入还款期次

打开素材文件，❶在B11:B71单元格区域中填充一个0～60的序列（还款次数为60次，为方便ISPMT()函数计算利息，添加第0次还款为辅助行），❷在C11:F11单元格区域中输入“-”号。

	B	C	D	E
2		贷款总额(元)	还款期限(年)	年利率
3		¥ 4,000,000.00	5	4.75%
5	综合结果	方案1：等额本息法		方案
6		还款总额		还
7		最高还款月还款额		最高还款月
8		利息总额		利
9		可行性		
10	期次	所还利息	月还款总额	所还利
11	0	-	-	-
12	1			
13	2			
14	3			
15	4			

❶填充 ❷输入

2 计算第一次还款中的利息

❶选择C12单元格，在编辑栏中输入“=IPMT($E$3/12,B12,$F$3,-$C$3)”公式，❷按【Ctrl+Enter】组合键计算出等额本息法还款方式下第一次还款中包含的利息额。

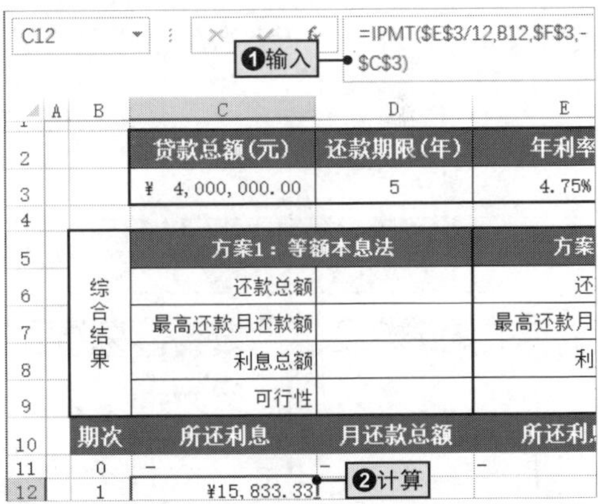

3 计算第一次还款的总金额

❶选择D12单元格，在编辑栏中输入“=PMT($E$3/12,F$3,-C$3)”公式，❷按【Ctrl+Enter】组合键计算出等额本息法还款方式下第一次还款的总金额。

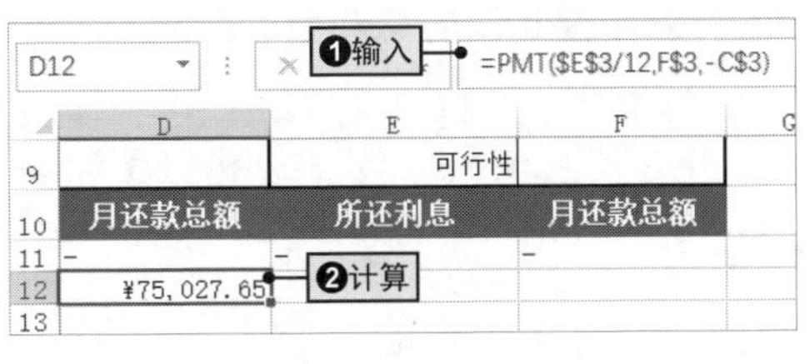

4 计算第一次所还利息额

❶选择E12单元格，在编辑栏中输入“=ISPMT($E$3/12,B11,$F$3,-$C$3)”公式，❷按【Ctrl+Enter】组合键计算出在等额本金法还款方式下第一次还款中包含的利息额。

5 计算第一次还款总金额

❶选择F12单元格，在编辑栏中输入“=$C$3/$F$3+E12”公式，❷按【Ctrl+Enter】组合键计算出在等额本金法还款方式下，第一次月还款的总金额数量。

6 计算还款总额

选择C12:F12单元格区域，双击控制柄向下填充到第71行。❶选择D6单元格，在编辑栏中输入“=SUM(D12:D71)”公式❷按【Ctrl+Enter】键计算等额本息法还款方式下的还款总额。

7 计算最高月还款额

❶选择D7单元格，在编辑栏中输入“=MAX(D12:D71)”公式，❷按【Ctrl+Enter】组合键计算等额本息法还款方式下的最高月还款额。

8 计算所需支付的总利息

❶选择D8单元格，在编辑栏中输入“=SUM(C12:C71)”公式，❷按【Ctrl+Enter】组合键计算等额本息法还款方式下所需支付的利息总额。

9 计算等额本金还款方式还款数据

使用与第5～7步同样的方法，在F6、F7和F8单元格中输入相应的函数公式，分别计算等额本金还款方式下的总还款额、最高月还款额和所需支付的总利息数据。

F8 =SUM(E12:E71)

	D	E	F
2	还款期限(年)	年利率	总还款次数
3	5	4.75%	
4			
5	额本息法	方案2：等额本金法	
6	¥4,501,658.87	还款总额	¥ 4,482,916.67
7	¥75,027.65	最高还款月还款额	¥82,500.00
8	¥501,658.87	利息总额	¥482,916.67
9		可行性	

计算

10 判断方案1是否可行

❶选择D9单元格，在编辑栏中输入“=IF(D7>80000,"不可行",IF(F7>80000,"可行",IF(MIN(D8,F8)=D8,"可行","不可行")))”公式，❷按【Ctrl+Enter】组合键判断等额本息法还款法是否可行。

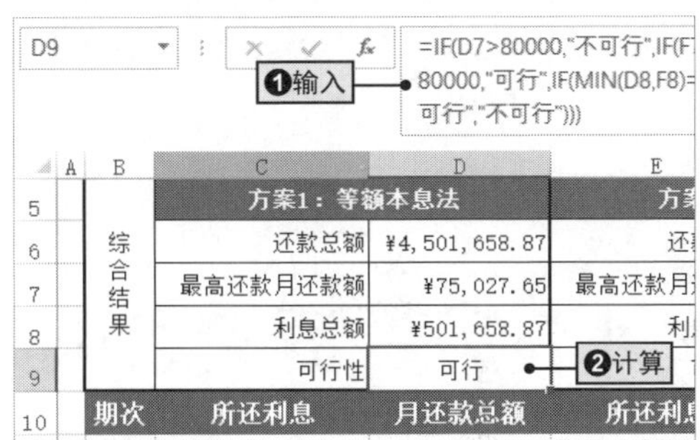

11 判断方案2是否可行

❶选择F9单元格，在编辑栏中输入“=IF(F7>80000,"不可行",IF(F7>80000,"可行",IF(MIN(D8,F8)=F8,"可行","不可行")))”公式，❷按【Ctrl+Enter】组合键判断等额本金法还款方案是否可行。

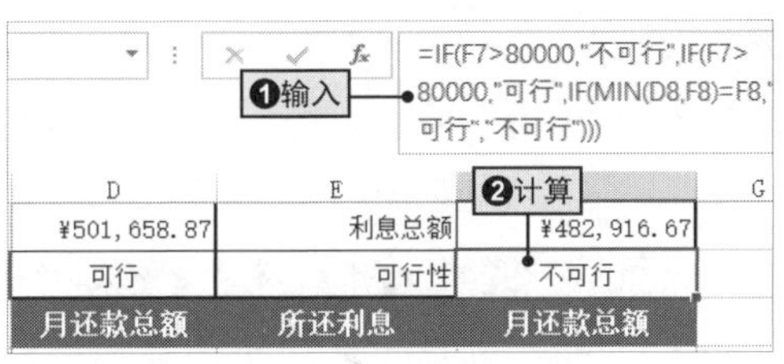

通过如上几个步骤即可计算本案例两种方案的相关还款金额，选择最佳方案，其最终效果展示如图11-3所示。

	B	C	D	E	F
2		贷款总额(元)	还款期限(年)	年利率	总还款次数
3		¥ 4,000,000.00	5	4.75%	60
5	综合结果	方案1：等额本息法		方案2：等额本金法	
6		还款总额	¥4,501,658.87	还款总额	¥4,482,916.67
7		最高还款月还款额	¥75,027.65	最高还款月还款额	¥82,500.00
8		利息总额	¥501,658.87	利息总额	¥482,916.67
9		可行性	可行	可行性	不可行
10	期次	所还利息	月还款总额	所还利息	月还款总额
11	0	-	-	-	-
12	1	¥15,833.33	¥75,027.65	¥15,833.33	¥82,500.00
13	2	¥15,599.02	¥75,027.65	¥15,569.44	¥82,236.11
14	3	¥15,363.78	¥75,027.65	¥15,305.56	¥81,972.22
15	4	¥15,127.61	¥75,027.65	¥15,041.67	¥81,708.33
16	5	¥14,890.51	¥75,027.65	¥14,777.78	¥81,444.44
17	6	¥14,652.47	¥75,027.65	¥14,513.89	¥81,180.56
18	7	¥14,413.48	¥75,027.65	¥14,250.00	¥80,916.67
19	8	¥14,173.55	¥75,027.65	¥13,986.11	¥80,652.78

图11-3

知识点讲解

PMT()函数的使用

PMT()函数即年金函数，用于计算基于固定利率及等额分期付款方式，返回贷款的每期付款额。其语法结构为：PMT(Rate,Nper,Pv,Fv,Type)，各参数与前面介绍PPTM()函数和IPTM()函数中对应的参数相同。

11.2 筹资决策问题处理

筹资是企业经营不可避免的一项账务活动，其方式多种多样，在达到筹资目的的同时最大限度地节约筹资成本，是每个公司财务人员都应该仔细盘算的一个问题。

11.2.1 固定期限的银行贷款分析

某公司为了加速运营发展，需贷款150万元购买新设备。经了解，银行允许按等额分期付款方式偿还，但必须在5年之内还清，而在不同的时期贷款，利率也不尽相同。根据公司以往经营数据，每月最高能偿还金额为2.9万元，现需要知道该公司所能接受的贷款利率范围。

想要知道该公司所能接受的贷款利率范围，则必须根据贷款利率计算出月还款金额，对于超过公司每月最高偿还能力的应不在考虑贷款范围之内。

在Excel中，对于该问题首先可以利用PMT()函数计算出当月还款金额，再根据将小于或等于最高还款金额对应的年利率利用条件格式为这些单元格设置填充效果。

在解决本例的问题时需要注意以下几点：

①PMT()函数计算出来的各期还款金额在会计科目中属于支出，其计算结果为负数，因此，在为公司所能接受的贷款利率范围添加填充效果时，条件格式规则中自定义的公式，需要先利用ABS()函数将还款金额设置为正值，然后与29000进行差值计算，如果小于等于0，则表示利率能接受，大于0表示利率不能接受。

②在拖动控制柄填充条件格式来判断其他利率是否是公司能接受的利率时，应该选择仅填充格式的方式来填充。

现已经将本例提供的相关数据记录到“固定期限银行贷款”工作簿中，下面具体介绍如何区分出符合该公司贷款需求的年利率，并添加填充效果。

>> 素材文件：素材\第11章\固定期限银行贷款.xlsx

>> 效果文件：效果\第11章\固定期限银行贷款.xlsx

1 计算第一种利率下的月还款金额

❶打开素材文件，选择E4单元格并在编辑栏输入“=PMT(D4/12,$C$4*12,$B$4)”公式，❷按【Ctrl+Enter】组合键计算出第一种年利率下的月还款额。

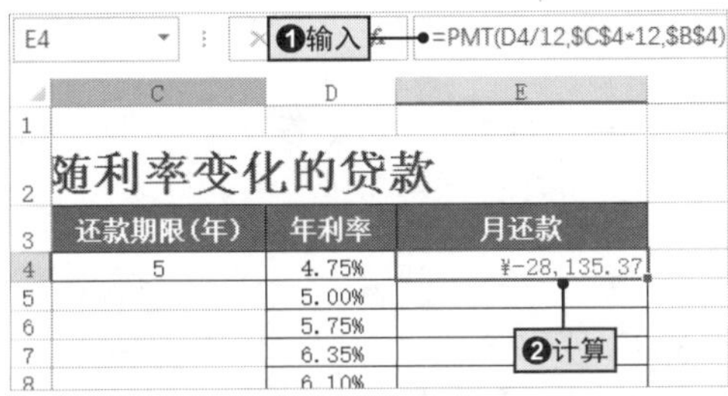

2 计算每一种利率下的月还款金额

❶选择E4单元格，❷将该单元格的公式填充到E5:E13单元格区域计算出每一种利率下每月的还款金额。

3 选择条件格式类型

❶选择D4单元格，在“开始”选项卡的“样式”组中单击“条件格式”下拉按钮，❷在弹出的下拉菜单的“突出显示单元格规则”子菜单中选择“其他规则”命令。

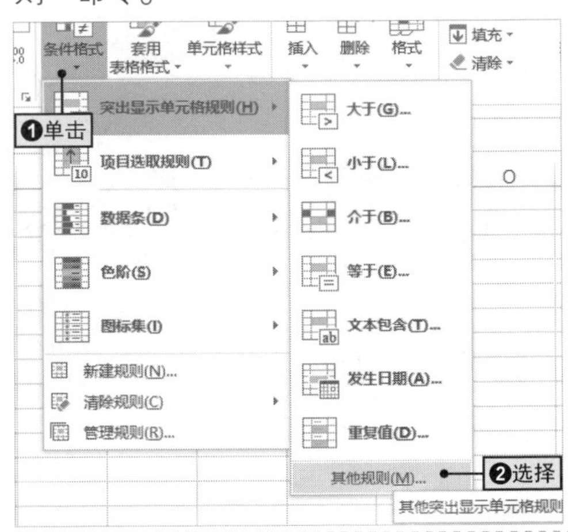

4 设置条件格式参数

❶在打开的对话框的“选择规则类型”列表框中选择“使用公式确定要设置格式的单元格”选项，❷在下方的“为符合此公式的值设置格式”参数框中输入公式，❸单击“格式”按钮。

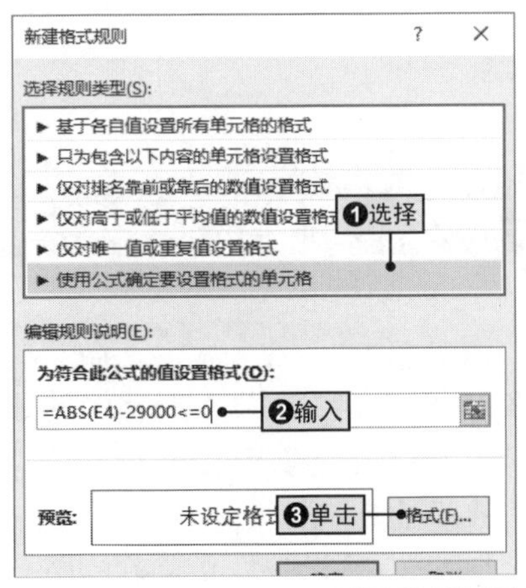

5 完成条件格式设置

在打开的“设置单元格格式”对话框的“填充”选项卡中选择一种填充颜色（这里选择橙色），依次单击“确定”按钮关闭所有对话框。

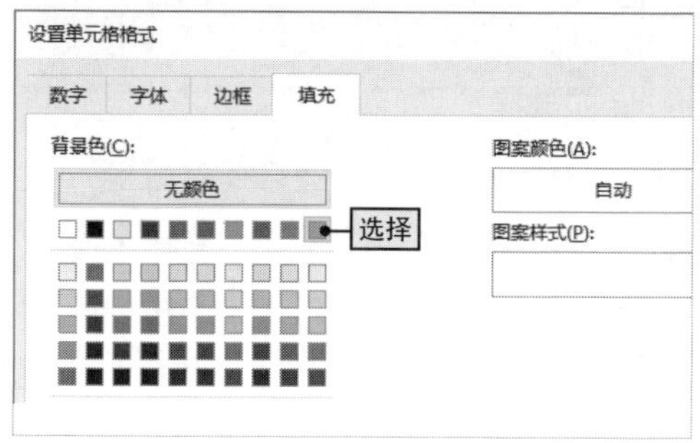

6 应用条件格式

❶向下拖动D4单元格右下角的控制柄填充至D12单元格区域，单击单元格区域旁边的“自动填充选项”按钮，❷在弹出的下拉菜单中选中“仅填充格式”单选按钮填充条件格式，完成整个操作。

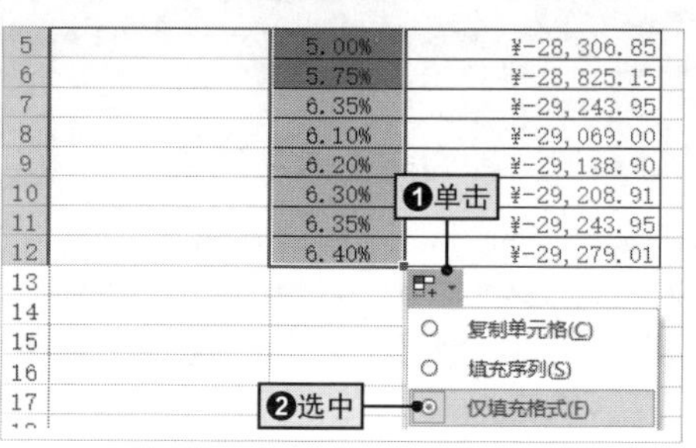

通过上述几个步骤即可显示出符合条件的利率范围，其最终效果展示如图11-4所示。

仅随利率变化的贷款			
筹资金额	还款期限(年)	年利率	月还款
¥ 1,500,000.00	5	4.75%	¥-28,135.37
		5.00%	¥-28,306.85
		5.75%	¥-28,825.15
		6.35%	¥-29,243.95
		6.10%	¥-29,069.00
		6.20%	¥-29,138.90
		6.30%	¥-29,208.91
		6.35%	¥-29,243.95
		6.40%	¥-29,279.01

图11-4

11.2.2 可变期限和利率的银行贷款分析

某公司为了发展需要，需扩大办公楼，因此向银行贷款了400万元，银行要求在20年内还清，并根据不同的还款年限给出了不同的利率。如果公司每个月只能拿4～5万元偿还银行贷款，需要知道在此情况下，公司可采用的还款期限和能接受的利率。

对于上述问题，需要根据银行提供的还款期限和对应的利率，计算出不同利率和不同还款期限下对应的月还款额，其值在4～5万元的则为公司可采用的还款期限和能接受的利率。

在Excel中，可以利用PMT()函数计算出某一利率和还款期限下的月还款额，然后利用Excel的模拟运算表功能，计算出不同利率和不同还款期限下对应的月还款额，最后再将符合公司的还款期限和能接受的利率标记出来。

现已经将本例提供的相关数据记录到“可变期限和利率的贷款”工作簿中，下面具体介绍如何区分出符合该公司可采用的还款期限和能接受的利率，并进行标记。

>> 素材文件：素材\第11章\可变期限和利率的贷款.xlsx

>> 效果文件：效果\第11章\可变期限和利率的贷款.xlsx

1 计算固定利率和期限的月还款额

❶打开素材文件，选择C5单元格，在编辑栏中输入“=PMT(C4/12,C3,C2)”公式，❷按【Ctrl+Enter】组合键计算出还款期限为5年，年利率为4.75%时每月所需还款金额。

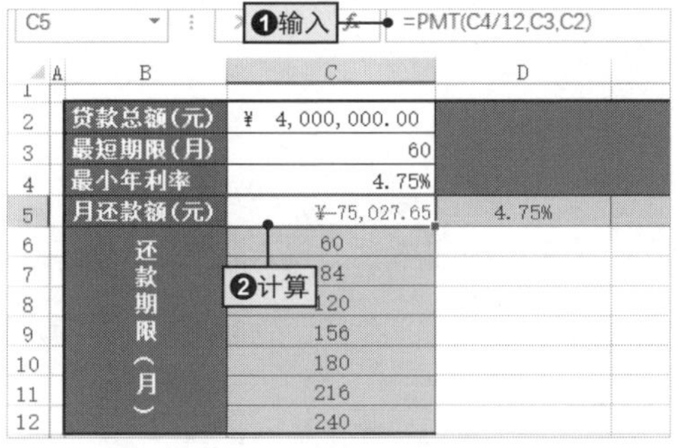

2 执行“模拟运算表”命令

❶选择C5:J12单元格区域，❷单击“数据”选项卡“预测”组中的“模拟分析”下拉按钮，❸在弹出的下拉菜单中选择“模拟运算表”命令。

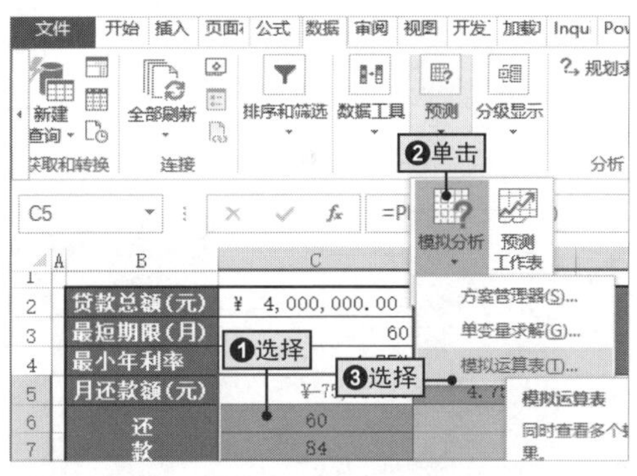

3 设置运算模拟表参数

❶在打开的“模拟运算表”对话框的“输入引用行的单元格”参数框中设置引用C4单元格，在“输入引用列的单元格”参数框中设置引用C3单元格，❷单击“确定”按钮。

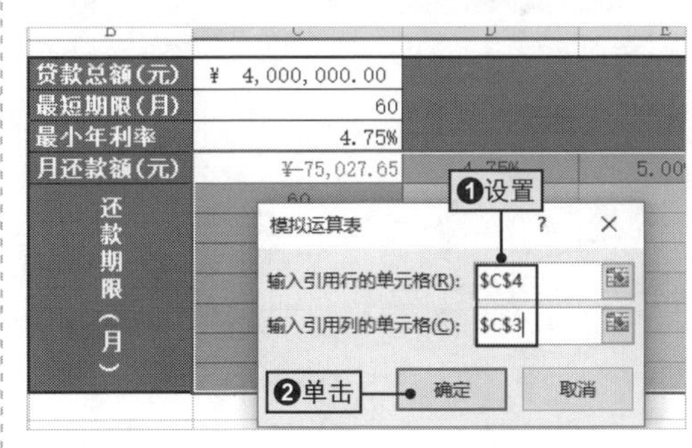

4 选择条件格式类型

❶选择C6:J13单元格区域，在“开始”选项卡“样式”组中单击“条件格式”下拉按钮，❷在弹出的下拉菜单的“突出显示单元格规则”子菜单中选择“介于”命令。

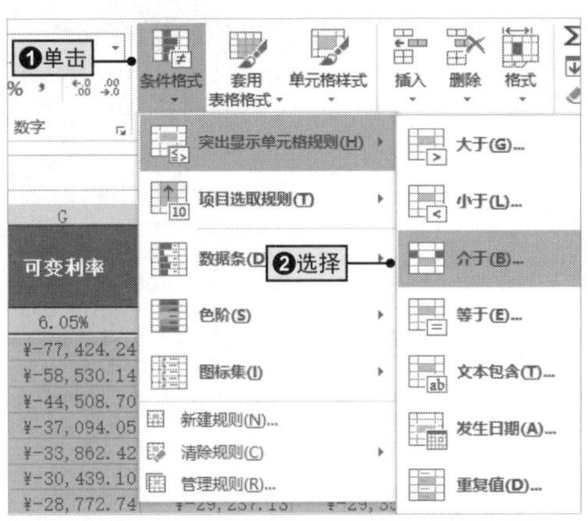

5 设置条件格式参数

❶在打开的“介于”对话框的前两个参数框中分别输入“-50000”和“-40000”，❷在“设置为”下拉列表框中选择“绿填充色深绿色文本”选项，❸单击“确定”按钮。

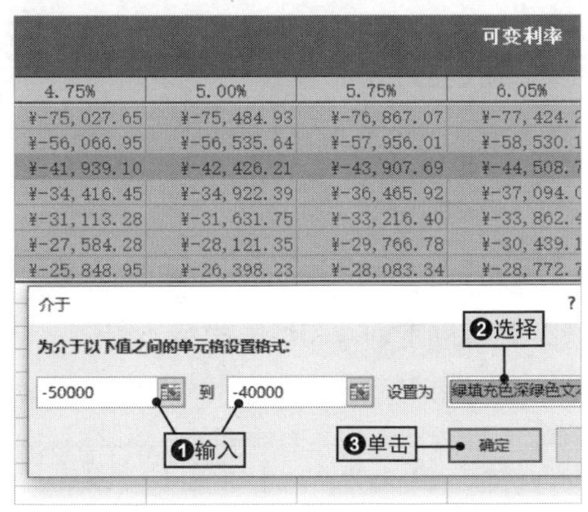

通过上面的几个步骤，已将该公司可采用的还款期限和能接受的利率通过条件格式功能标记了出来，为绿色填充部分，如图11-5所示。

	B	C	D	E	F	G	H
2	贷款总额(元)	¥ 4,000,000.00	可变利率				
3	最短期限(月)	60					
4	最小年利率	4.75%					
5	月还款额(元)	¥-75,027.65	4.75%	5.00%	5.75%	6.05%	6.25%
6	还款期限（月）	60	¥-75,027.65	¥-75,484.93	¥-76,867.07	¥-77,424.24	¥-77,797.05
7		84	¥-56,066.95	¥-56,535.64	¥-57,956.01	¥-58,530.14	¥-58,914.80
8		120	¥-41,939.10	¥-42,426.21	¥-43,907.69	¥-44,508.70	¥-44,912.04
9		156	¥-34,416.45	¥-34,922.39	¥-36,465.92	¥-37,094.05	¥-37,516.17
10		180	¥-31,113.28	¥-31,631.75	¥-33,216.40	¥-33,862.42	¥-34,296.91
11		216	¥-27,584.28	¥-28,121.35	¥-29,766.78	¥-30,439.10	¥-30,891.73
12		240	¥-25,848.95	¥-26,398.23	¥-28,083.34	¥-28,772.74	¥-29,237.13

可变期限和利率的贷款

图11-5

由上图可知，仅在还款期限为10年（120个月）的前提下，有满足公司还款能力的数据，且该还款期限下任何利率都能满足要求。

11.3 投资决策与风险分析

筹资可以解决企业在发展初期的资金短缺问题，而投资则可以让企业在一定时期内获得更多的资产收益。借助Excel进行投资决策和风险分析是企业财务人员需要掌握的一项基本技能。

11.3.1　资金有限情况下的多项目投资决策分析

某企业现有项目A～E共5种投资方案可供选择，5种投资方案的项目寿命期均为8年，投资回报率为11%，都要求在第0年一次性投入所有资本，但企业可用于投资的资本不能超过1300万元。已知各项目的投资金额和第1～8年的净现金流量，如图11-6所示，现在需要对几个项目进行组合投资选择，以达到净现值的最大化。

	A	B	C	D	E	F	G	H	I
1		资金有限情况下的多项目投资决策分析（单位：万元）							
2		资金限额	¥ 1,300.00	投资回报率	11.00%	项目经营期	8		
3									
4		项目名称	第0年投资额	第1～8年净现金流量	净现值	选择标志	选择结果		
5		项目A	¥ 260.00	¥ 58.00					
6		项目B	¥ 360.00	¥ 71.00					
7		项目C	¥ 420.00	¥ 87.00					
8		项目D	¥ 320.00	¥ 61.00					
9		项目E	¥ 300.00	¥ 62.00					
10									
11		投资资金合计							
12		净现值合计							
13									

资金有限情况下的多项目投资决策分析

图11-6

在上述问题中，在得知各项目的投资金额以及净现金流量数据的情况下，需要先计算出各项目的净现值，然后计算出投资总金额以及净现值总和，最后根据净现值的数据结果，选择方案。

在Excel中，可利用PV()函数计算出各项目的净现值，利用SUMPRODUCT()函数计算出投资总金额和净现值总和，最后利用规划求解公式求出净现值最大的情况。

下面具体介绍在资金有限情况下的多项目投资决策分析的操作步骤。

>> 素材文件：素材\第11章\资金有限情况下的多项目投资决策分析.xlsx

>> 效果文件：效果\第11章\资金有限情况下的多项目投资决策分析.xlsx

1 计算各项目的净现值

打开素材文件，❶选择E5:E9单元格区域，在编辑栏中输入“=PV(E2,G2,-D5:D9)-C5:C9”公式，❷按【Ctrl+Shift+Enter】组合键计算各项目的净现值。

❶输入 {=PV(E2,G2,-D5:D9)-C5:C9}

B	C	D	E
资金有限情况下的多项目投资决策分析（单			
资金限额	¥ 1,300.00	投资回报率	11.00%
项目名称	第0年投资额	第1~8年净现金流量	净现值
项目A	¥ 260.00	¥ 58.00	¥ 38.48
项目B	¥ 360.00	¥ 71.00	¥ 5.37
项目C	¥ 420.00	¥ 87.00	¥ 27.71
项目D	¥ 320.00	¥ 61.00	¥ -6.09
项目E	¥ 300.00	¥ 62.00	¥ 19.06
投资资金合计			

❷计算

2 计算项目的总投资金额

❶选择C11单元格，在编辑栏中输入公式“=SUMPRODUCT(C5:C9,F5:F9)”，❷按【Ctrl+Enter】组合键计算各项目的投资金额之和。

❶输入 =SUMPRODUCT(C5:C9,F5:F9)

B	C	D	E
资金限额	¥ 1,300.00	投资回报率	11.00%
项目名称	第0年投资额	第1~8年净现金流量	净现值
项目A	¥ 260.00	¥ 58.00	¥ 38.48
项目B	¥ 360.00	¥ 71.00	¥ 5.37
项目C	¥ 420.00	¥ 87.00	¥ 27.71
项目D	¥ 320.00	¥ 61.00	¥ -6.09
项目E	¥ 300.00	¥ 62.00	¥ 19.06
投资资金合计	¥0.00		
净现值合计			

❷计算

3 计算项目的总净现值

❶选择C12单元格，❷在编辑栏中输入“=SUMPRODUCT(E5:E9,F5:F9)”公式，按【Ctrl+Enter】组合键计算各项目的净现值之和。

❷输入 =SUMPRODUCT(E5:E9,F5:F9)

B	C	D	E
资金限额	¥ 1,300.00	投资回报率	11.00%
项目名称	第0年投资额	第1~8年净现金流量	净现值
项目A	¥ 260.00	¥ 58.00	¥ 38.48
项目B	¥ 360.00	¥ 71.00	¥ 5.37
项目C	¥ 420.00	¥ 87.00	¥ 27.71
项目D	¥ 320.00	¥ 61.00	¥ -6.09
项目E	¥ 300.00	¥ 62.00	¥ 19.06
投资资金合计	¥0.00		
净现值合计	:E9,F5:F9)		

❶选择

4 打开规划求解参数对话框

在“数据”选项卡“分析”组中单击“规划求解”按钮，打开“规划求解参数”对话框（如果没有“规划求解”按钮，则需先通过“Excel选项”对话框进行添加，具体方法见9.2.4节）。

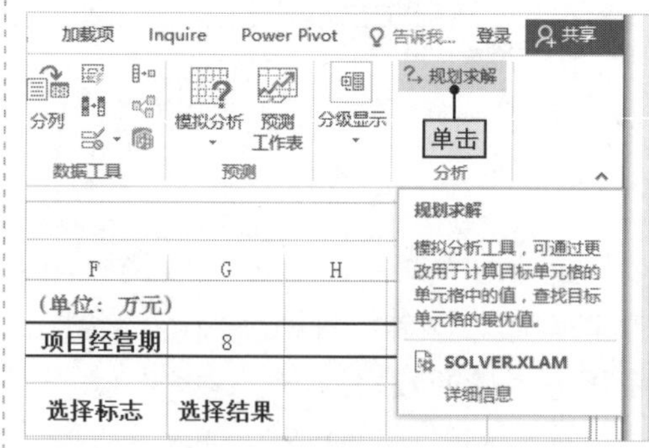

5 设置规划求解参数

❶在打开的对话框的“设置目标”参数框中设置C12单元格，❷选中“最大值”单选按钮，❸在“通过更改可变单元格”参数框中设置可变单元格为F5:F9单元格区域，单击“添加”按钮。

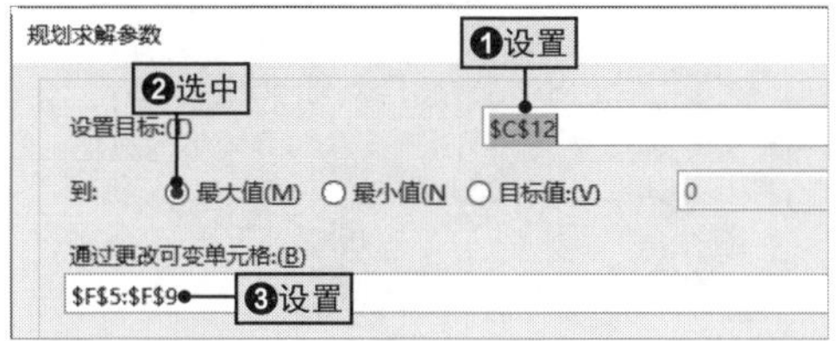

6 添加约束条件

❶在打开的“添加约束”对话框的“单元格引用”参数框中设置约束的单元格为C11单元格，❷约束条件选择“<=”选项，❸在“约束”参数框中引用C2单元格。❹单击“添加”按钮。

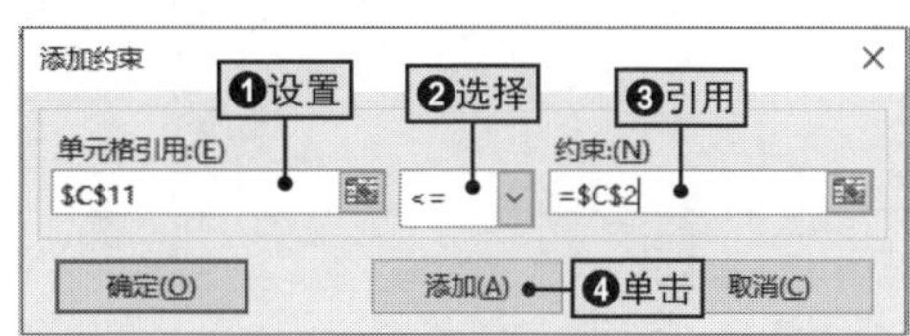

7 添加其他约束条件

使用步骤6相同的方法，依次添加需要的3个约束，完成后单击“确定”按钮，返回到“规划求解参数”对话框。

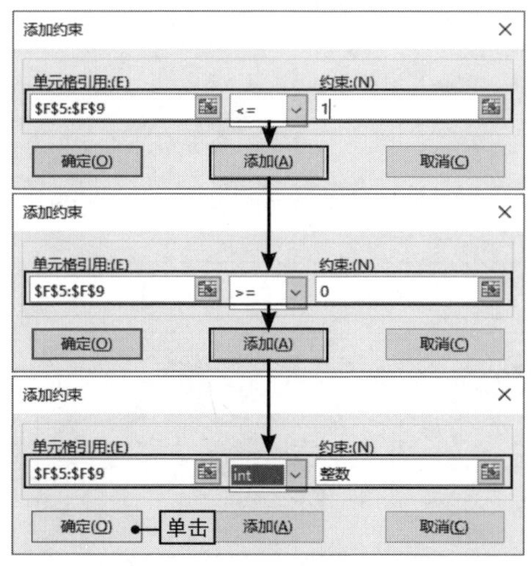

8 执行规划求解

❶在返回的对话框的“选择求解方法”下拉列表框中选择“单纯线性规划”选项，❷单击“求解”按钮。

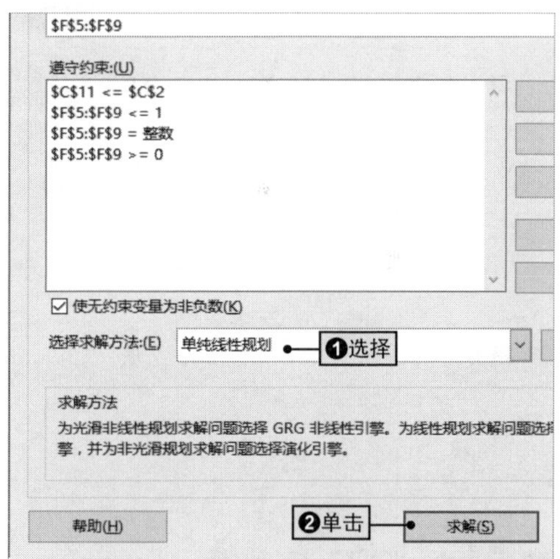

9 保存规划求解结果

在打开的“规划求解结果”对话框中单击“确定”按钮保存求解结果。

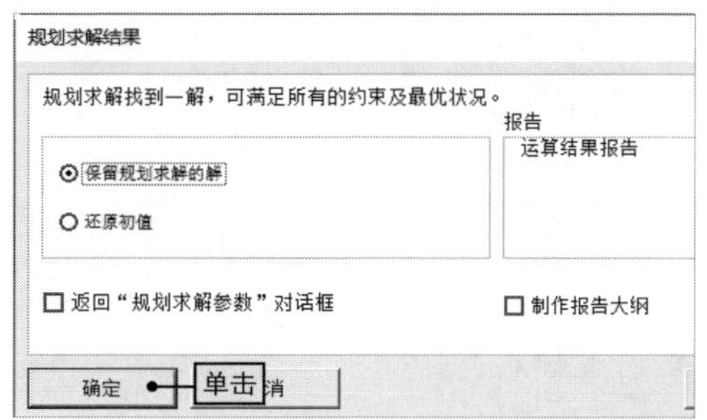

10 查看规划求解结果

返回工作表中，即可看到在F5:F9和C11:C12单元格区域被赋予了不同的值。

名称	第0年投资额	第1～8年净现金流量	净现值	选择标志
目A	¥ 260.00	¥ 58.00	¥ 38.48	1
目B	¥ 360.00	¥ 71.00	¥ 5.37	0
目C	¥ 420.00	¥ 87.00	¥ 27.71	1
目D	¥ 320.00	¥ 61.00	¥ -6.09	0
目E	¥ 300.00	¥ 62.00	¥ 19.06	1
资金合计	¥980.00			
现值合计	¥85.25			

查看

11 判断项目投资的可行性

❶选择G5:G9单元格区域，在编辑栏中输入“=IF(F5:F9="","",IF(F5:F9=1,"可投资","不可投资"))”公式，❷按【Ctrl+Shift+Enter】组合键判断各项目是否可投资。

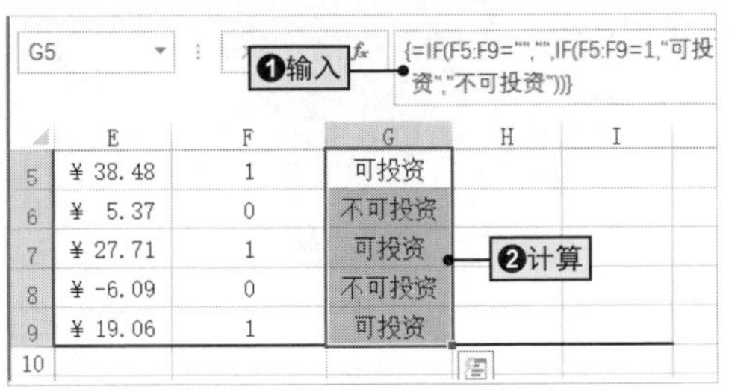

通过上面的几个步骤，已将几个项目进行组合投资是否可行进行了判断，其效果如图11-7所示。

	A	B	C	D	E	F	G	H
1		资金有限情况下的多项目投资决策分析（单位：万元）						
2		资金限额	¥ 1,300.00	投资回报率	11.00%	项目经营期	8	
3								
4		项目名称	第0年投资额	第1～8年净现金流量	净现值	选择标志	选择结果	
5		项目A	¥ 260.00	¥ 58.00	¥ 38.48	1	可投资	
6		项目B	¥ 360.00	¥ 71.00	¥ 5.37	0	不可投资	
7		项目C	¥ 420.00	¥ 87.00	¥ 27.71	1	可投资	
8		项目D	¥ 320.00	¥ 61.00	¥ -6.09	0	不可投资	
9		项目E	¥ 300.00	¥ 62.00	¥ 19.06	1	可投资	
10								
11		投资资金合计	¥980.00					
12		净现值合计	¥85.25					

图11-7

知识点讲解

PV()函数的使用

PV()函数即返回投资的现值（现值为一系列未来付款的当前值的累积和。例如，借入方的借入款即为贷出方贷款的现值）。其语法结构为：PV(rate,nper,pmt,fv,type)。其中，rate、nper、fv和type参数的意义与PPTM()函数和IPTM()函数对应的参数相同，这里不再介绍。

其中的pmt参数表示各期所应支付的金额，其数值在整个年金期间保持不变。通常 pmt包括本金和利息，但不包括其他费用及税款。

SUMPRODUCT()函数的使用

SUMPRODUCT()函数是在给定的几组数组中将数组间对应的元素相乘，并返回乘积之和。其语法结构为：SUMPRODUCT(array1,[array2],[array3],...)，其中各个参数意义如下。

- array1：为必需参数，其相应元素需进行相乘并求和的第一个数组参数。
- array2,array3,...：为可选参数，2到255个数组参数，其相应元素需要进行相乘并求和。

需要注意两点，一是数组参数必须具有相同的维数，否则SUMPRODUCT()函数将返回#VALUE!错误值；二是SUMPRODUCT()函数将非数值型的数组元素作为0处理。

11.3.2 用盈亏平衡法分析投资风险

某企业以400万元的初始资金投资某商品的生产，预计项目寿命为8年，所得税税率为25%。如果到期不考虑商品残值，商品每年固定经营成本为60万元，年销量能达到10000台，商品单价240元/台，成本为116元/台，基准收益率为13%。现需制作一张盈亏均衡分析表来计算在以上参数不断变化的过程中，商品销量需要达到多少才能使得该项投资不亏本。

对于上述问题，当某项目投资的净现值为0时，该投资就达到了盈亏平衡，而此时产品的最低销售数量即为保本销量，只有当实际销量大于此数值时，投资才会有盈利。如果实际销量小于此数值，投资就会面临亏损。

在Excel中，在分析投资的盈亏平衡时，可利用滚动条控件来逐步调整各参数的实际值，用SLN()函数返回该项投资的线性折旧值，用PV()函数计算该项投资的现值，再根据适当的公式计算出达到盈亏平衡时的销量。

在解决本例的问题时需要注意以下几点：

①若没有调出“开发工具”选项卡，用户需要先进行添加。

②为方便查看和计算，将控件的当前值设置50。

现已经将本例提供的相关数据记录到“盈亏平衡分析”工作簿中，下面具体介绍用盈亏平衡法分析投资风险的操作步骤。

>> 素材文件：素材\第11章\盈亏平衡分析.xlsx
>> 效果文件：效果\第11章\盈亏平衡分析.xlsx

1 选择“滚动条（窗体控件）”选项

打开素材文件，❶在“开发工具”选项卡“控件”组中单击“插入”下拉按钮，❷在弹出的下拉列表框的“表单控件”栏中选择“滚动条（窗体控件）”选项。

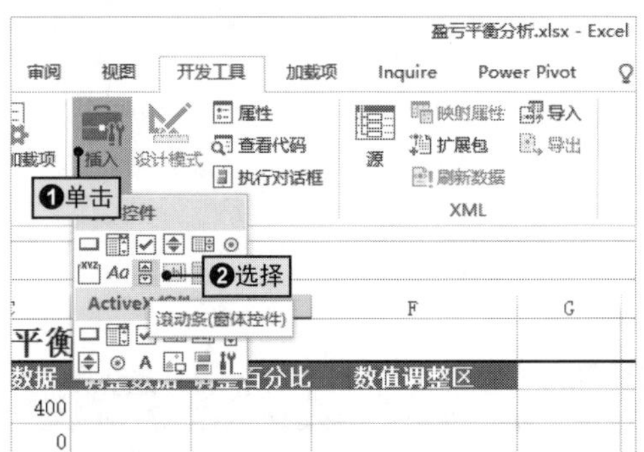

2 执行“设置控件格式”命令

❶按住【Alt】键在F3单元格中绘制一个“滚动条”控件，❷在此控件上单击鼠标右键，❸在弹出的快捷菜单中选择“设置控件格式”命令。

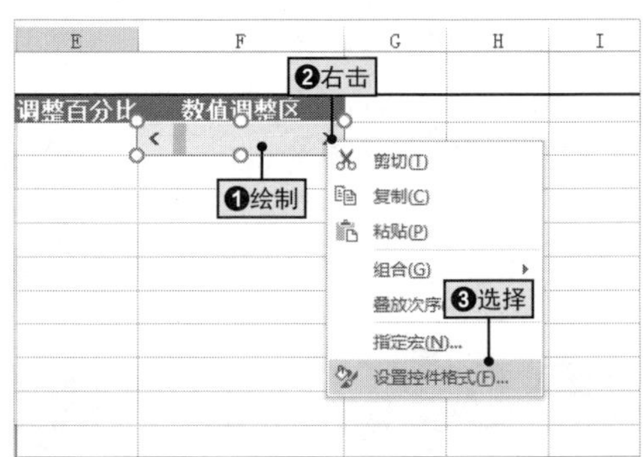

3 设置控件属性

❶在打开的对话框的“控件”选项卡中的“当前值”文本框中输入“50”，❷在“单元格链接”参数框中输入“F3”，单击“确定”按钮，

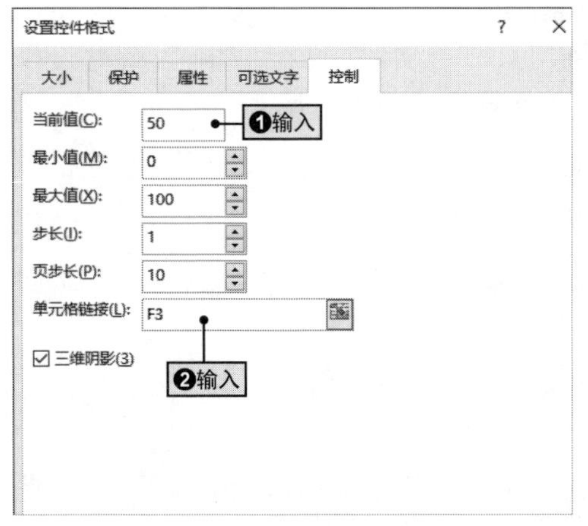

4 添加所有控件

使用步骤2～3同样的方法在F4:F9单元格区域中分别添加相同的控件，其数值与第一个相同，再将控件分别链接到F4:F9单元格区域对应的单元格中。

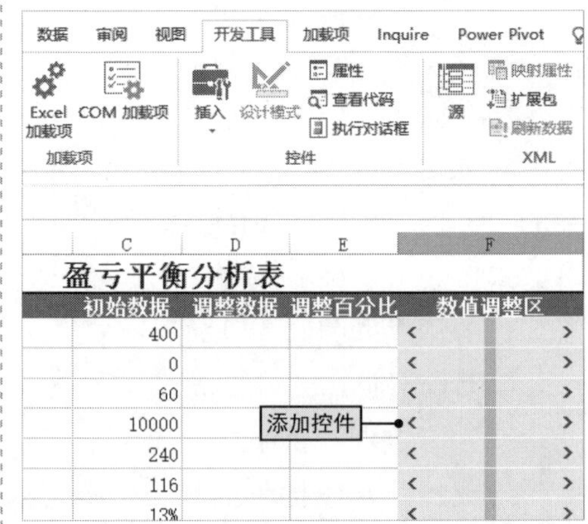

5 计算调整百分比

❶选择E3:E9单元格区域，❷在编辑栏中输入“=F3:F9/100-50%”公式，按【Ctrl+Shift+Enter】组合键以数组公式形式填充到E3:E9单元格区域，计算出调整后的百分比数值。

{=F3:F9/100-50%}　❷输入

盈亏平衡分析表

初始数据	调整数据	调整百分比	数值调整区
400		0%	
0		0%	
60		0%	
10000		0%	
240		0%	
116		0%	
13%		0%	
8			
25%			
线性折旧法			

❶选择

6 计算调整后的数据

❶选择D3:D9单元格区域，在编辑栏中输入“=C3:C9*(1+E3:E9)”公式，❷按【Ctrl+Shift+Enter】组合键以数组公式填充到D3:D9单元格区域，计算出调整后实际参与计算的数值。

=C3:C9*(1+E3:E9)　❶输入

盈亏平衡分析表

初始数据	调整数据	调整百分比	数值调整区
400	=C3:C9*(1+	0%	
0	0	0%	
60	60	0%	
10000	10000	0%	
240	240	0%	
116	116	0%	
13%	13%	0%	
8			
25%			
线性折旧法			

❷计算

7 计算静态盈亏平衡年销量

❶选择D14单元格，在编辑栏中输入公式“=CEILING ((SLN(D3,D4,C10)+D5)/(D7-D8)*10000,1)”，❷按【Ctrl+Enter】组合键计算静态盈亏平衡时的年销量。

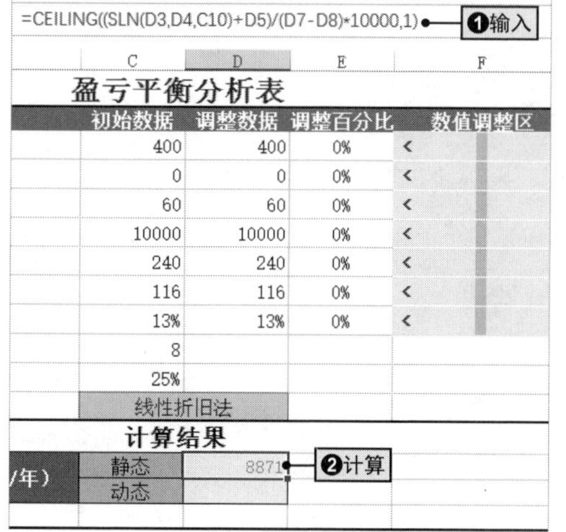

8 计算动态盈亏平衡年销量

❶选择D15单元格，在编辑栏中输入“=CEILING((D5+(D3-PV(D9,C10,-1)*SLN(D3,D4,C10)*C11-D4/(1+D9)^C10)/PV(D9,C10,-1)/(1-C11))/(D7-D8)*10000,1)”公式，❷按【Ctrl+Enter】组合键计算动态盈亏平衡时的年销量。

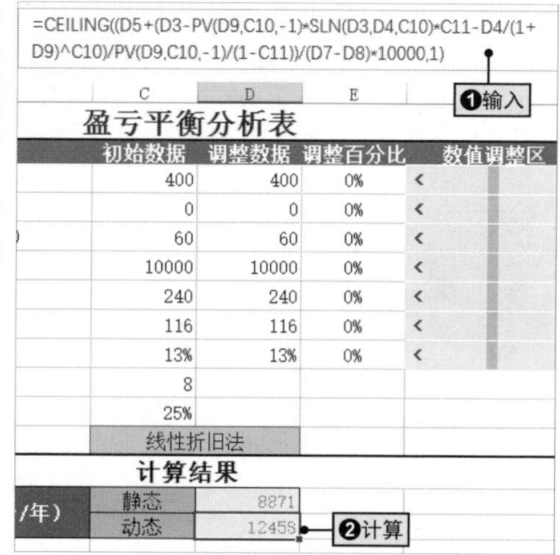

通过上面的几个步骤，通过拖动滚动条进行查看即可知道商品销量需要达到多少才能使得该项投资不亏本，其效果如图11-8所示。

	A	B	C	D	E	F	G
1		盈亏平衡分析表					
2		类别	初始数据	调整数据	调整百分比	数值调整区	
3		初始投资金额（万元）	400	400	0%		
4		到期商品残值（万元）	0	0	0%		
5		每年固定经营成本（万元）	60	60	0%		
6		预算每年销售数量（台）	10000	10000	0%		
7		商品销售单价（元/台）	240	240	0%		
8		商品生产成本（元/台）	116	116	0%		
9		基准收益率（%）	13%	13%	0%		
10		项目寿命年限（年）	8				
11		所得税税率（%）	25%				
12		资产折旧算法	线性折旧法				
13		计算结果					
14		盈亏平衡时的销量（台/年）	静态	8871			
15			动态	12458			
16							

图11-8

知识点讲解

CEILING()函数的使用

CEILING()函数用于将某个数值向上舍入（沿绝对值增大的方向）为最接近的某数值的倍数，其语法结构为：CEILING(number,significance)，各个参数的意义如下所示。

- number：表示要取舍的数值。
- significance：表示要取舍的数值的倍数。